健康保险系列丛书

健康保险营销管理

主编 卓 志 万晴瑶

中国财经出版传媒集团
中国财政经济出版社

图书在版编目（CIP）数据

健康保险营销管理/卓志，万晴瑶主编．—北京：中国财政经济出版社，2018.4

（健康保险系列丛书）

ISBN 978－7－5095－8193－3

Ⅰ．①健… Ⅱ．①卓…②万… Ⅲ．①健康保险－市场营销学－研究 Ⅳ．①F840.625

中国版本图书馆 CIP 数据核字（2018）第 066999 号

责任编辑：翁晓红　　　　　　责任校对：杨瑞琦

封面设计：李运平

中国财政经济出版社 出版

URL：http：//www.cfeph.cn

E－mail：cfeph @ cfeph.cn

（版权所有　翻印必究）

社址：北京市海淀区阜成路甲 28 号　邮政编码：100142

营销中心电话：010－88191537　北京财经书店电话：64033436　84041336

中煤（北京）印务有限公司印刷　各地新华书店经销

787×1092 毫米　16 开　22.5 印张　437 000 字

2018 年 4 月第 1 版　　2018 年 4 月北京第 1 次印刷

定价：68.00 元

ISBN 978－7－5095－8193－3

（图书出现印装问题，本社负责调换）

本社质量投诉电话：010－88190744

打击盗版举报热线：010－88191661　　QQ：2242791300

《健康保险系列丛书》编委会

主　　任：宋福兴

副 主 任：董清秀　冯祥英　高兴华　伍立平　胡占民
　　　　　黄本尧　李晓峰　徐伟成　陈龙清

学术顾问：（按姓氏笔画为序）
　　　　　于保荣　马海涛　王　欢　王国军　王绪瑾
　　　　　王　稳　朱恒鹏　朱铭来　朱俊生　孙祁祥
　　　　　孙　洁　李　玲　李保仁　李晓林　杨燕绥
　　　　　余　晖　张　晓　卓　志　郑　伟　赵尚梅
　　　　　郝演苏　庹国柱　董朝晖　魏华林

编务统筹：蔡皖伶　范娟娟

总　序

　　健康是人类永恒的追求，是人民幸福的起点，党中央、国务院高度重视人民健康事业。习近平总书记在党的十九大报告中指出："人民健康是民族昌盛和国家富强的重要标志。"没有全民健康，就没有完美意义上的全面小康。发达国家的成功经验表明，没有成熟的健康保险，全民的健康权就难以得到根本保障。

　　目前，健康保险在中国的实践与发展中尚处于重要的探索阶段，理论体系的构建和指引尤为迫切和重要。编著《健康保险系列丛书》的初衷就是要梳理近年来我国专家学者的理论探索，系统总结行业的实践经验，提炼健康保险的经营规律，从立足本土实际、借鉴国际经验、揭示运营规律、展望发展趋势等维度，努力构建健康保险行业的知识理论体系框架，更好地为我国健康保险业的有序发展提供坚实的理论支持。这套丛书可谓是皇皇巨著，由中国人民健康保险股份有限公司组织编著，凝聚了来自保险、财政税收、公共管理、社会保障、医疗卫生等领域近 40 位知名专家学者的心血与智慧。

　　改革开放以来，特别是近十余年来，健康保险业发展迅猛，众多跨领域的专家学者进行了一系列理论研究，流派纷呈，有力地推动了行业的快速发展。但应该看到，这些研究还不成体系，还相对分散，研究的广度和深度与当前行业发展的实际需求还不相适应。历史证明，科学系统的理论指引是保险事业健康发展的根本保证。从保险业的实践来看，什么时候有正确的保险理论指导，什么时候保险业发展的形势就比较好，对经济社会发展的贡献就比较大。

　　当前，中国特色社会主义已进入新时代，社会主要矛盾已经转化为人民日益增长的美好生活需要和不平衡不充分的发展之间的矛盾。人民群众对美好生活的需要呈现多样化、多层次、多方面的特点，其中，健康服务正在成为人民过上美好生活的一个基本要求。习近平总书记在党的十九大报告中指出:"要完善国民健康政策,为人民群众提供全方位全周期健康服务。"按照党的十九大报告新的部署,完善国民健康政策,将促进健康与经济社会建设相互协调,促进"人口红利"转向"健康红利",全社会对健康投资和消费需求将日趋旺盛,消费结构升级将为健康服务创造广阔的发展空间,包括商业健康保险在内的健康产业进入了重要战略机遇期。专业健康保险公司要在把握重大战略机遇中实现持续快速协调发展,完成"服务国家治理体系和治理能力现代化"这一历史角色的转变,不仅需要从国内外行业自身发展实践的优势与不足中总结经验教训,更需要探究并构建科学、系统的理论体系来指引改革发展的进程。

近几年,商业健康保险发展势头强劲,专业健康保险公司在多层次医疗保障体系建设中发挥了积极的市场机制优势,在满足人民群众日益增长的健康保障需求中的作用也日渐凸显。特别是近些年,健康保险人只争朝夕,真抓实干,成绩卓著。然而在有速度、有效度发展的同时,尚未及时把积累的发展经验总结出来,更没有形成相对完善的以学术研究为先导的理论体系构建。未来,随着新医改的加速推进,商业健康保险的服务链条将逐渐延伸到社会保障、医疗卫生、保健养生等多个领域,跨行业特性使风险控制更加复杂,经营管理难度更大,市场竞争更趋激烈。如果拥有了原创性的理论研究成果,就可以获取行业的理论话语主导权,就能引领未来发展的战略制高点,就能及时应对行业中出现的新变化和新挑战,就能在激烈的市场竞争中获取其他企业难以比拟的发展优势。

习近平总书记在党的十九大报告中强调:"创新是引领发展的第一动力,是建设现代化经济体系的战略支撑。"企业应该成为创新的主体,而推动创新的根本力量是人才。专业健康保险公司的快速发展,关键是要建设一支规模宏大、结构合理、素质优良的创新人才队伍,要培养一大批熟悉市场运作、具备研究能力的专业技术人才。理论知识体系的研究和构建就可以培养和集结这样一批专门人才,使他们成为健康保险事业发展中的中坚力量。

《健康保险系列丛书》就是在这样的时代与文化需求的大背景下应运而生的。全套丛书分为理论基石类、实践操作类、探索提升类三类共计十六册。其中,理论基石类五册,意在建立统一规范的工作语言环境,普及专业基础知识,分别有:《健康保险学》(西南财经大学卓志教授主编)、

《健康保险医学基础》（东南大学张晓教授主编）、《健康保险辞典》（中央财经大学郝演苏教授主编）、《健康保险与健康管理》（辛丹博士主编）、《健康保险制度与规制》（对外经济贸易大学王国军教授主编）。

实践操作类八册，重在梳理总结相对成熟的经验规律，解决目前实践中的困惑，为行业提供现实借鉴和趋势分析，分别有：《健康保险公司风险管理》和《健康保险经营管理》（对外经济贸易大学王稳教授主编）、《健康保险营销管理》（西南财经大学卓志教授主编）、《健康保险产品创新》（北京工商大学王绪瑾教授主编）、《健康保险精算》（中央财经大学李晓林教授主编）、《健康保险财务管理》（中央财经大学马海涛教授主编）、《健康保险信息技术与管理》（北京邮电大学王欢教授主编）、《健康保险客户服务》（北京大学孙祁祥教授主编）。

探索提升类三册，旨在探索未来健康保险业发展之道，分别有：《健康保险与医疗体制改革》（清华大学杨燕绥教授主编）、《健康保险与大数据应用》（北京航空航天大学赵尚梅教授主编）、《护理保险在中国的探索》（南开大学朱铭来教授主编）。

为确保丛书编著的专业性和权威性，这些专家学者搜集整理了大量资料，梳理研究了国内外最新的理论知识和实践经验，进行了多次学术研讨，反复斟酌、精益求精，在编著工作中倾注了大量心力。我们希望本丛书能为健康保险行业的从业人员、健康保险相关专业领域的研究人员提供实际操作的范本和理论参考，为健康中国战略和国家多层次医疗保障体系建设提供必要的理论建构、学术前瞻与路径导向。

前　言

近年来，我国健康保险业务规模快速增长，产品种类不断丰富，服务领域不断拓宽，人群覆盖面大幅提升，在参与社会民生工程和医疗保障体系建设中取得了长足进步。随着中共中央国务院《"健康中国2030"规划纲要》《关于加快发展现代保险服务业的若干意见》和《关于加快发展商业健康保险的若干意见》等一系列纲领性利好政策的出台，全民健康作为一项重要的国家战略，已开始融入国家所有政策中，为健康保险这类具有广泛民众需求和极强政策属性的业务提供了难得的发展机遇。在此背景下，中国人民健康保险股份有限公司策划组织编写了"健康保险系列丛书"，旨在总结改革开放以来，尤其是中国人民健康保险股份有限公司成立以来，中国健康保险的业务发展和学术研究状况，为蓬勃发展的健康保险提供知识宣传、理论培育和实践发展的指导。而《健康保险营销管理》就是"健康保险系列丛书"（以下简称《丛书》）中的一本。

众所周知，营销管理是企业经营管理的核心命脉，是企业实现利润、保证现金流的关键环节。现实中最需要切实可行的理念和管理方法去实现营销计划，达成企业经营目标。在健康保险营销管理方面，过去有一些教材和著作，但是，随着医疗健康产业高速发展和新一代信息技术、互联网应用的普及，广大民众对医疗健康的消费要求日渐提高，基础医疗保障体系不断完善和医疗体制改革持续推进，原有的许多内容已不太适应时代发展的要求，不能很好地满足业务发展和社会对健康保险知识及理论的需要。《健康保险营销管理》一书，在参考并总结过去健康保险营销有关文献基础上，结合国内外健康保险营销管理发展的最新实践，围绕商业健康保险营销管理的理论、政策和实践，分析、评述健康保险营销管理的定义、发展历程、运作模式、典型案例和发展趋势，并合理评估营销管理的运行成效，同时结合外部环境的发展变化，全面总结实践中的经验、教训和启示，为优化健康保险营销管理提供方向和建议。本书既有基础理论又不失较高的立意，体系较为新颖和完整，且融合了近20年中国健康保险营销管理的第一手实践素材，内容丰富全面。我们的目的是编著一本总结过去、满足当下、适应未来的《健康保险营销管理》。

本书的主要特色与特点：一是构建了新体系，强调营销管理基本原理在健康保险中应用的特殊性，在阐述商业健康保险和营销管理理论的基础上，介绍健康保险营销管理实务与发展实践以及我国健康保险市场实践创新，并根据当前高新科技和医疗技术发展趋势，补充了环境变化与健康保险营销管理变革、健康保险营销管理的延伸与发展趋势等内容；二是内容较全面与新颖，以商业健康保险营销管理的理论、实务和实践发展为主要研究对象，辅之以健康保险营销管理模式、策略与实践，以及健康保险营销管理的发展趋势与展望，涵盖了健康保险营销管理的需求拉动与供给侧结构性改革、模式及其选择，增加了营销管理策略与成本分析、环境变化及发展趋势等各方面内容；三是反映实践前沿与中国实践的特色，全书各部分内容均紧密围绕多层次健康保险体系的构建、健康保险供需及市场均衡、供给侧改革视角下健康保险产品、渠道、价格和管理创新等健康保险营销管理前沿、发展实践动态和最新政策分别加以分析论述；四是突出改革成果，系统梳理了改革开放特别是新医改以来我国健康保险营销管理发展历程，融入中国健康保险营销管理的第一手素材，有效记录并分享经实践检验过的关于健康保险营销管理的经验和成果，探究了新时代下商业健康保险营销管理的发展趋势；五是各部分在进行理论分析后，都以详细的案例分析作进一步阐释和应用，或以延伸阅读专栏形式进行拓展，特别是在部分章节加入了我国健康保险特色发展实践的有关介绍，深入浅出，帮助读者加深理解。

本书共分十三章。第一章和第二章主要介绍健康保险营销管理的基本概念、内涵与外延、原理与特征。结合健康保险营销管理的历史与变革，通过比较健康保险营销管理与寿险、养老险和产险等的差异，进一步明确健康保险营销管理的本质与特征。第三章、第四章、第五章、第六章和第七章分析了健康保险市场的构成及其特征，分析营销管理如何与我国市场需求匹配。对营销的四大要素：产品、价格、渠道和促销，分章专题论述；在介绍基础概念之外，以案例形式详细阐明营销管理的实践与策略；介绍了健康保险营销管理的需求拉动与供给侧结构性改革，特别强调健康保险营销管理中尤为重要的诚信问题以及相关道德风险管理问题。第八章、第九章、第十章和第十一章主要通过实务和案例探讨，详细分析健康保险营销管理的策略、模式选择与创新。通过实践经验分析营销管理策略、品牌与差异化营销策略、"纵横双向"营销模式和营销组合拳等营销模式与策略，分析评价营销成本与效果，探讨业绩规模与利润的博弈与平衡。第十二章和第十三章评介环境变化与健康保险营销管理变革，突出新型技术信息化等对健康保险营销管理的影响；深入分析在我国社会转型与变革环境中，尤其是在特有的医疗市场环境下，医疗技术、信息技术以及消费者代际更迭对健康保险营销管理变革的影响。密切结合我国医疗体系改革的趋势，综合分析对健康保险营销管理产生的深刻影响，根据人们生活方式的变化、医疗养老产业链深度融合、新技术变革等发展动向，以及健康保险营销管理变革的客观趋势，突出在新技术信息互联网区块链等背景下，健康保险营销管理本身的变化和趋势。

本书由来自学界和业界的专家组成复合型编写团队。西南财经大学卓志教授和上海立信会计金融学院万晴瑶副教授任主编，写作团队成员包括中国保险学会梁晶，云南财经大学孙正成，君岭健康管理咨询（上海）有限公司钱佩华、张钰洁，中国人寿保险公司广西分公司黄法德。本书编写分工如下：卓志教授负责全书的架构设计、内容安排与指导和统稿工作；初稿由梁晶编写第一章和第二章，孙正成编写第三章、第四章、第八章和第九章（部分），黄法德编写第五章、第七章和第十一章（部分），钱佩华和张钰洁编写第六章、第九章、第十章和第十一章（部分），万晴瑶编写第十一章（部分）、第十二章和第十三章；由孙正成负责修改书稿第一章至第四章、第八章和第九章，万晴瑶负责修改书稿第五章至第七章、第十章至第十三章以及汇编总成。

希望本书对于高校学生、公司员工、社会各界学习健康保险营销管理知识、增强健康保险营销管理意识、促进我国健康保险的快速发展，进而提高整个社会的健康保障水平发挥积极的作用。

由于时间仓促、编者水平有限，书中难免存在错漏和不妥之处，恳请广大读者批评指正。

编者
2018 年 1 月

目 录

第一章
健康保险营销管理界定   1

第一节　健康保险营销内涵与外延   1
　一、健康保险概念及其内涵   1
　二、健康保险营销的外延与业务经营范围   2

第二节　健康保险营销管理的内涵、特征与外延   7
　一、营销管理定义的演化及趋势   8
　二、健康保险营销管理的内涵及其特征   9
　三、健康保险营销管理的外延与管理现实   11

第三节　健康保险营销管理与其他类别保险营销管理   13
　一、健康保险营销管理与人寿保险营销管理的比较   13
　二、健康保险营销管理与财产保险营销管理的比较   14
　三、健康保险营销管理与养老保险营销管理的比较   15

第四节　健康保险营销管理的基本内容   16
　一、健康保险营销管理的一般内容   16
　二、本书的内容界定和框架   17

第二章
健康保险营销管理的历史与变革   23

第一节　健康保险营销管理的实践兴起与发展   23
　一、健康保险业的发展   23
　二、健康保险市场发展及模式   26
　三、健康保险营销管理发展及现状   28
　四、中国健康保险营销管理面临的机遇与挑战   32

第二节　健康保险营销管理理论演化与变革	34
一、营销管理理论的演化	34
二、营销管理理论对健康保险营销理论的启示	36
第三节　健康保险营销管理理论、方法与工具	37
一、健康保险营销管理理论基本构成	37
二、健康保险营销管理程序	38
三、健康保险营销管理主要分析方法与工具	40
第四节　健康保险营销管理的战略管理	41
一、健康保险营销的战略管理	41
二、健康保险营销的战略管理的必要性	42
三、健康保险营销的战略管理过程	42
第五节　健康保险营销的风险管理	44
一、健康保险营销的风险识别	44
二、健康保险营销的风险控制方法	46

第三章
健康保险市场　49

第一节　健康保险市场与特征	49
一、健康保险市场的概念界定	49
二、健康保险市场主体及特征	51
三、健康保险市场客体及特征	53
第二节　健康保险市场分类及其特征	54
一、健康保险市场分类	55
二、健康保险市场特征	58
第三节　健康保险市场细分与目标市场选择	61
一、健康保险市场细分	61
二、健康保险目标市场选择	66
三、健康保险目标市场营销策略的选择和运用	69
第四节　健康保险市场研究与健康保险营销管理	71
一、健康保险市场研究的主要内容与基本程序	71
二、健康保险营销管理中市场研究的作用和地位	72

第四章
健康保险产品营销管理　74

第一节　健康保险产品与营销管理　74
一、健康保险产品、特征与分类　74
二、健康保险产品与健康保险营销管理的关系　78
三、不同类型的健康保险产品营销管理　79

第二节　健康保险产品营销管理策略　83
一、健康保险产品策略与实施　83
二、健康保险产品生命周期与营销管理策略　87

第三节　健康保险产品创新与营销管理　88
一、健康保险产品创新的驱动力　88
二、健康保险产品创新过程　89
三、健康保险产品创新类型与营销管理　93
四、创新健康保险产品的营销管理重点：试销　94

第五章
健康保险营销的价格管理　100

第一节　健康保险定价与营销管理　100
一、健康保险定价基本原则与定价因素　100
二、健康保险定价模型与过程　102
三、健康保险定价机制　104
四、价格管理在营销管理中的地位和作用　107

第二节　健康保险营销的价格管理：产品视角　108
一、健康保险产品的分类　108
二、费用补偿型短期医疗保险的定价基础　109
三、影响费用补偿型短期医疗保险费率的主要因素　111
四、不同医疗保险产品的定价策略差异　112

第三节　健康保险营销的价格管理：公司经营视角　113
一、市场目标定价策略　113
二、按业务状态定价策略　114

第四节　健康保险价格管理及策略典型案例分析　115
一、价格管理案例一　115
二、价格管理案例二　117

三、价格管理案例三　　　　　　　　　　　　　　　　　　120

第六章
健康保险营销渠道管理　　　　　　　　　　　　　　　　　123

　第一节　健康保险营销渠道：传统渠道和新型渠道　　　　123
　　一、营销渠道的定义和类型　　　　　　　　　　　　　123
　　二、传统营销渠道　　　　　　　　　　　　　　　　　124
　　三、新型营销渠道　　　　　　　　　　　　　　　　　127
　第二节　健康保险营销渠道布局、培育与创新发展　　　　130
　　一、营销渠道优势和劣势分析比较　　　　　　　　　　130
　　二、传统营销渠道创新发展　　　　　　　　　　　　　131
　　三、新型营销渠道的发展　　　　　　　　　　　　　　134
　第三节　健康保险营销渠道评估与选择　　　　　　　　　137
　　一、评估与选择健康保险营销渠道的主要因素　　　　　137
　　二、保险公司自营渠道　　　　　　　　　　　　　　　138
　　三、保险营销员　　　　　　　　　　　　　　　　　　139
　　四、保险经纪公司　　　　　　　　　　　　　　　　　140
　　五、保险代理公司　　　　　　　　　　　　　　　　　140
　　六、互联网流量平台　　　　　　　　　　　　　　　　141
　第四节　营销渠道冲突管理　　　　　　　　　　　　　　142
　　一、营销渠道冲突及其产生原因　　　　　　　　　　　142
　　二、营销渠道冲突的管理　　　　　　　　　　　　　　144
　　三、营销渠道冲突管理案例　　　　　　　　　　　　　145
　第五节　国内外健康保险公司营销渠道管理创新与实践　　147
　　一、国外商业健康保险主要营销渠道创新发展的启示　　147
　　二、国内健康保险公司营销渠道管理与创新　　　　　　149

第七章
健康保险促销管理　　　　　　　　　　　　　　　　　　155

　第一节　健康保险促销管理　　　　　　　　　　　　　　155
　　一、促销与促销管理　　　　　　　　　　　　　　　　155
　　二、健康保险促销管理的实施　　　　　　　　　　　　156
　　三、健康保险促销管理的作用　　　　　　　　　　　　157

第二节　健康保险促销模式与策略　　158
　　　　一、当前市场上的促销模式　　158
　　　　二、健康保险促销模式　　159
　　　　三、健康保险促销策略　　160
　　第三节　健康保险价格促销与服务促销　　162
　　　　一、价格促销　　162
　　　　二、服务促销　　163
　　第四节　健康保险促销成本与效果评价　　164
　　　　一、健康保险促销成本分析　　164
　　　　二、健康保险促销效果评价　　165
　　第五节　健康保险促销管理典型案例分析　　168
　　　　一、案例介绍　　168
　　　　二、案例分析　　168
　　　　三、主要经验　　169

第八章
健康保险营销管理：需求拉动与供给侧结构性改革　　172

　　第一节　健康保险需求分析　　172
　　　　一、健康保险需求特征总体分析　　172
　　　　二、健康保险产品需求影响因素分析　　177
　　　　三、健康保险产品需求变化对营销管理的影响　　180
　　第二节　健康保险营销管理的供给侧改革：服务创新　　180
　　　　一、健康保险服务创新的概念界定及分类　　180
　　　　二、健康保险服务产品创新　　182
　　　　三、健康保险服务过程创新　　183
　　　　四、健康保险服务传递方式创新　　183
　　第三节　健康保险营销管理供给侧改革：产业链延伸　　184
　　　　一、健康管理概述　　184
　　　　二、健康管理的目标、程序与内容　　187
　　　　三、健康管理与健康保险的关系　　188
　　第四节　健康保险营销管理供给侧改革：诚信教育　　190
　　　　一、诚信在健康保险营销管理中的重要性　　190
　　　　二、健康保险营销管理中诚信教育的开展与实践　　191

第五节　健康保险营销管理供给侧改革：风险管理　　194
　　一、健康保险活动中道德风险的主要表现　　195
　　二、健康保险营销管理中道德风险控制和管理　　196

第九章
健康保险营销管理的模式及其选择　　199

第一节　健康保险营销管理模式及基本类型　　199
　　一、健康保险营销管理模式界定　　199
　　二、健康保险营销管理模式基本类型　　200
第二节　健康保险营销管理模式取舍与选择　　203
　　一、模式取舍的基础：业绩和利润之间的博弈与平衡　　203
　　二、健康保险营销管理模式的取舍　　205
　　三、健康保险营销管理模式的选择　　206
第三节　健康保险营销管理模式创新　　208
　　一、健康保险营销管理模式创新的必要性　　208
　　二、健康保险营销管理模式创新原则和策略　　209
　　三、健康保险营销管理模式创新的方向：构建可持续营销企业　　210
　　四、健康保险营销管理模式创新的基本流程　　212

第十章
健康保险营销管理策略与成本分析　　216

第一节　健康保险营销管理策略：品牌与差异化　　216
　　一、健康保险品牌营销及其管理　　216
　　二、健康保险差异化营销及其管理　　218
　　三、我国健康保险品牌营销与差异化营销管理实践　　220
第二节　健康保险营销管理策略：纵向营销和交叉销售　　222
　　一、纵向营销的定义、作用与实施　　222
　　二、交叉销售的定义与实践　　224
第二节　健康保险营销管理策略：营销组合拳　　228
　　一、营销组合拳的含义和特性　　228
　　二、细分市场营销组合：服务与技术的有效整合　　230
　　三、营销组合与市场细分　　232
第四节　健康保险营销管理：成本分析与管理　　234

一、健康保险营销管理成本　　235
二、健康保险营销管理的成本管理　　235

第十一章
健康保险营销管理：中国实践案例　　239

第一节　员工综合福利保障计划整合营销案例　　239
一、案例介绍　　239
二、案例分析　　240
三、案例总结　　243

第二节　政府合作医疗业务营销案例　　244
一、案例介绍　　244
二、案例分析　　247
三、案例总结　　251

第三节　"健康管理＋保险保障"营销模式案例　　253
一、案例介绍　　253
二、健康管理营销案例　　255

第十二章
环境变化与健康保险营销管理变革　　259

第一节　营销管理环境 PEST 分析　　259
一、政治环境　　259
二、经济环境　　263
三、社会环境　　269
四、技术环境　　274

第二节　医疗技术进步与健康保险营销管理变革　　276
一、现代医疗技术发展的几种趋势　　276
二、基因技术与健康保险营销管理　　277

第三节　区块链和大数据等技术与健康保险营销管理　　280
一、重塑世界的三大力量　　280
二、区块链和大数据等技术对健康保险营销管理的影响　　281

第四节　消费者代际更迭与健康保险营销管理变革　　287
一、我国"90后"消费者群体及其特征　　287
二、消费者群体更迭对健康保险营销管理的影响和需求　　289

三、健康保险营销管理应适应新一代消费者群体　　290

第十三章
健康保险营销管理的延伸与发展趋势　　293

　　第一节　健康管理与健康保险营销管理　　293
　　　一、健康管理发展方向与趋势　　294
　　　二、健康管理与健康保险行业的结合　　295
　　　三、健康保险营销管理如何适应健康管理的需要　　297
　　第二节　产业深度融合：健康养老与养老健康　　298
　　　一、健康老龄化的必然需求与观念变革　　298
　　　二、健康产业与养老产业的融合　　301
　　　三、健康保险营销管理应匹配健康养老产业的发展与需求　　306
　　第三节　新兴技术与营销管理模式：变革与颠覆　　307
　　　一、新兴技术改变个人行为　　307
　　　二、新技术应用面临的困境会影响营销方式变革　　313
　　　三、健康保险营销管理的变革　　318
　　第四节　中国医疗体系改革与健康保险营销管理　　319
　　　一、中国医疗体系改革　　319
　　　二、中国医疗体系改革对健康保险营销管理的影响　　322
　　　三、健康保险营销管理应把握医疗体系改革良机　　323
　　第五节　变革环境中营销管理模式选择　　324
　　　一、健康保险营销管理方向的变化　　324
　　　二、健康保险营销管理要素与模式的变化　　324

参考文献　　329

后记　　337

跋　　339

第一章

健康保险营销管理界定

本章为全书的开篇章,是学习健康保险营销管理的逻辑起点。在系统学习本书之前,读者需要对健康保险、健康保险营销以及健康保险营销管理的基本概念有一个基本认识。本章对这三者的内涵、外延与特征做出了基本界定;对健康保险营销管理与人寿保险、养老保险、财产保险等不同险种营销管理进行比较。这些知识能较好地帮助我们进行后续章节的学习。

第一节 健康保险营销内涵与外延

一、健康保险概念及其内涵

本书所述健康保险专指商业健康保险,是以人的身体为保险标的,由保险公司为被保险人因身体健康原因在发生疾病或遭受意外伤害时产生医疗费用或经济损失提供补偿的人身保险。

2017年11月,中国保监会发布的《健康保险管理办法(征求意见稿)》第二条规定,商业健康保险是由商业保险机构对因健康原因和医疗行为导致的损失给付保险金的保险,主要包括医疗保险、疾病保险、失能收入损失保险、护理保险以及相关的医疗意外保险等医疗执业保险。

我国保险公司的健康保险经营业务范围主要划分为以下三类:

(一) 健康保险业务

健康保险业务即经营医疗保险、疾病保险、失能收入损失保险、护理保险以及相关的医疗意外保险等业务。在这类业务中，还包括保险公司为缓解人民群众"因大病致贫、因大病返贫"问题所承办的城乡居民大病保险①，其保费计入医疗保险类。

(二) 健康保障委托管理业务

健康保障委托管理业务是指保险公司接受政府部门、企事业单位等团体客户的委托，为其提供方案设计、咨询建议、委托基金管理、医疗服务调查、医疗费用审核、医疗费用报销支付等经办管理服务，收取管理费用，不承担委托基金运营风险的业务。

(三) 健康管理服务业务

健康管理服务业务指保险公司针对市场和消费者的需求，通过整合各种社会医疗资源提供的健康风险评估和干预，提供疾病预防、健康体检、健康咨询、健康维护、慢性病管理、养生保健等服务。② 目的是降低健康风险，减少疾病损失。

在我国保险监管制度下，健康保障委托管理业务和健康服务业务因不承担保险风险，因此收入不能确认为保费收入，它们严格来说不能称为真正意义上的"保险"，但是属于我国保险公司的经营范围。③

二、健康保险营销的外延与业务经营范围

(一) 健康保险营销的定义

健康保险营销，全称是健康保险市场营销（以下简称"健康保险营销"），是指在变化的市场环境中，保险公司通过挖掘消费者对健康保险商品的需求，设计和开发满足投保人需求的健康保险商品，从而实现其长期经营目标的一系列活动。

对于健康保险营销定义的理解，有以下要点：

第一，健康保险营销以健康保险消费者对于健康保险商品的需求为起点，是一整

---

① 城乡居民大病保险，指的是由医保机构使用医保基金结余资金向保险公司投保，由保险公司承办，对大病患者发生的高额医疗费用给予进一步的保障，是基本医疗保障制度的拓展和延伸。城乡居民大病保险业务具备的特征有：第一，保费主要来源于基本医保基金结余；第二，由符合经营资质的保险公司以大病保险专属产品承保。

② 中国保监会：《健康保险管理办法（征求意见稿）》第五十二条。

③ 划分标准根据中国保监会2008年颁布的《健康保险统计制度》确定。

套从发现消费者对健康保险的潜在需求到满足消费者健康保险需求的一个循环往复的专业化过程,通过这一过程来创造商业利润。

第二,健康保险营销包含健康保险商品设计、定价、渠道选择、沟通与服务等售前、售中和售后的一切活动。

第三,健康保险营销要实现保险公司长期经营目标。

(二) 健康保险营销的特征

1. 一般特征

健康保险营销遵循一般保险营销规律,需要开展保险市场的调查与预测;进行保险市场营销环境、投保人的行为研究;开发新险种、厘定合理的费率水平;选择保险营销渠道等。健康保险营销与人寿保险、意外伤害保险等都具有以下营销特征:

(1) 注重主动性营销。一方面,保险商品具有无形性特征,保险营销需要主动激发消费者潜在需求,通过无形的承诺保障服务来化解人们面临的风险,实现投保人需求的转变,从而满足人们对安全的需要;另一方面,保险商品具有非渴求性特征,尤其是在人身保险营销领域,会面临诸多与人的生死存亡相关事件,保险营销人员必须通过与潜在消费者主动、耐心的交流,来扭转人们对保险商品的消极态度和负需求行为。

(2) 注重服务性营销。保险市场是直接的风险市场,保险市场交易的对象是对投保人转嫁于保险人的各类风险所提供的保险保障。在保险营销过程中,风险的不确定性和风险的射幸性使交易双方都不可能确切地知道交易结果。因此,在这种非即时清结市场中,保险消费者无法从保险单中马上获得实质性的消费感受。所以保险营销人员要在保险消费者购买保险之前,根据其保险需求,选择适当的保险险种,为其度身定制、设计最佳保险方案,做出购买决策。在保险消费者购买保险之后,还须根据其保险需求的变化和新险种的推出,帮其调整保险方案,使保险消费者在经济能力承受范围内获得最充分的保障。所以说,保险营销是需要通过优质的服务使保险消费者对保险商品产生信赖感,这也是长期吸引保险消费者并不断开发新的保险消费者的重要保证。

2. 独有特征

与人寿保险、意外伤害保险营销相比较,健康保险营销又有其特殊之处,这是由健康保险的特殊属性决定的。

(1) 极易发生的道德风险和逆选择使营销难度增大。所有的保险市场都普遍存在道德风险和逆选择问题,其中尤以健康保险市场最为严重。健康保险由于引入了医疗服务提供方,使得其他保险营销只需要考虑保险人和被保险人之间相互作用的关系变成了三角的相互关系。在健康保险营销中,保险人既要预防被保险人在门诊就医、住院治疗中"过度消费"的动机,又要警戒医疗服务提供方"过度供给"的行为。保险人、医疗服务提供方和被保险人这三方之间信息的不畅通、"健康"的标准和治疗的效果与其他"产品"相比的难界定性、疾病存在多种治疗方案等,这些风险因素使得在健康保险营销过程中,获取信息的难度和准确度受到很大限制,增加了营销难度。

(2) 承保标准的复杂性要求营销的专业水准较高。由于健康保险承保事故的特殊性,其承保条件比其他保险复杂和严格得多。在健康保险营销中,保险人既要综合考虑被保险人的年龄、既往病症、现病症、家族病史、职业、居住环境及生活方式等多种因素进行承保,又要投入一定精力对被保险人遭受保险事故损失前进行预防保健和健康教育,以及对被保险人进行生存期间的健康管理。可以说健康保险营销涉及社会文化、经济、医疗、人口、技术环境、法律制度、心理学等多学科内容,加上健康保险本身具有风险大、不易控制和难以预测的特性,在经营中,为防范道德风险发生,保险人又设立了观察期、次标准体保单、特殊疾病保单等,建立了十分严格的承保标准,这就需要营销人员除了掌握营销理论与技巧外,还要具备多学科知识,运用深入浅出、通俗易懂的合同条款解释能力,为消费者量体裁衣,有效转移消费者未来的风险损失。

(3) 社会管理性特征让营销贯通健康全产业链。健康保险具有准公共产品属性和社会管理性特征。健康保险与健康管理相结合,保险人除了提供多样化的健康保险商品以外,可以为健康管理提供资金支持、信息技术服务和专业培训。如与医院和互联网公司合作,形成 O2O 保险保障加健康管理闭环经营模式,将癌症早筛、专家咨询、就诊服务等健康管理服务与保险保障有机融合[1],有效地提高消费者健康水平并降低医疗费用的支出,进而引导并创造健康保险消费者新的保险需求;通过与医疗服务提供方、专业健康管理公司及社保机构的合作,以多种形式涉足健康产业的各个环节,拓展利润来源。

在我国政策层面,2014 年《国务院关于加快发展现代保险服务业的若干意见》(简称新"国十条")明确提出,发展多样化健康保险服务,鼓励保险公司大力开发各类医疗、疾病保险和失能收入损失保险等商业健康保险产品,并与基本医疗保险相衔接等。继新"国十条"后,同年国务院办公厅印发了《关于加快发展商业健康保险的若干意见》,首次提出使商业健康保险在深化医药卫生体制改革、发展健康服务业、促进经济提质增效升级中要发挥"生力军"作用。2015 年 10 月,中共中央《关于制定国民经济和社会发展第十三个五年规划的建议》,明确提出推进健康中国建设,强调鼓励发展普通医疗保险和商业健康保险,鼓励商业保险机构参与医保经办。2016 年,《"健康中国 2030"规划纲要》《"十三五"深化医药卫生体制改革规划》

---

[1] 张维功. 商业健康保险产品的行业困境与创新突破 [J]. 清华金融评论,2016 (11): 45.

《中国保险业发展"十三五"规划纲要》陆续出台,进一步明晰了商业健康保险的功能与发展空间。2017 年 11 月,中国保监会发布《健康保险管理办法(征求意见稿)》,鼓励保险公司将健康保险产品与健康管理服务相结合,提供健康风险评估和干预,提供疾病预防、健康体检、健康咨询、健康维护、慢性病管理、养生保健等服务,为健康保险未来发展确定了方向。

(三)健康保险营销的构成要素

健康保险营销的构成要素包括:营销主体、营销客体和营销对象。

1. 营销主体

健康保险营销的主体是指提供健康保险产品以及组织销售活动的当事人,包括经营健康保险业务的保险机构和参与组织健康保险产品营销活动的中介两类。

(1) 经营健康保险业务的保险机构。国际市场上,按照健康保险市场供给形式划分,主要有以下几种:

一是综合性经营的保险公司。人寿保险公司或财产保险公司有特定的客户资源,提供健康保险保障的展业成本相对较低,能在一定程度上形成规模经济效益。

二是专业健康保险公司。健康保险具有高风险性与专业性强等特征,需要建立专业化的精算定价、核保核赔等经营体系,以及具备一定医学知识的复合型技术人才。专业健康保险公司具有上述经营优势。

从组织形式看,这两类健康保险市场供给主体既可以是国有保险组织,也可以是保险股份有限公司、相互保险公司、相互保险社等。

①自保团体。一些大公司或行业组织通过建立自己的健康保险计划,在团体内筹措健康保险基金来支付所有团体成员的健康保险赔款,这种自保方式有利于减少中间环节,改善公司的现金流,在税收和监管方面也有一定的优势。但其缺点是不能应付一些特殊风险,而且其承保技术和专业管理水平往往不能与专业健康保险公司相比。

②保险合作社。保险合作社是由一些对某种风险具有同一保障要求的人自愿集股成立的保险组织。① 保险合作社的原理是互助共济,大家一起为自己提供经济保障,不以营利为目的。美国的蓝十字与蓝盾协会(Blue Cross and Blue Shield Association)为这一类型的典型代表,它是由医疗机构或人员为大众提供医疗与健康服务而组织起来的生产者合作保险组织。②

---

① 中国保险行业协会. 保险原理 [M]. 北京:中国金融出版社,2016:310.
② 美国的蓝十字与蓝盾协会是美国非营利性的医疗保险组织,它们以州或社区为经营范围。蓝十字会提供住院费保险,蓝盾则提供非住院的内外科医疗费用保险。美国各地共有 70 个这样的组织,大约 2/5 的美国人是蓝十字会成员,1/3 的美国人参加了蓝盾保险。这两种组织由医院和合作的承保组织联合向成员提供医疗保险。

③管理式医疗组织（MCO）。它是医疗保险机构和医疗服务提供方的合成体，采用医疗服务的提供与经费管理结合的方式，主要有健康维护组织（HMO）、优先医疗服务组织（PPO）、重点服务计划（POS）和专有提供者组织（EPO）等。管理式医疗模式的基本含义可以概括为：利用一系列管理合同将管理式医疗保险组织者（保险人）、医疗保险购买者（雇主）和医疗服务提供者（医院和医生）组织起来，联合向雇员（病人）提供服务的医疗保险模式。①

在我国，具有健康保险业务经营资格的保险机构包括依法成立的人寿保险公司、专业健康保险公司、养老保险公司以及经批准可以经营短期健康保险业务的财产保险公司等。除专业健康保险公司外，保险公司经营健康保险业务，需成立专门的健康保险事业部，并应当持续具备下列条件：建立健康保险业务单独核算制度；建立健康保险精算制度和风险管理制度；建立健康保险核保制度和理赔制度；建立健康保险数据管理制度；建立功能完整、相对独立的健康保险信息管理系统；配备具有相关专业知识的精算人员、核保人员和核赔人员等。②

（2）参与组织健康保险商品营销活动的中介。这些中介是指为健康保险业务咨询与招揽、风险管理与安排、损失鉴定与理赔服务等提供中介服务活动，并从中依法获取佣金或手续费的组织机构或个人。这些中介组织主要包括代理人、经纪人、公估人、顾问公司、咨询公司或教育培训机构等。③

2. 营销客体

健康保险营销的客体是保险公司所提供的健康保险商品或服务。健康保险商品以保险合同为载体，其使用价值和价值取决于为健康保险消费者所提供的健康保险保障服务。从国外营销实践来看，健康保险能够为消费者提供从一般的医疗保险产品到眼科、牙科、精神治疗等各领域商品。在英国，主要为消费者提供普通商业健康保险、重大疾病保险和永久性或长期医疗保险三大类保险商品及服务。在德国，健康保险商品按照不同的目标客户群，分为全保类、定额类、补充附加类、基本类、标准类、大学生疾病险类、疾病贷款偿还险类等。在美国，健康保险商品包括团体类、家庭类、个人类，提供的项目包括基本医疗费用保险、高额医疗费用保险、特种医疗费用保险和联邦健康保险的补充保险等。

我国的商业健康保险在发展过程中，产品种类不断丰富，覆盖范围不断扩大。按照《健康保险管理办法》的规定，我国商业健康保险主要包括医疗保险、疾病保险、失能收入损失保险、护理保险以及相关的医疗意外保险及其相关保险服务。

根据保险消费者的基本保障需求、投资理财需求、教育养老需求以及高端保障等

---

① 游春. 管理式医疗保险模式下的社区卫生服务［J］. 卫生经济研究，2010（02）：38.
② 中国保监会. 健康保险管理办法（2006年9月1日）。
③ 黄占辉，王汉亮. 健康保险学. 北京大学出版社，2006.

需求，保险公司对这些健康保险商品进行组合研发，并以主险及附加险形式进行营销，从而使得健康保险营销的客体覆盖了数以千计的类别。

3. 营销对象

健康保险营销的对象是对健康保险商品具有现实需求和潜在需求的消费者。保险企业要想长期占领市场，并使所推出的健康保险商品深得消费者喜爱，就需要对其所面临的市场进行细分，从中选择适合的保险企业为之服务的目标顾客。保险公司的营销活动是围绕消费者进行的，因地区经济发展水平、健康保障政策不同，消费者对健康保险的购买偏好会有所不同，只有明确了目标市场中的营销对象，保险公司才能找到商品设计开发的依据，有针对性地开展有特色的保险服务。

按照健康保险需求主体的购买动机、购买力等不同，我们可以对消费者进行细分。通常健康保险营销对象分为单个健康保险消费者、家庭健康保险消费者与团体健康保险消费者三类。

前两类消费者所在保险市场中，投保人和被保险人是个人或家庭成员，其可支配收入、年龄、观念与习惯、性别、学历等是影响健康保险营销的重要因素。不同年龄人群具有不同的身体状况，不同性别人群存在不同的生理结构、消费心理特点。以年龄为例，疾病的发生率在年龄上会表现出一定的规律性。通常健康保险的承保年龄多为3—60岁，个别情况下可以放宽到0—70岁。年龄过高或过低都存在较常人更高的健康风险，这都是健康保险产品定价需要考虑的。

对于团体健康保险消费者，团体规模、经济实力、团体性质、行业与区域等是健康保险营销的重要考量因素。团体健康保险市场的投保人往往是单位（雇主等），被保险人是投保人的利益相关人，通常表现为雇主为雇员及其家属提供健康保险保障。团体健康保险市场一般要求单位全体成员的75%及以上成为被保险人，因此较个人健康保险市场能更好地避免道德风险和逆选择问题，保费费率也相对更低。

第二节　健康保险营销管理的内涵、特征与外延

营销管理（marketing management）的功能和价值在当今社会已广泛获得认可，作为一个专业概念，营销管理在社会各界已经广为流行，营销管理的内涵和特点直接影响着其社会功能的发挥。我们先从引领全球市场营销领域实践、教学和开发工作的美国市场营销协会（American Marketing Association，简称AMA）对营销管理定义的演化入手，对理解健康保险营销管理的内涵与特征有很好的帮助。

一、营销管理定义的演化及趋势

（一）AMA 营销管理定义的演化

1960年，美国市场营销协会（American Marketing Association，简称 AMA）的定义为，市场营销是一个过程营销，是企业在连接生产领域和消费领域的流通领域中所从事的各种商务活动。在这个定义的引导下，市场营销等同于商品销售，事实上还是推销观念的产物。[①]

随着美国经济的快速发展和市场过度竞争问题不断涌现，企业逐渐明白营销不能仅重视产品生产以后流通到市场这一部分，而应该向这一部分的两边拓展，对生产前的市场调研以及销售后的顾客服务都要进行研究。在这种背景下，AMA 在 1985 年对营销管理重新定义为："它是计划和执行关于商品、服务和创意的概念化、定价、促销和分销，以创造符合个人和组织目标而交换的一种过程"。这个定义将"交换"定为市场营销系统服务的最终目标，将营销的客体从商品提升到了相关服务与创意。但这个定义并未走出推销观念的阴影，也没有明确顾客的需求。

2004年，AMA 对这一定义进行了修改，修改后的定义为："营销是一项有组织的活动，它包括为客户创造、沟通和递送价值，以及维系和管理顾客关系。从而使得公司及其利益相关者受益的一系列过程。"这一定义最显著的变化就是把立足点和表述的侧重点都放在了顾客身上，认为营销管理既是一种组织职能，又是为了实现组织相关利益而传递顾客价值与维护顾客关系的一系列过程，用"价值"代替了以前的"商品及服务"等说法，强调了和利益相关者关系的维护。

随着营销管理观念和信息技术的发展，网络营销、数据库营销、关系营销不断涌现，同时，全球市场商品供过于求，企业间的竞争更加激烈，对消费者的研究愈发重要。在这样的背景下，2007 年 AMA 再次给出定义："营销管理是针对顾客、合作伙伴及全社会创造、传递、沟通和交换有价值的提供物的一系列行动、组织、制度和过程。"这次概念界定进一步明确了"利益相关者"的内容，最大的变化是强调了营销管理对"全社会"的价值。

可以看出，随时间的演进，AMA 每一次对营销管理定义的改进都是相应历史时期社会经济发展的缩影，从作为一般功能、较重要的功能到作为主要功能、再到作为核心功能，在一定程度上反映了营销管理在企业地位中的演变。

[①] 雷祺，刘晓梅. 浅谈 AMA 关于市场营销定义的演变 [J]. 市场营销导刊，2009（02）：43.

(二) 对健康保险营销管理的启示

营销管理作为经营健康保险的企业的最重要资源之一，其意义不言而喻。健康保险营销的发展历程与 AMA 定义的演化过程是相一致的，同样存在营销观念、顾客导向、市场区分、营销规划等方面的困扰和不断纠偏的过程。健康保险本应是最能体现保险保障性质的产品之一，然而在健康保险商品市场营销初期，与其他寿险商品相比，健康保险商品由于经营风险大，体量较低，因此在营销实践中经常被打包在寿险商品中销售，成为其他保险商品衍生服务的一种；在产品设计上，部分保险公司将长期护理保险等设计成理财型中短存续期产品，导致健康保险保费收入高增速长表面下的健康保险市场被投资理财产品"注水"，无形中引导了健康保险消费者重回报轻保障的倾向，却忽略了真正有医疗需求的消费者群。

健康保险发展的内外部环境发生的深刻变化以及健康保险市场需求的增加，倒逼保险公司将市场调研、售后的顾客服务以及近些年开展的健康管理纳入商品服务之中，营销管理在健康保险中的战略地位越来越重要，健康保险对全社会管理的功能不断发挥出来。

二、健康保险营销管理的内涵及其特征

作为经营保险风险的企业，需要用科学的营销管理方法和营销手段，以风险保障为出发点，以顾客需要为导向，按照市场调研、商品开发、销售、承保、理赔等流程，通过产品、价格、渠道、促销策略来满足保险消费者需要并获取利润。

(一) 健康保险营销管理的内涵

按照营销管理理论，现代健康保险营销管理，实质上是通过创造、提供、自由交换有价值的健康保险产品和服务的方式，获得利润并满足健康保险消费者需求的管理过程。其目的在于，提前调查洞悉保险消费者需求，并使健康保险产品与服务力求满足这种需求，从而达到健康保险产品销售和利润目标实现的双赢。

(二) 健康保险营销管理的特征

1. 运营管理的专业性

保险公司经营健康风险，在运营管理上具有明显的专业优势。

(1) 保险公司根据不同年龄、不同职业、不同地域、不同收入水平的人群开发灵活多样的医疗保险、重大疾病保险、失能收入保障保险、长期护理保险等健康保险产品，能从一定程度上满足消费者多元化健康保障需求。

（2）保险公司可以通过建立投保人和医疗机构之间的有效制衡机制，控制经营成本和医疗费用。如保险公司开展城乡居民大病保险，能够加强对医疗服务行为的管控和医疗费用的制约，提高医保体系的统筹层次、运行效率和服务质量。

（3）保险公司专门建立的健康保险业务单独核算制度、健康保险精算制度、健康保险核保与理赔制度、健康保险数据管理制度、功能完整并相对独立的健康保险信息管理系统，以及具有健康保险专业知识的精算人员、核保人员、核赔人员与医学教育背景的专业人员等，都为保险公司能够科学测算和管理健康风险奠定了良好基础。

（4）保险公司可以对健康保险消费者提供疾病前、诊疗中和康复期的全程健康管理服务，如健康咨询、健康评估、慢性病管理、诊疗绿色通道等服务。

（5）保险公司能参与到由政府经办的各种形式的社会基本医疗保障之中。一是经办新农合业务；二是经办城镇居民基本医疗保险业务；三是经办城镇职工基本医疗保险支付上限以上的大额医疗救助业务；四是施行城乡居民大病医疗保险。这些与社会基本医疗保险有机衔接，能弥补基本医疗保险封顶线偏低、支付比例偏低、医疗项目与可使用药品偏少等短板。

可以看出，保险公司健康保险营销管理注重提供专业化综合健康管理服务，一方面，延长并渗透到健康保险产业链所有环节，形成从预防到治病的人身健康管理闭环；另一方面，通过参与政府经办业务，使健康保险更快、更深入地渗透到社会医疗保障体系建设中。

2. 经营风险的复杂性

健康保险经营不仅涉及社会保障、医疗卫生，还辐射到保健养生等多个领域，服务链条较长，风险管理难度较大。

（1）参与主体较多，风险因素增加。健康保险除保险人、被保险人外，还涉及医疗服务机构和政府医保部门。相对于开发健康保险产品，这些主体之间的利益冲突和协调管理难度更大。

（2）逆选择和道德风险问题使得经营风险很大。健康保险经营的是伤病发生的风险，信息不对称问题突出；同时，健康保险经营受国家医疗卫生政策和体制环境的影响较大，由此产生的不合理赔付风险较高，经营难度较大。

（3）对于医疗风险控制管理能力要求很高。保险公司受到专业医疗技术的人才、精算技术、核保核赔力量以及专业化信息管理水平等因素的制约，对于医疗服务提供者提供什么样医疗服务的数量和价格、是否按健康保险消费者的实际需要提供诊疗、健康保险消费者是否合理进行医疗消费、是否带病投保、是否存在诈骗保险金的道德风险等，在营销过程中都需要不断增加营销成本的投入才有较深的认识。所以说，健康保险营销需要逐步建立健康保险疾病发生率等基础数据库，搭建行业数据共享平台，具备更强大的精算能力，还要注重与医疗机构和社保机构的合作。

三、健康保险营销管理的外延与管理现实

迈克尔·波特（Michael Porter）认为："将企业作为一个整体来看，无法认识竞争优势。竞争优势来源于企业在设计、生产、营销、交货等过程及辅助过程中所进行的许多相互分离的活动，这些活动中的每一种都对企业的相对成本地位有所贡献。"[①]根据波特的"竞争优势"理论，价值链是实现企业竞争优势的重要切入点，在波特的企业价值理论中可将企业的活动分为基础活动和辅助活动两大类，其中基础活动主要包括内部物流、生产经营、外部物流、市场营销和服务等活动（见图1.1）。从中可以看出，在波特的竞企业价值链模型中，市场营销活动是重要的企业创造价值的环节，而市场营销并不是独立于其他经营环节存在的企业价值创造者。

图 1.1　波特基本价值链模型示意图

资料来源：［美］Michael E. Poter 著，陈悦译. 竞争优势［M］. 北京：华夏出版社，2005：37.

具体到健康保险企业，由于健康保险产品（服务）的无形性，产品内部物流和外部物流对其价值创造的贡献微乎其微；由于健康保险产品区别于一般的产品，以提供有效的健康保障费用补偿或健康服务为最终的产品价值实现方式，因此健康保险企业价值链中的最后一个环节——服务本身也是营销的重要体现。进一步结合健康保险产品的层次性，即提供有效的健康保障费用补偿或健康服务的核心层、形体层以及售前和售后服务的延伸层，不难发现对于健康保险企业而言，其创造（增加）价值的主要环节体现为两个基础活动"产品生产设计"和"市场营销管理"，毫无疑问，这两个环节紧密相连且存在着共同的基础——"以客户需求为导向，以共同创造企业价值为目的"。可进一步构建健康保险企业价值链模型（见图1.2），可以看出，健康保险企业的价值链主要构成均与营销管理关系紧密。基于此，健康保险营销管理应区别于一般企业营销管理，尽管以健康保险产品为载体，但不局限于对健康保险产品的营销管理，而应是整合性管理思想和运用企业价值链理论的综合呈现。

---

① ［美］MiehaelE.poter 著，陈悦译. 竞争优势［M］北京：华夏出版社，2005：33.

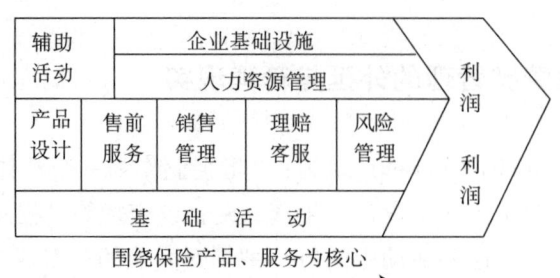

图 1.2　以保险产品为核心的保险企业价值链

资料来源：孙正成．我国中小产险公司差异化经营研究［D］．西南财经大学，2010：61．

随着营销管理理论的演化和发展，菲利普·科特勒（Philip Kotler）提出的可持续营销理论成为营销管理实践越来越重要的一个理论，也成为营销管理理论发展的主要趋势。在其可持续营销理论中，科特勒认为企业营销模型由4种互不相容、共同耗损的因素构成：变革（Change）、顾客（Customer）、对手（Competitor）、公司（Company），即4C钻石营销模型①，企业的价值由价值供应者（竞争对手、新兴的市场供给者），价值需求者（忠诚、流动、新兴的顾客），价值变迁因素（技术、政治、法律、市场、文化等）和价值决定者（企业自身）共同决定。新兴的市场供给者（市场威胁者）和市场需求者，不断变化的环境和市场供需能力都会影响企业价值的实现和创造。因此，企业自身（价值决定者）应基于自身的现有竞争力（资源禀赋）、风险态度和风险管理能力、延伸可能性来进行有效的营销管理创造价值或投资，或者选择放弃营销管理活动减少损失。健康保险企业作为一个典型的以营利为目的的企业，可持续营销理念应在现代健康保险营销管理的理解中有明显的体现。

综上分析，结合健康保险营销管理在健康保险企业价值链中的重要地位和在企业价值创造过程中的作用方式，可得出健康保险营销管理的外延：是以可持续发展为基本经营理念下的健康保险营销管理，是能基于保险企业自身的资源禀赋、外部环境、同类市场供给者以及需求者的变化而适时调整变化（延伸）的健康保险营销管理，其以健康保险产品（服务）为主要载体，以风险管理（控制）为基础保障，以创造或增加企业价值为核心目标的一项管理活动。

---

① ［美］菲利浦·科特勒等著，李宪一译．反思：可持续营销——亚洲公司成功的战略、战术和执行力［M］．北京：中国市场出版社，2008：31—32．

第三节　健康保险营销管理与其他类别保险营销管理

健康保险，相对于传统人寿保险、养老保险、财产保险，在经营特点和运营管理模式上都有明显不同。本节将分别从这些险种的性质入手，对其营销管理进行比较。

一、健康保险营销管理与人寿保险营销管理的比较

健康保险与人寿保险营销都是人身保险营销的重要组成部分，承保的风险性质都具有变动性和不易预测性；健康保险适用一般人寿保险的不可争条款、宽限期条款、不丧失价值条款；有的健康保险产品如重大疾病保险，按照合同规定向被保险人给付保险金，和一般的人寿保险给付是一样的。但是，由于健康保险在产品形态、风控手段和客户服务等方面的特征，与人寿保险营销管理存在很大的区别。

（一）产品保险标的与保险事故不同

健康保险是以被保险人的身体健康作为保险标的，保险公司承保被保险人因疾病或意外事故等造成的医疗费用或收入损失，而不是死亡；人寿保险是以被保险人的生命作为保险标的，以被保险人在保险期限内死亡或期满生存作为保险事故的一种人身保险业务。人寿保险所承保的风险包括生存风险、死亡风险或这两种风险的综合。[①]

（二）保险期限与承保风险不同

除重大疾病等保险以外，绝大多数的健康保险尤其是医疗保险，保险期限往往为一年期，原因在于健康保险疾病发生率波动性较大，医疗费用分布变化不规则，保险公司较难计算出一个长期适用的健康保险费率，一般来说采取的是经验费率，经营成本和承保风险相对较高，费率远高于人寿保险；而一般的人寿保险主要是长期合同，产品定价基础主要基于生命表，生命表中死亡率相对稳定，采用均衡费率进行缴费，承保风险较小，承保利润比较稳定。

---

① 普通人寿保险可以分为定期寿险、终身寿险、两全保险和年金保险。定期寿险和终身寿险都以死亡为给付保险金条件，不同在于定期寿险的保险期限为固定年限，终身寿险的保险期限为终身。两全保险指在保险期间内以死亡或期满生存为给付保险金条件的人寿保险。年金保险是以生存与否为给付保险金条件，按约定分期给付保险金，且分期给付保险金的间隔不超过一年（含一年）的人寿保险。

（三）精算技术不同

健康保险的精算定价相对于人寿保险复杂，侧重考虑的是与人的健康状况密切相关的疾病发生率、伤残率和疾病（伤残）持续时间，年底未到期责任准备金一般按照当年保费收入的一定比例提存；人寿保险是以生命表为定价基础，死亡率相对稳定，在制定费率时主要考虑死亡率、费用率和利息率。

（四）给付方式不同

根据给付方式划分，健康保险可以分为定额型健康保险和费用型健康保险两种。费用型健康保险侧重被保险人因伤病所发生的医疗费用或收入损失，是补偿性的给付，与一般的人寿保险给付有较大区别。在人寿保险领域，只要发生了保险合同约定的保险事故，保险公司就要按照合同规定给付保险金。共有三种：红利、退保金和保险金给付。

此外，健康保险合同与人寿保险合同相比，还采用一些特有的条款，如既存状况条款、转换条款、协调给付条款、体检条款、免赔额条款、等待期条款等。

从健康保险经营初期投入来看，与人寿保险经营相比，其由于理赔发生频繁，医疗风险管控难，运营成本高，经营管理复杂，初期投入更大，需要在理赔、客户服务等方面投入大量的人力和物力，运营成本较高，盈亏平衡周期更长。

二、健康保险营销管理与财产保险营销管理的比较

健康保险属于补偿性质的保险，是为被保险人发生的医疗费用和残疾后的收入损失提供补偿，与财产保险具有相同的补偿性质和精算基础，多数国家允许非寿险公司经营这两个险种。在险种性质上的共同点有：

费用型健康保险合同和财产保险合同都属于补偿性合同，都适用重复保险损失分摊原则与代位求偿原则。[①] 两者的年末未到期准备金都按当年保费收入的一定比例提存。健康保险的保险期间以一年期居多；费用型健康保险的给付金额按实际发生的费用或收入损失而定；健康保险一般不指定受益人，这些都与财产保险是一致的。

由于健康保险的特性，一些国家把健康保险和意外伤害保险列为第三领域，允许财产保险公司承保。我国《保险法》和《健康保险管理办法》也规定，经营财产保险业务的保险公司经保险监督管理机构核定，可以经营短期健康保险和意外伤害保险

---

① 保险代位求偿权即保险代位权，是指在保险人已向被保险人支付赔偿金后，取得被保险人向造成损害的责任第三人的求偿权利，即保险人成为被保险人求偿权的受益人，并有权以自己的名义或以被保险人的名义起诉责任第三人，要求其赔偿其已支付的保险赔偿金的权利。

第一章
健康保险营销管理界定

业务。①

不同点在于,健康保险是人身保险按照保险责任划分的一种形式,与人寿保险、意外伤害保险一起构成人身保险的三大产品系列。而作为保险业务的另一大门类,财产保险是以财产及其相关利益为保险标的的保险,包括财产损失保险、责任保险、信用保险、保证保险、农业保险等。它是以有形或无形财产及其相关利益为保险标的的一类补偿性保险。

财产保险与健康保险在营销管理上的区别主要归结于财产保险与人身保险属性的区别,集中体现在对风险选择与赔付处理上。

保险公司的承保过程需要进行风险选择,可以是对"人"的选择,也可以是对"物"的选择。财产保险的标的是"物",但拥有或控制财产的被保险人也会影响标的风险大小,因而财产保险除了对"物"进行选择外,还存在对"人"的选择问题。在健康保险中,对"人"的选择就是对标的的选择,一般不涉及"物"的选择。

发生保险责任范围内的损失时,财产保险适用补偿原则,被保险人获得的补偿不能高于其实际损失。可以选择的赔偿方式有:按照受损财产的价值赔偿;赔付受损财产基本恢复原状的修理、修复费用;修理、恢复受损财产原状,使之达到与同类财产基本一致的状况。健康保险的给付是否适用补偿原则不能一概而论,其中定额给付型的健康保险不适用这一原则,保险金的给付与实际损失无关。

三、健康保险营销管理与养老保险营销管理的比较

保险公司经营的养老保险是商业养老保险,是以人的生命或身体为保险对象,在被保险人年老退休或保险期间届满时,由保险公司按合同规定支付养老金,它是社会养老保险②的有力补充。

目前,我国保险市场上绝大多数商业养老产品是限期缴费的年金保险,即投保人按期缴付保险费到特定年限时开始领取养老金。如果年金受领者在领取年龄前死亡,保险公司或者退还所缴保险费和现金价值中较高者,或者按照规定的保额给付保险金。养老保险从业务上分为个人养老年金保险业务、团体养老年金保险业务和企业年金管理业务三种。

保险公司经营的健康保险与养老保险同属于人身保险范畴。随着老龄化社会的到

---

① 短期健康保险业务是指保险期间在一年及一年以下且不含有保证续保条款的健康保险。保证续保条款是指在前一保险期间届满后,投保人提出续保申请,保险公司必须按照约定费率和原条款继续承保的合同约定。

② 社会养老保险作为社会保障制度的重要组成部分,是国家和社会根据一定的法律和法规,为解决劳动者在达到国家规定的解除劳动义务的劳动年龄界限,或因年老丧失劳动能力退出劳动岗位后的基本生活而建立的一种社会保险制度,在保险性质、资金来源、实施目的等方面与商业养老保险有较大区别。

来，这两者都能助力"老有所养"。2014年中国保监会印发的《保险业服务新型城镇化发展的指导意见》指出:"要统筹发展商业养老和医疗健康保险,完善城乡多层次社会保障体系,缓解新型城镇化建设过程中人口转移带来的社保压力。"从健康保险与养老保险的功能进一步延伸,不难看出,它们在老年需求上具有高度契合点,对各类适老保险产品,包括疾病保险、长期护理保险等的开发与创新是一致的,都能在长期照护、康养结合、医养结合等养老服务保障体系中发挥积极的作用。

健康保险与商业养老保险营销管理不同点来自对两者的性质的区分。

(一) 保险责任与险种不同

通常情况下,商业养老保险的保险责任主要包含以下内容:满期生存给付、养老金给付、疾病身故给付、重大疾病意外身故保障等;在险种设计上,商业养老保险还包括老年人意外伤害保险、住房反向抵押养老保险等。健康保险的保险责任主要有疾病给付、医疗费用给付、收入损失给付、护理给付等,给付不囿于老年群体。

(二) 保险期限不同

健康保险合同多为短期合同,健康保险的保险期限多为一年。与健康保险比,商业养老保险缴费期限和保险金领取时间跨度都比较长,有的长达几十年。

第四节 健康保险营销管理的基本内容

一、健康保险营销管理的一般内容

通俗来说,保险公司的健康保险营销管理工作,是对满足保险消费者健康保险需求的流程进行管理的过程。这个过程是在进一步了解健康保险营销管理基本理论和对健康保险营销风险进行识别衡量的基础上,发现市场营销机会,进行健康保险市场细分与目标市场选择、健康保险产品营销管理与产品创新、制定健康保险定价策略、健康保险渠道布局与管理、健康保险促销管理等。值得注意的是,在选择和制定健康保险营销策略时,始终要以健康保险消费者需求为导向。图1.3呈现了一般意义上的健康保险营销管理的主要内容。

第一章
健康保险营销管理界定

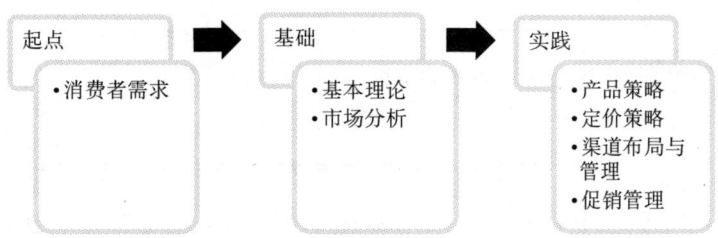

图 1.3　一般意义上健康保险营销管理的主要内容

二、本书的内容界定和框架

一般意义上的健康保险营销管理主要侧重将传统或经典的营销管理理论运用到健康保险中，这是目前大多数文献采用的方式。然而，通过前文的比较可以发现，健康保险营销管理和一般的（保险）营销管理既有区别，也有联系。因此，本书旨在一方面能够将传统与成型的营销管理理论具体运用到健康保险营销管理实践中，另一方面也希望结合健康保险营销管理活动实践对营销管理理论有新的拓展和创新。因此，本书认为健康保险营销管理一方面是健康保险经营主体管理活动的一个重要组成部分，另一方面也可自成一个理论体系，有理论渊源，有实践运用，也有自身的创新和生命属性。

以此为基础，本书将健康保险营销管理理论的体系主要分为以下几部分：（1）理论基础：健康保险营销管理内涵、理论渊源与变革；（2）实践运用与理论拓展：包括经典营销管理4P（price，place，promotion，product）理论在健康保险营销管理实践中的运用以及健康保险营销管理中的需求拉动和供给侧结构性改革实践探索，此部分的基础是市场分析；（3）创新与探索：健康保险营销管理模式选择与创新，此部分的基础是成本绩效分析和规模利润的博弈；（4）变革与展望：核心表达为在环境日新月异的当下和未来，讨论健康保险营销管理变革的必要性以及可能的方向。以此为健康保险营销管理理论的基本构成，也形成了本书的基本框架，图1.4呈现了本书界定的健康保险营销管理理论与本书具体章节的对应安排。

（一）健康保险营销管理的内涵与历史变革

健康保险是人身保险领域非常重要的种类之一。健康保险的特点决定了健康保险营销服务链条长，涉及领域宽，业务性质特殊，具有准公共产品属性。与此同时，健康保险营销过程中，参与主体多，风险因素复杂，这就需要我们对健康保险营销以及健康保险营销管理的基本概念、内涵特征等做出基本界定，以便在一定程度上解决健康保险及营销管理认识不到位的问题。健康保险的营销特点和营销管理模式，客观上决定了必须将健康保险作为与人寿保险、财产保险、养老保险不同的领域，建立单独

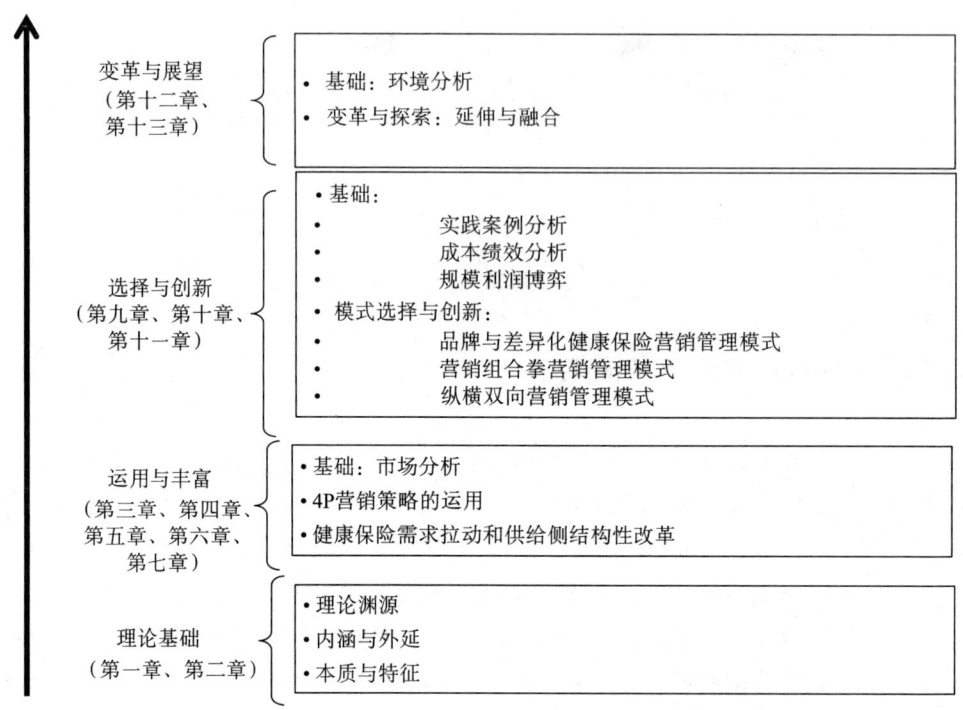

图 1.4　健康保险营销管理理论与本书内容安排的基本框架图

的核算制度、精算制度、风险管理制度和核保理赔制度。

本书介绍了商业健康保险发展，尤其是典型国家商业健康保险的发展模式及特征。通过对我国健康保险营销管理的发展历程与健康保险市场发展态势的回顾与分析，总结我国健康保险营销管理面临的机遇与挑战。根据健康保险营销管理程序，运用营销管理主要分析方法与工具，进行健康保险运营的风险管理。

（二）健康保险市场与健康保险营销策略

健康保险市场由主体、客体两部分组成。主体由健康保险的供给方（保险公司），需求方（健康保险消费者）与中介方（保险代理人、保险经纪人、保险公估人）构成。健康保险市场的客体是健康保险产品。市场细分是健康保险营销的一项重要手段，通过市场细分与供需分析，保险公司可以在健康保险领域准确地发现市场需求的差异性和客观存在的市场机会。

健康保险营销策略由产品、价格、渠道、促销几方面策略和健康保险营销供需分析等内容构成：

1. 健康保险产品营销管理

主要包括对医疗保险、疾病保险、失能收入损失保险、护理保险以及相关的医疗意外保险、医疗责任保险、政府合作医疗保险等险种进行营销管理与产品创新。

2. 健康保险价格营销管理

健康保险逆选择风险较大，医疗成本等变化较快。在开发和设计健康保险产品的过程中，最关键的技术就是定价。健康保险采用平衡原理与共济原理进行定价。①

3. 健康保险营销渠道管理

营销渠道管理是保险公司关注的重心，更是保险市场竞争中最有力的经营策略之一。健康保险营销渠道是健康保险产品在从保险公司转移到健康保险消费者的过程中所经历的途径。对健康保险营销渠道的研究主要集中在三个方面：一是营销渠道的形式包括对传统渠道与新型渠道的管理；二是营销渠道的选择与互联网销售创新、销售队伍的培育与发展；三是由于保险公司和各种保险渠道在功能上互相补充，相互之间在某种程度上又具有替代的关系，由此产生的矛盾和冲突如何进行管理。

4. 健康保险促销管理

促销是保险公司向消费者传递有关保险公司及其产品的信息，激发消费者的购买欲望，并促使其产生购买行为的活动。保险公司运用价格促销与服务促销两种方式，将不同的险种进行组合促销。健康保险促销管理的过程就是对广告、公共关系、销售促进、人员推销四种促销方式进行选择、搭配和运用的过程。

5. 健康保险的需求拉动与供给侧结构性改革

消费者对健康保险需求迫切，政府与监管机关也一直鼓励健康保险创新发展。然而，保险行业在健康保险产品供给方面却远不及寿险充分，所以从产品与服务两方面分析各类健康保险消费者的需求，分析健康保险服务创新、健康管理、道德风险与诚信教育等。

（三）健康保险营销管理的模式、策略与实践

1. 健康保险营销管理的基本模式与模式选择

包括健康保险营销模式、健康保险营销管理模式选择与模式创新、健康保险的业绩与利润等内容。

2. 健康保险营销管理策略与成本分析

研究细分市场中营销组合、服务与技术的整合；保险公司进行纵向销售和交叉销售；进行品牌营销与差异化营销；采用医疗养老产业链、大健康产业链的深度营销模式；进行健康保险营销成本分析与成本管理。

3. 实践案例分析

伴随国内健康保险的发展，我国健康保险营销管理实践既借鉴了国外的经验，又

---

① 平衡原理，是指在整个保险期限内，投保人为风险水平不同的被保险人缴纳的保险费，应当与用于该类被保险人的保险金给付和各项管理费用支出的价值相等，也就是期望的收支平衡。共济原理，是指直接估计出总的保险金给付和管理成本，然后将其平均分摊到该地区的所有投保人身上。

在本国的特定环境下探索出了很多有价值和特色的营销管理模式和策略，例如员工综合福利保障计划整合营销策略的应用、政府合作医疗业务的综合营销，"健康管理＋健康保险"的营销模式等。探寻健康保险营销管理的最佳营销策略，是健康保险营销的宗旨所在。

（四）健康保险营销管理的趋势与展望

1. 环境变化与健康保险营销管理变革

为有效了解健康保险市场的成长或衰退、企业所处的情况、潜力与经营方向，保险公司需要对四大类影响健康保险市场的主要外部环境因素：政治（Political）、经济（Economic）、社会（Social）和技术（Technological）进行分析。

健康保险和医疗技术进步联系非常密切。在技术研究层面，医学、基因组学、生物信息学等多个学科领域不断的技术创新对健康保险领域的影响巨大。医疗技术的进步往往伴随着医疗费用的提高，这就提高了消费者对健康保险的需求，从而促进了健康保险的发展；健康保险的发展又提高了消费者对医疗服务的需求，进一步推动医疗技术的进步；同时，医疗技术进步又带来医疗费用急剧攀升，如此形成循环。

在科技创新的今天，互联网、大数据、区块链将成为健康保险营销创新的三股核心力量。互联网保险业在科技的运用下升级了健康险，除了使健康保险种类多样、贴近消费者需求外，还在健康保险中构建信用模型，记录体检报告、诊疗记录、运动记录等数据，为集合以及集合效率的提升提供了可能，同时将从根本上解决信息不对称问题。[①] 大数据能够整合内部数据，从不同角度为每一位健康保险消费者"画像"；引入金融部门银行系统的数据，丰富理财、储蓄数据，挖掘健康保险消费者潜力。消费者的健康证明等相关资料储存在区块链上面，客户本人在查看的同时，还可以在区块链上授权给保险公司，保险公司在区块链上调取病历、健康证明等进行核保，节省客户投保审核的时间、投保费用，也降低保险公司的成本和费用。

代际的变迁使得社会整体消费倾向不断提高，居民的消费结构随收入增长呈现"先商品后服务"的阶段性特征。未来，将是医疗护理保险服务不断攀升的时代，保险公司需要抓住机遇，提供成本更低、质量更高、体验更好的商品与服务。

2. 健康保险营销管理的延伸与发展趋势

在新技术信息互联网区块链等背景下，健康保险营销管理本身的变化和趋势值得研究与关注。从国内市场环境看，首先，应该拥有一个比较成熟和自由竞争的医疗市场；其次，国家从立法角度应给予健康保险明确的市场空间，充分重视其社会管理功

---

① 王和. 互联网、大数据、区块链将成为未来重构金融的三股核心力量？[N]. 上海证券报，2017－06－21.

能的作用，配套完善各项政策，创造良好的外部经营环境。健康保险营销及其管理模式变革趋势，营销管理策略发展趋势，营销产品管理、价格、渠道和促销等趋势，营销管理供需变化趋势，营销管理思维的变化趋势，都充满了机遇与挑战。

本章小结

健康保险营销管理既是一般营销管理理论在健康保险营销实践中的运用，也能自成一体，体现其自身的特色和基本属性。本章界定了健康保险营销、健康保险营销管理等基本概念，并将其与一般（保险）营销管理进行比较，呈现了健康保险营销管理的本质与特征。作为本书的开篇之章，着重强调了区别于一般的（保险）营销管理，健康保险营销管理理论有其自身的理论渊源、内涵外延及自身的生命属性。以此为基础，本章界定了区别于一般教材中对健康保险营销管理理论的通俗理解，构建了自成一体的健康保险营销管理理论，包括理论基础、理论的实践运用与丰富、模式选择与创新以及理论变革等四大模块，并在文中说明了健康保险营销管理理论在后续章节内容中的对应，为读者根据需要和兴趣进行选择性的学习提供了指引。

专业术语

1. 健康保险营销管理：通过创造、提供、自由交换有价值的健康保险产品和服务的方式，获得利润并满足健康保险消费者需求的管理过程。
2. 营销管理：它是计划和执行关于商品、服务和创意的概念化、定价、促销和分销，以创造符合个人和组织目标而交换的一种过程。
3. 商业健康保险：由商业保险机构对因健康原因和医疗行为导致的损失给付保险金的保险，主要包括医疗保险、疾病保险、失能收入损失保险、护理保险以及相关的医疗意外保险等医疗执业保险。

思考题

1. 如何理解健康保险营销的定义？
2. 健康保险营销的特征是如何体现的？
3. 哪些风险因素影响健康保险营销的开展？
4. 请描述营销管理理论的演化与健康保险营销管理的特征。
5. 与人寿保险、养老保险、财产保险等领域的营销管理比较，健康保险营销管理体现什么样的特点？

第二章

健康保险营销管理的历史与变革

本章介绍健康保险营销管理的起源与历史沿革。结合监管政策分析国内外相关发展情况。第一节介绍健康保险营销管理的实践兴起与发展;第二节分析健康保险营销管理理论演化与变革;第三节介绍健康保险营销管理的程序与方法;第四节阐述健康保险营销的战略管理;第五节分析健康保险营销的风险管理等内容。本章的写作目的在于能够让读者对健康保险营销管理的起源、发展以及变革有概括性认识,能够学习、体会用动态、演进的视角和眼光看待健康保险营销管理。

第一节 健康保险营销管理的实践兴起与发展

一、健康保险业的发展

(一) 国外健康保险发展历程

中世纪晚期,为了消除疾病灾害,欧洲的一些民间疾病救助组织通过共同筹资的自愿行为,实现医药费互助。尽管抵御风险的能力还很低,但到了 18 世纪末 19 世纪初,这种民间组织形式在西欧不断发展,逐渐成为相关国家筹集医疗经费的重要途径。

德国既是医疗保健制度的创始之地,又是商业健康保险的发源地。1685 年,普鲁士王朝建立国家卫生管理制度。1882 年，德国政府通过立法建立了疾病保险制度，以立法的形式推进健康保险经营管理模式的发展。1911 年，德国实施《联邦健康保险法规》，私人机构逐步进入健康保险领域，对疾病费用、住院费用、择医选院等费用和服务进行补偿。商业健康保险取得突破性发展则是在美国。20 世纪 30 年代的经济危机之后，美国健康保险得到了长足的发展，政府承担极为有限的健康保险责任，公众的医疗风险和健康保障需求主要通过商业健康保险模式来解决。①

失能收入损失保险出现的历史较早。最早可以追溯到 14 世纪德国的私营救助基金为失能矿工给予收入补偿。作为独立险种，则是 1884 年由英国医疗疾病社提出，一年以后英国爱丁堡世纪保险公司开始发售个人失能保单。经过一个多世纪的发展，失能收入损失保险已经成为欧洲和北美等保险市场的成熟商品，也是工业化国家应对劳动者失能风险的重要保障措施。失能收入损失保险在我国目前还处于初级发展阶段，我国 2006 年 9 月颁布的《健康保险管理办法》把失能收入损失保险类作为商业健康保险的重要组成部分。2008 年 10 月，中国人民健康保险股份有限公司推出国内市场首款可以补偿因工伤或非工伤导致伤残人员收入损失的保险——"金福利"，通过团体营销渠道在全国销售。②

自 1968 年直到 21 世纪初，在荷兰、以色列、德国、卢森堡、日本以及韩国等国纷纷实施社会化长期护理保险模式的背景下，1974 年以来，以美国、法国为代表的二十多个国家、地区则积极推行商业长期护理保险。但长期以来，商业长期护理保险的市场份额一直较小。美国是当今世界上最大的商业长期护理保险市场。2005 年我国首次引入长期护理保险概念，2006 年，我国长期护理保险产品由中国人民健康保险股份有限公司推出。

现代意义上的重大疾病保险，是由南非外科医生马里优斯·巴纳德博士（Dr. Marius Barnard）在 1983 年与南非 Crusade 人寿保险公司合作首创的，目的在于缓解被保险人患上重大疾病或实施重大手术后所承受的经济压力。重大疾病保险最初只涉及突发性心脏病（急性心肌梗塞）、癌症（恶性肿瘤）、脑中风和冠状动脉搭桥术四个病种。1986 年后，重大疾病保险被陆续引入英国、加拿大、澳大利亚、东南亚等国家和地区，并得到了迅速发展。1995 年，我国内地市场引入重大疾病保险之后，各家保险公司对承保的重大疾病进行规范时，使用的是自己的"保险医学定义"。为维护消费者权益，2007 年 8 月 1 日实施的《重大疾病保险的疾病定义使用规范》对最常见的 25 种疾病的表述进行了统一和规范。我国是继英国之后第二个对此进行规范的国家。

---

① 叶朝晖，王治军．西方国家商业健康保险的发展要素研究［J］．中国保险，2014（01）．
② "金福利"团体失能收入损失保险可与医疗、疾病和意外等产品组合成较完整的企业员工福利保障计划，能够设计差异化的保障水平以满足企业投保的需求。资料来源：http：//www.picchealth.com／．

事实上，社会医疗保险制度在很大程度上是商业健康保险发展的重要推动因素。1883年德国俾斯麦政府颁布的《疾病社会保险法》规定从事工业性劳动的工人必须参加疾病社会保险，这部法律的颁布标志着社会健康（医疗）保险的正式诞生，随后日本、英国、法国等发达国家效仿德国实施社会疾病（医疗）保险，1935年美国《社会保障法》的实施进一步推进了全球社会医疗（健康）保险的快速发展。在全球社会医疗（健康）保险快速发展过程中，国家（政府）成为社会医疗保险市场的主要参与者和供给者，工人、家庭、雇主等个体在法律政策的驱动下成为市场的需求者，成就了政府主导的社会医疗（健康）保险市场，健康保险服务（产品）以为某一类社会群体（例如工人、农民等）服务为主要内容。

然而，随着全球社会医疗保险制度（政策）的调整，商业健康保险市场得以形成并快速发展，主要原因在于全球经济和政治环境的变化。20世纪70年代，全球社会医疗保险制度在大部分发达国家以及部分发展中国家得以普及，然而随着70年代石油危机的爆发和全球金融（经济）环境的变化，发达国家经济增速放缓的直接后果是政府财政收入的减少而使得"福利国家"的部分政策难以为继，其中就包括需要政府支付大量费用的社会医疗保险制度。针对这一现实，越来越多的国家开始注重个人、家庭、雇主等个体自身对健康风险的责任，并试图通过市场以提高医疗保险的效率。在此背景下，全球商业健康保险市场逐渐开始发展并不断壮大，专业的商业健康保险公司（组织）、人寿保险公司、财产保险公司都成为健康保险市场的重要供给主体，提供的健康保险产品也不再局限于为某一个群体服务而面向全体社会成员，既提供团体健康保险产品，也提供个人健康保险产品，既为雇员及其家庭提供健康保险服务，也为雇主提供健康保险服务，商业健康保险市场逐渐成为人身保险市场的主要构成部分。尤其是美国，商业健康保险市场备受瞩目，得益于后发优势和发达的商业文化，美国国民的健康风险保障主要依靠个人（主要是雇主）与保险供应商的商业交易而非政府，因此其保险产品和服务类型众多，供给主体既包括以营利为目的的保险公司，也包括非营利组织，例如蓝盾和蓝十字会组织。

（二）国内健康保险市场发展态势分析

1. 健康保险发展增速较快，总体规模较小

与产险、寿险相比，健康保险的增长很快。截至2016年底，超过120家保险公司开展健康保险业务。备案销售的健康保险产品超过2 450种。2013年以来，健康保险年复合增速在40%以上。保险公司十分注重强化互联网、移动设备对健康保险的技术支持；产品创新和增加健康管理增值服务方面也都有实质性的举措。2010—2016年，健康保险原保费收入从691.72亿元增长到4 042.50亿元，增长4.8倍；健康保险赔付从264.02亿元增长到1 000.75亿元，增长2.8倍；健康保险深度由0.17%增

长至 0.54%；密度由 50 元/人增长至 292.3 元/人。① 2016 年，全球非寿险业保费增长 3.7%，新兴市场表现强劲，其非寿险保费增速达到 9.6%，高于 8.3% 的 10 年平均值。中国非寿险保费高达 20% 的增速，大幅提高了新兴市场的整体数据，其增长的主要原因在于健康险保费的快速上升。② 与此同时也应看到，尽管健康保险保费增速明显，据测算，2010—2016 年健康保险占人身保险保费收入比重从 6.37% 增长到 18.18%，但与国外成熟保险市场商业健康保险 30% 的比重相比，仍存在不小差距。

2. 健康保险产品结构"寿险化"特征明显

近十年来，保险公司对健康保险的专业化发展进行了不断探索，但从健康保险产品和服务的提供来看，由寿险公司提供的"寿险化"健康保险产品依然占据主流地位，各保险公司主推的大多为嵌入长期储蓄功能的长期重大疾病保险产品，接近于储蓄型寿险的护理保险成为专业健康保险公司发展中短存续期业务的主要手段，真正的护理保险保费收入很少，失能保险也刚刚起步。从经营上来看，部分保险公司存在重保费规模、轻专业能力建设，以普通寿险的经营方式来运作健康保险的现象。

二、健康保险市场发展及模式

如前所述，社会医疗保险和商业健康保险共同构成了医疗保障体系，社会医疗（健康）保险市场和商业健康保险市场的发展相互影响，是健康保险市场的共同构成。目前，全球各国商业和社会健康保险在医疗保障体系中发挥的作用不同，根据政府和市场在健康保险市场中的参与程度和角色，可以把健康保险市场发展模式概括为以下三种。

（一）以商业健康保险为主的健康保险市场模式

这种模式一般存在于公共医疗保障体系未实现全民覆盖的国家，商业健康保险是国民基本健康保障的支柱，是大部分人群主要或唯一的医疗保障来源，以世界上商业健康险最为发达的美国为典型代表。在美国，大部分就业人员通过商业健康保险来获得医疗保障，中产阶级或富有人群可以自费购买高端商业健康保险；而社会医疗保险相比而言覆盖的人群相当有限，只对老年人、儿童、残疾人、穷人、军人和享有医疗救助待遇资格的家庭等特定群体提供服务。2013 年，美国商业医疗保险覆盖率为 64.2%，公共医疗保障为 34.3%，无保险人群占比为 13%。③ 健康保险产品方面，美国的商业健康保险以团体购买为主。

---

① 中国保险行业协会网站："2017 中国健康保险峰会在绍兴召开"（2017 年 3 月 28 日）。
② 瑞士再保险研究院：sigma 报告，2017 年 7 月 5 日。
③ 资料来源：Census Bureau (2014), "Health Insurance Coverage in the United States: 2013".

在以商业健康保险为主的市场模式中，主要的供给主体是各类保险公司，控制医疗保险费用和提高健康服务效率往往成为主要的经营目的，而保险产品（服务）表现为多层次、多元化的特征。因此，自20世纪70年代起，美国经营健康保险的各类保险公司普遍采用管理式医疗（Managed Care），即将医疗服务的提供和提供医疗服务所需资金的供给结合起来，控制医疗费用的上涨。管理式医疗直接参与医疗服务体系的管理，这是与传统健康保险模式（后付制方式理赔，FFS）最明显的区别。在支付方式上，美国自1983年引进并大规模应用DRGs付费方式[①]，很好地改善了健康保险的控费能力。

（二）公共社会医疗保险为基础、商业健康保险为补充的健康保险市场模式

这种模式下的国家社会福利程度较高，往往都有着覆盖全体国民而且相当完善的公共医疗保障体系，商业健康保险并不占优势地位，但它是国民为享受更好或更方便的健康服务而自愿选择的一种模式，其发展取决于政府对于商业健康保险的支持力度和重视程度等。这种市场模式的典型代表国家是英国。英国于1948年颁布了《国家卫生服务法》，开始推行国家卫生服务保障模式（National Health Service，简称NHS）。NHS提供统一标准的医疗保障，充分覆盖全体国民。为缓解公立医疗机构的压力，商业健康保险作为NHS的替代产品出现，提供基本医疗服务外的牙科保险、收入损失保险、重大疾病保险、长期护理保险、旅游保险等，资金支持来源于雇主和投保人自行缴纳的保险费。与NHS相比，英国商业健康保险得到政府的支持力度很大，能够为被保险人提供更多的医疗机构选择权、更有效率的健康保险产品与服务。在英国没有专门针对商业健康保险而特设的监管法律，它从属于非寿险监管。

在以商业健康保险为主要补充的市场模式中，商业健康保险供给者主要提供高端的健康保险产品（服务），市场需求者以健康需求和生活质量要求更高且具有较强支付能力的民众为主，但有很强的普遍性，同时商业健康保险产品（服务）以个性化、差异化或（甚至）定制化为主要特征。

（三）以强制性社会保险为主、商业健康保险为辅助作用的市场模式

这种模式下的国家都有着比较复杂和完备的社会保障体系，实行以法定强制保险为主、私人自愿保险为辅的医疗保障制度。典型国家是德国。德国法律规定保险行业实行分业化经营，财险和寿险公司不得兼营商业健康保险，保险公司采取产品专业化

---

① DRGs（Diagnosis Related Groups）中文翻译为（疾病）诊断相关分类，它是当今世界公认的比较先进的支付方式之一。DRGs的指导思想是：通过制定统一的疾病诊断分类定额支付标准，达到医疗资源利用标准化。有助于激励医院加强医疗质量管理，迫使医院为获得利润主动降低成本，缩短住院天数，减少诱导性医疗费用支付，有利于费用控制。

开发策略，对客户定位、保单设计、核保核赔、信息系统、数据分析等方面专业化程度较高。德国的商业健康保险不受限于补充保险范围内，是法定健康保险之外一个具有独立、完全特点的保险制度，商业健康保险市场定位和保险产品既包括参加法定医疗保险人群的单一型补充医疗保险产品，也包括未参加法定医疗保险的人群的替代型医疗保险产品。据统计，2011年德国的商业健康保险覆盖了31.9%的人口，其中10.9%仅被商业保险覆盖，21%同时拥有商业健康保险和社会医疗保险。[①]

在此市场模式下，由于大部分民众已有较为全面和一定层次的社会医疗保障，对更高层次的商业健康保险需求可能相对不足，因此，商业健康保险市场的主要需求者是尚未进入社会医疗保险体系的群体，供给者主要表现为各类保险公司，而保险产品以能够提供相对社会医疗保险更高层次的保障为主，体现的是保障层次的提高。

三、健康保险营销管理发展及现状

（一）典型国家和地区健康保险营销管理发展历程

如前所述，全球存在着有不同特征的健康保险市场模式，这些不同的健康保险市场模式中商业健康保险的地位和角色不尽相同，也促进了不同的健康保险营销管理发展。

在以美国为代表的商业健康保险为主的市场模式中，由于主要的供给者是保险公司，市场竞争相对激烈，节省经营成本和保持盈利是其主要的经营目的，而保险产品以向雇主提供团体健康险为主，因此美国健康保险市场营销方式从最初的员工直销发展为目前的以代理制为主，代理人往往隶属于独立的代理公司或某一家单一的保险公司。前者可以带来销售多家保险公司的健康保险产品，而后者只能销售单一的保险公司的健康保险产品。显而易见，独立代理人的营销方式可以节省营销管理成本，提高经营效率，而签约性的代理人可以增加营销人员对公司的忠诚度和有利于健康保险产品品牌的建立和维护。

在以英国为代表的商业健康保险为主要补充的市场模式中，市场需求者以健康需求和生活质量要求更高且具有较强支付能力的民众为主，而商业健康保险产品（服务）应体现适用性，因此健康保险营销应以满足消费者需求为主要目的。受伦敦劳合社保险市场的发展和交易习惯的影响，英国健康保险营销主要方式以保险经纪人模式为主，保险经纪人和保险代理人的主要差异在于代表的利益主体不同，保险经纪人代表投保人的利益，以为投保人提供恰当的健康保险服务为主要目的，正好契合了英

---

① 中国保险行业协会. 商业健康保险国别研究报告［M］. 北京：中国金融出版社，2015.

国健康保险市场的特征。

在以德国为典型代表的商业健康保险为辅的市场模式中，市场需求者范围相对集中，挖掘那些尚未进入社会医疗保险体系中的人群，使之成为商业健康保险的有效需求者是商业健康保险市场营销的关键。一般而言，在一个需要建立广泛而有力的社会医疗保险制度的国家，其民众往往对政府有较强的信任和依赖，因此对市场的有效需求可能会相对较弱。基于此，借助（建立）一种容易赢得民众信任的政府资源（营销渠道）是成功营销的关键。在此背景下，银行保险成为一种有效的健康保险营销方式。银行保险起源于法国，后在西欧一些国家快速发展。

（二）我国健康保险营销管理的发展历程回顾与实践

1978年是中国实行改革开放的起点，也是我国营销管理实践的起点。伴随着经济发展的快速增长，消费者对自身、企业对员工的健康保险意识及需求正在逐步增大，人口老龄化的趋势以及医疗费用的逐年增长，也激发了社会对健康保险的强烈需求。

我国健康保险是从1982年开始出现的，至今已有30多年的历史。伴随健康保险的发展，健康保险营销可以分为以下几个阶段。

1. 起步阶段（1982—1997年）

国内恢复保险业务后，中国人民保险公司上海分公司在1982年开办"上海市合作社职工医疗保险"，这是我国内地的第一笔商业健康保险业务。1985年，中国人民保险公司开始试办合资企业中国职工健康保险，保险责任包括门诊和住院医疗。为配合计划生育基本国策的实施，1990年中国人民保险公司开办了计划生育系列保险。1995年，我国保险公司首次将重大疾病保险作为寿险附加险推向市场，提供7种重大疾病的保障。1995—1997年，各家保险公司尝试推出重大疾病保险主险产品，摸索将定期保障延长至终身保障，结合市场需求，经过不断探索，重大疾病保险在保费规模上成为商业健康保险的第一大险种。

在起步阶段，社会医疗保险对商业健康保险的"挤出"效应较明显，商业健康保险发展受制于较薄弱的核保和理赔技术，也缺乏经验数据的支持，只能提供保险责任比较简单、以费用补偿型为主的医疗保险产品。1995年以后，各家保险公司积极开发新产品，探索重大疾病保险，为之后的商业健康保险发展奠定了较好的基础。

2. 初步发展阶段（1998—2003年）

1998年12月，《国务院关于建立城镇职工基本医疗保险制度的决定》出台，标志着在中国实行了40多年的公费、劳保医疗保障制度被新的社会医疗保险制度取代。由于参加社会医疗保险的员工生病住院需要自付相当高的比例费用，这次改革为商业医疗保险留下了广阔的发展空间。财政部也下发了关于企业建立职工补充医疗保险的文件，企业补充医疗保险费在工资总额4%以内的部分，可从应付福利费中列支。这些都为商业健康保险的发展提供了契机。

从当时的消费者需求来看，2001年，中国消费者协会曾对全国六城市进行的消费者与保险调查显示：在社保之外还需购买商业保险的消费者占50.1%；健康保险是消费者预期需求最高的；35.8%的被调查者认为应先买健康保险，需求欲望高于养老保险和寿险。①

从保险供给角度看，从2000年开始，保证续保医疗产品②、非传统门诊医疗保险产品、分红型重大疾病保险产品出现；银行渠道开始营销健康保险产品。2001年开始，保险公司开始在江苏江阴、河南新乡等地，以委托管理方式参与新农合③，开创了"征、管、监"相分离的新农合运行机制，拓展了健康保险服务领域。2002年底，中国保监会颁布《关于加快健康保险发展的指导意见》，鼓励保险公司推进健康保险专业经营。2003年，《个人分红保险精算规定》规定健康保险产品不能采取分红的形式，使产品更加集中于健康保障，健康保险成为行业提供风险保障功能的核心领域。④

这一发展阶段的特征是，传统的公费、劳保医疗制度被打破，新的社会医疗保险制度正在探索之中，保险公司依托寿险，在外部政策环境的大力支持下快速拓展市场，健康保险营销面临较好的发展机遇，商业健康保险市场潜力巨大。但与此同时，必须看到，与当时商业健康保险的较大需求相比，各家保险公司的有效供给还严重不足，市场定位较模糊，对发展健康保险普遍采取谨慎态度。除了对风险较容易控制的定额给付型重大疾病保险进行市场争夺外，对消费者急需的住院医疗保险和门诊医疗保险的营销管理因为风险不能确定而一直踌躇不前，造成健康保险产品同质性较强，市场的细分工作很不到位。

3. 探索专业化、多元化阶段（2004年至今）

伴随着我国经济的快速发展，商业健康保险进入21世纪以后得到了较快的发展，体现在健康保险保费收入增长迅速，相关产品种类丰富，经营主体不断增加。根据修改后的《保险法》，从2004年开始，财险公司也可以经营短期健康险业务，这表明经营健康保险业务的保险公司范围几乎不受限。但这一时期健康保险大部分与寿险捆

---

① 刘利霞. 我国商业健康保险产品开发研究［D］. 西南财经大学，2011：10.
② 短期医疗险一般都是一年一保，如保险期限内被保险人出险，保险公司赔付后，下一年往往无法续保。而保证续保是指，保险公司在保险期限结束后必须无条件地给被保险人续保。一旦承诺保证续保后，就失去了对被保险人进行核保的权利，不论被保险人新患何种疾病，保险公司都不得对其增加保费，更不能拒保。
③ "新农合"是新型农村合作医疗的简称，是指由政府组织、引导、支持，农民自愿参加，个人、集体和政府多方筹资，以大病统筹为主的农民医疗互助共济制度。采取个人缴费、集体扶持和政府资助的方式筹集资金。
④ 冯鹏程. 健康险：站在千亿平台上的思考［N］. 中国保险报，2014-1-15.

绑在一起，没有实行专业化。由于健康保险与寿险在产品与营销上呈现不同的特点，非专业化的运作模式已不能适应形势发展的需要，建立专业的健康保险公司已成为保险业的共识。2004年，中国保监会批准人保健康，平安健康，正华健康（后改制为寿险公司，并更名为中融人寿保险公司），昆仑健康，阳光健康（后更名为瑞福德健康）5家专业健康保险公司筹建，这些公司在市场竞争中专注于探索健康保险专业化经营模式，标志着我国健康保险专业化经营开始走向一个新阶段。

截至2016年底，我国获批的专业健康保险公司共有7家，分别是人保健康、平安健康、昆仑健康、和谐健康、太保安联健康、复星联合健康与瑞华健康。递交中国保监会成立专业健康保险公司的牌照申请已达50多张，阿里巴巴康美药业、东软集团等也有申请牌照的计划，这些拥有大数据资源的互联网公司和医药龙头企业也为健康保险专业化、多元化发展注入了新的活力。

从中国保监会颁布的规章制度来看，2006年颁布《健康保险管理办法》，是我国第一部健康保险专业化监管规章。2007年，《重大疾病保险的疾病定义使用规范》则对最常见的25种疾病表述进行了统一和规范。2008年中国保监会出台《健康保险统计制度》，规范了健康保险及其相关业务分类，统一了统计口径。还发布《中国人身保险业重大疾病经验发生率表（2006—2010）》，填补了我国重疾发生率的空白，对于促进重疾产品创新发展具有深远影响。国家层面，政策红利的持续释放，对我国健康保险专业化、跨行业多元化经营创造了较好的外部条件。在这一阶段，经营健康保险的公司积极整合医、养、药、护等上下游产业资源，努力实现从销售保险产品转向提供综合产品与服务的转型。

这一阶段，外部政策环境为商业健康保险进一步发展提供了巨大的发展空间。2009年，我国颁布新医改政策，提出了全民医保的战略目标，提倡政府购买医疗保障服务，让商业保险机构充分发挥其专业优势，经办各类医疗保障管理服务。在新医改的政策支持下，各商业保险公司积极参与医疗服务体系建设，大力发展基本医疗保障补充保险，积极参与基本医疗保障经办管理服务。

多年来，我国经营健康保险的保险公司，经历了从以公司保险产品为重心转向以客户为重心、从保险交易转向与保险客户建立友好关系并提供附加值服务的过程。未来的发展趋势是：着眼于客户全生命周期，以客户需求为导向、以线上管理为主流来组织营销活动，打通上游医疗健康服务路径，在产品开发、宣传展业、售后服务等保险营销的各个环节为客户提供高价值的服务，构建"以客户为中心"的全价值链营销模式，在经营模式、产品设计、分销渠道、技术支持、风险管理等环节进行全链条的改造。借助大数据实施精准营销，用诚信、专业、高效的服务提升客户的价值。

四、中国健康保险营销管理面临的机遇与挑战

（一）营销管理面临的机遇

1. 政策红利的持续释放，为健康保险营销拓宽了发展空间

2012年8月，以国家卫生部等六部委《关于开展城乡居民大病保险工作的指导意见》联合下发为标志的"大病医保"的实施，表明政府在切实承担健康保险制度建设主导力量的同时，更要通过有效整合与市场的力量，共同推进这一制度的完善。2014年国务院正式发布《关于加快发展现代保险服务业的若干意见》，商业健康保险被放入服务国家治理体系和治理能力现代化中考虑；同年发布《关于加快发展商业健康保险的若干意见》，将大病保险、原本划入财产保险领域的医疗责任保险以及传统医疗费用保险之外的医疗意外、收入损失等保险也纳入商业健康保险范畴。2015年8月，中国保监会印发《个人税收优惠型健康保险业务管理暂行办法》①，一方面，鼓励个人积极购买商业健康保险，增强个人的健康风险意识和责任意识；另一方面，以个人税优健康保险业务为契机，推动与提升保险公司健康保险专业化营销管理水平。2016年10月，国务院印发并实施的《"健康中国2030"规划纲要》中，充分给予商业健康保险发挥医疗保障领域功能的空间，指出："健全以基本医疗保障为主体、其他多种形式补充保险和商业健康保险为补充的多层次医疗保障体系。整合城乡居民基本医保制度和经办管理、进一步健全重特大疾病医疗保障机制，加强基本医保、城乡居民大病保险、商业健康保险与医疗救助等的有效衔接。"2017年7月，国务院办公厅印发的《关于加快发展商业养老保险的若干意见》中指出："针对老年人养老保障需求，坚持保障适度、保费合理、保单通俗原则，大力发展老年人意外伤害保险、老年人长期护理保险、老年人住房反向抵押养老保险等适老性强的商业保险。"政策不断释放的红利，有助于健康保险发挥准公共产品属性。横向看，意在使商业健康保险成为全社会风险管理与保障体系升级换代的有力支撑；纵向看，商业健康保险被放入健康服务业中通盘筹划，意在利用保险机制促进健康服务业整个链条的融合发展。②

2. 老龄化加速和疾病谱的变化，为健康保险营销带来发展机遇

---

① 从国际经验来看，税收优惠是鼓励市场机制发挥作用、发展商业健康保险最有效的政策杠杆之一。此办法对个人税优健康保险业务的经营条件提出了明确要求：一是除专业健康保险公司外，其他人身保险公司应设立健康保险事业部；二是要具备相对独立的健康保险信息管理系统，并与商业健康保险信息平台对接；三是要配备专业人员队伍，健康保险事业部具有健康保险业务从业经历的人员比例不低于50%，具有医学背景的人员比例不低于30%。

② 江帆. 商业健康保险提速全民保障[N]. 经济日报，2014-10-02.

按照国际标准，我国自 2000 年已进入老龄化社会[①]，老年人的重大疾病风险、失能风险的增加直接导致老年人口的健康医疗费用急剧上升。据统计，我国约 33%的疾病负担归因于 60 岁以上老年人的健康问题。[②] 随着人口老龄化的加速，疾病谱正从以传染性疾病为主，转向以高血压、心脏病、脑卒中、癌症等慢性非传染性疾病为主，可见我国社会对养老、疾病、护理等健康保险的巨大诉求能够进一步释放出来。与此同时，人们的健康保健意识和疾病预防意识也在不断深化，这就为健康保险发展提供了刚性需求的土壤。

3. 补充基本医疗保险的缺口，为健康保险营销提供了发展平台

我国基本医保的保障有限，对于某些不在基本医保报销范围内的某些药品与一些诊疗项目、医疗服务，或者发生起付标准以下、封顶线以上医疗费用时，人们要想获得更全面的医疗保障，就需要购买商业健康保险来拓宽保障范围，提升保障力度。此外，我国高收入人群侧重高质高效的就医条件、舒适的就医环境，对就医价格敏感度较低，这种医疗服务需求恰恰与基本医保提供的服务不相适应，两者之间的缺口可以用对特定人群设计的健康保险产品来弥补。

（二）营销管理面临的挑战

1. 政策困境

我们在看到政策释放的大量红利和利好的同时，也必须正视这样一个问题，即政府下发的一些文件还处在探索过程中，在很多关键点位上还需要一定的时间去理顺，如进一步让医院回归公益的属性或是让医院进一步走向市场化的路径，在政策上还存在争论，医院、医药企业等主体在医疗和大健康领域都有着已经固化的利益。在国内现有的医疗生态体系下，保险公司在医疗付费环节不掌握话语权，这意味着还无法有效控制医疗费用支出。在大病保险的管理领域，保险公司受限于现有政策，采用传统的理赔报销方式，尚没有充分运用信息化的手段管控风险和发挥精算、服务等优势。因而破除利益壁垒，打破客观障碍，争取信息共享，是健康保险营销管理绕不开的一个问题。

2. 产品设计困境

医学的不断发展与医疗行为的变化，对健康产品设计提出挑战：如在重大疾病的界定上，随着医学实践的不断发展或者环境的不断变化，可能会发生新的界定；预防性的体检对某些疾病的发现率增高，会带来健康保险产品赔付率的明显上升。再如医疗相关服务费用的上涨，会对保险公司长期健康保险定价有一定影响，需要承担未来

---

① 国际上通常把 60 岁以上占总人口比例达到 10%，或 65 岁以上占总人口的比达到 7%作为国家和地区进入老龄化的标准。

② 资料来源：2016 年中国老龄化与健康国家评估报告。

成本变动的费用。

3. 互联网及人工智能技术的快速发展

传统的健康保险营销主要依靠人力完成，但随着互联网的普及、人工智能技术的快速发展，如何整合利用线上资源以节省营销成本是营销管理必须考虑的问题，然而一个困境在于传统的营销管理可以充分利用差异化的人力资本进行产品营销，而在相同的互联网条件下，有针对性地进行产品销售的前提是细分市场并能够拥有潜在消费者的消费行为数据，这对新生的保险公司或小型保险公司而言是有相当的局限的。

4. 基因技术发展

健康保险产品设计、创新、销售的主要依据是存在健康风险的自然人，这些可能遭受健康风险损失的人成为传统健康保险营销的主要对象，确定潜在需求者的主要依据之一是统计数据整理得出的人类（群）的发病率、疾病死亡率等。随着基因技术的发展和利用，一个可能的困境是传统的统计数据已经不再具有参考意义和辅助判断的价值，重新瞄准或寻找潜在需求者将成为健康保险营销不可忽视的挑战。

第二节　健康保险营销管理理论演化与变革

一、营销管理理论的演化

营销管理理论源于传统经济学理论。19世纪末20世纪初，为解决市场经济时代商品销售与生产之间的矛盾，营销管理理论产生并发展起来，它创立于美国。在百余年的发展历史长河中，回顾其发展历程，借鉴其创新思想，对于我国健康保险营销管理的研究和发展不无裨益。营销管理理论经历了几个发展阶段。

（一）西方营销思想萌芽时期（19世纪末20世纪初—20世纪50年代）

19世纪末，美国农产品企业出现产品滞销问题，引起一些经济学学者关注。他们开始借鉴经济学的理论对商品流通效率和渠道分销问题进行研究。后来，研究领域又扩展到如运输、融资、分散风险、市场信息获取与利用等诸多方面。营销研究从微观经济学理论发展而来，市场营销原理成为当时很多美国学者著作的主题。1920年，营销理论框架形成。20世纪30年代，美国的经济危机带来商品供给过量，商人和研究人员把研究的重心放在如何销售产品和服务上。之后，全美市场营销学教师联合会与美国市场营销协会于1937年合并成立美国市场营销协会（AMA），支持和推动市场营销实践发展。

（二）现代营销管理理论形成与演化时期（20世纪50年代—20世纪90年代）

这一时期，营销理论大量汲取管理学、行为科学、心理学、信息科学、社会学等学科的理论和营养，许多研究学者的贡献很大。其中，美国学者乔尔·迪恩（Joel Dean）在1950年提出了产品生命周期概念，认为产品与其他生物体一样，从上市销售到退市，也有一个出生、成长、成熟和衰亡的生命循环过程。1956年，美国学者温德尔·史密斯（Wendell. R. Smith）总结了一些具有代表性企业市场营销的成功与失败的经验，第一次提出了市场细分原理。

1. 4Ps营销组合理论

1960年，美国学者麦卡锡（McCarthy）根据管理主义思想，提出著名的4Ps营销组合理论。这一理论提出的背景是，经济全球化刚刚起步，资本主义国家经济高速发展，消费者需求单一且比较旺盛。4Ps营销组合理论中的市场营销可控因素可归纳为4类：产品（Product）、价格（Price）、渠道（Place）、促销（Promotion）。在当时典型的卖方市场环境下，企业以产品为中心。4Ps营销组合理论着重研究市场营销管理者面临的问题，奠定了营销管理理论的基础框架。1967年，美国学者菲利普·科特勒在其出版的《营销管理：分析、规划与控制》一书中确认了以4Ps为核心的营销组合方法。

2. 4Cs营销组合理论

经过一段时间的实践演变，到20世纪80年代，企业家和学者逐渐认识到，产品如果不符合消费者的需求，生产越多积压也会越多，只有满足了消费者的需求，才能挖掘企业利润的源泉。1990年美国市场营销专家劳特朋（Later. Born）主张用4Cs营销组合理论代替4Ps营销组合理论。4Cs营销组合理论以消费者及其需要为中心，重新设定市场营销的4类可控要素：即消费者（Consumer）、成本（Cost）、便利（Convenience）和沟通（Communication）。4C理论强调企业首先应该把追求顾客满意放在第一位，其次是努力降低顾客的购买成本，最后要充分注意到顾客购买过程中的便利性。

3. 4Rs营销组合理论

20世纪90年代，在建立顾客忠诚度方面，美国学者唐·舒尔茨（Don E. Schuhz）提出了4Rs营销组合理论。4R指的是Relevance（关联）、Reaction（反应）、Relationship（关系）和Reward（回报）。该营销理论以竞争为导向，强调企业与顾客应建立长久互动的联系，分析企业外部环境与消费者需求的不断变化，使得企业能够在外部环境的变化过程中快速做出反应，培养忠诚企业的客户。4Rs营销组合理论是4Cs和4Ps营销组合理论的创新和发展。

4. 4Vs 的营销组合理论

在我国，进入 20 世纪 80 年代之后，学者吴金明根据本土化营销组合理论，综合性地提出了 4Vs 的营销组合理论。4V 指的是差异化（Variation）、功能化（Versatility）、附加价值（Value）、共鸣（Vibration）。这一营销组合理论强调企业应实施差异化营销，要求产品或服务具有更大的柔性，能够针对消费者的需求进行组合，更加重视产品或服务中的无形要素，如通过品牌、文化等满足消费者的情感需求。

（三）新型营销管理理论发展期（自 20 世纪 90 年代中后期至今）

20 世纪 90 年代中后期以来，随着网络技术的兴起与全球化竞争，电子商务成为企业间、企业与消费者间进行信息沟通和贸易活动的重要载体。进入 21 世纪以后，消费者主导时代的到来使企业与消费者的角色定位发生了微妙的转变，营销管理理论有了新的发展趋势。

1. 大数据时代，消费者成为市场营销的主宰者

企业在进行产品设计、研发、生产和销售过程中，越来越尊重消费者的需求和创造性，营销管理过程强调消费者的参与程度，企业逐渐开展精准营销和定制化营销活动。

2. 可持续发展战略的进一步深化

价值链营销管理理论认为，企业被看作价值传递网络中不可或缺的一环，与上游供货商、下游分销商、广告商和物流商等营销中介共同组成一个价值传递系统。[1] 通过不断完善、强化企业的内部价值创造系统，以维持持续、高效的价值创造能力，进而达成企业的经营目标，而不以广告、促销取胜。对企业来说，它是一种"可持续发展"战略；对消费者来说，则能得到更多的不带水分的利益。

二、营销管理理论对健康保险营销理论的启示

营销管理理论的不断演进和发展毫无疑问是市场需求和经营目标变化的结果。传统的营销管理理论主要基于有形的产品营销实践并主要为是有形产品的营销实践服务。随着商品的内涵和外延不断丰富，服务也成为重要的商品构成，因此，借用传统营销管理理论中的关键要素和策略并运用到无形的健康保险产品（服务）营销实践中是健康保险营销理论演化的重要方面，因此健康保险营销理论也应随着健康保险产品（服务）的创新，需求群体特征和消费行为的变化，经营市场（经济、政治、技术等）环境的变动而适时调整和发展。

---

[1] 俞杰龙. 市场营销理论·体系的演进及其拓展空间［J］. 商业时代，2014（19）.

在所有上述已成型的营销管理理论中，本文认为新型营销理论尤为值得关注。大数据时代背景下的"精准营销"理论最契合健康保险经营基础的"大数法则"和保险业的经营习惯。保险行业作为大数据的最早开发者和利用者，在数据的收集、整理、加工、提炼有用的信息方面积累了大量的经验，因此在大数据时代背景下，健康保险营销理论可借用一般理论中的"精准营销"理念，进一步开发和利用经营数据的价值。因此，本文认为"可持续营销理论"应成为健康保险营销理论的重要参考和新的理论发展源泉和重要支撑，一方面，源于负债经营的保险公司以能够保障充足的偿付能力为实现盈利的基础，而保障充足偿付能力的有效指引即为可持续发展的企业经营理念；另一方面，健康保险产品和服务本身有很强的产品延伸性和交互性，区别于一般的保险产品，健康保险产品和服务必须依赖于良好的医疗服务作为支撑，这一特性要求健康保险营销管理过程中必须注重产品价值链的构建和利用。

第三节　健康保险营销管理理论、方法与工具

根据本书的写作思路和写作意图以及本文对健康保险营销管理内涵和外延的分析界定，健康保险营销管理是理论、方法和工具的结合，是三者共同构成的有机体。

一、健康保险营销管理理论基本构成

健康保险营销管理理论主要分为运行（运营）管理理论、战略管理理论和风险管理理论三大部分。其中，战略管理理论侧重健康保险营销管理的战略地位，将健康保险营销管理作为企业战略的构成，在此视角下的健康保险营销管理成为企业经营和价值创造的重要依据；风险管理理论侧重关注健康营销管理中的营销风险识别、估测及管理和评价，聚焦于营销活动中的风险管理问题，以减少营销风险损失为主要目标；而运营管理则侧重营销管理活动是健康保险企业营运过程的核心构成，是和其他运营活动共同创造企业价值的一个运营环节，这与前文分析的保险企业价值链构成相吻合，即产品生产设计和产品营销是保险企业价值链的主要构成。相比较而言，不难发现，战略管理理论是健康保险营销管理的宏观指引，风险管理理论是健康保险营销管理的微观基础，而运营管理理论则应成为健康保险营销管理理论的主要构成（见图2.1）。因此，本书主要关注健康保险营销管理的运营管理，即按照一定的程序进行的售前、售中、售后的健康保险营销管理活动。

健康保险营销管理理论框架	健康保险营销管理理论框架		健康保险营销管理理论框架
	宏观指引	健康保险营销战略管理理论	
	主要构成	健康保险营销管理理论	
	微观基础	健康保险营销风险管理理论	

图 2.1　健康保险营销管理理论层次与构成示意图

二、健康保险营销管理程序

健康保险营销管理程序是指保险公司进行健康保险营销管理需要经历哪些步骤，才能达到与最佳市场机会相适应的过程。主要包括分析市场营销机会，市场细分、选择目标市场，制定健康保险营销策略，组织实施和控制营销计划等几个步骤。

（一）分析市场营销机会

营销机会（Marketing Opportunities），是指人们没有被满足的或未能得到很好满足的需要、欲望和需求。在健康保险市场，分析潜在的健康保险需求或尚未被满足的健康保险需求，要与保险公司运营的目标、资源相匹配。

1. 寻求已存在的营销机会

从需求角度，保险公司从被忽略和未被满足的市场需求中寻找营销机会，可以通过寻找供不应求的健康保险产品来确定供需缺口，从供给角度，分析已有健康保险产品不受市场欢迎的原因，从中发现市场营销机会。研究竞争对手，从中找出竞争对手产品的弱点及营销的薄弱环节，也是寻找机会的有效方法之一。

2. 创造新的营销机会

创造营销机会在于能对营销环境变化做出敏捷的反应，及时了解国家医疗保障相关政策与健康服务业发展趋势，了解互联网、保险科技对健康保险营销的支撑，从市场发展趋势中采用创新的营销手段，创造新的营销机会。

（二）市场细分、选择目标市场与市场定位

在多元化的市场经济环境下，保险公司根据自身优势及特点，在发现健康保险营销机会的基础上，需要进一步对健康保险市场的规模与结构作深入分析，从而选择最适合于实现保险公司营销目标的市场。

市场细分（Market Segmentation）的概念是由美国营销学家温德尔·史密斯（Wended Smith）在 1956 年最早提出的。此后美国学者菲利浦·科特勒进一步发展和完善了温德尔·史密斯的理论并最终形成了 STP 理论：市场细分（Segmentation）、目标市场选择（Targeting）和市场定位（Positioning）。健康保险市场细分是

依据保险购买者对健康保险商品需求的偏好以及购买行为的差异性,把健康保险市场分为由相似需求构成的消费群,即若干子市场。保险公司根据自身战略、健康保险产品性质、市场同质情况和产品生命周期等多重影响因素,对市场进行评估,选择有一定规模和发展前景、并且符合自身目标和能力的一个或几个细分市场作为健康保险目标市场。选择目标市场后保险公司要根据消费者实际需求,确定不同的健康保险营销对象。

(三) 制定健康保险营销策略

1. 基于4Ps理论的健康保险营销策略

在健康保险营销领域,营销策略指的是保险公司制定富有竞争力的险种策略、费率策略、销售渠道策略和保险促销策略。

(1) 险种策略根据健康保险市场的保险需求制定,包括新产品开发策略、险种组合策略、产品的生命周期策略等。

(2) 费率策略包括高价策略、低价策略、优惠价策略和差异化策略等几种形式,是保险公司营销中使用最多的策略之一。保险公司根据消费者市场细分的特点和健康数据,对消费者进行分类,根据不同风险等级确定采取不同的费率策略。

(3) 销售渠道策略是保险公司依靠直接营销渠道和间接营销渠道①,将健康保险商品送到保险消费者手中的决策。

(4) 保险促销策略是各家保险公司在健康保险产品的同质性较高的不利前提下,为促进自身健康保险业务的增长进行沟通的手段,如人员促销、广告促销和公共关系促销等。

2. 基于4Cs理论的健康保险营销策略

在这一理论的指导下,保险公司更加关注保险市场和消费者需求,试图与健康保险消费者建立一种更为密切的和动态的关系。

(四) 组织实施和控制健康保险营销计划

营销管理程序的最后一个步骤就是组织实施和控制营销计划。首先,保险公司应设立一个能够执行营销计划的市场营销组织,并对组织内部从事健康保险的核保、理赔以及销售等工作的从业人员进行健康保险专业培训等,确保营销策略的实施能按照预先制定的营销策略有序执行;其次,保险公司要用控制手段来保证营销计划的实现,如通过营销审计方式等(见图2.2)。

---

① 直接营销渠道是指保险公司用支付薪金给自己的业务人员形式对保险消费者提供各种保险产品与服务;间接营销渠道是指保险公司通过保险代理人和保险经纪人等保险中介推销保险商品。

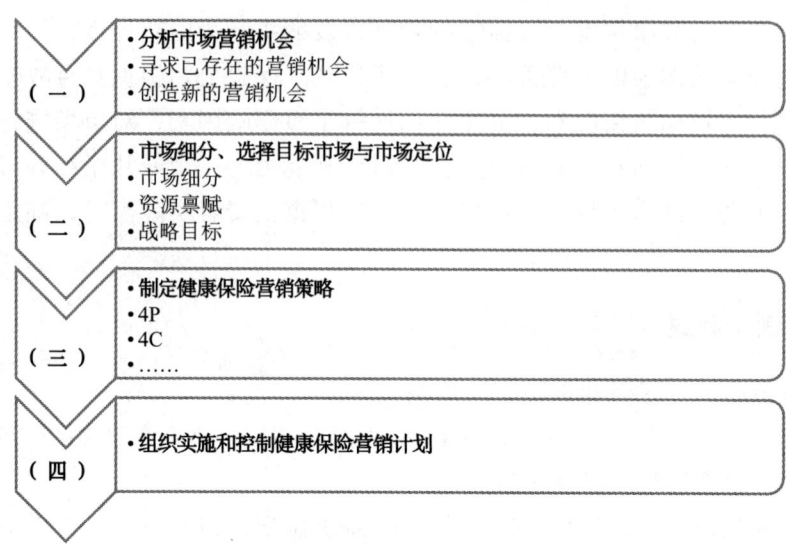

图 2.2　健康保险营销管理程序示意图

三、健康保险营销管理主要分析方法与工具

（一）PEST 分析法

这种分析方法指的是对宏观环境进行的分析。宏观环境又称为一般环境，是指影响一切行业和企业的各种宏观力量。即对政治（Political）、经济（Economic）、社会（social）和技术（Technological）这四大类影响企业的主要外部环境因素进行分析。简称为 PEST 分析法。

（二）波特五力分析模型

这是对行业竞争环境进行分析的方法。在 20 世纪 80 年代初，由"竞争战略之父"——美国哈佛大学学者迈克尔·波特（Michael Porter）提出，旨在能够有效地分析客户竞争环境。"五力"分别是指：供应商的讨价还价能力、购买者的讨价还价能力、潜在竞争者进入的能力、替代品的替代能力、行业内竞争者现在的竞争能力。五种力量的不同组合变化与强弱能力不同，将最终影响行业利润潜力变化。

（三）SWOT 分析法

SWOT 分析法也称态势分析法，由 20 世纪 80 年代初美国学者韦里克（H. Weihrich）提出，是一种对企业的优势（Strength）、劣势（Weakness）、机会（Opportunities）和威胁（Threats）的分析。在分析时，把所有的内部因素（包括公司的优势和劣势）都集中在一起，然后用外部的力量来对这些因素进行系统评价，从而选择最佳经营战略。

第四节 健康保险营销管理的战略管理

一、健康保险营销的战略管理

健康保险营销的战略管理（Strategic Management）是指对经营健康保险的企业或组织在一定时期内全局的、长远的发展方向、目标、任务和政策，以及资源调配做出的决策和管理艺术。它符合一般企业营销的战略管理原理。

（一）战略管理与 5P 模型

20 世纪 80 年代以后，加拿大学者明茨伯格（H. Mintzberg）借鉴营销管理 4Ps 的提法，提出企业战略管理的 5P 模型——从企业未来发展的角度，战略管理表现为一种计划（Plan）；从企业既往发展历程的角度，战略管理表现为一种模式（Pattern）；从产业层次，战略管理表现为一种定位（Position）；从企业层次角度，战略管理表现为一种观念（Perspective）；从企业竞争角度，战略管理表现为一种计谋（Ploy）。这五个定义从不同角度对战略管理这一概念进行了阐述。

（二）有效的战略管理应具备的特点

1. 有价值的差异化诉求

随着技术传播的扩散和生产力的提高，对绝大多数企业来讲，决定性的产品优势已经越来越难寻，这就更要重视对差异化产品的诉求，向消费者传递差异化的需求点。

2. 为消费者精心设计的价值链

随着企业规模的扩大和内部分工的进一步细化，产品生产、研发、营销等单一价值活动之间的互动效应日趋明显，越来越多地需要来自价值关联的改善与重造。价值链的设计有利于充分了解企业自身的资源状态和连通企业外部价值系统。

3. 考虑企业的长远发展和存续性

战略是一种取舍，也是一种选择，其实质就是要确定做什么、不做什么。任何一个战略必须是可以至少实施三至四年，否则就不算是战略。但这并不意味着就一成不变,在实施的过程中也要进行战略评估。

二、健康保险营销的战略管理的必要性

战略管理属于一个控制与评价的动态管理过程,经营健康保险的企业成长离不开战略管理,有以下两方面的重要影响因素:

(一)健康保险经营风险的特殊性

由于健康保险业务专业服务要求高、风险环节多、管理难度大,加之过度医疗、逆选择等外部风险大量存在,因此,对风险控制的专业技术要求很高。做好健康保险的战略管理,实现专业化经营,是实现健康保险可持续发展的重要保障,也是消费者选择保险公司的重要因素之一。

(二)健康保险市场发育的欠成熟性

与美国等发达国家成熟的保险市场相比,我国健康保险市场处于初级阶段,健康保险经营结构不合理,健康保险的渗透率相比发达经济体较低,现有健康保险的盈利状况不佳。从产业链的角度来看,我国保险服务业在整个健康服务产业链中的从属地位导致了健康保险服务市场发展的相对滞后。如何在当前客观环境下分配资源、平衡各方不足、集中力量创造自身优势、做好健康保险战略管理非常重要。

三、健康保险营销的战略管理过程

健康保险战略管理过程是健康保险的战略分析、战略选择和评价、战略实施与控制三个环节相互联系、循环反复、不断完善的动态管理过程。①

(一)健康保险战略分析

健康保险战略分析是指对企业的战略环境进行分析、评价,并预测这些环境未来发展的趋势,以及这些趋势可能对企业造成的影响及其影响方向,具体包括:

1. 确定企业的使命和目标

它们是企业健康保险战略制定和评估的依据。

2. 外部环境因素分析

---

① 本书采纳杨锡怀、冷克平和王江等人所编写的《企业战略管理》教材中对企业战略管理过程的划分标准。

了解企业所处的宏观、微观环境正在发生哪些变化，这些变化给企业将带来更多的机会还是更多的威胁。外部环境具体指的是：经济发展水平、社会文化、医疗科技水平、竞争者情况、人口因素、法律政策等。

3. 内部环境因素分析

分析企业本身所具备的条件，具有哪些资源以及战略能力。内部环境因素分为直接的内部因素和间接的内部因素两种。直接的内部因素包括营销战略定位、营销组合策略和营销组织管理等方面；间接的内部因素包括企业规模、企业总体战略因素、领导因素、企业文化、企业组织效率等。

（二）健康保险战略选择和评价

健康保险战略选择和评价是指健康保险战略决策过程，即对战略进行探索、制定以及选择。即经营健康保险企业在确定其外部机会与企业内部的优势和弱点基础上，建立长期目标的过程。包括以下内容：

第一，企业要对所经营的健康保险产品与所提供给消费者的服务做出明确定位。

第二，企业要确定提供的健康保险产品或服务，如果要取得超过竞争对手的优势，须具备哪些条件。

第三，在制定健康保险决策过程中，不断与预定的战略目标进行比较并在战略实施前进行矫正。

（三）健康保险战略实施和控制

战略实施是指将企业战略付诸实施的过程；战略控制是指在企业战略实施过程中，检查企业活动进展、评价企业经营绩效。健康保险战略实施和控制指的是健康保险战略的执行与监控。这一过程要求专业健康保险公司或其他经营健康保险的公司相关部门树立年度目标、制定政策、激励员工，配置健康保险营销资源，以便使制定的战略得以贯彻执行。推进健康保险战略的实施与控制需要注意以下几方面：

第一，在制定健康保险产品开发策略、市场营销策略、风险控制策略中，要能够体现出策略推出步骤、采取的措施、具体项目以及大体的时间安排等。

第二，战略的实施可以促使经营健康保险企业不断进行组织机构的优化，以便与所采取的战略相适应；同时组织机构的优化又为战略实施提供一个有利的环境。

第三，战略的实施是一个自上而下的动态管理过程，即战略目标在企业高层达成一致后，再向中下层传达，并在各项工作中得以分解、落实。战略实施后应及时评估是否充分发挥该战略的竞争优势，评估是否有改进余地等。

第五节　健康保险营销的风险管理

风险管理包括风险识别、风险衡量和风险处置等方面。风险识别是风险管理中的基础，是明确并找到企业主要的风险因素，为风险度量和风险处置打下基础。风险衡量是运用一定方法对风险发生的可能性或损失的范围与程度进行估计和衡量。风险处置是针对不同类型、不同规模、不同概率的企业内外部风险，采取相应的对策、措施或方法，使风险损失对企业生产经营活动的影响降到最小限度。

健康保险风险管理遵循风险管理的一般规律。本节重点介绍健康保险营销的风险识别与健康保险风险控制方法。

一、健康保险营销的风险识别

健康保险营销的风险包括外在风险因素和内在风险因素两大类。

（一）外在风险因素

健康保险营销的外在风险因素主要指的是社会经济发展、法律制度与道德体系建设、社会文化、卫生服务环境与医疗保障制度等领域的风险因素。概括讲，主要包括信息不对称风险与政策、医疗环境风险两类。

1. 信息不对称风险因素

分为逆选择风险和道德风险两方面内容。

（1）逆选择风险。在健康保险领域，逆选择是指订立保险合同之前，处于具备信息优势的投保方或保险代理人，利用更加清楚有无重大家族病史或者疾病先兆等信息优势，做出更倾向于使自身利益最大化的投保选择。

逆选择产生的根源在于健康保险合同当事人双方信息的不对称。在传统的健康保险经营方式下，产生如投保方在投保环节故意或者非故意隐瞒病史，不如实告知的现象；出现保险公司代理人、中介机构等销售人员单独或与投保方合谋故意不如实告知被保险人身体状况，在投保环节造假的问题。

逆选择导致厘定健康保险产品费率时，所评估的平均风险水平低于非健康被保险人个体的风险水平，增加了保险业务亏损的风险；保险公司因而被迫提高费率，则又会使留存在保险计划中非健康人群占比增加，而健康人群纷纷退出保险计划，导致健康保险赔付率的攀升与经营风险的加剧。

(2) 道德风险。在健康保险领域，是指在签订保险合同后，健康保险利益相关者（投保方、保险销售人员或医疗机构人员等）为最大限度地增进自身效用做出不利于他人的事情。

从投保方角度，表现为投保人或被保险人对自身健康状况的松懈、降低疾病预防意识等消极行为。从保险销售人员角度，表现为出于自身利益考虑，唆使投保人在理赔环节欺骗保险公司。从医疗机构角度，表现为医疗机构利用其医疗行为的专业性与不可替代性，发生诱导患者过度医疗或伪造处方、纵容患者弄虚作假等寻租行为。医患合谋，则是更加严重的道德风险，甚至构成违法犯罪行为。

道德风险产生的根源，除了与外部风险因素如法律制度与社会环境的不完善相关外，也和保险公司制度不严、管理不善或是保险合同条款不完善等内部风险因素有关。

2. 政策、医疗环境风险因素

政策风险因素主要表现为，随着社会基本医疗不断提高社会保障水平，有关医疗政策管理规定，如药品范围、诊疗项目、服务设施和支付标准存在经常性变化的可能，对健康保险业务经营会带来不确定性风险。医疗环境风险因素主要指的是在医疗体制变革大背景下，保险公司对医院、投保人和被保险人一旦缺乏有效的监督制约，就会游离于医疗过程管理之外，无法针对医疗服务内容进行保险合同的合理性认定与审核，进而难以控制医疗费支出的风险。

（二）内在风险因素

健康保险营销的内在风险因素主要指保险企业在经营健康保险时，由公司组织结构、人员素质、专业技术水平等因素带来的一定的风险。

1. 直接性的内部风险因素

包括企业健康保险战略定位、营销组合策略和营销组织管理等方面。

（1）营销战略定位。营销战略的定位决定经营健康保险的企业的营销方向和营销经验。

（2）营销组合策略。险种策略、费率策略、销售渠道策略和保险促销策略。

（3）营销组织管理。包括健康保险营销计划、规章制度、工作程序、人员激励与客户服务等。

2. 间接性的内部风险因素

企业内部的间接风险因素，是企业内部非营销职能领域对营销战略有影响的因素。主要包括以下几方面内容：

（1）企业总体战略因素。对于非专业健康保险经营主体而言，健康保险营销战略作为企业战略的一部分，其营销战略要受到总体战略的影响和制约。

（2）企业领导与企业文化因素。企业领导的经验、能力，尤其是关于营销战略的知识水平和对营销战略的态度，对保险运营有一定影响。企业文化因素是指由企业对员工灌输的处世态度、价值观、信念和经验，一旦发生偏差，则影响企业营销目标的顺利实现。

（3）企业的规模与资源。企业的规模会限制或者增加健康保险营销机遇。与专业健康保险公司或经营健康保险的大型保险公司比较，小型公司面临资源较少、市场投入不够的风险。

二、健康保险营销的风险控制方法

健康保险营销的风险控制，指的是识别并衡量各种内外部风险因素对健康保险营销产生的影响及强度，并对健康保险经营风险进行检测和控制的过程。分为外在风险控制与内在风险控制两种方法。

（一）外在风险控制方法

第一，借助政府力量，积极参与医疗保障体系建设，同时改善外部环境，加强机构建设，走专业化经营的道路。

第二，加强基础建设，建立有效的风险管理体系，加强相关员工培训。

第三，与医疗机构建立良好的联系，紧密互动，加强对医疗过程的监控。

（二）内在风险控制方法

1. 健康保险产品的风险管控

在除了应用大数法则进行产品定价以外，在费率厘定中加入风险边际，在产品设计中设立观察期，确定免赔额和自付比例，能在一定程度上控制逆选择及道德风险发生。

2. 核保过程的控制

核保是保险经营活动中识别和管理风险的重要环节，通过核保可以去除健康保险中带病投保及高风险群体投保的逆选择行为。核保包括健康核保、财务核保等，通常采取健康告知、体检、生存调查或财务问卷等形式。

3. 核赔过程的管理

核赔用于事后风险控制，主要识别各种理赔环节的道德风险并减少保险欺诈行为发生。一般来说，人身保险中的寿险业务核赔相对容易，因为申请赔款或给付只有身故或生存两种状态。健康保险的理赔管理相对寿险而言复杂得多，不同地区、不同医疗机构、不同医生对疾病的诊断可能有所不同，医疗费用是否属于保险合同规定的保险责任范围,需要理赔人员仔细核查。① 核赔需要以医学专业知识和数据积累为基础,建立并及时更新健康保险信息数据库,扩大与医院的信息交流与联网。

4. 人员考核与激励

加强企业员工素质的定期培训,能够有效控制因内部营销人员的人为风险而增加的企业内部管理风险。为促使销售人员主动控制业务风险,将业务赔付率、出险率与营销人员佣金与奖金挂钩,对于赔付超过一定标准的,减少营销人员的佣金发放和业务费用;对于赔付低于一定标准的,给予营销人员奖励。除此之外,健康保险营销环节的相关员工要具备一定的法律与医学基础知识。

本章小结

本章首先从健康保险市场出发,通过对全球代表性国家健康保险市场营销的演进和发展分析,为读者梳理了健康保险营销实践的相关内容;其次,从一般营销管理理论出发,用动态演进的视角分析了健康保险营销管理理论的发展方向,为健康保险营销管理理论创新和发展提供了思路;最后,为读者分析了健康保险营销管理的基本流程和在营销管理过程中需要关注的风险管理问题。简而言之,本章试图结合历史和实践为读者构建一个认识、理解健康保险营销管理的窗口和路径。

专业术语

1. 4Ps 营销组合理论:产品(Product)、价格(Price)、渠道(Place)、促销(Promotion)。

2. SWOT 分析法:也称态势分析法,由 20 世纪 80 年代初美国学者韦里克(H. Weihrich)提出,是一种对企业的优势(Strength)、劣势(Weakness)、机会(Opportunities)和威胁(Threats)的分析。

3. 营销机会(Marketing Opportunities):是指人们没有被满足的或未能得到很好满足的需要、欲望和需求。

---

① 潘兴. 我国商业健康保险风险管理研 [D]. 对外经贸大学,2014.

思考题

1. 结合实践，谈谈我国健康保险营销管理面临哪些环境机遇与挑战？
2. 请描述代表性健康保险市场模式及其特征。
3. 健康保险营销的外部风险因素和内部风险因素有哪些？
4. 简述健康保险战略管理过程。
5. 如何理解可持续营销理论对健康保险营销理论的影响？

第三章

健康保险市场

对健康保险市场系统深入的认知和对特征的有效把握是进行健康保险市场营销管理的基础。能从不同维度认知健康保险市场并结合保险人自身的资源禀赋有效地选择目标健康保险市场是保障健康保险营销管理活动有效性的重要基础。基于此,本章阐述了健康保险市场的基础知识以及目标健康保险市场选择的基本方法、程序等内容,是基础性章节,希望能够帮助读者对健康保险市场及目标市场选择策略有系统性的认识。

第一节 健康保险市场与特征

一、健康保险市场的概念界定

(一) 保险市场及构成要素

1. 保险市场

保险（Insurance）是指投保人根据合同约定,向保险人支付保险费,保险人对于合同约定的可能发生的事故因其发生所造成的财产损失承担赔偿保险金责任,或者当被保险人死亡、伤残、疾病或者达到合同约定的年龄、期限时承担给付保险金责任的商业保险行为①。因此，本书讨论的保险主要是指一种依靠合同（契约）实现或提高交易双方效用的商业保险行为。广义上说，市场是一个过程，是由形形色色的个人在分工合作的行为下相机相荡而发动的。② 因此，保险市场（Insurance Market）是实行风险转嫁和交易的场所及其相关活动的总称③，也可以理解为是保险经济关系的总和④，而这种经济关系主要表现为供需关系。进一步，保险供给（Insurance Supply）可理解为在一定费率水平上，保险市场上供给方愿意并能够提供的保险产品，而保险需求（Insurance Demand）可理解为在一定费率水平上，保险市场上需求方愿意并有购买能力的保险产品。⑤

2. 保险市场构成要素

显而易见，可以将保险市场理解为是实现保险供需双方保险交易的场所或平台，通过保险市场的支撑，保险需求方可以通过支付保费实现/提高保险保障，保险供给方可以通过收取保费实现盈利，而双方交易的对象即为保险产品，交易的条件是双方能够承受的价格。因此，保费费率、保险产品、保险供给者、保险需求者构成了保险市场的关键要素。一般而言，市场的构成要素包括：主体、客体和价格。

（1）保险市场行为主体（Subject of Insurance Market）：是受一定经济利益驱动，在市场中从事风险交易活动的经济主体⑥；可以将保险市场保险交易活动的买方（需求者）、卖方（供给者）和中介方等参与者统称为保险市场主体⑦，包括个人、企业、家庭、政府单位及其他组织机构等。

（2）保险市场交易客体（Object of Insurance Market）：是保险市场供需双方具体交易的保险产品⑧，表现为各类包含着各种不同约定内容，即供需双方权利和义务的保险合同。

（3）保险市场交易价格：可以说每一个时刻的市场情况就是那时的价格结构，也即是那些想买进和想卖出的人们相互作用形成的全部交换率⑨，保险市场交易价格表现为供需双方交易载体（保险合同）对应的不同保险产品的保费费率。

---

① 全国保险业标准化技术委员会. 保险术语 [M]. 北京：中国财政经济出版社，2009.
② [奥]路德维希·冯·米塞斯. 人的行为 [M]. 夏道平译. 上海：上海社会科学院出版社，2015：254.
③ 胡炳志，刘子操. 保险学 [M]. 北京：中国金融出版社，2004：158.
④ 全国保险业标准化技术委员会. 保险术语 [M]. 北京：中国财政经济出版社，2009：54.
⑤ 全国保险业标准化技术委员会. 保险术语 [M]. 北京：中国财政经济出版社，2009：54.
⑥ 胡炳志，刘子操. 保险学 [M]. 北京：中国金融出版社，2004：158.
⑦ 全国保险业标准化技术委员会. 保险术语 [M]. 北京：中国财政经济出版社，2009：54.
⑧ 全国保险业标准化技术委员会. 保险术语 [M]. 北京：中国财政经济出版社，2009：54.
⑨ [奥]路德维希·冯·米塞斯. 人的行为 [M]. 夏道平译. 上海：上海社会科学院出版社，2015：254.

（二）健康保险市场及构成要素

1. 健康保险市场

健康保险（Health Insurance）的定义：以人的身体为保险标的，由保险公司为被保险人因身体健康原因在发生疾病或遭受意外伤害时产生医疗费用或经济损失提供补偿的人身保险。[①]。不难看出，健康保险是一种可以提高保险人和被保险人（投保方）效用的一种商业交易行为。基于对一般保险市场即构成要素的理解，可将健康保险市场进行界定：健康保险市场是健康保险经济关系的总和，核心表现为健康保险供需双方通过一定的商业交易实现双方效用的增加或提高，是健康保险市场主体、客体和价格（保费费率）的共同构成。

2. 健康保险市场构成要素

具体来看，健康保险市场的构成要素包括：（1）主体：保险市场的供给者，即各类保险人（主要是法人单位）、各类保险市场中介（可以是自然人也可以是法人）和保险市场的需求者，即投保人、被保险人等，其中投保人可以是自然人，也可以是法人，而被保险人则是自然人。（2）客体：即健康保险市场主体双方交易的对象，即健康保险产品（服务），可以分为短期健康保险产品和长期健康保险产品。（3）价格：即各类健康保险产品的保费费率，具体表现为疾病保险费率、护理保险费率、医疗费用保险费率、失能收入损失保险费率等，是健康保险市场主体双方实现交易、保证市场均衡和效率的重要基础。

二、健康保险市场主体及特征

（一）健康保险市场主体类型

如前所述，健康保险市场主体主要包括保险交易活动的需求主体（买方）、供给主体（卖方）和中介方等参与者，其中，需求主体是面临各类健康风险、期望获得健康保险保障并具有一定支付能力和消费意愿的经济主体，是健康保险市场存在的前提；供给主体是按照市场化或非市场化的准则和方式组织风险汇聚和分散，为需求主体提供健康保险损失补偿和经济保障的主体，是健康保险市场成熟的表征；而中介是健康保险市场顺利运行的重要保障，是为健康保险供给和需求主体提供销售、公估等中介服务的经济主体。具体来看，健康保险市场主体包括保险人、投保人、被保险

---

① 《保险术语》中将健康保险定义为：保险人通过疾病保险、医疗保险、失能收入损失保险和护理保险等方式对因健康原因导致的损失给付保险金的保险。参见：全国保险业标准化技术委员会. 保险术语［M］. 北京：中国财政经济出版社，2009：54.

人、保险代理人、保险经纪人、保险公估人等，结合健康保险产品的特征，有时还应包括健康医疗服务的提供者，即医疗服务机构。

（二）健康保险市场主体特征

1. 健康保险市场供给主体特征

从主体性质看，根据我国目前《保险法》等法律法规的规定，只有法人单位可以经营保险产品。从业务类型看，我国人身保险公司、专业健康保险公司、养老保险公司和财产保险公司均可经营健康险。因此，健康保险市场供给者既包括各类人寿保险公司、专业性健康保险公司和养老保险公司，也包括财产保险公司，其中人身保险公司、专业健康保险公司和养老保险公司可以提供各类短期和中长期健康保险产品，财产保险公司则主要提供短期健康保险产品。从组织形式看，健康保险市场供给主体既可以是国有保险公司，也可以是股份制保险公司、相互保险公司或外资保险公司。

2. 健康保险市场需求主体特征

由于健康保险的目的在于对被保险人因健康原因导致的损失给付保险金，因此被保险人（自然人）是健康保险的保障对象，而实践中被保险人和投保人往往可能不是同一个人。投保人，即与保险人签订健康保险合同、缴纳健康保险保费的人，可以是除被保险人之外的法人单位，例如实践中很多雇主为雇员投保短期健康险或大病保险；也可以是除被保险人之外的自然人，例如实践中很多人为其他家庭成员投保健康保险、护理保险、重疾险等。

3. 健康保险市场中介特征

一般来说，保险市场中介包括保险代理人、保险经纪人和保险公估人。前两种中介主体主要为促进保险交易提供销售等中介服务。保险代理人受保险人委托，代表保险人利益向投保人销售保险产品。健康保险市场中，保险代理人可以是自然人，也可以是法人，主要表现为各类个人保险代理人、银行等金融服务机构或专门的保险代理公司。保险经纪人以保险公司的名义，代表投保方利益向保险人购买保险产品，健康保险市场实践中主要表现为保险经纪公司。保险公估人则主要为保险查勘定损、理赔提供风险损失的鉴定、评估等服务，有更强的专业性特征，健康保险市场实践中要求保险公估人是有健康服务的相关背景或业务的法人机构，例如一些健康管理公司可以提供类似服务。值得注意的是，由于健康保险相对于其他保险产品信息不对称更为严重，因此健康保险代理人、健康保险经纪人和健康保险公估人往往成为健康保险市场中的重要组成部分。总之，健康保险市场中介为促进健康保险交易提供重要的支撑服务。

三、健康保险市场客体及特征

(一) 健康保险市场客体：健康保险产品

健康保险市场客体是指主体双方交易的对象，即健康保险产品（服务）。保险产品和其他产品一致，是交易的对象，都具有使用价值和价值，但保险产品与其他产品也存在一定的差异，表现为以保险合同为载体的一种无形的服务保障。健康保险产品与其他保险产品（商品）一样，以保险合同为载体，但其使用价值和价值不仅仅由保险合同的生产成本决定，而且取决于为投保方提供的健康保险保障服务。

(二) 健康保险市场客体的构成

关于产品构成的内容，学者们从20世纪60年代末开始先后推出了从两层次到五层次的结构模型。基于保险产品本身的服务性和无形性，本文认为采用科特勒提出的三层次模型分析较为合适。科特勒（Kotler）在其名著《市场营销原理》中提出了三层次划分：有形产品（Actual Product）、核心产品（Core Product）和附加产品（Augment Product）。[1] 有形产品，是产品的外观；核心产品是提供给购买者或购买者所追求的基本效用或利益；附加产品为买主取得有形产品时所获利益的总和。核心产品位于中心；有形产品位于中间层；附加产品位于最外层。借鉴产品层次理论，可将保险产品划分为三个层次：核心层次（表现为保险契约条款，经济补偿），形体层次（书面契约形式）和延伸层次（售前、售中和售后的附件服务：风险咨询或救援等服务）见图3.1。[2]

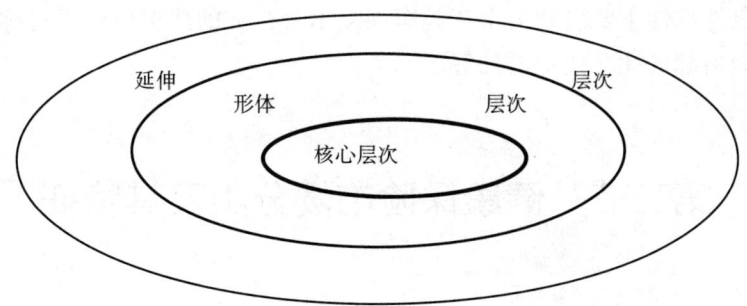

图 3.1 保险产品层次示意图

---

① ［美］Philip Kotler, Gary Armstrong. 赵平，王霞等译. 市场营销原理（第9版）[M]. 北京：清华大学出版社，2002：270—271.
② 孙正成. 我国中小产险公司差异化经营研究 [D]. 西南财经大学，2010：63.

将保险产品构成具体到健康保险产品中，同样可以表达为：健康保险产品包括核心、形体、延伸三个层次，其中核心层表现为不同健康保险合同中约定的保险人和投保方的权利义务关系，表现为当被保险人对因健康原因导致损失时，保险人向其给付保险金；形式层表现为健康保险合同，可以是纸质健康保险合同，也可以是电子健康保险合同，可以表现为投保单、暂保单、批单、保险凭证（卡）等文书；延伸层则表现为：供需双方签订健康保险合同之前的体检、风险咨询等事前服务，健康保险合同有效期间的健康风险管理、保险理赔等事中服务以及健康保险合同约定的风险事故发生时的医疗救助、康复咨询等事后服务。

（三）健康保险市场客体的特征

健康保险市场客体是健康保险产品，不难发现其具有以下特征：层次性、无形性、综合性、多样性、要式性、外部性等。从其构成看，健康保险产品至少包括核心、形式、延伸三个层次；从其内容来看，健康保险产品不仅表现为保险合同条款，更重要的是一种无形的健康保险保障服务，且主要表现为服务性特征；从其保障范围来看，健康保险产品既提供医疗费用、失能收入损失、护理费用等保险金的补偿服务，也向被保险人提供因发生约定疾病的保险金给付服务，保险保障范围多样，是一个综合产品；从其表现形式来看，根据我国《保险法》的规定，保险合同，包括健康保险合同必须以书面的形式签订，因此健康保险产品有明显的要式性。从成本和收益来看，健康保险产品有典型的正外部性和明显的负外部性；正外部性表现为被保险人或投保人由于获得了健康保险产品提供的风险保障，可以避免经济危机或降低社会管理成本，例如人们获得了更好的健康资本而创造了更多的经济价值或减少社会犯罪等可能性；负外部性主要表现为由于健康保险本身存在的严重信息不对称而导致的保险欺诈等行为引起的社会成本增加等。

第二节 健康保险市场分类及其特征

对一个事物进行分类是为了能够更全面、更立体地掌握该事物的本质、构成和特征，一般情况下，同一个事物在不同的分类标准下呈现出不同的构成或特征。健康保险市场是所有市场行为主体和市场交易客体的经济关系的总和，是实现或提高健康保险供需双方效用的场所或活动的总称。因此，是一个综合的概念，根据不同的分类标准，可以有不同特征的健康保险市场。

一、健康保险市场分类

（一）按承保风险进行分类

承保风险性质和特征是健康保险产品特征的核心体现，表现为各种不同的健康保险产品。目前我国健康保险市场的主要健康保险产品包括疾病保险、医疗费用保险、护理保险和失能收入损失保险，相对应地可将健康保险市场分为疾病保险市场、医疗费用保险市场、护理保险市场和失能收入损失保险市场。在此分类标准下，不同健康保险市场的差异主要表现在交易的健康保险产品不同，即客体不同，但保险市场主体可能是相同或类似的。

（二）按交易层次进行分类

保险市场按交易层次可以分为原保险市场和再保险市场以及保险衍生品市场。因此，健康保险市场也可以此分为健康保险原保险市场、健康保险再保险市场和健康保险衍生品市场等。借用金融市场的概念，可将其分别理解为初级市场（一级市场）、次级市场（二级市场）和三级市场。健康保险原保险市场的交易主体主要是保险人、投保人和被保险人、中介等；健康保险再保险市场的交易主体是原保险人和再保险人；健康保险衍生品市场的交易主体主要是健康保险衍生品开发或销售机构、风险咨询机构以及投资者等。在此分类标准下，健康保险原保险和再保险市场的差异主要表现在交易主体不同；前者的投保人可以是自然人也可以是法人，但后者的投保人只能是保险公司；前者的保险业务属于人身保险范畴，而后者的业务实质上是一种责任保险。健康保险衍生品市场与健康保险原保险和再保险市场存在着较大的差异，表现为其交易对象是在承保风险的基础上形成的各种保险证券或其他保险衍生品，属于广义的金融市场构成。

（三）按保障层次进行分类

健康保险市场按保障层次可以分为商业健康保险市场和社会健康保障市场，两者的核心差异在于交易产品的保障层次不同，以及行为主体尤其是健康保险市场供给者不同。商业健康保险市场的交易对象是商业健康保险产品，由各类保险公司或专业健康保险公司提供保险产品；社会健康保障市场则以国家法定的社会保险中保障被保险人医疗费用、生育或工伤导致的医疗费用或收入损失为主要保险责任的社会保险险种为交易对象，具体包括社会医疗保险、工伤保险、生育保险等险种，由政府部门提供。商业健康保险市场和社会健康保障市场是社会医疗保障体系的两个重要组成部分。从保障层次上看，商业健康保险市场属于补充保障层次，而社会健康保障市场则是基础保障层次；从保障内容上看，商业健康保险市场能够提供的保障服务更为丰富，而社会健康保障市场则主要集中在医疗费用或收入损失两方面。

（四）按交易范围进行分类

按照交易范围来分，可将健康保险市场分为国内健康保险市场和国际健康保险市场，而国内健康保险市场又可以根据交易覆盖范围，尤其是被保险人覆盖范围分为区域健康保险市场和全国保险市场。

实践中，对国际健康保险市场既可以理解为跨国界发生的健康保险交易活动，即投保人或被保险人与保险人在不同的主权国家或地区进行健康保险业务交易，也可以理解为包括本国健康保险市场在内的全球各国健康保险市场的总和，即全球健康保险市场。自我国加入WTO并随着约定条件的解除，我国越来越多的保险公司在海外开展健康保险业务，同时也有越来越多的外资保险公司在我国境内开展健康保险业务，为我国国民提供健康保险保障服务，这种市场即可成为狭义的国际保险市场。

区域健康保险市场是指保险人只在一定范围内（一般表现为行政区域）开展健康保险业务，为一定地理范围内的被保险人或投保人提供健康保险服务。例如，我国实践中大多数中小保险公司由于自身资源禀赋和经营环境所限，只在其本部所在地及周边省市经营健康险。全国健康保险市场是指保险人在全国范围内开展健康保险业务，一般来说这类保险人在全国大多数省市都设立了自己的分支机构和营销服务网络。此外，无论是国际、国内、区域、全国健康保险业务，都可以根据其覆盖人群，即投保人或被保险人所属地区分为城镇健康保险市场和农村保险市场。

（五）按被保险人健康风险状况进行分类

按照被保险人的风险状况来分，可将健康保险市场分为标准体健康保险市场、次健体健康保险市场、特殊疾病健康保险市场、高龄健康保险市场等。标准体健康保险市场也称为普通健康保险市场，指被保险人在投保时其健康风险水平符合所投健康保险险种的基本要求，可以按照正常保费费率和保额进行承保的保险市场；次健体健康保险市场，又称为弱保体健康保险市场，是指被保险人在投保时其健康风险水平不符合所投健康保险险种的基本要求，保险人为了实现经营目标，放松承保标准，以降低保额或提高保费费率的方式进行承保的健康保险市场，实践中如被保险人的年龄超过了正常投保要求等；特殊疾病健康保险市场是指以被保险人因特殊约定的疾病发生而进行给付保险金的健康保险市场，实践中如以专门的女性疾病、专门的老年疾病、癌症等特殊疾病为承保风险的健康保险市场；高龄健康保险市场主要指以高龄人为被保险人的健康保险市场，属于承保风险较高的一类健康保险市场。

除上述分类方式外，还可根据健康保险产品差异程度来分，将商业健康保险分为同质健康保险市场和异质健康保险市场等。前者是指所提供的保险保障范围、承保风险等都一致的健康保险市场，例如前文提及的女性健康保险市场和高龄健康保险市场；后者所提供的健康保险产品存在明显的差异性特征。还可以按照健康保险业务期限分为短期健康保险业务市场和中长期健康保险业务市场等。

（六）按承保对象数量进行分类

按照承保对象数量，即单个健康保险合同所保障的被保险人数量来分，可将健康保险市场分为个人健康保险市场和团体健康保险市场。个人健康保险市场的投保人和被保险人都是个人，单个健康保险合同所保障的对象往往是一个人。实践中，随着业务的发展，个人健康保险市场也可以扩展到家庭健康保险市场，即单个健康保险保单以全体家庭成员为被保险人的健康保险市场。团体健康保险市场的投保人往往是单位（雇主等），被保险人是投保人的利益相关人及（或）其家属，通常表现为雇主为雇员及其家属提供健康保险保障而与保险人进行交易的关系总和。

（七）按业务性质进行分类

结合商业健康保险和社会健康保险体系的关系以及我国商业健康保险发展的客观环境，刘京生（2011）把商业健康保险业务和经营目标分为三类：政策性健康保险业务、商业性健康保险业务和管理服务性健康保险业务。[①] 本文借此标准将商业健康保险市场细分为政策性健康保险市场，商业性健康保险市场和管理服务性健康保险市场。

1. 政策性健康保险市场

这是保险人为了配合政府医疗卫生体制改革目标，为政府提供社会医疗保险服务为政策导向，在一定地域范围内采取以政府或半官方组织直接或间接推动为特征，通过立法推动、政府主导、购买委托、政策支持等方式，推动政策性健康保险业务，商业化运作的经营模式。在此类市场中，保险人的角色可理解为是受政府委托的一个专业风险管理者，是服务供给方，而政府是服务需求方。

2. 商业性健康保险市场

这是由保险人向被保险人或投保人提供健康风险保障的保险市场，是商业健康保险市场的主体，这是本书讨论的重点内容。

3. 管理服务性健康保险市场

这是保险人利用自身的专业优势向政府、企业或个人家庭提供管理性或服务性的

---

① 刘京生. 中国健康保险发展研究［M］. 北京：中国社会科学出版社，2011：134.

业务。在此市场中,保险人的角色可理解为是受政府委托的一个专业风险管理者,是服务供给方,而政府、个人和家庭是服务需求方。实践中,我国管理服务性健康保险市场发展较为滞后,有较大的发展空间。

二、健康保险市场特征

从健康保险、健康保险市场的定义和分类不难看出,健康保险市场和一般保险市场有类似的特征,也有自身的特征。

(一)参与主体众多

健康保险与其他一般人身保险的差别之一在于,其参与主体更多,主要表现为健康保险的核心在于为被保险人提供医疗费用或收入损失的补偿或给付,因此,除了有保险人、被保险人或投保人、中介人参与健康保险市场交易之外,往往还会涉及医疗服务的提供方,即医院、健康管理公司等医疗服务机构。在这些参与主体中,形成了一个三角的相互关系,即保险人和投保人之间形成了健康保险产品(服务)交易市场,而投保人或被保险人与医疗服务机构形成了健康医疗服务交易市场,保险人与医疗服务机构形成了或有的医疗服务交易市场。可用图3.2描述健康保险市场三类参与主体之间的关系。

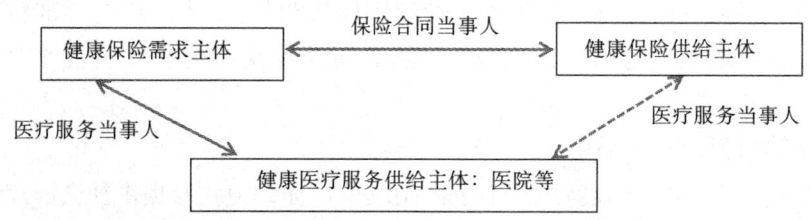

图 3.2 健康保险市场参与主体关系示意图

因此,健康保险市场的供需关系一定会受到医疗服务供需关系的影响。例如,我国东部地区医疗资源丰富,民众对医疗服务的可及性高于西部地区,城镇居民对医疗服务的可及性及需求层次更高,因此相对而言,东部地区和城镇地区的商业健康保险市场更为发达。

(二)存在明显的信息不对称,会产生显著的外部性

与一般的保险市场相同,健康保险市场存在明显的信息不对称,一方面表现为健康保险的专业性,投保方难以理解健康保险合同中的术语,另一方面表现为投保方对被保险人健康状况了解信息明显多于保险人。结合前文对健康保险市场参与主体众多

的这一特征分析，健康保险与一般市场不同的地方还在于健康保险市场较一般保险市场的信息不对称更严重，主要表现为医疗服务的提供方，即医院等机构有很强的专业性，在医疗服务、健康管理等方面，其专业性远远高于投保方和保险人。因此，在健康保险市场中除了容易发生类似一般保险市场的投保方发起的保险欺诈等道德风险事故或逆选择之外，还有可能形成"医患联盟"，即投保方和医疗服务提供方共同联合发起的保险欺诈，或由于经济利益等方面的原因，医疗服务提供方故意提高医疗费用或通过过度医疗获得更多的医疗保险费用以盈利。因此，健康保险市场中的道德风险和逆选择更难以控制。

此外，健康保险市场会产生明显的正外部性和负外部性：正外部性表现为被保险人或投保人由于获得了健康保险产品提供的风险保障，可以避免经济危机或降低社会管理成本，可进一步提高被保险人或投保人的生活质量，增加社会劳动力供给等；负外部性主要表现为由于健康保险本身存在的严重信息不对称导致的保险欺诈等行为引起的社会成本增加等。

（三）有一定的市场准入条件

为了保护被保险人、投保人的利益，政府往往会要求保险人在获得进入某地区从事经营健康险业务资格时要求其满足一定的准入条件，例如最基本的要求是通过中国保监会的批准和获得工商部门经营执照。具体来看，健康保险市场的市场准入条件（壁垒）存在于以下几个方面：

1. 规模经济壁垒

规模经济（Economy of Scale）即规模报酬递增，指的是随着经营规模的提高，经营效率会因此提高，从而成本降低。在健康保险市场上表现为，当某专业健康保险公司或保险公司经营规模达到最低效率规模时，进一步扩大规模不会提高经营效率，但在此之前，即处于发展阶段的中小保险公司，经营效率会随着经营规模的提高而提高。由于保险经营的基础是大数定律，这意味着一些全国性的保险公司可能在一定条件下比中小保险公司有更大的经营优势，中小保险公司在进入某一地区开展某种健康保险业务时可能面临更高的成本。

2. 必要资本壁垒

为保障被保险人的权利，政府部门一般会要求在开设保险公司时，有必要的注册资本。根据我国目前《保险法》的要求，我国设立保险公司的注册资本最低限额为人民币二亿元，且必须是实缴货币资本。

3. 产品差别化壁垒

商业健康保险市场和社会健康保障市场的差别之一在于其能够提供更丰富、更多层次的健康保险产品。商业健康保险市场存在明显的产品差别化壁垒，即投保人或被保险人由于更青睐某公司的服务、产品保障范围、保费费率、便利性等原因而选择与其签订健康保险合同，大多数保险人也试图通过服务、保障范围、费率等要素将自己与竞争对手区别开来。健康保险市场供需双方对产品差异化的如此追求，在一定程度上为进入健康保险市场设置了一定的条件，使某些保险人营销管理时可能面临更大的成本和更低的效率。

4. 政策法律制度壁垒

商业健康保险市场是社会保障体系的重要组成部分，是社会医疗保险的重要补充，因此健康保险市场的发展和准入往往受到社会医疗保障等方面政策制度的影响。例如，2015年5月6日国务院常务会议通过的《关于开展商业健康保险个人所得税优惠政策试点的决定》和2015年8月10日中国保监会印发了《个人税收优惠型健康保险业务管理暂行办法》等正式拉开了我国"补需方"模式的个人健康保险税收优惠实践序幕[①]，使得我国个人健康保险市场发展更为迅速。《健康保险管理办法》《保险法》等法律法规对健康保险业务经营提供了相应的约束条件。

（四）需求普遍，有效需求不断扩大

健康保险有极强的普适性和广泛性，健康保险市场的需求存在于所有的自然人个体中，因此，健康保险市场的需求主体非常广泛。任何性别、地域、年龄、学历、职业的自然人都有可能发生健康、疾病或意外事故风险，从而需要支付相应的医疗服务费用或康复费用，以及承担由此降低的收入损失等经济损失，即任何风险厌恶的自然人都有转移健康风险的意愿和动机。此外，随着人们经济水平的提高、政府提供的社会健康保障体系的建立，人们对商业健康保险，即更高层次、更丰富的健康保险的有效需求也在不断扩大。例如，单项的牙科保险、眼科检查和视力矫正保险、长期护理保险等新型险种近年来越来越受到人们的青睐。随着城镇化程度的加深、农村经济的快速发展以及农村基本医疗保障体系的全覆盖，我国农村地区居民对健康保险的有效需求有明显的提升。可以预测，随着人口老龄化的加剧，人们对健康保险需求会持续增加。

（五）受政策环境影响大

我国健康保险业务长期以来发展滞缓的主要原因之一在于有效需求和有效供给及供给动力不足。卓志，孙正成（2015）的研究认为，保险公司缺乏经营（供给）健康险动力的根本原因在于健康险业务并不能明显促进保险公司的经营绩效，进而认为适时适当对人身险和非寿险公司采取差别的税收杠杆不失为一种促进我国商业健康险业务发展的有效策略。[②] 这一研究结论在实践中得到了良好的佐证：随着中国保监会

---

① 孙正成. 商业健康保险税收优惠效应：争议与展望 [J]. 西部论坛, 2016 (1)：74—81；89.

② 卓志，孙正成. 健康险业务能否提升保险公司经营绩效——兼论我国商业健康保险经营动力 [J]. 财经科学, 2015 (11)：34—44.

《关于印发〈个人税收优惠型健康保险业务管理暂行办法〉的通知》(保监发〔2015〕82号)以及财政部、税务总局、保监会《关于将商业健康保险个人所得税试点政策推广到全国范围实施的通知》(财税〔2017〕39号)等政策的颁布和推进,我国健康保险业务发展迅速。[1]

此外,受文化和业务经营特性等方面的影响,我国健康保险市场发展与监管政策紧密相关。2006年中国保监会颁布的《健康保险管理办法》为规范健康保险市场发展发挥了重要作用,2017年11月15日中国保监会发布的《健康保险管理办法(征求意见稿)》则进一步对健康保险产品、健康保险营销管理、健康保险服务、健康管理服务与医保合作等问题进行了规定和引导,将进一步促进健康保险市场的规范发展,将对健康保险市场业务延伸产生重要影响。

第三节 健康保险市场细分与目标市场选择

一、健康保险市场细分

(一) 市场细分的概念

市场细分(Market Segmenting)和目标市场的概念,由温德尔·斯密(Wendell R. Smith)于20世纪50年代提出[2],是买方市场环境下的一种现代营销理念。市场细分又称为"市场分割""市场区隔"等,是指营销者通过市场调研,根据消费者对商品的不同需求和欲望、不同的购买行为和购买习惯,将消费者整体市场划分为具有类似性的若干不同的购买群体,即子市场,以便于企业从中认定目标市场的过程和策略。[3] 市场细分是市场研究的重点,是市场营销管理活动中的关键环节,市场细分对企业经营有着重要的作用。

---

[1] 数据显示,2013年上半年,健康险业务原保险保费收入586.47亿元,同比增长25.8%;2014年该业务实现原保险保费892.92亿元,同比增长52.25%;2015年以及2016年分别实现原保险保费收入1 245.88亿元以及2 359.33亿元,同比增速分别为39.53%以及89.37%。资料来源:http://insurance.hexun.com/2017-11-16/191657197.html.

[2] Wendell R. Smith. Product Differentiation and Market Segmenting As Alternative Marketing Strategies [J]. Journal of Marketing,1956 (21): 3-8.

[3] 屈云波,张少辉. 市场细分——市场取舍的方法与案例 [M]. 北京:企业管理出版社,2010.

(二) 健康保险市场细分的概念及作用

1. 健康保险市场细分的定义

健康保险市场细分的客观基础是保险人的资源限制及有效的市场竞争和投保人或被保险人对健康保险服务需求的异质性。根据市场细分的基本概念，采用"种差"的定义方式，可将健康保险市场细分定义为：健康保险营销者，即保险代理人、经纪人或其他中介机构以及保险公司销售人员通过市场调研，根据投保人或被保险人对健康保险的不同需求和欲望、不同的购买行为和购买习惯，将健康保险整体市场划分为具有类似性的若干不同的购买群体，即健康保险子市场，以便于各类保险公司从中认定目标市场的过程和策略。

2. 健康保险市场细分的作用

从健康保险市场细分的概念中可以看出，健康保险市场细分是一个持续的行为活动，包括市场调研、市场研究、市场划分等几个重要步骤，其目的是在于帮助保险公司更有效地开展营销和经营活动。具体来说，健康保险市场细分的作用包括：(1) 发现市场机会，为制定营销决策提供依据；(2) 掌握目标市场特点，使得健康保险营销活动更有针对性；(3) 助力市场营销组合策略的制定，使得健康保险营销策略更有效；(4) 帮助保险人更有效地利用有限的保险公司资源，提高保险营销效率；(5) 通过有效的健康保险市场细分，便于健康保险经营公司瞄准和选择目标市场，提高保险公司竞争力。

(三) 健康保险市场细分的视角和依据

1. 健康保险市场细分的视角

理论界一般以消费者为导向对市场进行细分，实务界一般以产品为导向对市场进行细分。前者关注消费者总体特征为细分标准，对消费者进行分群，主要从个体认知（包括感知、认知、学习、态度、动机、需要、个性），社会文化环境（包括人口统计、家庭、相关团体、文化、亚文化）以及行为决策过程三个不同侧面，对消费者心理特征和行为进行细分，其最终目的是试图理解不同类型消费心理行为的内在根据。后者主要根据企业不同的营销决策目标，围绕具体某产品或品牌，从特定情境下消费者特征的角度对消费者进行细分，具体细分标准包括产品/品牌使用率、购买方式等。[①] 结合健康保险市场属于买方市场的特征，本文讨论的健康保险市场细分视角以消费者为导向。

---

① Tony Lunn, Segmenting and Construction Marketing [A], Robert M. Worcester and John Downharneds, Consumer Market Research Handbook, 3th Revised and Enlarged Edition [C], Elsevier Science Publishers, B. V., 1986: 387 – 423.

2. 健康保险市场细分的依据和变量

要对健康保险市场进行细分,就需要确定一定的细分依据,在实践中往往表现为具有统计意义的变量。一般而言,市场细分的主要变量具体包括地理变量,人口统计变量、心理变量和行为变量四个方面,主要考察可能对消费者消费行为产生影响的关键因素。借用一般市场细分变量的标准和依据,本文将健康保险市场细分变量具化(见表3.1)。

表3.1 　　　　　　　健康保险市场细分的依据及变量细化举例

健康保险市场细分标准		具体举例
地理位置变量	世界范围	美洲、亚洲、欧洲、大洋洲等
	国家范围	中国、印度、美国、英国、日本等
	国家经济发展水平	高收入国家、中等收入国家、低收入国家
	国内地区	东北、华北、华东、华南、东南、西南、西北等
	省/市/区范围	北京、上海、江苏、浙江、安徽、山东、云南等
	城市人口规模	50万人以下,50万—100万人,100万—500万人,500万—1 000万人,1 000万人以上
	空气环境	常年无污染、常年污染、季节性污染等
	自然地理环境	高原、山丘、草原、平原等
	气候条件	干燥、潮湿、温暖、严寒
人口统计变量	性别结构	男性、女性
	个人生命周期	婴幼儿、少年、中青年、老年
	年龄结构	0—6岁,6—14岁,15—24岁,24—44岁,45—59岁,60—74岁,75—89岁,90岁以上等
	家庭生命周期	单身青年、无孩已婚青年、有幼儿满巢家庭、子女未满18周岁的满巢家庭、子女18周岁以上的满巢家庭、空巢家庭、丧偶单身中老年等
	家庭流动性	从未迁徙、父辈迁徙、留守儿童家庭、留守老人家庭等
	社会阶层	底层、中层、上层
	职业	教师、公务员、农民、个体户等
	收入水平	人均月收入1 000元以下,1 000—2 000元,2 000—3 000元,3 000—5 000元,5 000元以上
	受教育程度	初等教育、中等教育、高等教育、研究生及以上
	家庭人口数	1—2人,3—4人,5人以上
	民族	汉、回、彝、苗、藏、傣、壮、蒙古、朝鲜等
	宗教信仰	佛教、伊斯兰教、基督教、天主教等

续表

健康保险市场细分标准		具体举例
心理变量	健康风险感知能力	低、中、高
	健康风险态度	风险厌恶、风险种类、风险喜好
	健康保险需求动机	生存需要、安全需要、情感和归属需要、尊重需要、自我实现需要
	日常生活方式	经常体检和锻炼、偶尔体检和锻炼、从不体检或锻炼
	日常消费习惯	朴素节俭型、铺张浪费型
	所处地区文化特征	传统东方文化、日韩文化、欧美文化
	个性特征	理智型、冲动型、情绪型等
行为变量	健康保险消费时机	规律性、季节性、非规律性
	健康保险认可度	低、中、高
	健康保险消费频次	曾经消费、从未消费、首次消费、经常消费
	健康保险产品利益诉求	公司声誉、保障范围、产品包装、服务质量、便利性等
	品牌忠诚度	坚定忠诚者、适度忠诚者、品牌转移者等
	健康保险消费渠道	保险公司、保险代理公司、网络平台等
	健康保险保障对象	本人、家庭成员、同事、雇员、雇主等
	健康保险购买目的	为自己或家庭提供健康风险保障，为雇员增加福利等

资料来源：城市人口规模划分依据参考《中国中小城市发展报告（2010）：中国中小城市绿色发展之路》；年龄结构参考了青年、中年、老年的年龄划分标准并考虑个人不同年龄段健康风险特征。总体划分方式和部分内容参考了屈云波，张少辉：市场细分——市场取舍的方法与案例［M］．北京：企业管理出版社 2010：38—39。

不难看出，对于健康保险市场细分而言，人口统计变量、心理变量与行为变量是影响健康保险消费行为的重要因素，因而应成为健康保险市场细分的重要依据。

（四）健康保险市场细分的基本流程

借用市场细分的一般流程，根据健康保险市场细分的基本任务分解，可将健康保险市场细分的基本流程分解为：选定市场范围——确定市场细分变量——形成细分市场——初步评价细分市场规模及有效性四个关键步骤（见图3.3）。

（五）健康保险市场细分有效性的判定

健康保险市场细分指标和变量越多，细分出来的子市场也就越多，每个子市场的容量就越小，但并非市场细分越细越有效。一般而言，健康保险市场细分和其他市场细分相同，成功的市场细分应遵循以下几个基本原则：

1. 可衡量性/可识别性（Identifiability）

健康保险市场细分的规模应该是可被识别和衡量的，细分出来的健康保险子市场

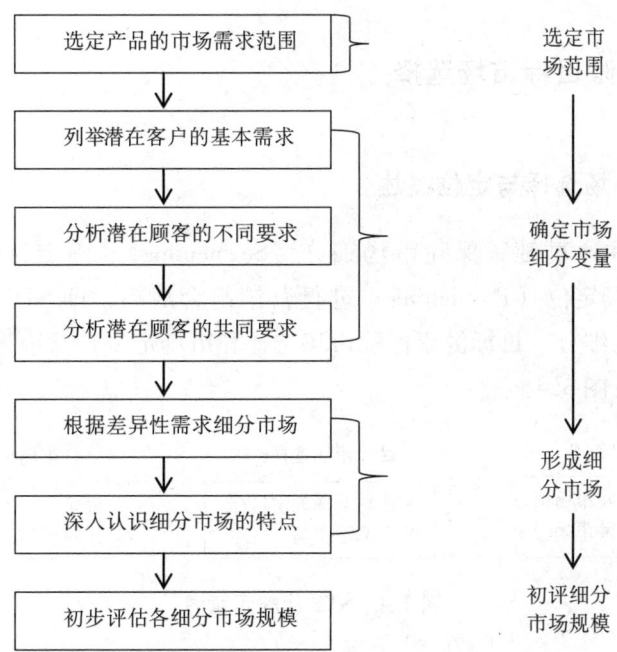

图 3.3　选择目标健康保险市场的基本流程示意图

应范围明确，容量大小也应能够大致被判断。

2. 可持续性（Substantiality）

健康保险市场细分容量要达到足以使经营主体盈利，充分考虑细分市场的潜在保险客户数量、购买健康保险产品能力、购买健康保险产品的频次等，值得保险公司为其制订营销组合方案。若市场划分过细，成本过高，则不值得继续细分。

3. 可到达性（Accessiability）

健康保险市场细分后应该是保险公司营销活动可到达的，即健康保险公司可通过调动人力、物力、财力等资源，通过产品营销活动将产品信息准确地传递给保险消费者群体，增大其健康保险产品对潜在保险客户的影响，并能够为健康保险消费者提供健康保险服务。

4. 稳定性（Stability）

健康保险市场细分之后，在一定时间内能处于相对稳定的状态，为保险公司制定营销策略提供时机，并可以在最大限度内有效节省营销管理成本。

5. 可行动性（Actionability）

健康保险经营主体可为目标消费者提供有效、完整、质量保证的健康保险服务。

6. 反应差异性（Different Responsiveness）

各个细分后的不同健康保险子市场消费者对同一种营销策略组合有不同的反应，营销策略变动时，保险消费者会做出不同的消费行为选择。

二、健康保险目标市场选择

（一）目标市场选择与定位概述

保险公司往往通过健康保险市场细分（Segmenting）、确定目标健康保险市场（Targeting）与市场定位（Positioning）进行营销组合战略，即 STP 战略的制定。总之，健康保险市场细分、目标健康保险市场选择和市场定位是营销管理战略的主要构成。三者的关系见图 3.4。

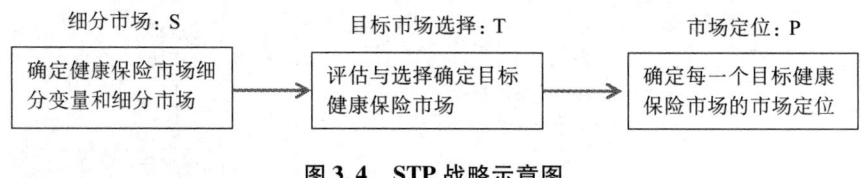

图 3.4　STP 战略示意图

从图 3.4 可以看出，市场细分的目的在于为正确选择目标市场提供基础，经营主体通过市场细分分析面临的市场机会，而目标市场选择的目的在于经营主体通过评价各类市场机会并结合自身的资源及能量决定为多少个细分市场提供服务的重要营销策略。①

（二）健康保险目标市场选择的基本程序

确定健康保险目标市场（Targeting）的主要任务是通过健康保险市场细分后，健康保险经营主体对各个细分市场进行评估，结合自身资源约束条件，准备提供相应的健康保险产品和服务满足市场需要的一个或几个子市场。

从目标市场选择的概念中可以看出，健康保险目标市场的选择主要包括对细分后的健康保险市场进行评估，再选择与健康保险经营主体自身条件和资源禀赋相适应的目标市场，即主要包括两个阶段：评估与选择。评估主要包括健康保险市场细分有效性的评估、细分后的健康保险子市场可行性的评估、细分后的健康保险子市场吸引力的评估、进入某种业务或某地区开展某种健康险业务的相对竞争力评估等方面。

（三）健康保险目标市场选择的常用方法

1. 健康保险目标市场选择的常用方法与关键要素

一般目标市场选择的常用方法可以适用于健康保险领域，常见的目标选择方法包

---

① 屈云波，张少辉. 市场细分——市场取舍的方法与案例［M］. 北京：企业管理出版社 2010：171.

括矩阵法，DPM（Directional Policy Matrix）定向政策矩阵模型和 AHP（Analytic Hierarchy Process）层次分析法。其中，矩阵法可分为九框矩阵分析法和四框矩阵分析法；DPM 模型法包括静态 DPM 和动态 DPM 模型。

从健康保险目标市场选择的概念中可以看出，确定目标市场的主要影响因素包括两个方面：（1）健康保险经营主体自身资源和条件以及其相对竞争力；（2）细分后的健康保险子市场自身的吸引力和可行性等。因此，无论哪种方法，健康保险目标市场的选择均以这两个要素为主要观察点。

2. 健康保险目标市场选择的常用方法的具体运用

（1）矩阵法。矩阵法通过将细分后的健康保险子市场吸引力和健康保险经营主体自身相对竞争力分为两个维度，并将其分为不同等级，两个维度相交形成了相应的矩阵，不同矩阵对应不同的市场选择和营销策略。进一步，将吸引力和相对竞争力分为低、中、高三个等级的矩阵法，因其产生九个方框，因此称为九框矩阵法；将吸引力和相对竞争力分为低、高两个等级的矩阵法，因其产生四个方框，因此称为四框矩阵法。一般来说，市场吸引力低、相对竞争力低的子市场为应放弃的市场，而市场吸引力强且相对竞争力强的子市场应为优选市场。具体可用图 3.5 表示矩阵法在健康保险目标市场选择中的运用。

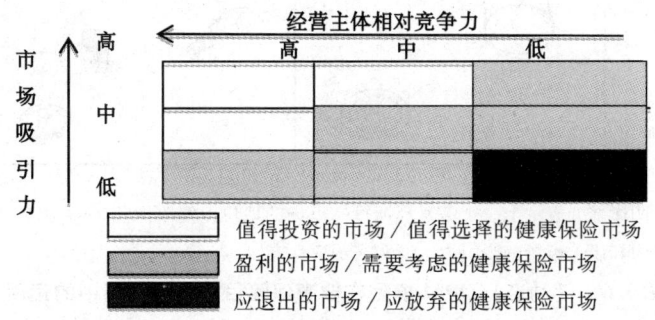

图 3.5　九框矩阵法在健康保险目标市场选择中的运用

（2）DPM 模型。DPM 定向政策矩阵模型仍然以健康保险经营主体自身相对竞争力和细分后的健康保险子市场吸引力作为主要观测要素。与矩阵法不同的是，DPM 更明确地利用一定的系数关系表达市场自身的相对竞争力和较为具体的分数描述细分市场的吸引力，相对而言更直观形象。值得注意的是，DPM 模型的运用可以随着经营主体相对竞争力及细分后的各健康保险子市场吸引力的变化而呈现出动态的直观选择策略。

例如，某保险公司想进入华东地区开展女性健康保险业务，其运用 DPM 模型进行健康保险目标市场选择，则需先结合华东地区人口、经济、文化、消费行为等变量，将华东健康保险市场细化为男性健康保险市场和女性健康保险市场，进一步将女性健康保险市场细分为青少年女性健康保险市场、中年女性健康保险市场、老年女性健康保险市场等，再对这些细分女性健康保险子市场进行吸引力的评估，赋予一定的系数。例如中年女性健康保险市场有较强的需求且购买力最强，其吸引力为5，老年女性健康保险子市场由于其高风险交叉的支付能力而可赋值3，青少年子市场由于青少年女性健康风险较低且购买力有限，则可赋值为1。进一步，将自身资源及华东地区竞争对手的资源及实力进行有效评估，对应不同子市场计算出一个相对竞争力系数，例如0.8、1和1.8。根据相对竞争力和市场吸引力两个维度及赋值的大小，则可确定该保险公司进入华东地区开展女性健康保险业务的竞争坐标，最终选择符合经营主体经营目标的子市场。进一步，若某个女性健康保险子市场吸引力或该保险公司在此市场的相对吸引力发生变动，则可通过移动坐标的方式，呈现出目标市场选择策略的变化。具体图3.6。

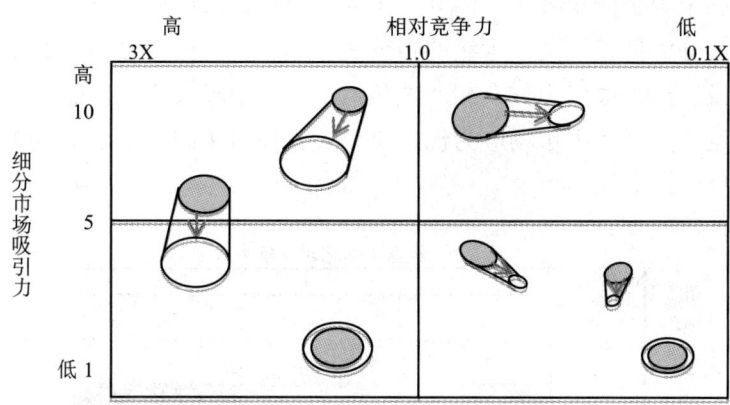

注：阴影部分表示上一个考察周期目标市场的地位；健康保险经营主体相对竞争力和该子市场的吸引力，箭头表示变动方向。

图 3.6　（动态）DPM 模型在健康保险目标市场选择中的运用

（3）AHP 层次分析法。AHP 层次分析法较前两种方法更为细致，其关键在于设置出恰当地衡量当前和新增健康保险子市场对公司经营产生影响的指标和权重。例如，某保险公司认为公司盈利能力主要由长期健康保险业务和短期健康保险业务共同影响，进一步选择新的健康保险子市场的主要影响因素是市场吸引力和新的细分市场与当前子市场的协同效应，如当前该公司已持续多年开展某地区青年女性健康保险业务，经营状况良好，那相对于重新开拓老年女性健康保险子市场而言，开展婴幼儿健康保险业务和青年男性健康保险业务可以节省更多的经营成本并可以通过家庭保单的形式产生良好的协同效应。此时，新细分的健康保险市场中，毫无疑问，老年女性健康保险市场由于其协同效应系数相对较低（例如在图3.7中表示为 I 市场）而可能被淘汰。图 3.7 呈现了 AHP 方法在健康保险目标市场选择中的具体运用。

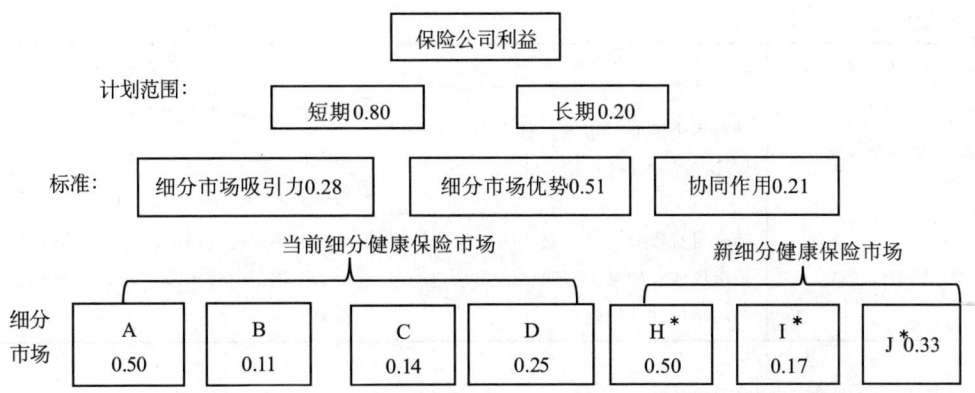

图 3.7　AHP 层次分析法在健康保险目标市场选择中的运用

三、健康保险目标市场营销策略的选择和运用

健康保险市场研究的目的是为营销策略的选择提供依据。实践中，营销策略可分为无差异性策略、差异性市场策略和集中性市场策略三大类。

（一）无差异性营销策略

在健康保险市场细分后，不注重各个自细分市场的差异，只注重其共性，运用单一的营销组合面向整体消费者，力求以单一产品尽可能多地满足消费者需求。

（二）差异性营销策略

指有针对性地对不同细分子市场分别制定产品和营销计划，以产品多样性应对市场竞争和提高市场影响力。

（三）集中性营销策略

经营主体将资源集中致力于某个或少数几个细分子市场，试图在某个或少数几个市场占据优势。表 3.2 呈现了三种营销策略在健康保险营销管理中运用的相互比较，图 3.8 呈现了不同营销策略的特征。

表 3.2　　　　　　　　健康保险目标市场营销策略比较

目标市场营销策略	特点	比较
无差异性营销	侧重健康保险市场细分子市场的共性	优点：成本较低，若市场需求预测得当，可快速抢占市场 缺点：无专利保障的保险产品极易被模仿；难以应对多变的市场需求

续表

目标市场营销策略	特点	比较
差异性营销	针对多个细分子市场，分别销售健康保险产品和设计营销方案	优点：有利于经营主体市场影响力和认可度的提高，稳定不同类型的客户群 缺点：成本较高
集中性营销	结合自身资源，只针对一个健康保险子市场或专门某类健康保险市场进行产品销售和营销管理	优点：可快速抢占局部市场，成本较低 过于专门化，一旦市场需求发生变化，很难快速调整

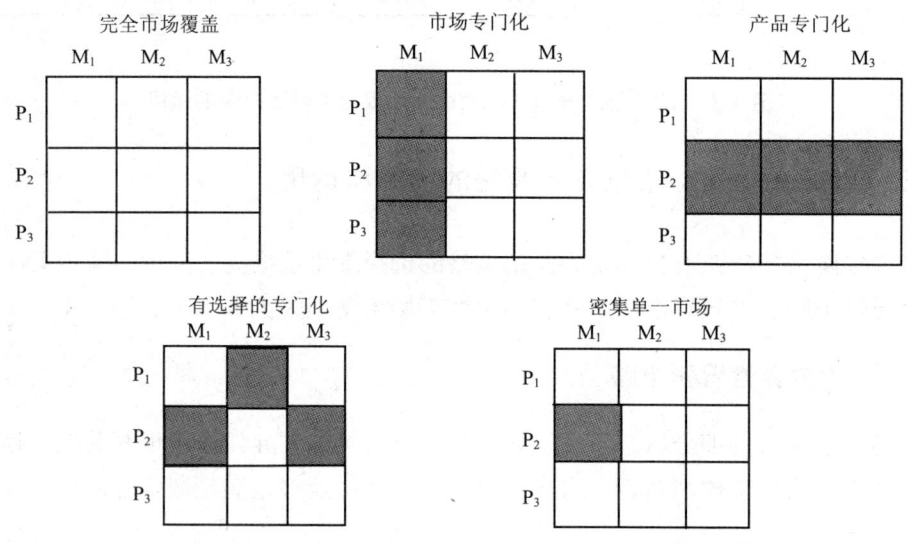

图 3.8　健康保险细分市场不同营销策略的特征示意图

比较来看，选择何种营销策略仍然主要取决于经营主体自身的资源禀赋、社会文化条件以及健康保险发展情况和市场特征。总体来说，差异性市场策略应是健康保险市场各类经营主体的主要营销策略。具体来说，对于全国性的保险集团，由于其具有一定的规模经济效益，可以在部分险种中采用无差异策略；而区域性的保险公司、非集团化的人身保险公司或财产保险公司适宜采用差异性市场策略，例如财产保险公司适宜经营短期健康保险产品，而人寿保险公司则可差异化地提供中长期健康保险产品；专业性健康保险公司则适宜采用集中性的市场策略，集中某一个群体、某一区域或某个健康保险产品群的开发和营销。

第四节　健康保险市场研究与健康保险营销管理

一、健康保险市场研究的主要内容与基本程序

（一）健康保险市场研究的主要内容

健康保险市场研究的主要内容包括产品分析和市场主体分析两个方面，其核心目的在于评价健康保险经营主体进入某个健康保险市场的自身相对竞争力。产品分析具体包括对当前市场上同类或异质的健康保险产品数量、一段时间内的产品创新情况、当前市场健康保险产品类型、竞争对手不同健康保险产品的盈利能力等方面的分析；主体分析则主要体现为对当前市场主体数量及类型、近期新进主体的特征、该健康保险子市场经营主体的生命周期等方面的分析。

（二）健康保险市场研究的基本程序

健康保险市场研究的基础是数据。一般而言，根据获取方式，可以分为直接数据和间接数据。直接数据往往来源于调查或实验数据，间接数据往往表现为统计数据。因此，健康保险市场研究的基本程序主要包括：获取数据—分析数据—运用数据三个关键环节。

1. 获取数据

获取数据的方式包括通过实地调研或个案实验测试直接获取以及通过查阅公开的统计文献的间接获取。

2. 分析数据

分析数据主要包括总量趋势分析、群体特征分析和个案追踪分析等。总量趋势分析一般基于大量的统计数据进行，群体特征分析可通过有针对性的调研和追踪数据进行，而个案追踪分析一般采用模拟实验测试或追踪访谈的方法进行。总量趋势分析有利于对市场发展进行有效的预判，群体特征分析则有利于细分市场的比较与选择，个案追踪分析则有利于校正营销管理的典型失误。

3. 运用数据：健康保险市场研究的作用/价值

运用数据是健康保险市场研究的根本目的，主要表现为对营销管理活动/行为的优化和调整营销策略。优化和调整营销管理活动主要表现为以下几个方面：

（1）健康保险市场主体、产品等数据的有效分析，尤其是趋势分析可为市场细分、产品优化（创新）或退出、是否开发新市场提供依据。例如对上海地区女性健康保险市场当前产品数量及保险密度的分析，结合上海女性健康风险特征及可支付能力分析，进而可判断上海女性健康保险市场的吸引力，为如何进行有效的女性健康保险产品创新以及是否进入该市场提供决策依据。

（2）客户群体特征的有效分析可促进客户满意度的提升或修复、有效需求的判定和变动趋势的掌控。例如对上海地区已参保的女性年龄结构及健康风险特征的群体分析，可有针对性地开展服务项目、调整价格等，提升客户满意度，动态结合年龄变动趋势开发新的健康保险产品。

（3）健康保险市场研究有利于及时调整销售方式和广告投放方式等营销管理活动。例如，通过对消费者消费习惯的追踪调查发现网络购买成为中青年的主要消费方式，则可以及时增加网络销售平台的使用、网络平台广告的投放量等，提高健康保险营销活动的可及性和有效性。

二、健康保险营销管理中市场研究的作用和地位

通过本章的分析和梳理，不难发现健康保险市场研究在健康保险营销管理中非常重要。健康保险营销管理的基础是恰当的市场定位和选择，而有效的市场细分是实现目标市场科学选择的关键。因此，可以说健康保险营销管理的逻辑起点是市场，落脚点也是市场，起点是认识、分析和研究面临的健康保险市场环境及可能的市场机会，落脚点则是提高经营主体在某种健康保险业务中的市场份额。

健康保险市场研究的目的在于提高市场份额，市场份额的提升是健康保险经营主体营销管理能力的主要衡量指标，是实现盈利的重要前提，也是健康保险营销管理活动的重要起点和决策、战略支撑。反之，良好的健康保险营销管理能力和营销策略的制定又可以反作用于健康保险市场份额的提升。因此健康保险市场研究对实现有效的健康保险市场营销管理至关重要。

本章小结

本章作为健康保险市场营销管理的基础性章节，着重介绍了健康保险市场的基本概念、基本构成要素、特征、类型等基础知识；在此基础上，介绍了健康保险目标市场选择、市场细分的依据、方法、原则、策略等基础知识；最后对健康保险市场和健

康保险市场营销管理的关系进行了综述性的探讨,进一步介绍了健康保险市场研究的主要内容以及在健康保险营销管理中的重要作用,呼应了对健康保险市场的系统认知是健康保险市场营销管理的基础这一主要论点,这又成为本章的写作价值所在。

专业术语

1. 健康保险市场:健康保险市场是健康保险经济关系的总和,核心表现为健康保险供需双方通过一定的商业交易实现双方效用的增加或提高,是健康保险市场主体、客体和价格(保费费率)的共同构成。

2. 健康保险市场细分:健康保险营销者,即保险代理人、经纪人或其他中介机构以及保险公司销售人员通过市场调研,根据投保人或被保险人对健康保险的不同需求和欲望、不同的购买行为和购买习惯,将健康保险整体市场划分为具有类似性的若干不同的购买群体,即健康保险子市场,以便于各类保险公司从中认定目标市场的过程和策略。

3. 标准体健康保险市场:也称为普通健康保险市场,指被保险人在投保时其健康风险水平符合所投健康保险险种的基本要求,可以按照正常保费费率和保额进行承保的保险市场。

思考题

1. 健康保险市场研究的价值和意义是什么?
2. 健康保险市场的构成要素有哪些?
3. 健康保险市场细分的基本程序是什么?
4. 健康保险目标市场选择的主要方法有哪些?
5. 健康保险市场细分有效性的判定标准是什么?

第四章

健康保险产品营销管理

健康保险市场营销管理的核心目标是通过健康保险产品的交换实现消费者和供给者的共赢,健康保险产品是营销管理活动的关键载体。囿于资源和成本的约束,不同类型、处于不同生命周期阶段的健康保险产品、处于不同层次的健康保险产品需要(可以)采用不同的营销管理策略。基于此,本章介绍了健康保险产品的基本类型、健康保险产品组合、健康保险产品创新等基础知识,为读者充分认识健康保险产品和健康保险产品营销管理策略选择提供思路和视角。

第一节 健康保险产品与营销管理

一、健康保险产品、特征与分类

(一) 健康保险产品的基本含义

一般意义上的产品是指任何提供给市场并能满足人们某种需要和欲望的东西[1];服务是以无形的方式,在顾客和服务资源、有形资源商品或服务系统之间发生的,可

---

[1] [美] 菲利浦·科特勒等. 市场营销导论 [M]. 余立军译. 北京:华夏出版社,2001:8.

以解决顾客问题的一种或一系列行为。① 两者差异可能主要体现在服务是非实体的，通过行为发生实现交易而非物品，大多数时候消费和生产同时产生并在一定程度上需要消费者参与体验，但服务也能满足人们的需要和欲望，也是可以在市场上进行交易，因此服务也是一种产品，服务是现代保险服务业的本质。② 毫无疑问，健康保险产品是健康保险市场的客体，在很多时候更多地体现了服务的属性。可将健康保险产品界定为：能够在商业健康保险市场上进行商业交易，并通过交易的达成满足投保人（被保险人）和保险人需要，提高双方效用的一种保险产品。具体来看，健康保险产品一方面能够实现投保人（被保险人）转移健康风险的需要，另一方面能够帮助保险人实现盈利的需要。

（二）健康保险产品特征

1. 服务是健康保险产品的核心

健康保险的核心在于为保险消费者提供健康风险保障服务，健康保险产品核心层在于提供风险保障和保险金的给付，但这种产品的核心价值需要通过良好的售前、售中和售后服务得以实现。因此，无论哪种分类方式，在健康保险营销管理活动中还应该侧重服务营销管理，或者说健康保险营销管理活动中应充分体现服务的核心价值。

2. 风险转嫁和损失补偿是其基本功能

保险基本功能论认为损失补偿过程同时是一个风险分散和转移过程，两者相辅相成。③ 任何一种保险产品，其基本功能都是损失补偿和风险转移，经济损失补偿和给付是保险自然和基本的"价值之源"④，健康保险产品也不例外。因此，无论是健康保险产品创新、组合还是优化均应以能够满足需求者转移健康风险和提供损失补偿为核心。

3. 保障风险多样，经营主体多元

相对于其他保险产品而言，健康保险产品由于提供的风险保障多样且经营主体多元化，经营较为复杂。一方面，从保障风险和范围来看，健康保险产品多样，经营主体多元，经营技术较为复杂。健康保险产品既提供短期，健康风险保障，也提供长期的健康风险保障；既为医疗、康复等提供保障，也为疾病或者意外伤害导致工作能力丧失提供保障；既提供费用补偿，也提供保险金的定额给付。复杂的风险保障使得健康保险产品所需的精算技术相对于单纯的寿险产品更为复杂。另一方面，由于健康保

---

① ［美］克里斯蒂·格鲁诺斯（Christian Gronroos）. 服务市场营销管理［M］. 吴晓云，冯伟雄译. 上海：复旦大学出版社，1998：28.
② 卓志，孙正成. 保险文化的转型与升华：以现代保险服务业为视角［J］. 保险研究，2015（5）：84—91.
③ 卓志，孙正成. 现代保险服务业：地位、功能与定位［J］. 保险研究，2014（11）：21—32.
④ 卓志. 论保险的职能与功能及在我国的实现和创新［J］. 保险研究，2004（1）.

险产品的保障对象是自然人，但精算技术探索借鉴非寿险的基本思想和技术，所以实践中健康保险产品的经营主体多元。

4. 需求主体投保动机多元

分析健康保险需求主体的投保动机，是认识健康保险产品特征的有效切入点。Kunreuther 等（2013）将保险的行为动机分为四个方面，即投资、免除担忧或焦虑、社会规范认知和履行政府要求或者法律规范（责任）。其他有学者将健康保险的投保动机扩展至：获得医疗服务的杠杆、风险治理、损失厌恶、资本化价值能力的维护、工作锁定和工作激励等。①

从投保对象来看：

（1）个人为本人投保健康保险，往往基于厌恶健康风险的心理，体现其转嫁健康风险的需要，将健康保险当作获取优质（可负担）医疗服务的杠杆。

（2）某一家庭成员为其他家庭成员投保健康保险，大多是为了规避家庭成员健康导致的经济损失使整个家庭陷入贫困的风险，保障家庭财务的可持续性，保存遗产等动机；另外的主要原因是社会约束和伦理道德或法律的要求（《未成年人保护法》《老年人权益保障法》等），即责任的要求②；此外还表现为把家庭成员投保健康保险作为家庭情感的体现。

（3）雇主为雇员投保健康保险，主要动机是规避经营风险，即规避雇员由于健康原因降低生产效率或其他损失，例如雇员因病离职带来的新的招聘或培训成本；其次，为雇员投保健康保险对员工的稳定性有很大的帮助，可以激励员工更努力地工作，即存在工作锁定和工作激励效应；此外，雇主为雇员投保健康保险往往也是规避税收，降低经营成本等动机的体现，大多数国家都对团体保险实施税收优惠。③

进一步分险种来看：

（1）医疗费用、收入损失、护理保险等补偿性险种的投保动机较多地体现了风险厌恶的心理和难以承担损失的需求，投保主体大多表现为难以独立承担由于健康风险导致的经济损失的个体或家庭，因此这类险种有较强的需求刚性且投保主体分布较为广泛；以疾病发生为主要给付条件的疾病保险给付型险种，往往是出于对未来某种特殊疾病的焦虑和畏惧而产生的需求，投保群体往往表现为某一类具有相似特征的群体，例如女性、中老年人、幼儿等。

（2）个人健康保险的需求者主要是家庭和个人，其他家庭成员和个人为个人投

---

① 吴传俭. 健康保险行为异象与合约机理机制研究［M］. 北京：经济科学出版社，2016：98.
② 例如：《未成年人保护法》第十五条规定，"父母或者其他监护人应当依法履行对未成年人的监护职责和抚养义务"；《老年权益保障法》第十五条规定，"赡养人应当使患病的老年人及时得到治疗和护理；对经济困难的老年人，应当提供医疗费用"。
③ 孙正成. 商业健康保险税收优惠效应：争议与展望［J］. 西部论坛，2016（1）：74—81；89.

保健康保险,往往出于情感、责任或经济价值的考虑;团体健康保险的需求者主要是企事业单位,主要出于生产效率和政策的考虑。

(3)短期健康险的投保人和被保险人往往对被保险人健康状况有良好的估计和预测,或经济能力有限;而长期健康险的需求者大多集中在经济能力较为雄厚,对被保险人健康状况有持久焦虑的群体。

(三)健康保险产品基本分类

1. 按照承保风险分类

根据《健康管理办法》,可将健康保险产品分为疾病保险产品、医疗保险产品、失能收入损失保险产品和护理保险产品四大类。其中,疾病保险产品是指以保险合同约定的疾病的发生为给付保险金条件的保险产品;医疗保险产品是指以保险合同约定的医疗行为的发生为给付保险金条件,为被保险人接受诊疗期间的医疗费用支出提供保障的保险产品;失能收入损失保险产品是指以因保险合同约定的疾病或者意外伤害导致工作能力丧失为给付保险金条件,为被保险人在一定时期内收入减少或者中断提供保障的保险产品;护理保险产品是指以因保险合同约定的日常生活能力障碍引发护理需要为给付保险金条件,为被保险人的护理支出提供保障的保险产品。

此种分类方式有利于在营销管理过程中掌握潜在客户的需求特征和保险服务内容特性等要素。比较四类健康保险的定义不难发现,除疾病保险之外,其他三类健康保险均以提供保障为主要保险责任,即属于补偿性险种,体现了保险的损失补偿基本职能;而疾病保险以疾病发生为触发条件,侧重保险金的给付而非补偿,属于给付型险种。

2. 按照承保期限分类

《健康保险管理办法》中还将健康保险根据保险合同期限分为短期和长期健康保险产品:短期健康保险产品是指保险期间在一年及一年以下且不含有保证续保条款的健康保险;长期健康保险产品是指保险期间超过一年或者保险期间虽不超过一年但含有保证续保条款的健康保险,在前一保险期间届满后,投保人提出续保申请,保险公司必须按照约定费率和原条款继续承保的合同约定。此种分类方式为健康保险营销管理活动计划安排提供了参考,对于短期健康保险而言,营销管理的重点在于促进交易,但对于长期健康保险而言,除应促进供需双方达成交易之外,维护客户关系、尽量降低客户退保率,持续满足客户需求是营销管理的重要工作内容。

3. 按被保险人规模分类

按照被保险人规模来分,可以将健康保险分为个人健康保险产品和团体健康保险产品:个人健康保险产品是指投保人和被保险人均为个人的健康保险;团体健康保险产品是投保人是单位,以被保险人为其利益相关人或其家属的健康保险。[①] 实践中,个人健康保险的投保人大多为本人或其家庭成员,例如夫妻相互投保、父母子女相互投保等,这两种投保现象实质上也隐藏着不同的投保动机和真实需求;但团体健康保险一般表现为雇主为雇员及其家属投保,即投保人和被保险人并非同一个人,而是利益相关人。

按被保险人规模以及投保人与被保险人关系对健康保险产品进行分类,对健康保险营销管理活动的有效开展非常有用,主要表现在个人和团体健康保险的投保人与被保险人关系往往不同,进而可以判定其投保动机和投保健康保险的真实需求不同。

4. 按照业务性质分类

结合健康保险营销管理活动可能存在的差异,按照健康保险业务性质分类也非常重要。结合第三章的阐述以及具体实践,可将健康保险按照业务性质分为商业性和管理服务性两大类。商业性健康保险即具体表现为《健康保险管理办法》中的四大类险种,其主要特征是由健康保险经营主体通过保险交易市场直接向消费者提供,保险经营主体(通常表现为保险公司)既是各类健康保险产品的开发者,也是保险产品服务的提供者;管理服务性健康保险产品则体现为健康保险经营主体利用自己的优势向政府、个人等主体提供中间服务,例如为地方政府经办新农合等业务,在此类业务中,健康保险经营主体主要表现为某些保险服务(例如,销售、理赔、核损等)的提供商,而这些保险产品本身并非由其直接开发和提供。

按业务性质对健康保险产品进行分类非常重要,此种分类将健康保险经营主体(保险公司)营销管理活动中所面向的消费群体和业务特征区分开:在商业性健康保险业务营销管理活动中,面向的消费者主要是个人、家庭和企业单位,是健康风险保障的真正需求者,健康保险产品的开发、创新、维护、优化等工作严格来说对营销管理活动会产生重要影响或本身就是其重要组成部分;在管理服务性健康保险业务营销管理活动中,面向的顾客主要是健康保险保障或健康管理的提供者,健康保险经营主体(保险公司)营销管理的核心目的是通过为其顾客提供良好的健康风险管理或保险服务体验而继续成为其服务提供商以盈利。

二、健康保险产品与健康保险营销管理的关系

(一)健康保险营销管理的基本理念

实践中,有五种可供选择的理念指导经营主体进行市场营销活动,即生产观念、

---

① 全国保险业标准化技术委员会. 保险术语[M]. 北京:中国财政经济出版社,2009:47.

产品观念、推销观念、市场营销观念和社会营销观念。其中,生产观念认为消费者会喜欢随处买到物美价廉的产品,是最古老的营销管理理念之一,重点是改进生产和销售效率;产品观念认为消费者欢迎那些质量最优、性能最好、特点最多的产品,因此经营的重点是改进产品;推销观念认为产品需要大力推销,否则消费者不会购买,这种理念主要适用于生产过剩的情形;市场营销观念侧重消费者需求,以期通过对目标市场需要和欲望的正确判断,以更好的竞争优势满足消费者需求;社会营销观念认为除了应该确定目标市场的需要和欲望之外,再以一种能维持或改善消费者和社会福利的方式向消费者提供更高的价值。[1]

(二)健康保险营销管理以产品和服务为载体

健康保险营销管理是为了经营主体在目标市场上通过与消费者交易产品实现理想的盈利水平。尽管用于指导健康保险营销管理的五种观念各自侧重点不同,但都离不开以健康保险产品和服务为基本载体和实现基础。事实上,健康保险市场营销管理活动的目的在于促进供需双方达成交易,提高各自效用,而供需双方交换的对象就是产品和服务,正是能够满足投保人(被保险人)转移健康风险和帮助保险人实现盈利的健康保险产品的存在才能促进双方交易,提高交易双方的效用。因此,健康保险产品和服务是健康保险营销管理的重要载体,健康保险产品和服务是营销管理活动过程的重要元素。营销策略中最著名的4P(产品、价格、促销、地点)策略也是以产品(Product)为核心的。

三、不同类型的健康保险产品营销管理

如前所述,产品和服务是营销管理活动的中心和载体,健康保险产品和服务管理在健康保险产品营销管理中非常重要。根据不同特征的健康保险产品分类讨论,一个基本结论即应针对不同特征的健康保险产品和服务进行不同的营销管理安排。根据科特勒的观点,市场细分和目标市场选择与定位是经营的战略,而营销管理是管理战术的体现,即应侧重于业务特征、资源、环境等方面的对接。在所有分类方式中,以业务性质进行分类最有代表性且结合实际,以商业性和管理服务性健康保险业务讨论不同健康保险产品营销管理的差异。

(一)商业性健康保险营销管理

根据两种业务特征的差异,可以看出,对于商业性健康保险产品,由于是直接由

---

[1] [美]菲利浦·科特勒等. 市场营销导论[M]. 余立军译. 北京:华夏出版社,2001:21—25.

健康保险经营主体（各类保险公司）向消费者（企业或家庭或个人）提供的，保险公司既是产品供给者，也是产品服务的提供者，是各保险公司经营健康保险的主要业务构成，因此，健康保险经营主体的营销管理核心目的在于满足客户需要和欲望，实现盈利。基于产品理念的健康保险营销管理活动应该能够"双管齐下"：一方面需通过对目标市场需要和欲望的正确判断，紧密结合客户需求，注重产品的创新、优化、组合，从核心层、形体层或延伸层进行创新、开发、优化或通过产品组合提供满足客户需要的健康保险产品，即体现为产品营销管理；另一方面需要重视服务营销管理，保障服务质量，以更好的竞争优势满足消费者需求，尽全力建立稳定的、可获利的长期顾客关系，保障稳定的盈利水平。

（二）管理服务性健康保险营销管理

管理服务性健康保险产品主要表现为由经营健康保险产品的保险公司为政府、企业、个人或家庭提供经办、咨询等专业服务，保险公司在此活动中主要承担中间服务提供商的角色。因此，产品的优化、开发等策略不是其营销管理活动的重心，而服务营销管理则是重中之重，包括服务质量的保障、服务品牌的培育以及客户关系的维持等方面。[①]

1. 服务的特性与营销管理

服务的特性是研究和开展健康保险服务营销管理的起点。一般来说服务具有无形性、异质性、不可分性和易逝性四个基本特性[②]，健康保险服务也不例外。无形性指的是服务的提供和消费与实物所有权无关且消费者效用强调一种主观感受和体验；不可分性强调服务的生产和消费基本上是同时进行的，且需要消费者的参与；异质性是指服务的质量容易产生变动，可能随交易时间、地点、服务提供者、消费者变化而发生变化，缺乏一致性和稳定性；易逝性是指服务具有不可再生性、不可存储性和供过于求的资源浪费性。[③] 服务的这些特性对健康保险营销管理活动产生正面或负面的影响，因此，服务营销管理要能够最大限度地促进正面效应而最大可能地降低最低效应。

2. 健康保险服务营销管理框架

为了实现这一目标，有众多学者对服务营销管理进行了探索，较有代表性的 B. Booms 和 M. Binter 在传统的 4P（Product、Price、Place、Promotion）营销组合策略基

[①] 此部分关于健康保险服务营销管理的内容适用于商业性健康保险产品中服务性业务的营销管理，包括产品售前、售中和售后各个环节，即适用于以健康保险产品为载体的所有服务活动。

[②] A. Parasuraman, V. Zeithaml, L. Berry. Problems and Strategies in Services Marketing. Journal of Marketing, 1985, 49: 33—46.

[③] 陈祝平. 服务营销管理 [M]. 上海：立信会计出版社，2007：34—41.

第四章
健康保险产品营销管理

础上提出了 7P 服务营销组合策略,即在 4P 基础上加入了人(People)、过程(Process)和有形证据(Physical Evidence)①,还有科特勒提出的内部营销和外部营销相结合的服务营销策略,以及 A. Parasuraman, V. Zeithaml& L. Berry 基于服务特征提出的服务特征分析框架等。本文借用陈祝平(2007)提出的基于服务特征的服务营销模型分析在服务性健康保险业务营销管理中,通过开展有效的服务营销管理活动,保障服务质量,实现盈利。② 图 4.1 呈现了服务营销的 8 个维度框架。

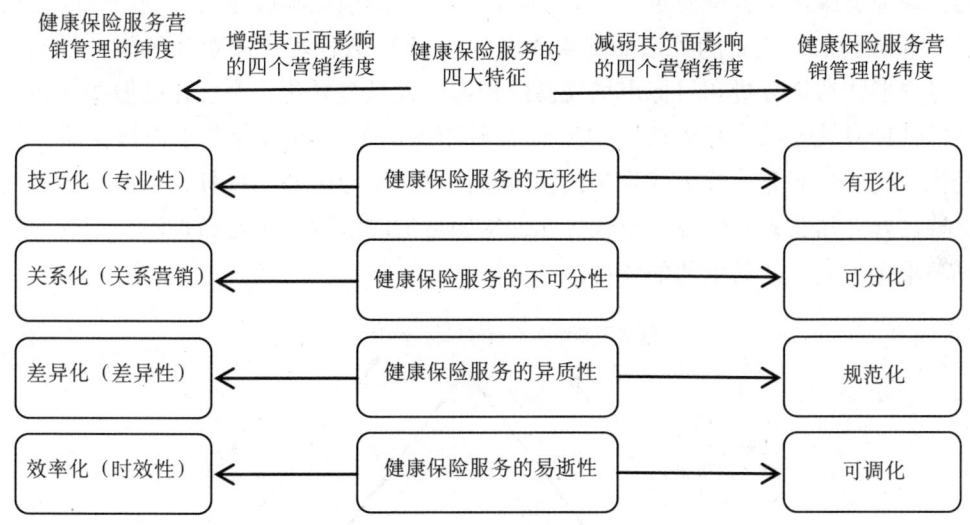

图 4.1 健康保险服务营销的 8 个维度框架

3. 健康保险服务营销管理的主要任务和工作重点

具体来说,为尽可能地减少健康保险服务无形性、不可分性、异质性和易逝性产生的负面影响,应尽量使服务有形化、可分化、规范化和可调化;要尽可能地增强其正面影响,则应将服务技巧化,关系化、差异化和效率化。进一步可以通过服务技能、服务知识的提高和服务专业化、服务文化的培育来提高营销技巧;通过增加服务接触(互动营销)、服务关系管理(关系营销)和内部营销促使服务关系化;通过服务个性化、服务特色和差异化促进服务差异化,满足客户多元需求;通过服务时效、服务集约、合作服务来促进服务效率化。③

科特勒认为,在服务营销管理中,客户和一线服务员相互影响形成服务,因此,服务提供者必须有效地影响顾客以便创造优质服务价值;但反过来,相互影响的有效

---

① B. Booms, M. Binter. Marketing strategies and organization structures for service firms, Marketing of Services (AMA), 1981: 47—51.
② 陈祝平. 服务营销管理 [M]. 上海:立信会计出版社, 2007: 64.
③ 陈祝平. 服务营销管理 [M]. 上海:立信会计出版社, 2007: 65—66.

性取决于第一线服务人员的技术以及支持这些服务人员的服务生产和扶持方法,包括内部营销、差异化营销管理、服务质量管理、服务生产力的保障等。① 基于此,科特勒提出了服务利润链和内部营销、外部营销、互动营销等重要概念。

结合实践,在健康保险服务营销管理中,(1)专业的知识营销,以服务为核心保险文化的自觉、创造和实践,是健康保险服务有形化的重要策略。(2)增强与客户的互动、重视内部营销和服务利润链的构建②和重视是稳定客户关系、提高客户参与度、保障健康保险服务质量的有效手段。客户、健康保险服务者、健康保险公司经营者(保险公司)三者的关系如图4.2所示。(3)结合客户需要和欲望,根据不同险种客户群体特征分析和目标市场规模的把握,提供差异化、个性化的健康保险服务是营销管理有效性的核心体现。(4)结合健康保险的终极目的在于为被保险人提供享受优质的医疗服务。健康保险是消费者获得优质医疗服务的杠杆,与医疗服务提供者保持良好合作关系,保证医疗服务和保险服务的时效性,是健康保险营销管理活动的另一重要方面,是其价值的体现。

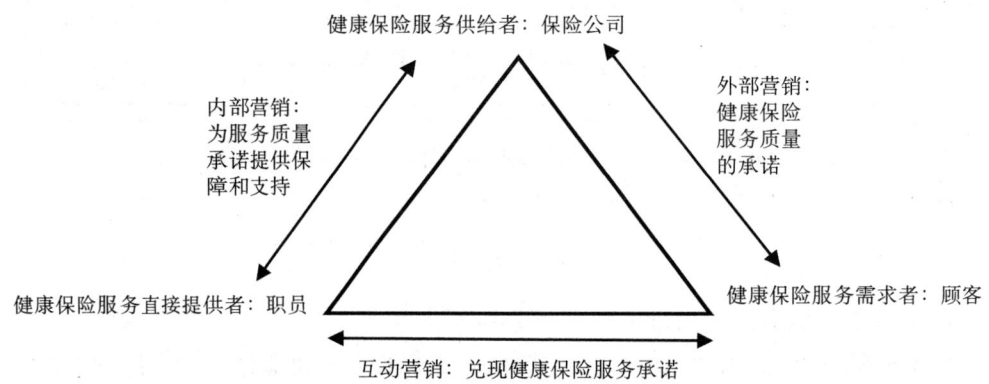

图 4.2 健康保险服务营销管理中参与主体的相互关系:三种营销类型的融合

资料来源:参考科特勒的服务营销模型,结合健康保险实践绘制。

---

① [美]菲利浦·科特勒等.市场营销导论[M].余立军译.北京:华夏出版社,2001:233—238.
② 内部营销是指服务供给者(企业)必须有效地培训和激励直接与客户接触的职员和所有辅助服务人员,使其通力合作,为顾客提供满意的服务。交互营销是指服务质量在很大程度上取决于买卖双方服务交易过程中相互作用的质量,在服务营销中,服务质量既取决于服务提供者,也取决于提供的服务质量。

第二节 健康保险产品营销管理策略

一、健康保险产品策略与实施

（一）健康保险产品策略的基本构成

根据 4P（Product，Price，Place，Promotion）市场营销组合策略的构成，产品（Product）策略是市场营销策略的重要构成，产品可理解为企业提供给目标市场的货物、服务的集合。因此，产品策略强调在市场营销管理过程中充分运用产品的各个要素，包括产品的实体、服务、品牌、包装、产品的效用、质量、外观、式样、品牌、包装和规格，还包括服务和保证等。

实践中，产品有单一产品（服务）和产品组合之分，故健康保险产品策略亦有单一产品策略和产品组合策略之分，其中产品组合策略是健康保险产品策略的主要方式。单一产品的营销策略侧重产品决策过程，产品组合策略的重点在于产品的组合与优化，但本文认为健康保险产品品牌的维护和建立是所有产品策略有效实施的关键，是不可或缺的要素。

（二）单一健康保险产品策略与实施

运用科特勒的单一产品决策理论，应将产品策略贯穿（体现）于"产品属性—建立品牌—包装—标签—产品扶持性服务"等关键环节，结合健康保险产品的构成和特性，不难得出单一健康保险产品策略实施是一个动态调整的过程，应包括：（1）对健康保险产品的质量、功能、特色和作用进行分析，明确产品的基本属性；（2）健康保险产品、服务品质及内容、保险产品品牌的建立和维护；（3）健康保险产品的包装，尤其需要呈现出无形的保险服务包装；（4）有效、便利、优质健康保险服务供给的支持和保障，包括内部营销、外部营销和相互营销等。后文将重点讨论健康保险产品组合策略的实施和优化。

（三）健康保险产品组合策略的实施与优化

由于健康风险损失往往是由多个风险共同导致的，而疾病、意外等健康风险之间又往往存在千丝万缕的关系，例如，新增疾病容易导致痼疾的恶化；老年人既容易产生疾病从而产生医疗费用，也容易产生护理费用；新婚育儿家庭的夫妻双方都难以独自应对健康风险导致的损失等。因此，健康保险产品和其他保险产品一样，往往很多时候需要进行产品组合才能够满足消费者多元化的需要，实现保险交易。

1. 相关概念的界定

（1）健康保险产品组合。保险产品组合是由两个及以上保险产品构成的，在保障范围上存在互补性的产品集合[1]，因此，健康保险产品组合可理解为是由两个及以上的健康保险产品构成的，在保障范围上存在互补性的产品集合。

（2）健康保险产品组合广度（宽度）、长度、深度与密度。与之相关的概念包括健康保险产品线、健康保险产品项目、健康保险产品组合广度（宽度）、长度、深度和健康保险产品组合密度。目前尚无文献专门对健康保险产品组合及这些指标进行定义，本文基于《保险术语》中对保险产品组合及相关指标的定义，将其具化到健康保险中得出相应的概念。[2] 根据保险产品线[3]的基本概念，可以将健康保险产品线理解为保障对象和保障范围相类似的一组健康保险产品；根据产品项目的概念[4]，可将健康保险产品项目理解为同一健康保险产品线中的不同险种及同一险种的不同品牌。保险公司所经营的健康保险产品组合的广度（宽度）是指所经营的健康保险产品线的数量；健康保险产品组合的长度是指健康保险组合中的所有产品项目数（险种数）；健康保险产品组合深度是指保险公司经营的每一种健康保险产品线内包括的健康保险产品数量（险种数量）；健康保险产品组合密度是指保险公司所经营的各种健康保险产品线在适用范围、设计特点和销售方式等方面的密切程度。

2. 健康保险产品组合策略的实施

与其他产品组合策略实施方式相同，健康保险产品组合也可以通过改变、优化、缩减产品线或险种数量的方式改变组合的广度（宽度）、长度、深度或密度（产品内部的相关性）来实现策略的变化。一般来说，有以下几种方式可以改变和实施健康保险产品组合策略：

（1）加大健康保险产品组合宽度。可通俗地理解为增加健康保险产品线，则可扩展经营领域，实施多元化经营，满足客户多元化需求，提高市场影响力。例如，一家新成立的人身保险公司，公司成立之初，由于资源有限，仅开展了短期健康保险产

---

[1] 全国保险业标准化技术委员会. 保险术语［M］. 北京：中国财政经济出版社，2009：51.
[2] 目前尚无文献对健康保险产品组合及这些指标进行定义，本文基于《保险术语》中对保险产品组合及相关指标的定义，将其具化到健康保险中，是本书可能的创新与贡献的体现。一般的定义见：全国保险业标准化技术委员会. 保险术语［M］. 北京：中国财政经济出版社，2009：51—52.
[3] 保险产品线是指保障对象和保障范围相类似的一组保险产品，例如老年疾病保险就是一个保险产品线。定义见：全国保险业标准化技术委员会. 保险术语［M］. 北京：中国财政经济出版社，2009：51.
[4] 产品项目是指产品线中不同品种及同一品种的不同品牌，例如家电是一个产品线，则冰箱、洗衣机就为产品项目。定义见：吴建安. 营销管理［M］. 北京：高等教育出版社，2004：201.

品，随着资金实力、人力资源和技术服务能力的提升，公司可以逐步开展长期健康保险产品。这就是实施加大健康保险产品组合宽度的产品组合策略。

（2）增加健康保险产品组合的长度。即丰富同一个健康保险产品线的保险产品（险种）数量，则进一步可提升保险公司的专业服务能力和市场认可度。延伸健康保险产品组合长度既可以向上延伸；也可以向下延伸或双向延伸。① 这种"深耕"策略较适用于专业性健康保险公司、在一定业务领域内已经取得占优或仅在一定区域内经营业务的保险公司，可将有限的资源聚焦使用，实现顾客的快速累积和市场影响力的快速提升。例如，一家区域性的专业健康保险公司，一直致力于女性健康保险产品的提供并取得了良好的市场反馈，近期公司决定在先前销量较好的女性大病保险基础上，推出一个附加险种，主要保障一些由于环境污染、科技变化等原因导致的女性新型疾病。

（3）加强健康保险产品组合的深度。即保险公司通过丰富一种健康保险产品线内包括的健康保险产品数量（险种数量），则可进一步占领同类健康保险产品的细分市场，满足更广泛的市场需求，提升行业竞争力。这种"广撒网"的策略适合资本实力较为雄厚，在市场上有广泛稳定客户群的保险公司。例如，某家保险公司的健康保险产品销售以儿童医疗保险保单见长，其与全国各地优质儿童医院有良好的合作关系，全国大部分省市的育儿家庭都非常认可该公司在儿童健康保险方面的服务。基于此，公司决定将保障群体逐步拓展至更易发生大病（例如血癌）的幼儿群体，并同时通过相同的营销渠道，将包括育儿母亲和父亲作为被保险人的一揽子家庭健康保险产品组合加以推广。

（4）提高健康保险产品组合的密度。即强化产品组合内部的关联性，通过加强组合内部各类健康保险产品的一致性，力争在特定市场领域赢得良好的声誉和市场认可。这一产品组合策略适用于大多数健康保险经营主体，因为企业资源永远是有限的，健康保险承保的风险本身就是难以控制的，因此，在进行健康保险产品开发时必须注意产品线直接的内在相似性，避免资源浪费。

3. 健康保险产品组合策略的优化

产品组合的终极目的在于更好地满足市场多元化需求和欲望，提高保险公司盈利水平。因此，在健康保险产品组合策略实施之后，必须对组合策略进行动态的观察、系统的分析和评价，动态优化产品组合：导入新产品，或放弃产品，或对产品组合进行改进。具体而言，健康保险产品组合优化包括两个关键的步骤：

（1）分析不同产品线、同一产品线上不同健康保险产品（险种）的销售额和利

---

① 向上延伸即通过开发或增加高端客户和高端产品，例如开发口腔、牙科、美容等专项医疗费用保险或门诊保险；向下延伸则增加低档产品，例如开发适合边远农村的补充性医疗费用保险。

润情况。若某一个健康保险产品线或某一个险种的销售情况过于乐观,成为公司利润的集中地,则应加大健康保险产品组合宽度,防止由于外部环境变化或竞争者的竞争导致本产品线的摧毁。例如,一家专业健康保险公司近年来的利润主要依靠某种长期健康保险(分红型)维持,那很可能随着利率、监管环境的变化,该险种经营出现瓶颈。此时,则应适当开展非投资性的短期健康险业务。

(2)分析所有经营险种的市场地位。这是保险公司经营过程中对自身相对竞争力的衡量,主要通过将某产品线中的某一个具体险种经营情况与其他竞争者进行同类分析,包括产品特色、服务质量和能力、产品价格、产品功能和作用等产品属性的分析,产品市场份额的分析,产品利润的分析等。以期通过市场地位的分析,动态评价自身的相对竞争力,便于对新产品组合、目标市场选择进行动态调整。

(四)健康保险产品品牌的建立和维护

品牌是一个名称、术语、标志、符号、图案或者这些因素的组合,用于识别产品的制造商和销售商。[①] 一个保险公司可以有一个产品品牌,也可以有多个产品品牌。建立健康保险产品品牌可以增加产品的价值,可以帮助消费者识别产品属性,帮助供给者和销售者吸引和维持消费者。健康保险产品或保险公司品牌效益与利益相关者的关系见图4.3所示。

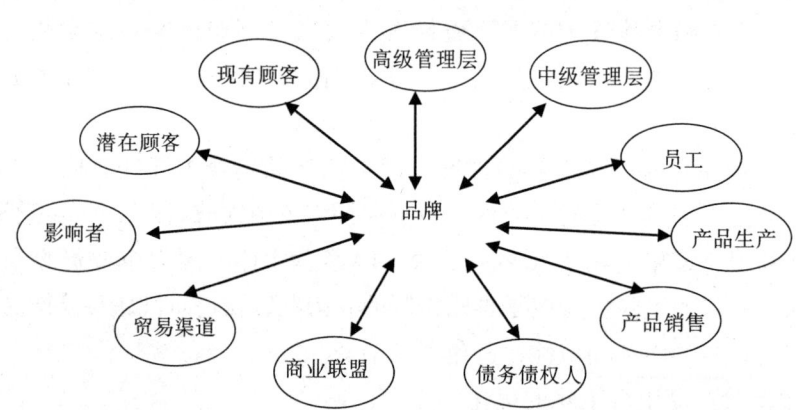

图4.3　健康保险产品或保险公司品牌效益与利益相关者的关系示意图

在建立健康保险产品品牌时,除了应符合法律法规之外,应遵循几个基本原则:(1)能够表达产品的质量和利益。健康保险产品一般都与人们的健康期盼等相关,因此品牌建立可以"健康""呵护""关爱"等为产品系列名称。(2)易读易记,识别性强。例如"平安""太平""泰康"等都很容易让人联想到健康保险保障的品牌。

---

① [美]菲利浦·科特勒等.市场营销导论[M].余立军译.北京:华夏出版社,2001:212.

(3) 鲜明独特,能传递企业文化个性。例如保险行业注重诚信,很多保险公司将"鼎"作为公司品牌的元素,中国太平推出了吉祥物"太平吉象",谐音太平吉祥,既包含了公司名称,也传递了公司的企业文化和产品特征。(4) 应取得法律保护。我国健康保险产品目前缺乏专利保护的法律法规,因此,取得法律保护非常重要。目前市场上很多保险公司的健康保险产品名称存在包含其他公司名称的现象,实践中防御性商标注册①是实施健康保险产品品牌策略的重要方面。

二、健康保险产品生命周期与营销管理策略

(一) 健康保险产品生命周期及阶段特征

前文主要从静态角度探讨了健康保险产品策略,即将健康保险产品当作静态的事物,可以对其进行组合实现经营目标。事实上,任何一个健康保险产品是在不断变化和发展的,尤其会因消费者需求、科技水平、监管环境的变化而发展、变化或灭失。乔治·迪安于20世纪50年代提出了产品生命周期的概念并沿用至今,形象地将产品从进入市场到推出市场的过程称为生命周期。目前较为统一的做法是将产品生命周期分为开发期、导入期、成长期、成熟期、衰退期等。科特勒将产品生命周期和营销管理结合起来,分析了产品生命周期的不同阶段销售额和利润的关系(见图4.4)。

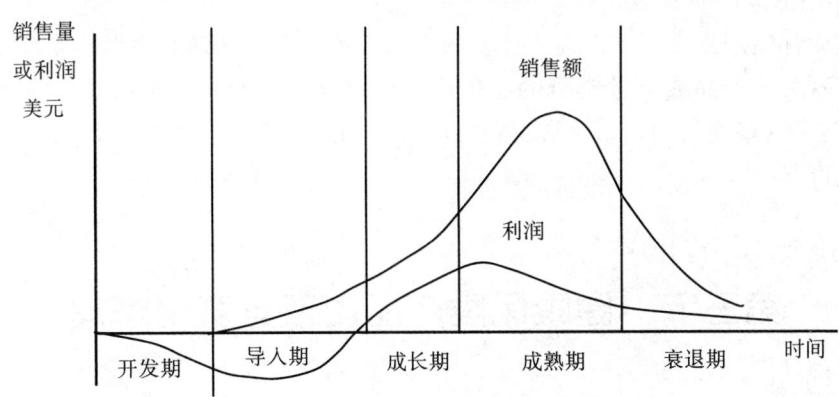

注:模型参考了科特勒的观点。

图4.4 健康保险产品生命周期及阶段特征

资料来源:[美] 菲利普·科特勒等. 市场营销导论 [M]. 余立军译. 北京:华夏出版社,2001:256.

---

① 防御性商标注册就是注册与使用中的商标相近或相似的一系列商标,以保护正在使用的商标或日后备用。实践中,我国健康保险产品通常以"公司名称+产品品牌+保障对象或产品特点+险种"进行命名,若产品品牌元素不能稳定,而是多家保险公司都在使用,例如主要保障女性的"佳人"、主要保障老年人的"夕阳"、主要保障儿童的"朝阳"等,那对产品营销管理和产品价值会产生明显影响。

（二）健康保险产品生命周期各阶段的营销管理策略

健康保险产品生命周期的不同阶段，营销管理的重点应有所差别。

1. 健康保险产品导入期

在健康保险产品导入期，由于产品首次投入市场，需要漫长的时间让消费者认识和接受产品，因此在这个阶段，营销管理应以"促销""推销"为主要指导理念，使产品顺利进入市场，往往与价格策略相配合使用。例如，对老顾客进行赠送或打折推销新的健康保险产品。

2. 健康保险产品成长期

当健康保险产品进入成长期，意味着先期的销售获得了市场认可，销售和利润会快速提升，同时竞争会日趋激烈。在这一阶段，营销管理应以"产品""市场营销"为主要指导理念，进一步挖掘客户需求改进产品，细分健康保险市场，注重产品品牌的建立和维护。

3. 健康保险产品成熟期

当健康保险产品进入成熟期，一个典型的现象是销售额趋于稳定，增速会逐渐缓慢下降。因此，在这一阶段，营销管理应以"产品"为主要指导理念，一方面设法通过优质产品和服务的提供，稳定客户群和市场占有率，设法延长产品生命周期；另一方面积极发掘新的市场需求，准备开发新产品，以保证未来的市场份额。

4. 健康保险产品衰退期

当健康保险产品进入衰退期，典型的标志是销量极速下降、出现亏损等，市场竞争往往表现为非产品或服务本身的竞争而是价格竞争。此时，营销管理应"不忘初心"，以盈利为最终目的，结合自身资源放弃产品或重新整合资源对产品进行重新定位或优化产品。

第三节　健康保险产品创新与营销管理

人口、气候、技术、医疗服务水平、科技等因素的快速变化促使人们健康风险转移需求和欲望的急剧变化，健康保险产品生命周期不断缩短，已成为健康保险经营管理中绕不开的现实，健康保险产品创新已成为经营主体实现盈利或保证存活的主要抓手。

一、健康保险产品创新的驱动力

创新是提升竞争力的主要手段，健康保险产品创新和其他保险产品创新一样，受到外部环境和内部战略管理与盈利的驱动。健康保险产品创新在很大程度上体现为服务创新，借助 J. Sundbo 和 F. Gallouj（2000）提出的服务创新驱动模型解释健康保险产品创新的内在驱动力。① 在该服务模型中，Sundbo 和 Gallouj 将服务创新的外部驱动力总结来自轨道约束和行为者两方面，而内部驱动力主要包括企业的战略和管理（见图4.5）。

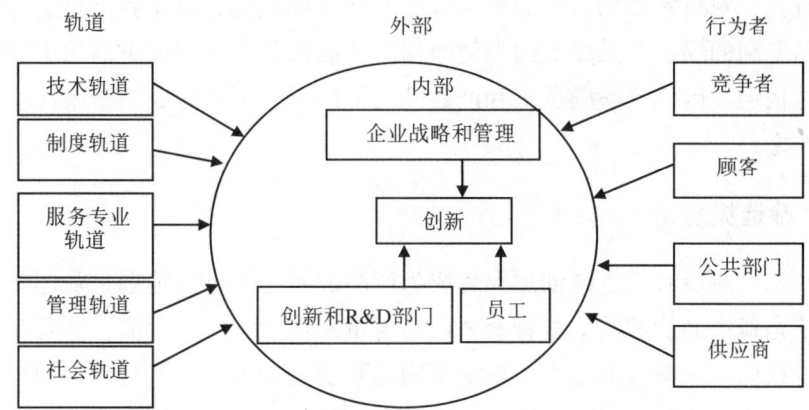

图 4.5　健康保险产品和服务创新的驱动模型示意图

具体到健康保险产品和服务创新，外部驱动力可以表现为医疗服务技术、社会保障制度、社会治理、专业服务能力等轨道的约束以及同类产品竞争者的竞争、消费者的需求变动、政府等公共管理部门对社会治理的期望和要求、医疗服务部门服务能力或医疗科技的提高，其中消费者需求变动是主要的外部驱动力；内部驱动力则包括各保险公司中长期战略规划，公司员工（尤其是直接为客户提供保险服务的员工）和创新部门、产品开发部门的利益诉求和责任促进了健康保险产品创新，并在创新过程中起到重要的作用。对于以盈利为目的的健康保险经营主体，健康保险产品创新的经济目标主要体现为新产品创造的现金流、利润、市场价值和股东价值。

二、健康保险产品创新过程

在整个健康保险产品生命周期中，产品创新过程即产品开发过程。科特勒将新产品的开发过程分为创意形成—创意筛选—概念形成和测试—市场营销战略—业务分析—产品开发—市场试销—正式上市8个步骤；健康保险产品创新也遵循这一基本程序和步骤。

---

① Jon Sundbo, F. Gallouj. Innovation as a Loosely Coupled System in Services [J]. International Journal of Services Technology and Management, 2000 (1): 15–36.

(一) 产生创意

创意是决定健康保险产品是否创新及创新程度的主要因素。新产品的创意有时候来源于内部职员对竞争者的同类或类似产品的观察，但最主要的应该来源于对健康保险市场的研究、对目标市场客户需求和欲望的观察和挖掘。由于我国目前健康保险市场缺乏产品专利的保护，大多数同类健康保险产品都具有相同或类似的保障范围和对象，同质性很强。因此，激励员工和产品开发部门产生创意应成为健康保险经营管理的重要工作之一。

(二) 筛选概念

筛选概念是对所有产生的创意提炼成为产品的概念并进行筛选。筛选概念的主要依据和原则是新产品能够给消费者及公司自身带来什么利益和价值，需要在成本和获益之间进行权衡。在筛选概念中，最重要的是对消费者未来的购买行为做出一个可靠的预判，而期望理论[①]为这种预判提供了良好的依据。

借用期望效用理论的观点，以下几个方面影响健康保险消费者的购买行为：（1）消费者对获益和损失的敏感程度，即消费者能否接受消费健康保险产品后产生的获益或损失；（2）参照点：消费者目前的状态，包括目前所拥有的健康保障程度、保费费率、服务水平和质量、消费便利性等；（3）边际敏感度的降低；（4）对损失的厌恶，一般而言在消费者被迫放弃某种特定或期望的收益时，其痛苦程度远远大于尚未接触过这类收益的人接触到此类收益的快乐。因此，当开发面向已有一定健康风险保障的被保险人的保险产品时，这个要素是不可忽略的。

(三) 市场营销战略

市场营销战略的制定决定了是否进行下一步工作，主要包括对新的健康保险产品进行价格、分销、促销等方面的营销准备，主要对市场进行细分，选择和确定新产品目标市场和定位，确定营销成本和预期效果等。

(四) 业务分析

业务分析主要包括市场分析、产品成本分析和行业分析，即分析新的健康保险产品如果上市能否满足经营主体的经营目标，是否符合公司发展战略规划等。一般可结合市场上的同类健康保险产品销售情况或公司自营同类产品销售的历史数据对市场前景进行

[①] Daniel Kahneman, Amos Tversky. Prospect Theory: An Analysis of Decision under Risk [J]. Econometrica, 1979, Vol. 47 (2): 263 - 291.

分析，结合新产品承保风险特点估算出可能赔付的期望成本，估算出期望收益等。

（五）产品开发

产品开发阶段是新产品创新过程从虚转实的关键环节，意味着保险公司将先前形成的模糊的产品轮廓通过精算和产品开发部门将其付诸实践。这个阶段包括对健康保险产品保障范围、内容、对象、责任、价格、服务质量和水平等要素的确定，也包括对产品名称、产品品牌、产品包装等方面的设计。

（六）市场试销

市场试销是将开发好的、已经通过技术、监管等方面检测或审核之后的新的健康保险产品投放到真实的市场，运用制定好的营销策略在一定范围内进行销售，一方面为后期大量投入市场销售、管理等方面积累经验，另一方面测试新产品是否符合市场预期，观察市场反应，为产品是否正式上市或进行优化提供依据。市场试销是健康保险服务创新过程中重要的营销管理活动，后文将对其专门进行讨论。

（七）正式上市

经过市场试销和市场检验的新的健康保险产品就可以正式大规模推向市场，即正式上市。这一阶段重点在于确定选择恰当的上市时机、上市地域范围、促销手段和广告投入方式等。例如对于一款主要承保中产阶级、白领女性特定疾病的健康保险产品，考虑到互联网技术对人们生活消费方式的影响，可以主要采用互联网和移动终端作为投放广告的主要渠道。

专栏 4.1

健康保险新产品的开发流程和重点工作

流程概述	流程细节
产品开发立项	1. 创新产品创意需求可以通过内部征集、头脑风暴或者外部合作方探讨等方式形成，由市场企划部归口提交。需求内容应包括销售渠道、形态描述、目标市场、卖点、同业类产品比较、目标预测（销量或者获客等）、计划上市时间、佣金手续费建议、其他情况说明等。 2. 确定创新产品思路后，由市场企划部制定、产品经理负责业务模式及创新产品可行性分析。 （1）评估产品开发的可行路径和发展情景，如有明确的合作渠道，需要评估合作渠道的资质、可发展性、现阶段的发展经营情况及未来情景； （2）评估产品上线的营销模式风险和发展情景，如有特定的业务合作模式，

续表

流程概述	流程细节
产品开发立项	需要评估业务模式的合法合规性、可持续性及阶段保费规模； （3）根据公司的价值定位，评估创新产品可带来的价值，决策是否进行合作； （4）根据公司现有的业务流程及技术支持，形成具备可行性的产品实现方案。 3. 产品经理完成创新产品开发立项报告，并呈报产品工作委员会审议及产品管理委员会决议后，该产品开发项目立项。
产品开发项目搭建	根据本规定的成员要求，由产品工作委员会负责产品开发项目组成成员的选择，并由产品经理最终确定成员名单。
产品的开发及上线	产品的具体开发流程、各部门职能遵循《××健康保险股份有限公司产品开发及管理工作规程（试行）》的相关规定。
迭代及完善	产品上线后的迭代完善分为两个阶段：改善阶段、稳定阶段。 1. 改善阶段：创新产品上线后三个月内为迭代改善阶段，产品项目组存续。该阶段中，产品经理会同营运经理、系统经理对实际销售出现的运营、系统等各类问题进行迅速应对、协调；项目执行人员负责相关工作的落实。 2. 稳定阶段：在产品上线三个月后，进入迭代稳定阶段。项目组执行成员解散，改由职能部门承接问题解决的落实。期间至产品与常规业务融合前，产品经理与运营经理、系统经理持续负责相关协调工作。
与常规业务相融合	在上线运营一年后若产品仍持续销售，则创新产品业务流程将作为常规业务流程，不再以项目的形式运作，纳入公司正常业务运作体系中。
产品检视	在新产品上线运营一年内，项目组应定期对新上线产品的销量及市场反馈情况进行汇总分析，主要检视内容包括实际销量与目标差距、市场反馈、客户体验、业务流程缺陷、产品设计漏洞等。如与预期目标有较大差距，则考虑对产品形态、业务流程、系统功能等进行迭代优化设计并调整产品推动策略。 1. 产品优化：根据市场反馈，调整产品形态及相关销售规则。 2. 流程优化：流程优化分为外部流程和内部流程的优化。外部流程包括客户投保路径、服务路径、合作方对接路径；内部流程主要指内部运营流程及风险控制流程（风险评估口径、管理流程、应对决策机制等）。 3. 产品推动策略调整：根据产品体现的市场特征，调整包装、宣传、销售策略。

三、健康保险产品创新类型与营销管理

（一）健康保险产品创新类型

新的健康保险产品是指整个健康保险产品或其中一部分有所创新或改革，能够给消费者带来新的利益和满足的健康保险产品。① 健康保险产品创新有不同程度、不同层次的创新。

1. 按照创新程度分类

根据创新程度不同，可将健康保险产品创新分为根本型创新、结构型创新和渐进型创新。根本性创新也可理解为开发一个全新的健康保险产品，是原创思想的体现：针对某一全新的目标市场，采用新的技术，在新损失经验的基础上设计出前所未有的健康保险产品。例如女性特定疾病保险、老年长期护理保险等。结构型创新主要体现为采用的新技术是与当前的生产系统相距甚远的产品创新，这些新技术突破了现有的约束，使消费者、生产者、产品之间产生了新的联系，使整个行业发生了根本性的改变。例如线上理赔健康保险、网络健康保险等。渐进型创新往往表现为在现有的技术和生产能力基础上进行创新，较为典型的包括对当前健康保险产品进行改进或换代，即对现有健康保险产品的不足之处进行改进或结合新的市场需求在原有产品基础上丰富扩展保障范围等。

2. 按照创新层次分类

根据创新或改革所处健康保险产品层次不同，可以分为核心层产品创新、形体层创新和延伸层创新。无论是哪个层次的产品创新，都可以是根本型创新、结构型创新或渐进型创新。健康保险产品核心层创新或改革往往意味着产品的核心属性，即保障范围、保障对象、保障内容、承保风险、保费费率、保险责任等内容的创新，具体表现为健康保险合同条款的改良、创新或变革，是真正的健康保险产品创新。形体层创新往往意味着保险合同包装、名称、商标等方面的创新或改革，目的主要在于更好地吸引消费者的注意力，提高产品知名度。延伸层创新往往是在核心产品的基础上进行服务的延伸，增加或改革服务方式或内容等，主要目的在于增强顾客黏性，提高顾客满意度和增加客户。

（二）不同创新类型的健康保险产品营销管理

健康保险产品的不同创新，意味着产品以不同形式出现在市场上，其营销管理方

---

① 本文借新保险产品的概念具化得出。一般性的概念见全国保险业标准化技术委员会. 保险术语［M］. 北京：中国财政经济出版社，2009：52.

式和策略也应有所差别。

具体来看，根本型创新、结构型创新、核心层创新都是对健康保险产品以及市场会产生根本性变化的创新行为，重点在于让市场认识并接受创新的部分或内容，因此挖掘和评估市场需求和欲望、分析市场竞争环境、选择合适的目标市场和进入市场时机、确定恰当的产品价格等是营销管理的重点工作。针对根本型、结构型创新的健康保险产品，营销管理的目的是与潜在客户建立起新的商业交易关系，所以营销管理活动包括市场细分、新的目标市场选择和重新确定、建立、维护新的健康保险产品品牌等工作，是综合运用4P营销策略的过程。

渐进式创新和形体层或延伸层的创新往往表现为在原有的健康保险产品基础上的部分改良或优化，新产品优先面向的客户群体是原有客户，营销管理主要通过创新提高客户满意度，增强客户黏性，进一步扩大客户群，因此互动营销、关系营销是营销管理的重点。结合健康保险产品以服务为核心的特点，针对改良型创新的健康保险产品，营销管理过程中应重点提高售前、售中、售后的服务质量，优化服务内容，可以4P营销策略中的促销、价格策略为主，争取扩大客户群体和市场认可度。

四、创新健康保险产品的营销管理重点：试销

（一）市场试销及其意义

市场试销是在产品正式上市之前进行的试验性销售，是分析目标市场和客户对新产品的认可度、进一步优化产品特性的重要步骤。市场试销往往以预先确定的目标市场为基础，选择瞄准的部分客户进行产品的促销活动，观察客户的反应，进而有针对性地改良产品或进一步有依据地做出是否进一步上市的决定。实践中，健康保险产品的创新往往需要投入大量的人力、物力和财力，一个新产品的上市往往也是保险公司建立品牌和公司形象的关键时期，如果新产品并不能得到广泛的市场关注或认可，甚至由于产品内在的缺陷影响公司整体战略的实现，那应及时停止或调整产品的创新。

（二）新的健康保险产品市场试销的必要性

对新的健康保险产品进行市场试销非常有必要，是避免新产品失败的重要方法和依据。

首先，一般来说，前期市场调查的不准确、有缺陷的产品、竞争者抢先推出新产品、竞争者的价格战争、资金缺乏导致销售和推广困难、预期成本过低等都可能导致

新产品失败。①

其次，消费者和供给者对新产品的观察视角和产生的观点存在差异。一般来说，健康保险经营主体（在此表现为产品创新者，可被称为内部人）和消费者（可被称为外部人）由于对新产品的认知程度不同，对产品的信心、对产品未来预期的判断、专业信心存储量不同，两者对新产品的观点和观察视角往往会存在较大的差异，尤其是对于专业性较强的保险产品而言，这种差异可能更为明显。内部人（供给者）和外部人（需求者）两者观点上的差异用图4.6表示。

注：模型参考了John T. Gourville的观点。

图4.6　健康保险消费者（外部人）和发明者（内部人）对新产品观点的差异

资料来源：吕一林译．营销管理．哈佛商学院案例（第二辑）[M]．北京：中国人民大学出版社，2007：117.

最后，供给者和消费者对新产品的关注点不同。对于大多数消费者而言，新的健康保险产品的特点并不是其关注的重心，其主要考虑是否适合自己，这样大多数消费者可能仅集中在产品的少数几个特点或优势上面。然而，作为产品开发和发明者，供给者往往是在现有产品的基础上进行创新、变革或优化的，其对新产品的关注点一般集中在少数突出的特点上，期望消费者由此增加对新产品的兴趣和信任。实践中，这样往往是很难实现的，可能导致新产品并不能真正满足消费者预期的经营风险。图4.7呈现了典型的健康保险消费者和健康保险产品发明者对新产品关注点和评价的差异。

（三）健康保险产品市场试销的决策方法

健康保险市场试销可借用一般市场试销的决策方法，实践中较为常见的试销决策方法包括DEMON（Decision Mapping Via Optimum GO – NO Network）决策法和SPRINTER（Specification of Profit with Interaction under Trial and Error Response）决策法。

1. DEMON决策法

---

①　[美] S. 哈特等．哈佛营销法则与实例[M]．张玉显编译．北京：中国广播电视出版社，1996：210.

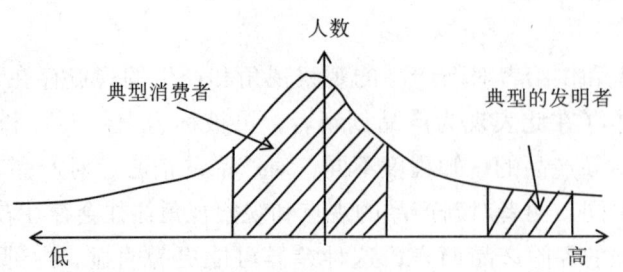

注：模型参考了 John T. Gourville 的观点
图 4.7　健康保险消费者和发明者对新产品关注点和评价的差异
资料来源：吕一林译．营销管理．哈佛商学院案例（第二辑）[M]．北京：中国人民大学出版社，2007：115．

（1）基本假定。DEMON 决策法是根据新的健康保险产品试销时消费者所反映的情况，对该新产品做出的最佳决策。DEMON 法假定新产品的试销会产生三种决策结果。一是 ON：试销结果不能给是否上市提供明确参考性建议，健康保险产品开发者（保险公司）认为应安排第二、三……次试销；然而，由于成本、资源和销售时机的限制，不可能无限制地重复试销，因此需要选择一个最佳路径。经营主体选择最佳路径的主要考虑因素包括：决策者的最低利润要求、消费者反馈时长、新产品计划开发和投入市场的总时长、总的试销预算等。二是 GO：试销结果支持该新产品上市，符合开发预期。三是 NO：试销结果表明不必重新试销，直接停止产品上市或优化。

（2）DEMON 决策过程。借用 Gharnes 的用于新产品销售的 DEMON 决策模型[①]，新健康保险产品的试销决策见图 4.8；其中从评核 I 到评核 II 意味着一次再试销，依此类推。考虑再试销的主要因素包括广告费用、消费者认识、推广情况、产品使用情况、价格反应、新产品到达情况等。

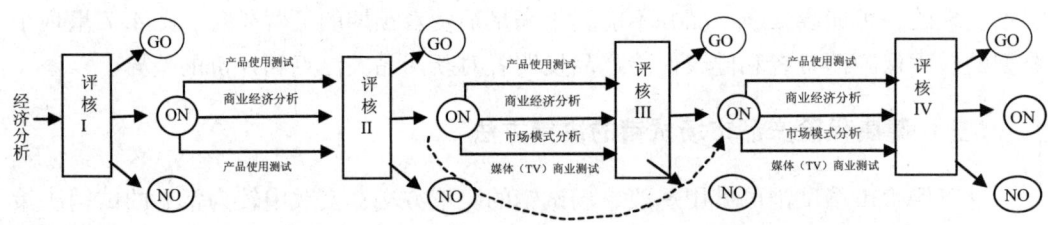

图 4.8　新健康保险产品的 DEMON 试销决策

2. 新旧产品比较（SPRINTER）决策法

新旧产品比较（SPRINTER）决策法是在新产品的生命周期内，考虑新产品和原

[①] A. Gharnes, W. W. Cooper, J. K. Devoe, D. B. Learner. DEMON: Decision Mapping Via Optimum GO – NO Network—A Model for Marketing New Products [J]. Management Science, 1966, Vol. 12 (11): 865 – 887.

产品线销量的相互影响、新产品生命周期内竞争者的市场反应等，确定弹性营销策略与之相匹配。该方法仍然以 DEMON 决策法的 ON、GO、NO 为决策可能，但在决策之前与 DEMON 不同的是需要考虑新健康保险产品和原产品之间的差异折扣利润和差异不稳定性两个因素。同样，在 SPRINTER 试销决策过程中，以下两个因素是影响是否进行再次试销或停止新健康保险产品上市的主要因素：（1）市场反应情况：消费者的需要和欲望、同类产品价格、市场竞争情况、已有产品之间的相互影响等；（2）经营成本：产品开发、生产、销售、试销以及再试销成本，技术革新对产品的冲击和影响等。

专栏 4.2

中国健康保险产品创新（2016）

中国保险创新产品单项奖中的健康保险产品（2016）
- 阳光人寿阳光浦爱一生两全保险
- 太平福禄倍至重疾保障计划
- 幸福人生终身重大疾病保险
- 团体长期补充医疗保险
- 华夏常青树重大疾病保险（2016）
- 多倍保障重大疾病保险
- 百年健康壹佰综合保障计划
- 工银安盛人寿御立方三号保障计划
- 平安运动员失能保险
- 中邮富富余守护星成长计划
- 少儿超能宝保障计划
- 恒安标准一生无忧健康保障计划
- 生命 360 产品系列
- 健康无忧系列重大疾病保险
- 平安福健康保障计划
- 华夏常青树重大疾病保险（2016）
- 长寿宝长期护理保险产品组合
- 健利宝（B 款）长期护理保险产品组合
- i 相伴重大疾病保障计划（升级版）
- 福寿保保险计划
- 常青树重大疾病保障计划
- 金祥宁终身重大疾病保险

> 专栏 4.3
>
> ## 健康保险产品品牌价值的创造与守护①
>
>   Brand Finance 是世界知名的品牌价值及战略咨询公司，其年度"全球最具价值品牌 500 强"及"全球最具价值保险品牌 100 强"，是全球唯一被国际标准委员会 ISO 认证的榜单，在国际上极富权威性。2017 年 4 月 25 日，Brand Finance 发布"2017 全球最具价值保险品牌 100 强"排行榜，中国平安荣登榜首成为全球第一保险品牌。
>
> 表 4.1   中国平安保险与安联保险的品牌价值比较（2014—2017 年）
>
> | 公司名称 | 年度 | 保险业全球排名 | 品牌价值（百万美元） | 评级 |
> |---|---|---|---|---|
> | 平安保险（中国） | 2014 | 5 | 9 256 | AA - |
> | | 2015 | 4 | 11 513 | AA + |
> | | 2016 | 2 | 12 671 | AAA - |
> | | 2017 | 1 | 16 324 | AAA + |
> | 安联保险（德国） | 2014 | 1 | 20 425 | AA + |
> | | 2015 | 1 | 20 937 | AA + |
> | | 2016 | 1 | 16 426 | AA |
> | | 2017 | 2 | 15 197 | AA |
>
> 资料来源：作者整理。
>
>   员工人数、客户规模、资产总量、利润水平、客户满意度等是衡量保险公司成绩的重要指标，这些指标是公司品牌价值的主要构成。中国平安始终坚持"一个客户、多种产品、一站式服务"的综合金融经营模式，其巨大的成效正逐渐显现，在客户满意度上，寿险客户综合满意度达到 93.5%。反之，公司和产品的品牌价值为其进一步开发新产品、提高市场影响力、稳定客户等都有极大的贡献。

---

① 资料来源：由作者根据网络资料整理：http://www.sohu.com/a/136635872_479770。

本章小结

本章作为健康保险营销管理的主要构成部分,在对健康保险产品的基本内涵、特征、类型等知识系统性介绍的基础上,探讨了不同类型、处于不同生命周期阶段、不同层次的健康保险产品营销管理策略的选择,进而重点分析了健康保险产品组合营销管理策略和健康保险产品创新对健康保险营销管理的重要性以及应如何进行健康保险产品创新等问题。最后,结合我国健康保险市场发展,介绍了近年来值得关注的一些健康保险产品营销管理的实践,以拓展视野。

专业术语

1. 健康保险产品:能够在商业健康保险市场上进行商业交易,并通过交易的达成满足投保人(被保险人)和保险人需要,提高双方效用的一种保险产品(服务)。
2. 健康保险产品组合:是由两个及以上的健康保险产品构成的,在保障范围上存在互补性的产品集合。

思考题

1. 如何理解健康保险产品层次性?
2. 健康保险产品生命周期不同阶段的营销管理重点是什么?
3. 健康保险新产品试销决策方法是什么?
4. 健康保险产品组合策略是什么?
5. 如何看待近年来我国保险产品创新获奖产品中健康保险险种越来越丰富的现象?

第五章

健康保险营销的价格管理

价格是市场销售活动中的重要内容,较高的性价比是营销活动取胜的关键。本章首先介绍健康保险定价的基本原则、因素及定价机制;然后分别从产品视角和公司经营视角,介绍健康保险营销中的价格管理原理和应用;最后通过典型的案例介绍和分析,进一步说明价格管理的重要性及如何实施健康保险价格管理。

第一节 健康保险定价与营销管理

一、健康保险定价基本原则与定价因素

(一)健康保险定价基本原则

健康保险作为保险业务中的一种,其价格的形成与确定,首先遵从保险定价的一般原则。

1. 保证补偿的原则

保险人按厘定的保险费率向投保人收取的保险费,必须足以应付赔款支出及各种经营管理费用。保险的基本职能是通过补偿或给付提供经济保障,而保险费是保险人履行补偿或给付的主要来源。因此,保险人收取的保险费应能充分满足其履行赔偿或给付责任的需要,以保障被保险人的保险权益,并维持保险人的稳定经营。保险费率

是保险人收取保费的依据，从实现保险基本职能的角度看，保险费率水平应与提供充分保障的要求相适应。

2. 公平性原则

保险费率应当与保险标的的风险性质和程度相适应。一方面，投保人所负担的保费应与其保险标的面临的风险程度、其所获得的保险保障程度、保险权利等相一致；另一方面，面临性质或程度相同或类似风险的投保人应执行相同的保险费率，负担相同的保险费，而面临不同性质、不同程度风险的投保人，则应实行差别费率，负担不同数额的保险费。因为生命表和风险统计数据是一般人群的观察数据，具有一般性，而对于某特定地域的人群或者特定人群有更具体的风险情况。保险公司在经营活动中，对风险较大的特定人群做一定的费率调整，从而保证费率的公平和充足性。

3. 合理性原则

即保险费率水平应与投保人的风险水平及保险人的经营需要相适应，既不能过高，也不能过低。费率过高，虽然有利于保险人获得更多的利润，但同时加重了投保人的经济负担，不利于保险业务的扩大；费率过低，则会影响保险基本职能的履行，使被保险人得不到充分的经济保障。

4. 稳定灵活的原则

保险费率一经确定，应在一定时期内保持相对稳定，以保证投保人对保险公司的信任和信心。但从长期来看，保险费率还应随着风险的变化、保险保障项目和保险责任范围的变动及保险市场供求变化等情况进行调整，以保证保险费率的公平合理性。

5. 促进防损的原则

保险费率的厘定应体现防灾防损精神，即对防灾防损工作做得好的被保险人降低其费率或实行优惠费率，而对防灾防损工作做得差的被保险人可适当提高费率以示惩戒。

（二）健康保险定价因素

1. 生命表

生命表显示每年的死亡率，通常显示一组给定被保险人在一段时间之内发生死亡的概率，从出生到该组中最后一个人死亡为止。

2. 个人状况

（1）年龄。索赔额会随着年龄的增加而增大。根据美国保险公司的资料，住院医疗保险、伤残收入保险随年龄的增加索赔成本增幅较大，而对于外科手术医疗保险的索赔额随年龄的增加增幅较缓。

（2）性别。根据险种的不同，因性别而呈现的风险差异也不同。就住院医疗保险和伤残收入保险而言，对于30岁以下的投保人群，女性的索赔成本低于男性，而在 30 岁和 50 岁之间，女性的索赔成本高于男性，在 50 岁以上的投保人群，女性的索赔成本又会低于男性。

（3）职业。职业是健康保险中的一个很重要的风险因素，被保险人的工作环境、工作时间和工作种类决定被保险人所面临的风险源，以及被保险人在疾病或伤残发生后继续返回工作岗位的可能性。因此不同职业的被保险人的保险风险大不相同。在美国，保险业通常将被保险人的职业分为两类：第一类职业为无风险职业或白领职业；第二类职业为风险职业或蓝领职业。在疾病保险中，低于 30 岁的投保人群中这两类人群的索赔成本差异不大，但是在 30 岁以上第二类职业的索赔成本比第一类职业高出 50%。

（4）地区。在医疗保险中，保险金的给付常常与被保险人的实际医疗费用支出相联系，而在不同的地区，医疗费用水平也高低不同。因此，保险公司在制定保费时可以先定一个全国的平均标准，各地方保险公司再根据当地的物价水平适当浮动。

（5）既往病史。被保险人的身体状况以及既往病史对索赔成本有较大的影响。在人寿保险中对于次标准体，通常采取收取次标准体保费的方式对其进行承保。而在健康保险中则利用除外条款来减小保险人的风险。例如对于一名投保医疗费用保险并患有胃溃疡的被保险人，他的索赔概率要明显高于健康的投保人群，保险公司可以通过规定因胃溃疡而发生的医疗费用为除外责任，来降低自身的赔付风险。

3. 利率

资金是有时间价值的，从严格意义来说，不同时点的资金价值是不同的，那么不同时间缴纳的保险费其价值是不同的，必须通过预定的利率计算现值或终值方可进行比较。保险产品中的预定利率是计算保险费、保险公司给付金额非常重要的指标。

4. 费用附加

保险公司的经营服务会产生一系列费用。保险产品精算在计算出净保费后，必须根据保险公司的经营经验增加一定的费用率，从而得出总保费。费用附加的多少，由保险公司根据经营需要、经营经验以及竞争需要决定。

二、健康保险定价模型与过程

（一）定价模型

健康保险中承保的风险复杂多变，赔付形式灵活，健康保险产品的定价过程比寿险产品的定价过程复杂许多。健康保险中，保险金的给付和保费的缴付与被保险人所处的特定生命状态密切相关，要对健康保险产品进行定价和费率估算，首先需要建立适当的定价模型，来模拟被保险人在健康、疾病、死亡三个状态之间的可能转换，从而为总保费的厘定奠定基础。在人寿保险中,生命个体在生存和死亡之间的转移概率由特定的生命表来刻画。然而,由于健康保险在我国的发展历史不长,对疾病率数据搜集面临较大挑战,各保险公司的历史经验数据也不够丰富,选择恰当的定价模型去拟合风险的动态转移过程,在理论上和实践中都会遇到较大的困难。因此,健康保险定价理论研究的重点之一是对被保险人在健康、疾病、死亡三个状态之间转移概率的研究。

马尔可夫链(Mkarov 链)预测法是一种适用于随机过程的科学、有效的动态预测方法。马尔可夫链通常用于排队理论和统计学中的建模,还可作为信号模型用于熵编码技术,如算法编码。其中,马尔可夫链用在基于观察数据的二到三维离散变量的随机模拟。为了描述生命个体在健康、疾病、死亡三个状态之间的转移过程,现有研究(如李宗璋,2003)认为在一个连续的时间区间上和有限的生命状态中探讨生命状态,这个随机过程满足 Mkarov 链的一般规律,因此尝试建立复合状态模型来研究生命个体在任何时点可能处于的状态和状态间可能的转换,作为厘定总保费的基础。

(二) 健康保险保费测试

1. 总保费

总保费是纯保费和附加费用的总和。总保费不仅包括赔付成本,还包括营运成本以及适当的盈利,其中除纯保费以外的其他费用称为附加保费。附加费用可以分为三类:第一类是与保费大小有关的,如代理人的佣金、保费税等;第二类是与保险金额有关的,如理赔成本;第三类是与特定保险产品没有直接联系的,一般指公司的营运成本,预期的盈利等。

(1) 总保费的计算方法。对于总保费的估算最常用的是损失率法,在该方法中,总保费用下式计算:

总保费 = 净保费/损失率

在这个公式中的损失率实际上是保险公司的预期损失率,也就是总保费中多大的比例将用于保险金的给付,其余的比例保证保险公司的营运、法定准备金的要求和适当的盈利。损失率是在整个保险期间赔付的现值和所收保费的现值的比例。用损失率法计算总保费简单易行,但是计算的结果却比较粗略,在实践中还需要对估算的总保费进行测试以检验其可行性。

(2) 等级费率。健康保险承保的风险与投保人的具体情况密切相关,因此在健康保险的定价过程中还要充分考虑投保个体的差异,实行等级费率,具体需要考虑的因素包括年龄、性别、职业、地区和既往病史。

2. 总保费的测试

保费测试(Sensitive Testing)是通过改变精算假设,来观测保险产品的盈利能力,为保险公司的管理层提供重要的决策信息。精算假设包含总保费、退保率、费用率、投资收益、经验索赔成本等方面。由于影响健康保险费率的因素较多,影响因素的水平和作用也会随时间不断变化,所以精算师必须不断监测健康保险产品的实际给付情况,以及整个健康保险业务的运行状况。与此同时,还需将其与市场上的同类保险产品进行比较,在保证保险产品盈利的同时还要确保该产品的市场竞争力。精算师对保险产品的定价是一个不断循环的过程。

把附加保险费加上纯保费所得出的总保险费只不过是试验性质的,必须用多个关键性的保单签发年龄加以测试,如35岁、45岁、50岁等,考察一下所收的保费能否足以抵偿保险金的给付、理赔成本和其他费用,并产生预期的利润效果。

通常用资产份额法来进行保费收益分析。资产份额法是根据历史数据或预期的经验数据进行的,计算在预定的总保费下的保费收益率,从而确定保费是否合理。通过改变影响收益率的某个因素,如保费、利率、退保率或是索赔成本等,来考察收益率的变化。保险公司通过检测保险产品在不同的精算假定前提下的表现来评价该保险产品的盈利能力。

三、健康保险定价机制

健康保险的费率厘定过程是分析数据,并确定对各类被保险人都充足、合理且公平的费率的过程。健康保险价格主要由净赔付额决定,所以首先要计算出健康保险业务的净赔付额。

(一) 总保费

总保费 = 净保费 + 附加费用 + 合理的利润 + 税费

其中,净保费是由各健康保险产品责任的净赔付额决定的;附加费用包括保险经营所需支出的佣金、手续费、运营费用等成本;合理的利润是保险公司必要的部分;各种税费是必须缴纳的。

(二) 影响净赔付额的因素

影响净赔付额的因素较多,可分为基本因素、环境因素、经营因素、竞争因素等。

1. 基本因素

基本因素有疾病发生率、疾病持续率、住院费用率、病种医疗费用、新技术应用。特别值得注意的是，在医疗行为中采用最新的技术，也许医疗效果更好，费用会更高。

2. 环境因素

（1）地域的就医习惯和主张。不同地域的人群有着不同的就医习惯和主张，如有些地方的人们就不愿意去医院，认为医院是不干净的地方，医院去多了不好，除非万不得已，一般是不去医院的。对抗疾病的方法是依靠自身免疫力，或者就近去诊所拿点药。还有些人主张保守治疗，不积极使用医疗新技术。而在有些地方恰恰相反，人们身体一旦不适就去医院，甚至主动住院调养。因此，地域的就医习惯和主张会对健康保险的赔付率产生较大影响。

（2）当地政府的社保医疗政策、对就医的约束以及公共卫生管理水平。我国已经全面实施了全民医保，每个人都有社会保险，目前政策还是以省、区、市为主，地、州、市有一定的自主权。由于社保医疗政策相对宽松，难以避免较随意的就医行为。每个地方政府公共卫生管理水平以及公共卫生投入，决定着当地公共卫生水平，决定着公共环境的卫生状况。公共卫生不是哪个人能决定的，而有赖于当地完善健全的公共卫生服务管理体系。公共卫生服务体系是指为全体人民健康提供公共卫生服务的各种组织机构的总称，由专业公共卫生服务网络和医疗服务体系的公共卫生服务功能部分所组成。专业公共卫生服务网络包括疾病预防控制、健康教育、妇幼保健、精神卫生防治、应急救治、采供血、卫生监督、计划生育等专业卫生机构，其主要职能包括：协助政府研究制定公共卫生发展战略和优先干预重点，做好各类传染病、慢性疾病、地方病、寄生虫病和其他重大疾病的预防控制，突发公共卫生事件应对、院前急救、采供血、公共卫生信息服务，健康危害因素的监测、分析、评估，健康促进和健康教育，妇女儿童、老年保健服务，精神卫生防治，公共卫生监督，计划生育服务和咨询等。乡镇卫生院、村卫生室和社区卫生服务中心、服务站的公共卫生职能是：在专业卫生机构和医院的指导下，以家庭和居民为服务对象，提供疾病预防控制服务，常见病、多发病的诊断、治疗、转诊服务，康复服务，健康教育，计划生育服务和妇女儿童、老年人、残疾人保健服务。医院的公共卫生职能主要通过医院中的预防保健、传染病诊治等相关科室完成，依法承担重大疾病和突发公共卫生事件监测、报告、救治等职责以及国家规定的其他公共卫生服务职责。专业公共卫生机构一般按照国家、省、地市、县四级组建，它们和基层医疗卫生机构等，通过公共卫生信息系统，共同构成了疾病预防控制工作体系。其核心就是疾病预防、公共卫生管理和监督。

从以上介绍可以清晰了解公共卫生服务体系对于疾病预防和提高人民健康水平的重要作用。体系的科学性和有效性决定公共卫生水平和公共卫生管理水平。地方高水平的公共卫生管理明显能够降低辖区疾病发生率、提高治愈率，强化卫生监督，防范就医和诊疗中的道德风险，减少不必要的医疗资源浪费。

（3）当地社会的健康意识与健康管理水平。每个地域的人群有着不同的健康意识与生活习惯，决定着当地总体的人群体质状况。若所在地域的人们健康意识普遍较强，遵行健康的生活方式，健康锻炼风气旺盛，加上当前社交媒体的影响，则每个人受到影响的概率就较大，健康水平就更高，当然医疗费用支出会较低。

（4）职业变化。不同的职业接触到的人群与工作外部环境是不同的，工作压力也不同，健康风险亦不同。如环卫工人工作环境较差，风吹日晒；井下矿工环境比较艰苦危险；工业企业、工厂职工可能在噪音环境中工作；管理岗的白领的工作节奏可能较快，工作压力较大，心理压力较大等。

（三）保险公司经营因素

保险公司经营会根据自身的经营理念确定相关的经营策略，这是保险定价中的重要因素。主要涉及以下几个方面：

1. 观察期

经营健康保险业务，保险公司一般设置疾病观察期，以防带病投保。

2. 免赔额、分段赔付比例、起付线、最高限额

在定价中，以上这些项目的安排对健康保险费率影响较大。

3. 健康风险管理水平

疾病发生率受到多种因素影响，其中保险公司的健康风险管理水平就是重要的影响因素。不同的保险公司面对一个共同市场，有着一样的疾病发生率以及同样的公共卫生环境，但是不同的保险公司有着不同的健康风险管理策略。若一家保险公司承保后，没有任何的健康风险管理举措，则很难实现盈利的目标。恰当的健康风险管理策略与有效措施，使健康保险赔付变得更可控。如对参加持续运动锻炼的被保险人，给予一定的奖励等。针对法人团体客户，提供系列健康管理服务，协助法人客户改善员工的健康水平，更好地控制健康风险，实现法人客户、员工和保险公司的三方共赢。

（四）竞争因素

健康保险一般以短期保险为主。竞争因素对定价影响较大，有些保险公司存在赌博心理，在定价上较为激进。

1. 价格竞争与服务竞争

纯粹的价格竞争从来是最残忍的。相对而言，服务竞争是最具创造性也是最能打动客户的。因此，不能单纯打价格战，定价要充分考虑服务因素。

2. 市场份额与效益竞争

保险公司若为了市场份额，则定价要较激进。若要同步实现经营效益，则定价要

谨慎。

3. 生态式竞争与单独业务竞争

如果从健康保险总体经营角度，尤其是从增加健康服务的角度考量，生态式竞争定价就明显不同于单独业务的定价。生态式发展模式，就是将健康保险业务作为保险公司总体业务的一环，为的是推动公司整体业务的发展，其价值融入整体业务价值中，将健康保险业务作为其他业务的获客来源，或者服务客户、维护客户稳定的独特的服务手段等。

（五）定价方法

1. 单品定价

单品定价指将客户的需求分解转化为公司已开发的单一产品逐个进行定价，各单品价格的总和即为给客户的总价。

2. 综合定价

综合定价指根据客户所有的服务需求进行综合定价，亦可以称为一揽子定价，关键在于综合考虑客户的需求所需总成本，以及综合考虑客户所创造总价值进行定价。即将客户的需求分解成各种支付责任，通过精算确定各种支付责任所需成本，从而进行定价。最终定价时适当考虑具体的客户长期价值以及竞争因素。

3. 项目定价（原始数据测算）

主要指根据客户（团体客户）的医疗开支的历史数据，如某一年度的人员疾病发生情况、医疗费用开支情况、病种情况、基本医疗报销情况、城乡居民大病保险赔付情况以及原有补充医疗赔付情况等数据，根据客户当前提出的健康保障服务需求，利用测算工具来测算净赔付额，从而确定价格的办法。

四、价格管理在营销管理中的地位和作用

营销管理涉及市场研究、细分市场、确定产品组合、价格谈判、客户服务、社会关系、队伍管理等诸多内容，其中价格管理事关业务成败，需要实现原则性与灵活性的统一。

（一）营销管理的目标和市场选择是价格管理的前提条件

公司的长远目标是实现公司业务的长久可持续发展，不断发展壮大，而营销管理必须服从和服务于这个目标，这也是营销管理的使命和终极目标。根据市场竞争形势，营销管理必然有阶段性的发展目标、市场目标和客户目标。价格管理必须服从和服务于公司营销管理相关目标，了解和把握营销管理的目标和市场选择是做好价格管

理的先决条件。

营销管理目标多样化，比如有新兴市场开拓或跟进、成熟市场的稳定与创新、没落市场的转型或退出等，价格管理的方向和措施就必须与上述目标保持一致，即价格策略要能够支撑营销目标。

（二）价格管理成效决定营销管理的效果

价格是市场上最为敏感的营销变量。营销管理中的大量工作，如市场调研、市场细分和队伍管理等，需要得到价格管理的支持与配合，才能形成完整有效的营销管理系统。价格对客户的成交决策起着十分重要的作用，是客户"货比三家"的目的之一，"性价比"最终决定着客户的购买决策。

（三）价格管理同时作用于营销活动的主体和客体

健康保险价格的高低取舍，往往同时决定着产品价格和手续费或者佣金。营销活动的目标是获得客户，同时营销活动又依靠销售队伍展开。定价较高时，客户会受到影响，而销售队伍则更为活跃，营销活动亦可以更加丰富多彩；定价较低时，市场覆盖面会扩大，同时手续费佣金就会受到限制，则销售队伍和营销活动资源就会紧张，影响营销活动的热度。

（四）价格管理的成效取决于营销管理过程的科学性

价格管理必须有统一性，还要有一定的灵活性。例如，主要根据团队对于风险的初步识别能力、承保的业务质量的优劣以及服务水平的高低，给予不同的销售团队有差别的定价权限。同时，还必须实施有效的价格管理制度，避免产品价格在同一地域出现较大的差异，引起客户对产品认知的混乱以及形成内耗，最终影响本公司品牌认知和产品销售。

第二节　健康保险营销的价格管理：产品视角

一、健康保险产品的分类

健康保险产品有多种分类方式，按保险期间划分，可以分为长期健康保险产品和短期健康保险产品；按被保险人数划分，可以分为个人健康保险产品和团体健康保产品；按保障内容划分，可以分为医疗保险、疾病保险、护理保险和失能收入损失保险。目前国内健康保险市场发展相对较好的两类产品分别是疾病保险与医疗保险，其中疾病保险的主要保障内容为被保险人确诊罹患疾病后，由保险公司一次性给付保险金额。医疗保险的主要保障内容分为两类：第一类为赔付被保险人因疾病或意外实际发生的医疗费用的费用补偿型保险，遵循补偿原则；第二类为根据被保险人的住院天数或手术项目，按照约定的数额给付保险金的定额给付型保险。

从上述保障内容可以看出，对于一次性给付保险金额的疾病保险来说，由于此保障内容与传统的寿险较为相似，因此对于疾病保险的定价来说，定价策略、步骤与寿险产品相似；相较而言，对于费用补偿型的医疗保险，在进行定价时既要考虑保险事故（通常为疾病或意外）的发生率，又要考虑由此而产生的医疗费用，因此医疗保险的定价步骤与策略相对复杂。此外，在实务中，无论产品是团体保险产品还是个人保险产品，对于产品的定价过程与定价策略来说不会存在区别，只是对于团体保险产品来说，在定价完成到最终给出报价的过程中会根据团体中被保险人的特点进行核保方面的调价，从而产生团体产品与个人产品的费率差异。因此，对于健康保险产品的定价策略，本节将以费用补偿型短期医疗保险产品的定价过程为例进行详细介绍。

二、费用补偿型短期医疗保险的定价基础

费用补偿型短期医疗保险产品的定价基础取决于伤病发生率与次均医疗费用。

在费用补偿型医疗保险中，伤病发生率一般指被保险人一年内发生伤病的概率，包括门诊率与住院率；次均医疗费用指被保险人一年内发生门诊或住院的次均费用（见表5.1）。

表5.1　　　　　　　　　　　2008年调查地区居民住院率

	合计	城市	农村
住院人次数（人次）	12 139	3 293	8 846
住院率（‰）	68.4	70.8	67.5
分性别住院率（‰）			
男性	60.4	65.8	58.5
女性	76.4	75.6	76.7
年龄别住院率（‰）			
0—4岁	80.8	33.2	90.7
5—14岁	21.1	12.1	23
15—24岁	46.2	19.8	53.5
25—34岁	69.1	56.1	74.2

续表

	合计	城市	农村
年龄别住院率（‰）			
35—44 岁	46.8	32.8	51.6
45—54 岁	61.6	52	65.7
55—64 岁	93	96.7	91.6
65 岁及以上	153.2	193.6	129.4
医疗保障形式别住院率（‰）			
城镇职工基本医保	91.8	92.2	88.3
公费医疗	139.1	140.2	135.1
城镇居民基本医保	51	49.2	62.8
新型农村合作医疗	69	78.3	68.6
其他社会医疗保险	51.3	43.9	71.4
无社会医疗保险	43	39.5	47.6

资料来源：中国卫生部：《2013 中国卫生统计年鉴》。

以费用补偿型住院医疗保险为例，此类产品的定价基础为住院率与次均住院费用。

从住院率方面来看，卫生部发布的《2013 中国卫生统计年鉴》显示，影响住院率的主要因素包括但不限于城乡差异、年龄、性别、是否享有医疗保障等；此外，被保险人的职业、生活习惯、知识水平、婚姻状况、居住地环境等因素也会在一定程度上影响住院率的高低，在定价过程中如果参考数据的分类足够详尽，也可以将这些因素考虑进来以进行费率的修正。

从次均住院费用方面来看，产品定价过程中会以公司自身的历史经验数据与行业及文献等的公开数据作为主要参考。此外，医疗费用水平的增长、医疗服务利用水平的差异也是影响次均住院费用的主要因素。对于医疗费用水平增长的因素，在短期医疗保险的定价过程中主要考虑在一定期限内不主动调整费率的情况下根据预估的增长趋势对现有价格进行修正，或是针对产品的续保费率加入与增长趋势相关的系数调整；对于医疗服务利用水平的差异因素，主要考虑被保险人发生住院后就医所在的医疗机构的差异，以及保险公司对于医疗机构的管控度等方面。以保险公司对医疗机构的管控度为例，如果保险公司对医疗网络的管控到位，从而有效控制被保险人在网络内医疗机构的医疗费用，进而可有效降低赔付成本，以此为基础可以使产品的费率水平得到有效控制。

三、影响费用补偿型短期医疗保险费率的主要因素

(一) 目标销售区域

不同地区的政治、经济、社会环境等条件会有所差异,导致各地区的疾病发生率、门诊率与住院率、次均医疗费用水平等因素存在明显不同,因此在费用补偿型短期医疗保险产品定价过程中,需根据该产品的目标销售区域对价格进行适当调整。

(二) 目标客群特点

由前文所述,住院率根据年龄、性别、被保险人是否享有医疗保险等因素的不同会有所差异,因此,在产品定价时需根据目标客群的年龄分布、性别分布等方面进行分析,并在此基础上对产品的费率或预设利润进行调整。例如,某保险公司开发一款住院医疗保险产品,该产品准备面向特定渠道推展,根据前期调研,该渠道主要购买保险产品的客户为30—40周岁,则该产品在定价时可在该年龄段设置较高利润率,另因该住院医疗保险产品在低年龄段费率水平较低,因此可在保证产品整体利润率的前提下适当降低产品在低年龄段的最低费率,以保证产品在市场中的竞争力。

(三) 赔付率假设

对于费用补偿型短期医疗保险产品,赔付率假设在定价过程与费率调整中起着重要的作用。适当的赔付率假设,会使产品的价格处于合理的区间,既保证产品的竞争力,又会避免公司因经营该产品导致赔付过度等不良后果。在产品的定价过程中,公司往往会根据自身的赔付经验确定产品的赔付率假设;如果产品中含有创新型责任或公司对该类责任的经验数据有限,则可以根据公开的统计数据或同业其他公司的经验数据来对赔付率进行假设。

(四) 产品的销售渠道

随着互联网保险的发展,越来越多的公司会将费用补偿型短期医疗保险产品以互联网为渠道进行销售与推展。与传统的代理人推展模式相比,互联网推展的短期医疗保险产品普遍具有责任设置简单、性价比高、保费低廉等特点。但由于短期医疗保险产品本身形态较为复杂,且与保障责任相关的专业术语繁多,因此传统的渠道代理人销售依然是短期医疗保险产品的主要销售形式。对于不同的销售渠道,可根据渠道的地域、客群特点、活动率、佣金水平等综合衡量,使产品最终的费率合理化。

四、不同医疗保险产品的定价策略差异

门诊医疗保险虽然与住院医疗保险同为费用补偿型医疗保险,但从产品本身来看,门诊医疗保险与住院医疗保险的定价策略存在很大差异。与住院相比,门诊的发生更为常见,因此作为定价基础的门诊率要高于住院率;而且对于门诊医疗保险产品来说,存在更高的逆选择风险、道德风险以及理赔运营成本,这些因素均使得门诊保险产品的保费与保险金额接近,甚至高于保险金额。

因此,门诊医疗保险产品通常会出现在两类产品的保障责任中。第一类是高端医疗保险产品,因为高端医疗保险本身专门为高端人群设计,拥有超高保额、突破社会医疗保险限制等特点,同时高端医疗保险产品的价格也十分昂贵,年度保险费往往在1万元以上;第二类是团体医疗保险产品,门诊责任出现在团体医疗保险产品中主要是基于对投保团体中被保险人的风险程度有足够的把控,从而有效控制被保险人的道德风险与逆选择风险,进而合理控制产品费率与赔付风险。

根据门诊医疗保险产品的上述特点,对于住院医疗保险产品与门诊医疗保险产品的形态设计与定价策略,主要存在如下的差异(见表5.2)。

表5.2　　住院医疗保险产品与门诊医疗保险产品的定价策略差异

产品类别	住院医疗保险	门诊医疗保险
保额设置	较高,通常以万元为单位	通常以次限额和次数限制两方面来控制产品的总保额
相对发生率	低	高
赔付率假设	低	高
理赔与运营成本	低	高
销售成本	高	低
费率构成示例 (100元保费)	70元风险保费 20元销售成本 10元理赔与运营成本	30元风险保费 10元销售成本 60元理赔与运营成本

资料来源:作者整理。

由此可见,门诊医疗保险的定价策略与住院医疗保险存在很大差异。除此以外,对于门诊医疗保险产品来说,由于理赔及运营成本存在不随保费变动的部分,因此在

产品定价过程中，如果净保费提高，理赔及运营成本的占比也可进行适当调整。

第三节　健康保险营销的价格管理：公司经营视角

健康保险定价受多种因素以及竞争的影响。从公司经营角度看，要在复杂多变、竞争激烈的健康保险业务市场中取胜，就必须确定行之有效的定价策略。定价方法较多，包括综合成本定价法和竞争性定价法；按价格高低分，有高定价、平价、超低价等；按业务状态分，有单品定价、综合定价、健康保险健康服务联动定价等。

一、市场目标定价策略

健康保险定价策略与保险公司在市场上的目标紧密相关。保险公司在市场上的目标可分为：培育新兴市场、抢夺市场、巩固市场、转型市场。定价策略有激进定价、谨慎定价等。

（一）培育新兴市场

新兴市场是保险公司单独发现、有意开拓且较新的市场，市场尚处于启蒙阶段。客户意识不强，其他保险公司尚未参与。这是该保险公司独自发现并拟进行大量开发的细分市场，市场前景在产品开发前得到了较充分的调研与论证，得到了公司高层的认可。现在是利用新产品进行拓展与验证的时候。

此类市场根据业务的市场潜力和市场定位进行定价。作为新兴市场，困难是较多的，投入也比较大，定价直接影响后续的投入。若市场定价为高端，则可以高定价，同时在开始时采用试用价或者限时会员价等定价法。若定位于中端，则定价中等，采用试用价，迅速打量，并在客户达到一定规模、在对手尚未大量进入本市场时，形成影响力后实施正常营运价格，赚取稍高于成本的价格。

（二）抢夺市场

保险公司要进入竞争对手主导的细分市场，就是抢夺对手的市场，则定价必须极具竞争力。

竞争对手处于主导地位的细分市场，对手处于规则引导、服务标准制定的角色，对市场有较大的影响力和掌控力。很多客户接受了处于主导地位的公司的产品与服务，要转变是不容易的。这种市场有几个鲜明的特点：一是市场比较成熟，客户较多，市场规模较大；二是对主导地位保险公司的服务较为信赖；三是平静的市场也期待新的产品和服务的出现。

所以，产品在设计时要有针对性，增加对手处于弱势地位的产品功能与服务，强调改变服务的态势和便捷程度。与对手相同的内容则可以低价进入。增加更多的保障内容和新颖的健康服务，此部分则可以相对高些定价。总之，就是要用更好的产品和服务击中对手的弱点，打动客户的心，从而赢得客户。

（三）巩固市场

保险公司对于自身处于优势的市场，面对激进的新进入对手，定价上可以根据自身优势，采取差异化定价。将竞争引向自身的优势，让对手的出拳如打在棉花上，无处着力。对于老客户的感受要时时关注，不断根据他们的意见和建议，进行公司产品的迭代更新以及服务的升级，牢牢吸引住老客户，同时用各种方法和手段增加新客户。如产品设计上要特别注意服务品质的提升和服务内容的丰富，定价上更注重服务品质和综合定价，与健康服务联动定价等。

（四）转型市场

保险公司面对一些竞争过度且处于中低端的市场，可以选择转型，进而更加聚焦于中高端价值市场。产品设计时，可以增加优质的中高端保障内容，定价时采用稍高些的价格，引导支付能力相对较高的客户跟随而来，将其转而提升至中高端市场，从而成功实现转型。

二、按业务状态定价策略

健康保险业务一般不只是销售单一产品，通常要组合多种产品才能满足客户的需求，因而就有多种定价方式。

（一）单品定价

设计健康保险产品时，可以设计多种单品，并定出合适价格，只考虑单品的市场竞争和运营的需要，就是单品定价。单品定价的关键在于确定价格浮动区间，以利于销售时的灵活应对。

（二）综合定价

销售健康保险产品时，往往需要综合多个产品才能满足客户的需要。综合定价是根据客户的多种需求，以多种产品组合起来满足客户，定价时主要是综合定价，而不是单独根据其中的一个产品确定。综合定价关键在于平衡各产品的成本，以综合优化后的成本和运营需要进行定价。综合定价在市场上可以避免直接的价格竞争，可以丰富客户体验，整合公司运营优势，从而赢得市场。

（三）"健康保险＋健康服务"联动定价法

随着更多的主体进入健康保险领域，市场竞争越来越激烈。保险公司经营健康保险业务面临越来越大的挑战，各公司都在寻找建立各自核心竞争力的途径与方法。健康保险最大的成本是医疗费用补偿，而医疗费用的控制成为各大保险公司经营的重点内容。保险公司的传统经营方式更多注重的是案件发生后的案件调查，主要是为了防止虚假赔案和虚增治疗费用等风险。实际上，做好事前控制、控制医疗费用、规范就医行为是更好地经营好健康保险业务的关键，即保险公司必须介入医疗服务体系。目前，越来越多的保险公司开始参与医疗服务以及健康服务，将健康保险和健康服务打包在一起，作为整体进行产品设计和产品运营，典型例子就是平安集团的"平安好医生"，中国人寿的"大健康战略"等。

如今，健康保险定价更多体现为"健康保险＋健康服务联动定价"。健康服务可以为健康保险降低疾病发生率从而降低赔付率。这种定价法，主要让健康保险、健康服务互为引客契机，利用健康保险看得见的保障赢得客户的信任，以健康服务这种关注客户健康的呵护赢得客户的选择。以健康服务降低健康保险产品间的可比性，为产品注入人文关怀的价值，能够避免直接的价格竞争。

第四节　健康保险价格管理及策略典型案例分析

一、价格管理案例一

（一）案例基本情况

1. 客户简介

某科技型公司 A 位于南部某省城市，员工 100 人，员工较为年轻。拟投保健康保险业务，需要保障医疗补充保额 20 万元（不含门诊），住院日补贴 300 元/天/人，含自费药报销。具体见表 5.3。

表 5.3　　　　　　　　　　客户情况

企业员工人数	医疗费用保障（基本医保报销后）	住院日补贴
100 人	20 万元/年	300 元

2. 背景

此科技型公司 A 有着较好的发展前景，公司员工创造能力较强，有自主知识产权的产品，员工收入较高，福利也较全面。人力资源部门希望全面提升员工的健康保障，提升员工的幸福感。当前参与竞争的有中国人寿、太平洋人寿、泰康养老和平安养老等公司。

3. 实际定价过程

考虑到该客户的需求，某国有大型保险公司地市公司销售支持岗根据公司内部的定价表，初步核定每人保费为 1 000 元/人/年，销售部门领导结合竞争需要，建议价格下降至 700 元（同业报价在 650 元左右），并上报至省级分公司定价管理岗审批。省级分公司定价管理员根据相关数据测算认为，700 元不够，建议提高至 800 元/人/年。后经与地市分公司协商，综合考虑此科技型企业的影响力以及未来的合作，并经省级分公司部门领导审批，该健康保险方案的价格最终确定为 750 元/人/年，同时为增强市场竞争力，赠送电话医生服务项目。

电话医生服务，即购买服务的企业员工提供 7×24 小时的电话问诊服务，为员工提供健康咨询、病痛问诊、就医指导等电话服务，可以为员工节省大量的时间和精力，能够减少因病请假的员工数量。

（二）案例分析

从这项业务的定价过程不难看出，该保险公司为了实现市场与效益的平衡，建立了完整的价格（非标准定价）审批流程，对健康保险业务的产品定价进行严格管理。

1. 客户价值判断

该客户是信息科技型公司，员工较年轻，相对而言，健康风险处于相对可控的水平。现有员工规模 100 人，处于成长期，发展潜力较好，健康保险费规模在三年内还会提升 50% 左右。同时，该客户在本地和本行业处于新兴地位，对后续市场开拓具有示范效应，可以成为科技行业的标杆客户之一。该客户此前并没有投保经验，此次投保也有试一试的想法。综合考虑健康保险业务和健康服务的潜在业务价值，终身价值较大。目前有 4 家公司同时在竞争。

2. 价格策略制定

（1）该客户可以培养成行业标杆之一，具有潜力和市场价值，需要积极争取到。

（2）目前，该保险公司主要与客户人力资源部门和分管副总沟通，方案需要报公司董事长批准,但尚未能与董事长直接沟通。因此价格和整体方案需要具有较强的竞争力。

(3) 该客户的定价采用综合定价策略。

(4) 经测算,该方案净赔付的盈亏临界点在人均 650 元,考虑到销售人员的佣金和经营成本以及提供的附加值服务,建议价格区间为 750—800 元。

(5) 最终核定报价为 750 元,并附送电话医生服务。引入健康服务内容,丰富方案,避免价格战,为未来更多的健康服务销售打下基础。

3. 价格管理措施及实施

(1) 在分支机构设立健康保险业务定价管理岗(可由销售支持岗兼),负责辖区内健康保险业务的定价工作。

(2) 明确产品定价审批流程:

①销售人员将客户需求报公司销售管理人员中的销售支持岗。

②销售支持岗人员根据需求进行测算,提出基础价格建议,并报销售管理部门领导审批。

③然后报给省公司定价管理岗,进行核定;并报健康保险管理部门领导审批。

④保费超过 30 万元的业务项目须经公司分管领导审批。

(三) 案例总结

第一,对有利于公司发展、有价值的目标客户要全力开拓,核心是实施以价格管理为核心的综合性营销策略。

第二,需要制度体系的支持保障。健康保险价格管理依托于该公司严格的定价管理体系,首先要确定各层级的权限,以及高效的管理流程,同时需要充分考虑市场竞争因素,在服务项目的赠送上给予基层公司更大的自主权,从而既能保持价格拟定的科学性,又能快速反应,灵活应对市场竞争。

二、价格管理案例二

(一) 案例介绍

1. 背景

国有金融企业 B 公司,为了响应"健康中国"战略,有效提升员工健康水平,提高员工的健康风险保障水平,拟寻找保险公司承办健康保险等相关业务。当前参与竞争的有中国人寿、太平洋人寿、泰康养老和平安养老等公司。

2. 基本情况

B公司在职员工1 500人，员工年龄段分布比较均衡，女性占比多些。拟投保健康保险业务，并需要健康管理服务。具体保障和服务需求如表5.4所示。

表5.4　　　　　　　　该单位健康保障和服务需求一览

企业员工人数（在职）	医疗费用保障（基本医保报销后，含自付费）	其中，重大疾病门诊限额	住院日补贴	健康管理服务
1 500人	10万元/年	2 000元/年	200元	有效增进员工健康

3. 方案制订与实际定价过程

某国有大型保险公司地市分公司销售团队在与客户进行了详细沟通后，认真研究客户需求，根据客户需求制订了总体服务方案。

（1）健康保险方案完全满足客户需求。

（2）健康服务方面，以提升员工健康素质为中心，紧紧围绕日常锻炼，努力减少员工因病请假以及因病影响工作积极性和创造性的情况出现，帮助客户创造阳光积极向上的健康风气。即制订法人客户员工职场健康管理服务方案，包括员工健康日常锻炼与运动管理，健康教育（每年至少四次健康大讲堂以及随时的在线知识自学），季节性疾病预防服务，员工体检协助，电话医生，就医协助服务等。

（3）定价过程。销售支持岗根据公司内部定价表，在健康保险方案定价方面，初步核定每人保费为900元/人/年，销售部门领导结合竞争需要，建议价格下降至800元（同业报价在750元左右）。健康管理服务方面定价360元/年/人，合计定价1 160元/年/人，并上报至省级分公司定价管理岗审批。

省级分公司定价管理员根据相关数据测算认为，健康保险业务部分800元低了，建议提高至850元/人/年，但健康管理服务方面可以给予优惠。后经与地市分公司协商，综合考虑此金融企业B的影响力，创造经典的"健康保险+健康服务"的综合服务模式，特别开创为客户整体提供职场健康管理服务的先河，应该在健康服务方面大幅度给予优惠，以赢得该客户。省分公司健康保险部门最终定价1 000元，并报省公司分管领导同意。

（二）案例分析

从这项业务的定价过程不难看出，该保险公司为了实现市场与效益的平衡，建立了完整的价格管理流程，对健康保险业务的产品定价进行严格管理，同时为了应对市场竞争以及新业务模式的拓展，也确定了较为灵活的定价策略。

1. 客户价值判断

该客户是国有金融企业，员工人数较多，健康风险稍高。现有员工规模1 500人，处于成熟期，影响巨大，对健康服务较为接受，未来健康管理服务的规模会大幅度上升。同时,该客户的需求代表着未来的职场福利方向,对后续推广"健康保险+健康服务"的市场开拓具有示范效应,可以成为标杆客户。该客户此前也在别的同业投保,赔付率在100%左右。此次投保,是想获取整体的健康风险处理方案。综合考虑健康保险业务和健康服务的潜在业务价值,终身价值较大。目前有4家公司同时在竞争。

2. 价格策略制定

(1) 该客户是"健康保险+健康服务"综合服务模式的最先接受者。可以培养成行业标杆之一,具有潜力和市场价值,必须争取。

(2) 目前,该客户通过邀请投标的方式进行选定服务的保险公司。该保险公司主要与客户人力资源部门和分管副总沟通,比较清楚客户方面的主要需求点。但是方案必须经客户的采购小组评判,并报总经理批准。因此价格和整体方案需要具有较强的竞争力。

(3) 该客户的定价采用"健康保险+健康服务联动定价法"。

(4) 经测算,该方案净赔付的盈亏临界点在人均850元,考虑到销售人员的佣金和经营成本以及健康管理服务的提供,充分利用健康管理服务推广的低价政策,建议价格区间为950—1 050元。

(5) 最终核定报价为1 000元,正式开启"健康保险+健康服务"的综合服务模式。

3. 价格管理措施及实施

(1) 在分支机构设立健康保险业务定价管理岗(可由销售支持岗兼),负责辖区内健康保险业务的定价工作。

(2) 明确产品定价审批流程。

(3) 全力支持代表市场未来的业务模式,在新业务上给予最大的优惠政策,将健康管理服务方面的政策用好用足。

(三) 案例总结

第一,对于代表新业务形态的客户拓展,采取积极进取的市场策略。

第二,需要制度体系的高效支持保障,且必须具备一定灵活性。

健康保险价格管理依托于该公司明确的各层级定价权限以及高效的管理流程。同时需要充分考虑市场竞争因素,在健康管理服务项目上给予最大的价格优惠,甚至完全赠送,从而既能保持价格拟定的科学性,又能快速反应,灵活应对市场竞争。

三、价格管理案例三

(一) 费用补偿型短期医疗保险

某保险公司拟面向全国范围推展一款费用补偿型短期医疗保险产品(以下简称"产品 A")。经过前期市场调研与可行性分析,对此款产品的各项要素定位如表 5.5 所示。

表 5.5　　　　　　　费用补偿型住院医疗保险定价要素一览

产品类别	费用补偿型住院医疗保险
销售区域	全国,主要面向一线与二线城市推展
销售渠道	线下代理人销售
主要目标客群年龄	30—40 周岁
市场定位	补充市场相关产品空缺
保障责任相关参数设置	保险金额 50 万元 免赔额 0
销售量预估(年)	2 000 万元

资料来源:作者整理。

根据上述定位,产品开发人员对产品 A 的定价策略制定如下:

1. 定价基础

根据产品 A 的保险金额与免赔额设置,通过对住院发生率与次均住院费用历史数据的收集与整理,可以看出,此种设置方式对应的件均保费水平较高,因此,对产品 A 的件均净保费水平设置在 600—800 元区间。

2. 销售渠道

产品 A 拟通过线下代理人进行销售,因此需设置高佣金水平以提高代理人销售的积极性。

3. 销售区域

因该保险公司合作的医疗机构网络主要分布在一线与二线城市,因此产品 A 主要面向一线与二线城市推展,可有效保证被保险人的医疗费用水平处在合理的范围。基于销售区域因素的分析,产品开发人员对产品 A 的保费水平进行适当下调。

4. 目标客群年龄

产品 A 的目标客群定位为 30—40 周岁人群,因此在针对此因素制定定价策略时,需保持 30—40 岁年龄段保费的竞争力,因此可通过将利润率分摊至高年龄报废中,以保持总体件均保费水平变动不大。

结合上述因素，并对其他产品 A 相关的成本进行测算与利润预估，对产品 A 的毛保费进行最终确定，35 周岁被保险人的保费为 1 300—1 400 元。

（二）团体医疗保险核保价格调整策略实例

前述定价策略对于团体产品与个人产品均可适用，另对于团体医疗产品来说，应用上述定价策略得出的价格称为标准费率，在实际报价过程中，需经过核保人员对该团体进行核保调价，得出对应该团体的非标准费率。

以某健康保险公司为例，该公司对团体医疗产品非标准费率的核保策略如下：

第一，根据不同的风险规模（个人或团体），"费率厘定"的结果有："加费"（风险加费）、"除外"（控制风险）或"拒赔"（规避风险）。

第二，大企业核保适用 100 人以上的团体（理论上可以对任何规模的团体提供报价，但如果团体规模超过 2 000 人，核保人员就必须进行更仔细的核查，同时考虑与客户可能要求的非标准责任相关的实际问题与成本，以及公司应如何确保优质的服务）。

第三，中小企业或小团体核保适用于规模为 3—249 人的团体。如果客户在投保阶段告知病史，那么是否走个人医疗除外责任流程部分取决于"赔款/保费"比（即如果"赔款/保费"比超过 20%，那么就要走除外责任流程）。如果团队规模少于 10 人，那么理赔经验数据就不稳定，对于这种情况，核保人员只能根据一般风险偏好确定保费。

本章小结

本章主要介绍健康保险营销的价格管理。首先从健康保险的定价原理入手，其次分别从不同健康保险产品的角度以及公司经营管理的角度，分析介绍健康保险营销中价格管理的重要性、主要应用及如何实施，并通过具体案例进行详细的分析说明。价格管理必须与公司市场策略协调，需要依托高效的价格管理流程，以支持有价值的市场客户开拓。

专业术语

1. 现值：指过去或未来某时点的资金在现在这个时点的价值。
2. 终值：指过去某时点或现在的资金在未来某个时点的价值。
3. 特定人群：指有特别的共同点的一群人，比如建档立卡贫困户、环卫工人、井下工人等。
4. 定价：指确定特定产品或者服务的价格确定。
5. 社保医疗政策：指社保中基本医保参保、缴费及待遇等方面的规定，确定参保人员在什么情况下获得怎样的补偿待遇。
6. 性价比：就是性能价格比，指产品或服务的性能与价格之间的比例关系。
7. 手续费（佣金）：指保险公司支付给各代理人或代理机构的代理费。
8. 客户价值：指客户当前以及未来能给保险公司带来的保费收入以及有利影响。
9. 补偿原则：以医疗险为例，若保险事故发生，被保险人通过任何途径所获得的医疗费用补偿金额总和以其实际支出的医疗费用金额为限。
10. 赔付率：是指一定会计期间赔款支出与保费收入的百分比。用公式表示为：赔付率＝（赔款支出÷保费收入）×100%。

思考题

1. 影响健康保险定价的因素有哪些？关键点在哪里？
2. 面对竞争激烈的健康保险市场，你认为应该如何定价？
3. 影响费用补偿型短期医疗保险费率的决定性因素与主要因素分别有哪些？
4. 门诊医疗保险产品与住院医疗保险产品在定价策略上存在哪些差异？
5. 请举例分析说明对于不同的市场，应该如何定价？
6. "健康保险＋健康管理服务"联动定价的含义是什么？服务在产品定价中处于什么地位？

第六章

健康保险营销渠道管理

随着我国保险行业的快速发展，各家保险公司的销售竞争非常激烈，传统营销渠道面临着新型营销渠道的挑战和冲击，两类渠道共同发展成为各家保险公司发展的重要策略之一。本章通过对健康保险营销渠道的梳理和分析，介绍了健康保险营销渠道布局、培育与创新发展，分析了营销渠道评估与选择以及营销渠道冲突管理，并选取我国两家典型的健康保险公司，介绍其营销渠道管理及营销队伍管理实践。

第一节　健康保险营销渠道：传统渠道和新型渠道

一、营销渠道的定义和类型

（一）营销渠道的定义

营销渠道是指某种货物或劳务从生产者向消费者移动时，取得这种货物或劳务所有权或帮助转移其所有权的所有企业或个人。健康保险营销渠道就是健康保险产品和服务从保险公司向消费者转移过程的具体通道或路径。

（二）营销渠道的类型

营销渠道可以分为传统营销渠道和新型营销渠道。

传统营销渠道按照有无中间环节可以分为直接分销渠道和间接分销渠道两种。由生产者直接把产品销售给最终用户的营销渠道称为直接分销渠道,即直销;至少包括一个中间商的营销渠道则称间接分销渠道,即分销。还可以根据中间商的数量对传统营销渠道分类,直接分销渠道两端为生产者和消费者,没有中间商,称为零级渠道;间接分销渠道则根据中间环节的数量分为一级、二级、三级甚至多级渠道。①

新型营销渠道包括网络营销、互联网流量平台和众多获客层面的合作平台渠道等。

健康保险产品,其本质属于保险产品。伴随大众健康保险需求的逐步建立和释放,将健康险作为一个获客和增强客户黏度的重要产品,这种理念,已经被包括保险公司直销、保险代理人和众多非保险机构接受和认同。因此,除了传统的渠道,比如,保险公司直销、保险公司代理人、保险经纪公司等不同销售模式均可应用于健康险业务,很多创新渠道也成为健康保险销售的重要渠道,例如,互联网流量平台、药品制造商、医疗器械制造商、体检机构、医美机构、母婴机构等等。

二、传统营销渠道

(一)自营渠道

1. 直销渠道

大部分健康险保险公司都自建销售队伍,即直销渠道。直销渠道主要是销售团体保险产品,包括企业员工福利保障计划和团体高端医疗。直销渠道队伍可以细分为业务拓展和业务维护两类。业务拓展主要负责新客户的开拓,包括获客、洽谈、竞标、合同签署;业务维护主要负责现有业务的维护,包括客户服务、理赔和续保操作。因为分工的不同,两者的考核目标差异很大,前者偏重新单业务总量,后者偏重续保率和增额。

2. 门店销售

门店销售就是保险公司利用自己的"客户服务中心"和"理赔中心"门店进行与客户面对面的销售。这种销售有利于增进与客户面对面的沟通与交流,便于客户更深入地了解健康保险条款和自身利益保障,及时做出购买意向决策。

3. 电话营销中心

电话营销中心是保险公司通过使用公司电话热线直接和客户进行交流沟通,宣传公司产品,促使客户达成购买的意愿,直至成交,并为客户邮寄投保单据或派相关公

---

① 杨学成,陈章旺. 网络营销[M]. 高等教育出版社,2014.

司销售人员上门为客户办理保险保障。

（二）保险代理人

保险代理人是根据保险人的委托，向保险人收取佣金，并在保险人授权的范围内代为办理保险业务的机构或者个人。根据《中华人民共和国保险法》及中国保监会的有关规定，保险代理人有专业代理人、兼业代理人和个人代理人三种。不管是哪种类别的代理人，他们都是代理保险公司为客户提供保险服务的。

1. 专业代理人

这是指专门从事保险代理业务的保险代理公司，保险代理公司的组织形式为有限责任公司。保险代理公司是可以与一家或者多家保险公司签约，代理这些保险公司的产品，并依法收取佣金的单位。

2. 兼业代理人

这是指受保险公司委托，在从事自身业务的同时，指定专人为保险公司代办保险业务的单位，主要有行业兼业代理、企业兼业代理和金融机构兼业代理、群众团体兼业代理等形式。兼业代理人只能代理与本行业直接相关且能为投保人提供便利的保险业务，党政机关及其职能部门不得兼业从事保险代理业务。人身险兼业代理机构主要集中在银行、邮政机构，其业务以专门针对这些机构的特点所设计的分红型寿险产品为主。由于各保险公司和银行、邮政部门对代理业务的重视程度不断增强，寿险公司之间对该渠道的竞争以及各兼业代理机构之间的竞争也日渐加剧。

3. 个人代理人

这是指根据保险人的委托，在保险人授权的范围内代办保险业务并向保险人收取代理手续费的个人。个人保险代理人又分为保险代理从业人员和保险营销员。

保险营销员是指取得中国保监会颁发的资格证书，为保险公司销售保险产品及提供相关服务，并收取手续费或者佣金的个人。保险营销员是我国保险市场的重要组成部分。2006年4月，中国保监会颁布《保险营销员管理规定》，并于同年7月1日起实施，进一步规范了保险营销员管理。保险营销员必须持有《保险代理从业人员资格证书》，与保险公司签订委托协议，由保险公司向当地保险行业协会办理该持有人的《保险营销员展业证》，登记注册并获得展业证后，方可从事保险代理业务。保险营销员可以代理销售保险产品，并代为收取保费，但不得签发保单。根据现行规定，保险营销员只能与一家保险公司签订代理保险业务委托协议。

（三）保险经纪人

保险经纪人是基于投保人的利益，为投保人与保险人订立保险合同提供中介服务，并依法收取佣金的机构。在经济发达国家，保险经纪人在保险市场中占有重要的地位。

保险代理公司和保险经纪人一样，都是经过中国保监会批准的持牌机构。与保险代理人根据保险人的委托，向保险人收取代理手续费，并在保险人授权的范围内代为办理保险业务的单位或者个人相比，保险经纪人具有如下特点：

1. 保险经纪人是投保人或被保险人利益的代表

保险经纪人受投保人的委托，为投保人提供防灾、防损或风险评估、风险管理咨询服务，安排保险方案，办理投保手续，并在出险后为投保人或受益人代办检验、索赔等事务。

2. 专业化要求高

对于被保险人，由于保险合同是一种附合合同，其条款与费率都是保险公司单方面预先制定的，被保险人只需附合，合同即可成立。这就要求从事保险经纪业务的人必须是保险方面的专家，经过一定的专业训练，凭借其专业知识，精通保险条款、熟悉理赔手续，了解保险公司信誉、实力、专业化程度，根据客户的具体情况，与保险公司进行诸如条款、费率方面的谈判和磋商，以使客户支付最少的保费来获取最大的保障。

3. 承担的风险较大

作为独立的专业机构和投保人的代理人，法律规定因保险经纪人在办理保险业务中的过错，给投保人、被保险人造成损失的，由保险经纪人承担赔偿责任。世界各国一般都强制保险经纪人为其可能产生的这种职业伤害责任缴存保证金或（和）购买职业责任保险，以使保险经纪人承担其业务失误产生的民事赔偿责任。

4. 各国对保险经纪人的监管都比较严格

除要求购买职业责任保险外，还要求保险经纪人每年向主管机关进行登记，在有资格的银行开设保险经纪人账户，并且每年须向主管机关提交经过专业审计的账目。

（四）银行保险

银行保险是通过银行柜面或理财中心销售保险，以各类银行卡业务或银行消费信贷业务等作为载体销售保险。由于具体运作的相似性，通过邮政渠道开展的保险业务通常也称为银行保险。对于银行来说，该业务属于银行的中间业务，是银行借助自身良好的信用形象和接触潜在客户的便利，代替保险公司办理保险业务，从中获取手续费的一种服务。对于保险公司来说，这种业务是保险营销业务，银行和邮政机构是其重要的销售渠道。

银行保险具有以下特征：第一，操作简便。银行保险产品一般对核保要求不高，购买手续也很简便，客户只要到银行柜台填好投保单、提供银行存折（储蓄卡）账号或转账号码就可以完成投保过程。国外的银行保险可以结合多项金融产品（信用卡、汽车贷款、住房贷款等）组合销售，且保费又可以通过信用卡或账户定期扣款。明确的扣款机制缩短了收款时间，操作起来十分简便。第二，险种设计简单。银行保险产品通常具备标准化条款，保险责任和除外责任等都相对更容易理解，险种的设计形式一般都比较简单。第三，成本低。与个人代理渠道不同，保险公司通过银行柜台销售保险不需要支付较高的佣金，只需支付少量的手续费，可节省大量的人力、财力。此外，银行保险的客户开拓成本和人员培训成本也比较低。

三、新型营销渠道

相对传统营销渠道而言，电子营销是指借助现代通信的手段，利用电脑通信技术、数字交互式媒体以及现代通讯技术来实现营销目标的一种营销方式，被称为新型营销渠道。随着互联网技术、医疗技术的突破，以及政府政策导向的变化，大量新的业态、机构不断出现，许多新型的渠道成为健康保险销售的重要渠道，且业绩占比持续提升，前景非常看好。

（一）网络营销

网络营销是保险公司利用互联网技术和功能销售保险产品、提供保险服务、在线完成保险交易的一种销售方式。目前主要有两种运营模式。

1. 第三方网站模式

即保险公司、保险中介公司利用第三方网络产品提供商在互联网上建立交易平台，介绍行业内的信息并提供咨询，在网上进行保险产品交易和清算。这类网站的定位是保险行业的技术服务提供者，是一个开放性的保险商业平台，既不是网上保险公司，也不是网上经纪人。保险公司、保险中介公司在该类网站开设"门店"，利用某渠道及客户资源，也让最广大客户有机会"货比三家"。

第一类是专业财经网站或综合门户网站开辟的保险频道，其目的在于满足其消费群体的保险需求。例如中国财经网（www.fec.com.cn）、中金在线（www.cnfol.com）等的保险频道正是他们为增加网上的财经内容而开设的。

第二类是独立的保险网，也称为第三方网站。这些网站不属于任何保险公司或附属于某个大型网站，他们是为保险公司、保险中介、客户提供技术平台的专业互联网技术公司。自 2006 年以来，中民网（www.zhongmin.com）、e 家保险网（www.ejsino.com）、慧择网（www.huize.com）等一批第三方保险电子商务网站如雨后春笋般成长起来。

2. 保险机构网站模式

即由保险公司、保险中介公司自己建设网络平台为客户提供保险咨询、保单查询、保单事项变更、续期缴费管理、出险通知和网上投诉服务等,也有公司已经开始在网站上直接销售保单。与第三方网站相比,此类网站可以更有效地利用本公司的品牌优势,但其建设、维护以及广告宣传等所需的花费更高。这类网站主要在于推广本保险公司的产品,以公司为背景,有实体支撑,应该说是保险电子商务的主力军。

3. 社交工具营销模式

社交工具营销是利用博客、微博、微信等网络社交工具开展网络营销的工具,是公司、企业或者个人利用社交工具的交互性特征,发布并更新企业、公司或个人的相关概况及信息,密切关注并及时回复平台上客户对于企业或个人的相关疑问以及咨询,并通过较强的平台帮助企业或公司零成本获得搜索引擎的较前排位,以达到宣传目的的营销手段。目前许多保险代理公司、保险代理人都开有博客,为自身带来了不菲的收益。

(1) E-mail营销。E-mail营销是在客户事先许可的前提下,通过电子邮件的方式向目标客户传递有价值信息的一种网络营销手段。例如,平安保险公司就针对已投保客户的需求进行分析,定期将一定的险种优惠信息及新的险种信息发送到客户的邮箱。由于这种发送是经过分析、有针对性的,大大提高了邮件营销的成功概率,提高了公司的效益。

(2) 微信营销。微信营销是指销售人员将产品介绍、投保链接等与产品有关的信息通过好友发送或者朋友圈分享,让更多人接触并了解相关产品的信息。由于互联网的传播范围广、速度快,且操作相当便捷,大大提高了营销的范围及效率,也被越来越多的人接受。

(二) 以互联网流量平台为基础的合作获客渠道

1. 互联网流量平台

互联网流量平台是指拥有千万级以上活跃用户的互联网平台。对于这些互联网流量平台而言,他们通过自身业务模式所建立起来的场景获得了大量注册用户、活跃用户和流量,急需寻找变现的途径。此外,在目前的互联网平台发展模式下,前期获客多依赖补贴的手段,短期内无法对主业的收入模式进行调整,否则将会面临因为激烈的竞争而失去自身市场地位的风险。因此,需要有其他产品上线销售,借此将自身流量转化为收入和利润,这是互联网大流量平台普遍选择的模式和策略。与线下保险代理公司一样,这些互联网流量平台也关注到健康保险产品市场需求的持续增长,因此积极引进健康险产品上线销售,并为此申请并获批建立了具备资质的保险代理或经纪牌照,利用自身掌握的流量,合法合规地销售健康保险产品。

与线下场景不同的是,线上与用户的互动非常有限,所以,互联网流量平台所选择的产品具有两个特点:一是产品形态简单化,以此保证在相对薄弱的沟通水平上,让客户更容易理解保险产品的内容;二是追求"高杠杆",也就是保费低廉而保障额度高的产品形态,形成所谓的"性价比"。

2. 以互联网流量平台为基础的多方合作获客渠道发展及其原因

值得一提的是,对于保险代理、经纪公司和互联网流量平台,都会通过与一些企业,在获客层面进行合作,进而实现获客的健康保险产品的销售转化。这些企业包括药品、医疗器械生产厂家和前沿医疗科技机构,体检、医疗美容和母婴机构等等。这样的合作能够形成并不断发展,主要是基于以下原因:

(1) 对药品、器械生产商而言,随着医改的深入,以往的药品、医疗器械的销售模式被颠覆,药品和医疗器械生产厂家急需建立新的业务模式。保险行业的销售能力、药品和医疗器械产品与健康保险产品天然的联系以及健康保险产品市场需求的增长,使很多大厂商开始与保险公司接洽,联合开发包含药品和医疗器械的保险产品,并利用自身业务多年积累的渠道和客户资源,为双方合作的产品宣传、获客。

(2) 所谓"前沿医疗科技"主要是指基因、干细胞干预治疗等。这些医疗科技的突破,会使得目前的很多"不治之症",比如恶性肿瘤等,有可能被治愈。这些科技成果与保险结合,能够很好地将健康保险的理赔物化,使得保险从赔付一笔钱转变为拯救一条生命,对保险公司而言,也是非常重要的突破和业务来源。

(3) 体检、医疗美容和母婴等机构所从事的体检、美容和母婴健康关怀的业务,属于医疗的延伸,与健康保险产品同样有着天然的、紧密的联系。而且,其客户都属于健康人群,相比医疗机构的客户,更加符合健康保险产品的客户轮廓。更为重要的是,这些机构因为其自身的业务模式,掌握着相当丰富的销售场景,且是这些机构重点投入资源营造的。所以,对于健康保险产品的销售,具备了高转化率的客观条件。

随着体检、医疗美容和母婴健康关怀市场的繁荣,竞争日趋激烈,相关机构希望与保险公司合作,将自身服务与健康保险产品结合以达到四个目的:一是安全性背书,以此获得更多的客户;二是借助保险产品的金融杠杆,提升自身产品的吸引力;三是借助保险行业的海量客户群、保险机构和从业人员销售力和获客、黏客的需求,开辟新的销售场景和客户群,提升自身产品的销量;四是丰富自身的产品链,通过健康保险销售获得费用和利润,提升自身客群带来的价值。为此,大量体检、医美和母婴机构积极与保险公司接洽,共同研发具有特色的健康保险产品,并与保险公司互为渠道,推进获客和客户转化。

然而,值得关注的是,目前国内学界和业界对健康险的销售模式及渠道的研究和实践并没有意识到健康险业务的独特性。健康险业务的独特性使其不能完全照搬寿险或财险的固有营销模式与渠道,目前各家保险公司既有的健康保险销售模式与渠道的有效性仍有待提高,未来发展趋势值得进一步探究。借鉴发达国家经验,结合我国国情及保险业发展实际,特别在对综合金融集团公司当前健康保险销售模式与渠道进行案例分析的基础上，有专家提出保险集团公司应采用以代理人销售为主、其他销售方式为补充的健康险交叉销售模式。而专业健康保险公司应在网点营销、直销、电子商务、电话营销上积极探索销售模式与渠道策略。

第二节　健康保险营销渠道布局、培育与创新发展

我国商业健康保险的发展过程也是商业保险营销渠道创新的过程。每一家健康保险公司的市场进入，都伴随着新的营销渠道的推出与实践。而作为已经存在的经营健康保险的公司，也都在努力开拓新渠道，以及积极对现有渠道进行改进，使渠道与客户价值能够相匹配，为公司创造更大的利益和产生社会效益。

一、营销渠道优势和劣势分析比较

目前，我国健康保险营销市场采用的主要营销渠道包括保险营销员和专业保险代理公司、保险经纪公司、银行保险、邮局渠道、网络营销、电话营销和保险超市渠道等。

如表 6.1 所示，各种营销渠道具有不同的优势和劣势，保险公司在具体实施保险营销渠道的策略上应根据自身公司现有条件和外部市场环境，分析比较，利用公司现有渠道和网络优势，制定适合本公司的营销渠道策略，并不断开发新渠道，进一步增强公司营销创新能力。

表 6.1　　　　　　　保险营销渠道优势、劣势分析比较表

渠道类别	所销售的产品	优势分析	劣势分析
保险营销员	本公司的个人产品、团体产品（中小型企业为主）	公司对保险营销员有控制能力，可进行培训和激励支持，促进代理人展业欲望	人员流失率高，造成孤儿保单，影响公司声誉；素质参差不齐，容易发生急功近利行为和保单质量问题，易发生欺诈行为
专业保险代理公司	个人产品、团体产品（中小型企业为主）	公司前期投入少，对业务员不当行为产生纠纷不用负责	公司控制能力较差，合作关系不稳固，承保质量相对较差
银行保险	个人产品（储蓄类产品为主）	网点多，市场覆盖面广，银行诚信度高，易取得客户信任	收取手续费高，缺乏专业咨询服务，保险售后服务跟不上

续表

渠道类别	所销售的产品	优势分析	劣势分析
网络营销	个人产品（低价产品为主）	宣传优势明显，大大降低经营成本和管理成本	消费者认同度不高，产品单一，缺乏人性化服务
电话营销	个人产品（储蓄类产品为主）	降低经营成本和时间成本，能迅速找到准客户	仅适合简单险种销售，部分消费者抵触电话销售
邮局销售	个人产品（储蓄类产品为主）	网点多，覆盖广，手续费比银行低	客户人群是中低收入者，只适合设计简单容易解释、单件利润低的品种
保险经纪公司	团体产品（外资企业为主）	专业水平较高，具有开发团体客户优势	佣金较高，目前消费者认同度不高
保险超市	个人产品（种类较多）	便于消费者比较保险产品，节省佣金	对发生纠纷难负法律责任，服务仅是咨询层面，难以得到消费者认可

资料来源：作者整理。

二、传统营销渠道创新发展

（一）直销队伍

现阶段直销队伍开展健康保险业务，主要是专业的商业健康保险公司和经营商业健康保险的其他公司依托自身产品优势，通过直销渠道面向"三资"企业或大中型国有或民营公司，与保险集团内部、社会保障部门之间进行合作，优势互补，利用自身优势建立保险营销上的战略联盟，建立增值伙伴关系，实现双赢的合作渠道模式。

随着我国基本社会保障体系的逐步搭建，商业健康保险对基本医疗保险的补充作用日益凸显。2009年，财政部、国家税务总局下发了《关于补充养老保险费补充医疗保险费有关企业所得税政策问题的通知》，规定企业为员工支付的补充医疗保险费在不超过职工工资总额5%标准内的部分，在计算应纳税所得额时准予扣除。该政策进一步推动了商业补充医疗险的发展，成为商业健康险发展初期团体医疗保险的主要业务收入来源。

从渠道模式的延伸探索看，保险公司应通过直销队伍，积极推动与政府合作、与社会保障部门合作和与企业社团合作，通过相应的平台使更多的客户了解产品、积极购买产品，不断扩大健康保险市场份额，实现个人健康保险风险的转移，推动社会健康保险事业的发展。

(二)保险营销员

保险营销员是个人保险销售的主力,在长期寿险重疾产品的销售中,保险营销员更是绝对的主力。理论上,保险营销员也应该成为健康险个人产品销售的主力,但由于我国专业的健康保险公司大多与寿险公司分开,所以,大部分专业健康保险公司的产品通过保险营销员渠道实现的个人健康保险产品占比非常低,甚至没有形成有效的推展模式。

一般而言,保险营销员销售健康险公司产品主要分成两种情况。

一是个销团,即通过保险营销员销售小团单或者小微团单。保险营销员在长期寿险产品销售的过程中,积累了大量个人客户,而这些个人客户背后的资源,自然延伸到小企业、小微企业。保险营销员通过积累并不断加强与这些个人客户的交往,提高了客户的黏度,逐步将业务从个人推展到相关小企业、小微企业的团体保险。而对于企业而言,团体保险的优先需求就是健康保障,需求明确,销售场景真实。

二是贴牌,是指健康险公司将自身产品通过寿险公司报备并以寿险公司产品的名义进行销售。贴牌这种合作模式,在国外早已存在。比如,在美国,大部分保险公司的经营范围限于某一个州的范围内。为了扩展本公司产品的销售量,对于自身的创新产品,会选择与其他州的保险公司或第三方机构进行贴牌合作。其他州的保险公司或第三方机构也愿意接受这样的合作方式。第三方机构也称 MGA(Managing General Agent,即管理型总代理),保险公司通过与专业 MGA 合作,可以加快实现健康保险的创新、定价、医疗风险控制及宣传推广等。从根本上说,这是一个互通有无、提升效率、降低经营成本的好模式。当前,在国内大部分专业健康险公司的经营范围相对比较狭窄的情况下,贴牌业务是快速提升健康险产品销售量的好办法。

另外,为了充分利用保险营销员所掌握的强大的线下场景,也会采取贴牌的合作方式,由健康保险公司研发产品,由寿险公司进行产品报备、出单和客户服务等工作。传统模式下,保险营销员与一家保险公司签订代理协议,而伴随独立代理人制度的出现,可选择的"保险营销员"模式业务主体会更多。

专栏 6.1

我国保险营销员销售健康险公司产品的管理实践

某保险集团内部有相对完善的交叉销售机制,系统内各专业公司的产品在各自的销售队伍中进行交叉销售,即综合开拓业务。通过综合开拓,个人健康保险产品融入保险营销员的日常销售工作,适用于寿险公司对保险营销员的《管理办法》(俗称"基本法")的考核、晋升和奖励机制。

> 对于健康保险公司而言，能否将健康保险产品纳入寿险公司保险营销员的基本法考核意义重大。考核制度的主要影响表现在两个方面：
>
> 一是保单继续率。继续率是寿险公司考核保险营销员的重要指标，这个指标，对保险公司来讲是利润的保证，同时也是客户利益的保证。所以，在寿险公司的基本法里，继续率都会与保险营销员的职级晋升和维持、各项荣誉体系的参与资格密切相关。
>
> 二是业务品质。保险公司通过对保险营销员业务品质的管控，来控制销售过程中的道德风险。健康保险产品，相比寿险产品更为复杂，在核保核赔等环节，对道德风险的控制，除了客户逆选择，另一个就是针对保险营销员的道德风险。

（三）保险代理公司

伴随监管机构鼓励独立代理人体制的业务拓展，保险代理公司大量涌现，且数量持续快速提升。这些保险代理公司在分支机构和展业区域上存在规模上的差异，因此有全国性、区域性和地方性的区别。虽然保险代理公司在规模上存在差异，但都普遍关注健康险产品和健康险产品的销售。究其原因，在于几乎所有保险代理公司都处于宣传品牌、发展机构、大量获客和持续提升客户黏度的阶段，特别关注客户对保险产品的需求，而健康险的市场需求和被客户关注的程度正在持续快速提升。保险代理公司希望发挥其在选择代销产品的灵活性方面特有的优势，通过健康险的销售，达到大量获客和增加客户黏度的目的，从而达成宣传自身品牌和提升其他代理产品销量的目标。同时，健康保险产品尚处于相对复杂的产品形态阶段，保险代理公司所掌握的线下销售场景也是实现健康保险产品销售的一个重要条件。

如前文所述，因其自身特性，健康保险产品相比寿险产品对风控的要求更高，因此，健康险公司在选择外部代理渠道时，务必关注渠道的管理模式、内外勤员工状况等因素。从当前的市场情况看，首选拥有自身销售队伍的经纪公司和代理公司，且其管理团队具备良好的保险职业道德、深厚的保险行业背景和丰富的保险管理经验。只有与这样的公司合作，才有可能帮助保险公司实现有效的风险控制。

（四）银行保险

与其他银行保险产品不同，健康保险产品在银行渠道的销售，很少通过柜面大规模地进行。从目标客户看，大部分的健康保险销售都来自"私人银行""VIP"等高净值客户；从产品选择看，主要以高端医疗产品为主，也有银行为高净值客户群体投保的团体健康险保险；从合作需求看，银行把健康保险产品视为体现对高净值客户关怀、提升客户体验、提高客户满意度和增强客户黏度的重要手段。

（五）综合销售渠道

综合销售渠道又称综合开拓，是专业健康保险公司和经营商业健康保险的其他公司依托自身产品优势，与集团内部之间、其他公司之间、社会保障部门之间等达成的客户资源共享，在营销上进行合作，优势互补，利用自身优势建立保险营销上的战略联盟，建立增值伙伴关系，实现双赢的合作渠道模式。

三、新型营销渠道的发展

互联网和通讯技术的发展已经使电子商务从一种纯粹的信息通讯载体发展成一种重要的分销渠道。它使得企业能够将高质量、个性化的信息以一种前所未有的方式传递给大众，有效地解决了信息经济中关于信息深度和广度之间的冲突，这些特点使互联网成为一种有力的营销工具，使电子营销这种新的商业模式在各个行业迅速发展，保险行业也不例外。

（一）新技术催生并推动新型营销渠道发展

保险作为一种特殊的商品，与一般意义上物化的商品有着显著的区别：一是保险是一种无形产品，为客户所提供的是一种承诺，不存在实物形式，唯一的有形物可能只是一纸合同。保险公司通过电子营销的方式销售保单，可以省下目前花费在分支机构代理网点及营销员上的费用。保险险种、公司评价等方面信息电子化后可以节省印刷费、保管费等，通过降低保险公司总成本从而降低保险费率，更好地吸引客户。二是保险是一种服务商品。保险服务是保险企业为顾客提供的从承保到理赔的全部过程，主要是一种咨询性的服务。电子信息技术的发展为这种服务搭建了一个良好的平台，使这种咨询服务可以通过互联网和即时通讯工具进行，大大节省了客户的时间。

保险产品本身具有的上述特点使电子营销这种新的商业模式在保险行业中得以迅速发展，在一定程度上避免了因极少数代理人销售时夸大保险责任，简略除外责任而导致的理赔纠纷，有利于维护良好的行业形象。

（二）新型营销渠道的优势

1. 电话、手机短信、微信以及即时信息精准营销的优势

随着市场的不断深入和发展，短信等无线数据服务作为通信在 20 世纪末的一次重要飞跃，已日益渗透到人们生活的方方面面，企业以电话、手机短信、即时信息、微信为平台进行销售。保险公司已经尝试通过手机短信和微信等提供简单的短期旅游

意外险及意外医疗险等,在给客户提供方便快捷服务的同时,也给企业带来了良好的口碑及丰厚的收益。

2. 网络在线营销的优势

网络在线营销的经营宗旨有三点:一是建立一个面向客户进行宣传、推销保险的平台;二是进行销售的环节;三是提供保险后续或外延服务,如网上查询、更改资料等。网络营销有许多特点和优势,主要体现在以下几个方面:

(1) 有利于减少成本,提高经营效率。有研究表明:网络可以使整个保险价值链的成本降低60%以上。成本的减少会进而降低各险种的保险费率,从而让客户受益。电子商务摆脱了传统商业中介的束缚和制约,使保险公司在销售、理赔、管理和产品等方面的效率得到极大的提高。

(2) 有利于提高客户服务水平。电子商务开放性、交互性的特点,为服务创新提供了有利条件。保险公司可以在网上提供公司和产品的详细介绍、在线咨询等,而客户也可以实时了解自己所需要的保险信息,增加了选择的范围,比以往的业务员、代理人的服务无论在时间还是空间上都更方便,可以大大降低客户在获取保险服务过程中的各种隐性成本,从保险公司得到更多的实惠,从而提高对公司的满意度。同时,网上提供的服务是保险公司直接监控的,具有规范化、统一化和标准化的特点,服务的内容都经过了公司的严格审查,防止传统保险营销方式产生的许多弊端,能够改善服务质量、提高服务水平,树立起保险公司的良好形象。

(3) 发展保险电子商务有利于公司的稳健经营。电子商务不仅仅会改变保险公司的营销和服务方式,而且还将影响到保险公司自身的组织结构和管理制度,最终会反映到公司的经营效益上。电子商务技术手段可以渗透到保险公司经营的关键环节和流程,能够有效地解决业务过程中的管理风险和道德风险。通过网上保险,公司可以将客户资源掌握在自己手中,对公司的长期稳定发展具有重大的意义。电子商务网站还能将公司的保险信息透明化,解决公司与客户之间信息不对称的矛盾,也有利于公司树立诚信经营的企业形象。同时,公司还可以通过在线调查或提供在线咨询服务,及时了解保险市场的反馈信息,对客户潜在的保险需求进行深层次把握,从而有利于创新险种、拓展业务、提高经营效益。

当然,网络营销还面临着如网络安全性、风险控制、信息披露的真实性、完整性和及时性等问题,其进一步发展有待于信息技术和相关法规的完善。另外,并不是每一种保险产品都适合于网上销售,像投资连结保险、需要体检的高额重疾医疗保险等这样的复杂产品,即使有代理人解释,有些顾客也很难理解。成功的网上保险战略必须根据公司的情况和产品的特性来决定。

(三) 电子化营销需与传统营销渠道有效融合

保险公司在产品开发、资金运用等方面还受到诸多限制,竞争主要集中在市场份额的争夺上。传统的保险公司凭借雄厚的资金实力、良好的信誉，已经在市场上建立起了强大的销售网络。外资保险公司在销售队伍方面并不占优势，他们运用已经在国外取得成效的电子营销战略作为打开中国市场的敲门砖，其中就包括销售网、服务网和信息网"三网合一"的营销方式和管理方式，以及网上作业的全方位金融服务。一些新型的中小保险公司也主要依托高新技术和互联网平台来拓展业务。

互联网的发展趋势是客户导向，因此保险行业建设互联网营销渠道，关键是要立足于客户，一切从客户的角度考量。金融保险产品电子商务的营销推广应该更加具有针对性，针对有网络购物习惯和意愿的客户，针对有投资、保险需求的客户，针对能够接受新鲜事物的客户，因此在进行广告宣传、媒体投放时做到有的放矢、循序渐进。在拓展营销渠道的同时，与传统渠道及新型渠道的配合营销也非常必要，例如在与呼叫中心的结合过程中，一方面，互联网营销渠道为外呼提供客户信息，另一方面，内呼为互联网营销渠道提供产品服务。两者的整合营销才能为客户提供最便捷的服务，才能起到最直接的效果。

传统渠道如银行网点、保险代理点等也是互联网营销渠道宣传推广的有效阵地，如何形成一种有效的利益分配和激励机制将是保险公司需要考量的问题，一旦将互联网营销模式融合在传统渠道，势必产生巨大的能量，让互联网销售在金融产品销售中的作用和前景变得更加乐观。

互联网营销的发展不应该仅仅是将其作为传统营销渠道的补充。与代理渠道相比，互联网营销是一种被动的销售渠道。这就要求企业加强品牌建设，扩大网站的知名度。目前很多企业并没有认识到这一点，他们认为企业在传统营销渠道中已经被消费者熟知，那么其互联网营销渠道也一定会被大家认可，这种想法是极其错误的。传统营销渠道的扩展与公司的成立时间、展业范围等有直接的关系，需要经历漫长的市场知名度积累过程。但是互联网营销渠道不同，如果采取适当的营销策略，有针对性地细分市场，就可以在较短的时间内建立网上保险品牌。因此，互联网营销企业必须主动吸引潜在客户的注意力，加大网站宣传力度，并主动分析消费者需求与欲望，不断进行产品创新，设计开发出大批适合网上销售的保险产品。

与传统的营销模式相比，互联网保险营销中企业与消费者之间没有面对面的交流，企业无法在第一时间了解到潜在消费者的风险状况，不利于控制风险。消费者不是专业人员，只是了解自身以及家庭所面临的风险，但是哪种产品组合更适合自己，消费者本身是不能做出准确判断的。这些问题的解决都需要大量高素质的保险与电子营销双料专业人才。因此，互联网营销人才的培养应成为保险相关部门关注的焦点。[①]

---

① 宇文晶. 浅析保险营销渠道创新［J］. 金融经济，2009（22）.

第三节　健康保险营销渠道评估与选择

健康保险产品的销售，因其自身在产品形态、风控手段和客户服务等方面的特征，对销售渠道的要求完全不同于包括长期寿险等其他保险产品。

基于健康保险产品的特点，本节根据保险保障的本质特征，以风险控制水平作为评估渠道的最为重要的指标，对本章第一节所介绍的健康保险各类传统和新型营销渠道进行评估和分析。

一、评估与选择健康保险营销渠道的主要因素

（一）营销渠道评估的因素

1. 经济性

主要指渠道的经济价值，包括两个方面：一是渠道的销售成效；二是渠道的销售费用（即渠道成本）。

2. 适合性

即保险公司与营销渠道的匹配性，包括渠道的抗冲击力和可变性。当外部环境发生变化时，所选择的营销渠道能否抵御外来冲击，并保持市场销售和价格的基本均衡；当保险公司总体营销战略调整时，所选择的营销渠道能否灵活地进行调整，以适应新政策和市场变化。

3. 可控性

即营销渠道方要能够在一定时期内保证顺利实施保险公司的政策，以减少渠道冲突和失控的风险。

4. 发展性

即营销渠道的选择不仅看当前，更要从战略高度选择那些与保险公司的战略规划一致或基本一致的营销渠道。

（二）影响营销渠道选择的因素

企业在进行渠道决策时，应当认真研究影响渠道选择的各种因素，这些影响因素主要是：

1. 顾客特点

潜在顾客的数量、地理分布、购买频率、购买习惯等都会影响企业对销售渠道的选择。一般说来，顾客多而分散、每位顾客需求量小或购买频繁的产品，宜采用间接渠道、长渠道、宽渠道销售；顾客集中（需求集中）、需求特殊、偶尔订货或购买产品，宜采用直接渠道、短渠道、窄渠道销售。

2. 产品特性

包括产品的保障责任、除外责任、服务项目、技术含量和单位价值等。一般说来，单价高、内容复杂、用途专一、附加服务专业的产品，往往用直接渠道、短渠道、窄渠道销售；产品特性与上述相反的其他产品，包括大量简单责任产品，则主要采用间接渠道、长渠道、宽渠道销售。

3. 保险企业自身的状况

（1）企业的总体规模决定了其市场的范围、客户的规模以及控制中间商的能力。（2）企业的财务能力决定了哪些市场营销职能可由自己执行，哪些应交给中间商执行。财力薄弱的企业，一般都会尽力利用中间商。（3）企业的产品组合也会影响其渠道类型。产品组合的宽度越大，与顾客直接交易能力越大，产品组合的深度越深，则使用独家分销或选择性分销就越有利；产品组合的关联性越强，则越应使用性质相同或相似的销售渠道。（4）企业过去的渠道经验和现行的市场营销策略也会影响渠道的设计。总的来说，企业的规模大、声誉高、财务雄厚、经营能力强、管理经验丰富，在选择中间商、控制销售渠道方面就会有更大的主动权，甚至有可能建立自己控制的渠道系统。

二、保险公司自营渠道

对健康保险公司而言，自营渠道显然是最为重要的，原因如下：

一是客户需求更明确。保险公司自营的销售团队，因其专业和公司背景，所接触到的客户都是真正具备健康保障需求的客户群体，包含个人和团体客户，都是市场中最优质的客户群体。

二是管理力度最强。保险公司自营渠道的成员都是公司员工，可以运用公司行政手段进行管理，最大程度上保证销售方案按照保险公司的规划得到落实。

三是风险控制最有效。保险公司可以通过多重关键业绩指标（简称KPI）设置，有效地将风险控制在销售环节进行落实，将逆选择等道德风险控制在最低水平。

四是业绩可控度最高。保险公司可以通过提升人力、物力资源的配置，达到销售业绩的同步提升。

五是客户服务最好。因为掌握客户销售全流程的信息，可以为客户提供最好的保全、理赔、增值服务，最有效地提升客户体验，增强客户黏度。

当然，保险公司自营渠道也存在弱势，其最大的挑战来自成本，尤其是在健康保险产品销售启动初期，销售业绩尚未体现时，自营队伍的职场、培训、人力资源的投入会是保险公司很大的负担。如果产品销售业绩无法取得突破，成本压力会持续快速提升，甚至影响整体策略和决策保持正确性。所以，如何平衡成本和销售，就需要在自营销售模式上进行创新。比如，通过互联网手段进行销售，利用互联网的传播性实现相对较低成本的销售活动，提升效率。具体方式包括微信服务号运营、与网络大号合作等等。

三、保险营销员

保险营销员是健康保险产品另一个必须高度重视的渠道，原因如下：

一是保险营销员的本职就是销售保险产品，接受了高强度的专业培训，销售力强大。

二是保险营销员所掌握的客户，都是经过正确保险理念的教育的，对保险产品的认识和理解都是到位的。同时，不少客户已通过生存金领取、理赔等环节，体验到了保险产品的意义和功用，对保险产品的接受度相比其他人群要高很多，且这些客户的需求也是明确的和合规的。

三是风险控制方面，目前国内的保险营销员大部分都是与某家保险公司签约的，并接受该公司的培训和管理，在风险控制上具备较高的素养和能力。也就是说，通过其销售的健康保险产品客户，其逆选择和道德风险已被有效筛选和控制。如果出现异常理赔率，还能通过合作的代理人所属保险公司进行追查和处分。

四是保险营销员在长期的保险产品销售中，在最为贴近市场的销售活动中，最能体会到健康保险产品的重要性和市场需求的增长，对健康保险产品的销售有着非常高的意愿。

保险营销员渠道同样也存在弱势，主要表现在代理人团体中可能存在的道德风险。因为，保险营销员更加了解保险公司和保险业务的运作，如果存在道德风险，其对保险公司的危害会更大。从国内的实际情况看，这种道德风险还存在地区差异。比如，在三、四线城市及周边，这种道德风险表现为伙同客户，通过虚假病例骗取保险理赔款；而在一线城市，道德风险则表现为伙同私立医院，采取过度医疗的方式，提升私立医院收入并从中渔利，增加的医疗费用转化为保险公司的理赔支出。

还有一个问题是，并非所有健康保险公司都能利用保险营销员渠道，健康保险公司与寿险公司都是分隔开的，只有综合金融集团才能通过内部的交叉销售，实现自身健康保险产品在保险营销员队伍中的销售。

四、保险经纪公司

保险经纪公司这里主要是指从事健康险团体业务的中介机构,如 SIGNA、MSH 等。作为传统健康保险产品主力的外部销售渠道,健康险销售的中介机构在过去很长一段时间内,占据了健康保险产品销售的主要份额。原因有两点:一是这些保险经纪公司,很早便进入市场,经过其多年的经营,建立起了强大的、稳定的业务合作关系,产品销售量稳定。二是这些经纪公司经营理念正确、自律性高,能够有效控制道德风险,业务品质良好。尤其对于年缴保费相对较高的高端医疗产品,从目前的市场看,经纪公司还是最为重要的销售渠道,且占有绝对领先的市场份额。

保险经纪公司的弱势在于:销售的健康保险产品主要是团体产品,包括企业员工福利产品和团体高端医疗产品。这两类产品的市场容量,相对而言,提升速度相当缓慢,不能满足保险公司业务快速增长的要求。即便如此,保险经纪公司这个渠道在未来相当长的一段时间内,依然是健康保险产品销售的主力渠道,因为其自身的市场影响力已经形成,这个市场影响力对保险公司传播自身品牌的意义和作用巨大。

保险经纪公司渠道的创新在于,将原本 B2B 的业务模式延伸到 B2C,从团险业务合作进一步深入、转化到个人业务合作。也就是说,借助市场对健康保险产品需求的增长,在保险经纪公司掌握的企业员工福利产品的合作基础上,通过企业 HR 部门的协助,将个人健康保险产品推送给企业员工,形成销售结果,这也就是"职团开拓"的业务模式。这部分的市场前景很大,值得保险公司和保险经纪公司高度关注,并协同开发。

五、保险代理公司

保险代理公司(含从事个人保险产品代理的保险经纪公司)除了拥有保险代理人渠道的所有优势之外,还有自身独特的优势,那就是选择产品的灵活性和产品库的多样性。这个独特的优势,打破了传统线下保险销售在保险公司和保险公司之间的壁垒。

保险代理公司的大量涌现,给非金融集团的健康保险公司提供了一个接触到保险代理人,并通过保险代理人实现自身健康保险产品销售的机会。这个机会必须高度关注并牢牢把握住。

当然,客观而言,在保险代理公司渠道要取得好的销售结果,必须关注产品的渠道成本。一般情况下,该渠道销售费用比传统渠道的销售费用高 50%—100%。

六、互联网流量平台

互联网平台拥有巨额的流量资源，是重要的也是为数不多的、具有高市场价值的渠道。但是，互联网流量平台上的健康保险产品销售会遇到以下问题：

一是平台本身的业务模式和场景可能与保险产品的销售不符合，需要投入资源进行运营，以促进流量的转化。就目前看，转化率仅为万分之几到千分之几的数量级上。

二是线上场景相对较弱，缺乏与用户有效互动进行产品说明和促成。尤其对于年缴保费非常敏感、定价高于4位数的保险产品，成交率很低，几乎没有任何销售结果。

为此，需要在三方面进行创新：

一是产品责任的创新。贴合互联网平台的业务模式，比如，众安产险与淘宝合作的快递退货运费险。

二是产品形态的创新。力求产品简单化，通俗易懂，控制费率，三位数的年缴保费才能在互联网上取得较好的转化率。例如，市场接受度较高的百万元医疗产品，创新地引入了免赔额，使得产品的"性价比"大幅提升。通过将该产品免赔额设为1万元，即客户自己承担1万元以内的医疗费用，使得该产品5—50岁年龄段客户的保费控制在1 000元以下，大大提高了产品价格的接受度。

三是产品运营的创新。例如，对简单小额的健康保险理赔申请，通过微信服务号上传医疗费单据即可完成报案和理赔，力求简化投保流程。

互联网流量平台还有一个非常突出的弱势，就是在自然状态下缺乏有效的风控手段。因为，在这个场景下，是否投保完全取决于客户的意愿，完全是自愿的。而在目前社会保险认知水平有限的情况下，主动购买的客户中，逆选择所占比例远远高于线下销售场景。针对这个弱势，保险公司需要通过投保过程中的风控手段，如健康告知的设计等，以及理赔时的风控手段，如抽样查勘等进行管控。同时，保险公司也需加强对平台的管控，包括前期对平台自身的业务模式、销售场景、客群等进行细致的评估；同时，在销售过程中密切关注业绩结果和理赔状况，对异常情况，采取及时的措施，包括产品下架等。

总而言之，针对渠道特性和业务模式，通过产品创新，形成契合渠道场景的产品责任、风险控制手段和运营模式，是健康保险未来发展的一个基本趋势。

第四节　营销渠道冲突管理

一、营销渠道冲突及其产生原因

（一）营销渠道冲突

在销售活动中，营销渠道是一个很重要的环节和通路。但由于营销渠道涉及方方面面、纷繁复杂，在互相合作的过程中，不可避免地会产生冲突。当渠道成员意识到另一个渠道成员正在从事会损害、威胁其利益，或者以牺牲其利益为代价获取稀缺资源的活动的时候，他们之间的争执、敌对和报复行为就会发生，这就是营销渠道冲突。

渠道冲突实质上也是经济利益冲突；同时，渠道冲突也是一种强大的推动力量，迫使企业管理者不断主动、积极地检讨和提高其渠道管理状况。当渠道中的成员之间存在矛盾和对立时，需要建立一些机制来监测并解决冲突。如果潜在的冲突得不到及时的关注和解决，会最终影响渠道目标的实现，甚至造成供应商整个内部渠道管理体制的塌方或整个外部渠道系统的崩溃。从长远来看，对冲突视而不见，或无力采取措施弥补冲突造成的损失，将对整个企业的经营业绩及顾客满意度带来极大的伤害。只有及时调解渠道冲突，企业才能达到与渠道成员的双赢。解决渠道冲突的一个重要工作就是渠道管理，以下介绍渠道冲突产生的原因和解决办法。

（二）引起营销渠道冲突的原因分析

1. 角色错位

一个渠道成员的角色，表明其在渠道中应当承担什么样的任务，并做出使每一个渠道成员都可以接受、预见的行为规范。如果一个渠道成员的行为超出了其他渠道成员预期可接受的范围，就会出现角色错位。模棱两可的角色定位以及角色定位的随意更改必将导致渠道成员之间的冲突。

2. 目标差异

如果同一渠道系统中的所有成员都有共同的目标，那么各自的效率和效益将会实现最大化。但事实上每个公司都是一个独立的法人实体，有自己的利益，有自己的目标，这些目标有些可能会重叠，而另一些则可能不相关，甚至背道而驰。这样就会产生冲突。比如，保险公司的目标是为了市场份额，获得更多的客户，力求在短时间内占领市场，让推向市场的保险产品热销，而保险代理公司或保险代理人为了短期的销售利润，会要求保险公司给予更高的销售手续费。如果保险代理公司或保险代理人在一定时期内无法获得预期的利益，则可能会寻找新的保险公司合作。又比如，保险代理公司或保险代理人希望通过更高的销售手续费来谋取自身利益的最大化，而保险公司却更希望给让保险代理公司或保险代理人更低的销售手续费，并让出部分利润作为销售费用用于产品推广及促销。即使成员之间的目标可能会相容，而实现目标的方法却有可能不同，所采取的方法不一致也可能导致冲突。

3. 观点差异

观点差异是指渠道成员对同一情景或同一刺激表现出的不同的反应。例如，一个保险代理公司如果觉得30%的销售手续费合适，那么20%的销售手续费就会使他觉得不公平。然而保险公司的感觉却可能与之相反，认为给保险代理公司20%的销售手续费是最多了。

渠道成员可以通过理解其他成员的观点及改变酬劳规则，解决属于观点差异性质的冲突。以销售手续费问题为例，保险公司可以在保险代理公司同意保持更大的保费规模的条件下，考虑给予更高的销售手续费。

4. 沟通困难

沟通困难是指渠道成员之间不沟通、沟通缓慢或不准确甚至是错误的信息传递。例如，保险公司无法得到在特定渠道销售某种商品的确切信息；保险公司各种渠道政策不能被有效地传递或被保险代理公司和保险代理人正确地理解，从而造成保险代理公司和保险代理人销售行为的差异等。

5. 决策权分歧

决策权分歧是指渠道成员对于其应当控制的特定领域的强烈感受。这种分歧往往发生在各成员对外在影响范围不满意的时候。例如，是保险公司还是代理公司来确定保险产品的保费，或者代理公司是否有权根据自身的情况，提出对保险产品另行定价。

6. 期望差异

期望差异是指不同的渠道成员对未来发展的不同估计、不同预期。在正确认识市场的基础上，这种差异并不太大。例如，对于同一家保险公司的同一款产品，不同的代理公司会根据各自的情况制定不同的策略及销售目标等，但对于这一产品的卖点、销售模式等较为相似。

7. 资源稀缺

任何渠道组织都必须依靠外界环境所提供的资源而存在，由于资源具有稀缺性的特点，渠道内的活动必然会受其制约。销售渠道成员是不同的利益主体，每个渠道成员所追求的是个人利益的最大化。在一些贵重资源的分配问题上容易产生分歧。资源的稀缺是绝对的，在营销渠道中要避免这种冲突，就要在机制设计方面给予特定成员一定的排他权力。例如，在渠道选择上可以结合保费规模、配合程度等因素挑选出重点渠道，对于重点渠道的支持力度跟普通渠道有所不同，这可以体现在产品手续费、宣导培训、定制化产品设计等。

二、营销渠道冲突的管理

任何事物都有正反两个方面，同样，营销渠道冲突也是有利有弊。营销渠道冲突说明销售渠道展业活跃，公司对渠道冲突有利的一面应予以鼓励，对渠道冲突不利的一面应尽量化解。公司应通过相应的管理制度和措施，如区域规划、规范管理等解决渠道冲突，努力将其产生的负面影响控制在适当范围内。

（一）对渠道区域合理规划，使网点的布局科学、合理

在发展多个合作渠道的过程中，不进行重复性建设，避免合作渠道的过于密集和交叉，将新拓展合作渠道尽量渗透到空白市场中去。例如，对于一些有全国经营牌照的保险代理公司，在总对总合作协议签署并开始确定合作后，要避免各地的分公司与该保险代理公司当地的机构再次开展分对分的合作，这样可以避免各分公司之间的冲突，也可以避免业务的混乱。

（二）选择合作渠道要求进行严格的评估和审核

要按照经济性、适应性、控制性和发展性的原则来选择合作渠道，严格执行相应的评审制度，保持公司对合作渠道有一定的约束性。

（三）加强合作渠道的日常管理

了解和反馈各渠道之间的动态和信息，确定引起冲突的主要根源和潜在隐患，及时识别真正具有破坏性的恶性冲突，相应地调整渠道管理方法，在冲突未发生之前予以控制，防患于未然。

（四）加强对新合作渠道与传统合作渠道的沟通和协同

在营销渠道整体规划、新渠道选择论证阶段，就加强与各方的沟通和协调，建立渠道定期沟通协调机制，如季度联席会议等，尽早消除不同营销渠道间的误会和对抗。

（五）当渠道冲突难以调和时，公司应加大投入和管理力度

公司应增加对合作营销渠道的激励和支持，增强品牌效应和促销力度，同时采用

威胁退出和扶持其对手等强硬措施,提高企业的综合掌控力,迫使各合作渠道接受企业的渠道管理策略,防止合作渠道的报复。

三、营销渠道冲突管理案例

(一) 案例介绍

2000—2015 年,跨国企业在中国内地市场业务规模不断扩张、员工队伍也日益壮大。为保持对人才的吸引力,同时传承母公司的福利文化,绝大多数知名跨国企业都实施了保障全面、保障额度较高的员工综合福利保障计划,涵盖高额寿险,意外险(保额最高超过 1 000 万元),门诊医疗,住院医疗,重大疾病,女性生育,子女门诊和住院医疗,配偶意外、门诊和住院医疗以及在个人单项目保额用完之后,设立专门的公共保额用于个人高额医疗费用的支付;有的公司甚至还为员工父母提供一定额度的医疗保险。该类业务的主要特点在于保障程度高,对全国范围内健康保险服务要求高,但保费水平也较高,利于保险公司在特定目标市场建立服务品牌,并通过服务较高端的客户有效提升服务水平和能力。

从营销管理角度看,这类业务的拓展自然面临激烈的外部和内部市场竞争与冲突。外部竞争与冲突主要体现在不同保险公司之间、保险公司直销渠道与保险经纪公司(主要是跨国保险经纪公司)之间等。内部竞争与冲突主要体现在保险公司内部不同销售渠道,如直销渠道与中介渠道之间,或者直销渠道与个险代理人渠道之间,或者直销渠道内部不同区域或者同区域不同团队之间。

(二) 公司内部营销渠道冲突管理

在营销管理中,针对业务开拓中的冲突,必须制定有效的管理规则和冲突协调原则且贯彻落实。本部分以某保险公司跨地区的团险统括项目管理为例,介绍公司内部营销渠道冲突的管理。

1. 完善制度

对客户分布在两个及两个以上地区、且需要为当地员工提供属地服务的业务,称为统括项目,无论规模大小,均纳入公司大项目统一管理。该公司制订了《团险项目管理办法》,并根据内外部环境变化,及时下发相关通知和规定,如《中介项目归口管理》《统括项目统一报备》和《统括项目代表选拔和更换规定》《关于规范授权委托书办理流程的通知》《关于开展高层互访的通知》等,保证办法的有效实施。同时推动分公司层面制定了《机构团险项目管理办法补充规定》,实现在总公司和分公司层面对大项目的分级管理,以及渠道业务冲突的协调管理。

2. 渠道业务冲突的管辖原则

不同分公司之间渠道业务冲突由总公司项目管理部门受理，涉及直销、中介等不同渠道的，该渠道在总公司的相应管理部门参与协调；如果受理部门难以协调，提请上一级主管部门公司营销委员会直至董事会判定。同一分公司内部不同渠道之间的业务冲突由分公司市场营销或项目管理部门受理；难以协调的，提请上一级主管部门判定。

3. 渠道业务冲突的判定

渠道业务冲突遵循的主要原则是：（1）客户意愿优先。以客户授权委托书为依据，客户方授权委托书有多份，按公司公章、人力资源部门公章、采购部门或财务部门公章顺序判定优先级别；若同级别公章，则按时间最晚一份为优先。（2）内部报备优先。在开拓阶段，尽早在公司项目管理系统申请立项的，可以获得一定的保护期。（3）属地优先。原则上以客户总部所在地或决策地的分公司为主开拓机构。（4）合作开拓。不同分公司和不同渠道有客户资源的，可以协商合作共同开拓。（5）合作服务。对跨区域的客户，不同城市的分公司之间需要合作，共同为客户当地的员工提供健康保险属地服务。

4. 渠道业务冲突的权益分配规则

为集中全公司的整体力量开拓业务，最大化保险公司全国分布的服务网络在营销中的优势，同时又有效处理渠道间业务冲突，明确渠道业务冲突的权益分配规则，确保各方在业务开拓和服务合作中的各项权益。根据统括项目业务开拓贡献和服务需要，一般情况下，客户总部所在地保险公司的分公司是主开拓机构，其他城市的分公司则是服务机构。

短险（寿险、意外险和健康保险）统括项目中主开拓业务员获得的总佣金由两部分组成：一是主开拓机构对应的保费100%佣金；二是服务机构对应保费的60%佣金。服务机构服务的客户员工数量达到一定标准时，可以获得相应服务津贴或业绩和费用，相应标准如表6.2所示。

表6.2　　　　短险（寿险、意外险和健康保险）统括项目权益划分规则

项目	权益划分前提条件	权益划分标准
短险（寿险、意外险和健康保险）统括项目	服务地客户人数100人以下且相应保费10万元以下	服务机构不获得业绩，服务津贴由开拓机构承担
	服务地客户人数100人及以上或相应保费10万元及以上	服务机构获得50%本地业绩和费用，服务津贴等服务费用由服务机构自身承担

5. 渠道业务冲突的服务保障措施

（1）为确保医疗保险属地服务的质量，在明确统括项目开拓中的利益划分规则

基础上，统一了统括项目开拓流程，建立和完善短险统括项目全国服务网络。从总部的角度，依托总对总的沟通平台，在跨地区企业拓展和服务方面基本建立总对总谈判、属地服务模式和统括业务服务与权益划分流程，加强投保前相关各方的沟通，制定《统括项目投保前信息采集表》，完善《统括项目权益划分流程》并实施。

（2）客户资源部出台《统括业务服务操作手册》，并建立和管理项目代表队伍，选拔组成近 150 人的项目服务代表队伍，定期培训沟通，帮助机构分享业务和服务经验，提高服务意识，基本形成公司特有的全国服务网络。

（三）案例总结

该公司统括项目的营销管理和专业服务获得外部客户的广泛认同。2010 年短险（寿险、意外险和健康保险）统括项目的承保机构达到 33 家，服务机构达到 33 家，有效签订了一批财富世界 500 强知名外企客户，同时投保了员工综合福利保障计划和养老保险计划，对目标市场同类客户形成了良好示范和带动效应。

第五节　国内外健康保险公司营销渠道管理创新与实践

一、国外商业健康保险主要营销渠道创新发展的启示

（一）保险代理制度是各国普遍采用的一种主要营销渠道

在商业健康保险代理制度方面，国际通行的代理人制度是采用专用代理人，便于公司对其进行管理和控制监督，也可以凭借公司技术和人才优势，对代理人进行培训，提高其业务素质。以代理公司形式的独立保险代理人业务素质高，技术力量强，机构和制度健全，易于保险主管部门监管，也有其独特的地位。我国主要采用的也是保险公司的专用代理人形式。借鉴国外的保险代理制度，我国应该完善以下制度：

一是为提高保险代理人的专业素质，实行并完善保险代理人登记注册制度和教育培训制度。

二是建立合理的佣金酬劳制度。保险行业协会和行业自律组织应按照市场行情，制定一个弹性可行的佣金标准，充分调动保险代理人积极性，维护保险双方当事人利益。

三是建立等级保险代理人制度。保险代理机构的等级标准，主要由代理业务量、

拥有较高等级的保险代理人员的数量、代理业务质量、投保客户的满意度等进行衡量和差异化区分。对不同等级的保险代理机构，可以在代理业务规模、代理业务范围、手续费支付等方面规定不同的标准。

（二）保险经纪人制度的借鉴

从国外健康保险营销渠道分析看，保险经纪人在各国保险市场发挥的作用是不同的，只在少数国家占主导地位。我们在借鉴国外经验的同时，应结合我国的国情和保险市场的特点合理利用。

当前在我国，发展保险经纪人的客观条件尚未完全成熟，主要表现在地区经济发展不平衡，投保人的保险意识仍比较淡薄，保险市场主体有限，缺乏从事保险经纪人的人才及与之相配套的法规等。因此，在短期内，在全国范围内发展保险经纪人制度在很多地区面临较大困难，但对于部分发达地区，保险经纪人市场还是有很大发展空间的。就长期来说，随着保险市场主体多元化的形成、保险市场发育的完善和法规的健全，我国保险经纪人制度会有更大的发展。

现阶段，我国可以主动引进国际保险经纪人制度，选择国际上具有不同经营风格的比较大型的外国经纪人制度公司进入我国健康保险市场，同时鼓励我国自营保险经纪人公司开业，让保险经纪制度在摸索中走向成熟，发挥其应有的市场作用。

（三）其他保险营销渠道的发展借鉴

从其他保险营销渠道来看，国外经验显示，邮寄信函配合销售人员对潜在客户进行销售非常成熟。电话销售用来销售简单的意外健康保险比较成功。邮寄销售和电话销售的优势在于销售成本很低，适合销售费率较低和健康保险条款简单易懂的产品，而且保险公司要具有良好的市场形象，客户对公司要有信任感。

金融行业混业经营和销售非常流行，也取得很好的效果。银行代理保险产品以其原有银行客户资源优势，便于开展保单销售业务。但是，保险监管机关要规范银行代理行为，加强监督和监管，避免强制保险、违背客户意愿的事件发生。

拓展与其他大企业集团公司的合作，与社会保障部门合作等有利于促进公司销售业绩，扩大保险公司业务范围。

多渠道保险营销系统的建立，有利于公司接近顾客，充分挖掘客户市场多样化需求，挖掘市场机会，充分发挥营销渠道的销售能力，为客户提供多元化服务，提高客户忠诚度，建立系统的营销体系，实现公司营销渠道的畅通。[1]

---

[1] 胡桂琴. 商业健康保险营销渠道研究 [D]. 上海：上海交通大学，2009.

二、国内健康保险公司营销渠道管理与创新

(一) 中国人民健康保险公司营销渠道管理与创新

1. 中国人民健康保险公司概况

中国人民健康保险公司（以下简称"中国人保健康"）成立于 2005 年 3 月 31 日，是国务院同意、中国保监会批准设立的国内第一家专业健康保险公司，由"世界 500 强"企业——中国人民保险集团公司（PICC）联合欧洲最大的健康保险公司——德国健康保险股份公司（DKV）发起设立。目前公司注册资本金 85.68 亿元，是中国内地资本实力最为雄厚的专业健康保险公司。

中国人保是新中国保险业的缔造者和开拓者，是保险业的金字招牌，在国内外享有广泛影响和显著声誉。中国人保健康是中国人保集团旗下重要的专业子公司，秉承中国人保"人民保险，服务人民"的光荣传统，以"让每一位中国人的健康更有保障、生活更加美好、生命更有尊严"为使命，坚持走专业化发展道路，积极服务国家医疗保障体系建设，全面培育公司的核心竞争力。同时，公司还加强与外资股东——德国健康保险股份公司的专业合作，引进先进技术，有机结合国内健康保险业务特点，在保险业内第一个提出"健康保险+健康管理"的经营理念，建立了涵盖医疗保险、疾病保险、护理保险、失能收入损失保险等健康保险全部领域的专业化产品体系，构建了以"诊疗绿色通道、慢性病管理、家庭医生、异地转诊"为核心服务项目的专业化健康管理服务体系，建立了"病前健康管理、病中诊疗监控、病后赔付核查""三位一体"的全流程医疗风险管控机制，打造了运行稳定、便捷高效的专业化运营管理平台。

2. 传统和新型营销渠道并举，强化公司优势和特色

目前，中国人保健康已设立 25 家省级分公司、109 家地市级机构、99 家县区级机构和 97 家互动部，依托集团公司遍布全国的分支机构和服务网点，分销服务网络可覆盖中国近 100% 的地级和县级行政区。公司坚持传统和新型销售渠道并举，通过社保、团险、个险、银保、互动、网销六大销售渠道为客户提供多层次、多样化的健康保险和健康管理服务。在关系国计民生的医疗保障体系建设中，公司发挥着越来越重要的作用，承保的各类社保业务项目覆盖 23 个省（自治区、直辖市、计划单列市）的 122 个地市，服务人群超过 1 亿人次。

中国人保健康建立了自己的销售队伍，明确了个险业务的战略定位，把个险作为公司重要的业务平台。公司希望个险渠道能健康稳步发展，通过制定相应的管理办法，提升销售业绩。同时还强化个险队伍培训，希望建设高素质、高产能、高绩效的

个险销售团队,并突出特色经营,以健康管理为切入点,整合渠道资源,大力开拓高端客户。由于公司主要依托于主营财产保险业务的中国人民保险公司,对于个险渠道的销售人员来说,能销售的产品还是较为有限,在面对企业团体客户的员工福利保障业务和个人客户时,相比其他公司的销售人员存在一定的产品弱势,所以在整体推动中还是面临一定挑战。而中国人保健康公司有强大的政府关系,他们在服务国家医疗保障体系建设中发挥着重要的作用。在办理政府委托业务过程中,中国人保健康形成了以"政府主导、专业运作、合署办公、优质服务"为主要特点的运行模式,实现了基本医保与社保补充的一体化管理,参保人员的多元化保障,政府、专业健康险公司、定点医院的互利化合作,专业化能力和优势不断显现,社会影响越来越广泛。

(二) 平安健康保险公司营销渠道管理与创新

1. 平安健康保险股份有限公司概况

平安健康保险股份有限公司(以下简称"平安健康")是中国平安集团旗下的专业健康保险公司,2005年6月13日经中国保监会批准设立,公司注册资本人民币6.25亿元,总部设在中国上海。2010年8月中国平安保险(集团)股份有限公司与南非最大的健康保险公司Discovery签署合作协议,为平安健康保险引进战略投资者。平安健康保险将以合资为契机,整合平安和Discovery资源,继续发挥平安集团在广阔的分销网络、业务规模和本地市场专业知识上的优势,并充分运用Discovery在健康产品、系统、数据和风险管理资产上的优势,不断提高专业管理水平,增强自主创新能力,积极参与国家医疗卫生体制改革,探索商业健康保险发展的成功模式,完善专业技术体系,不断拓宽服务领域,增强自身服务社会的能力,努力建设专业化、国际化的健康保险公司,为增进人民健康,促进社会进步做出积极的贡献。

2. 主营高端医疗保险,依托集团资源实施交叉销售

平安健康作为平安集团内的专业子公司,一直在探索应该选择何种模式来经营健康险产品。经过近两年的探索,平安健康在2007年6月确定了以高端的医疗健康险服务作为其经营模式。平安集团公司内部的养老险公司、财险公司和寿险公司都可以销售健康险产品,所以平安健康没有建立自己的销售队伍,其销售任务通过其他各专业公司现有的销售渠道来完成。自2007年6月起,平安健康开发了比较高端的专业医疗健康险产品,同时在全国35个城市建立起229家合作医疗网络。平安健康和众多著名的三甲医院有紧密合作,可优先安排客户就诊,使客户得到便利的就诊和优质的医生资源双重保障。

平安集团公司是中国保险业实施交叉销售模式的先驱,其子公司之间的交叉销售模式开始于2007年2月。当时,平安集团公司是国内实施交叉销售模式最活跃的保险公司,其下属的寿险子公司、产险子公司、养老险子公司与健康险子公司之间实施

了交叉销售模式。平安集团公司目前主要经营包括保险、银行以及资产管理三大业务。董事长马明哲认为，为了实现各子公司之间的资源共享，在平安集团公司的银行、信托、证券等业务也要应用交叉销售模式。马明哲把这种综合金融服务的模式称为"一个客户，一个账户，多个产品，一站式服务"。

交叉销售的目的主要是为了充分地利用客户信息资源，挖掘出客户潜在的购买需求，为同一个客户提供多种产品与服务。因此，无论是保险集团公司内部，还是各保险公司之间的相互代理，最本质的表现就是实现资源的共享。目前交叉销售模式对从业人员的综合素质要求相当高，从业人员不仅仅要对保险公司下属产险、寿险、健康险等专业子公司的业务、产品非常熟悉，而且对各子公司的合同流程、相关的法律法规也要很熟悉，同时还要有相当强的沟通、协调、培训能力，而这种类型的人才的培养不是短时期内就能完成的。因此，对于保险集团公司来说，要想充分利用交叉销售模式的优点，同时又尽可能避免交叉销售模式可能带来的问题，建立一套完善的与交叉销售模式相关的考核以及激励机制就显得相当重要。

（三）健康保险营销渠道管理实例

本部分以某保险公司健康保险营销渠道队伍管理的主要制度为例，介绍营销渠道管理实践。

1. 直接销售人员

工作职责：负责团体保险产品的客户拓展及销售。

人员选择：团体产品的险种较多，且没有标准化的产品，都是根据客户的投保人数、男女比例、年龄分布、保费预算等实际情况来制订方案及保费，销售人员在与客户的沟通中，需要有良好的沟通能力、判断能力及分析能力，因此对销售人员的整体素质有一定的要求，因此一般会以大专或本科以上的学历作为标准。

薪酬管理：直接销售人员的薪酬一般会由底薪和绩效组成。底薪会低于同职级内勤的薪资，职级越高，底薪越低。而为了让销售人员能有足够的动力，都会为他们提供很有激励性的绩效奖金。因此，从整体收入来说，直接销售人员的薪酬比同职级的内勤会高，且职级越高，收入越高。

2. 中介渠道人员

工作职责：负责团体保险产品在保险经纪公司等中介渠道的拓展、销售及后续的客户服务。

人员选择：风险管理具有很强的专业性，保险经纪公司等是国内外保险市场公认的专业的风险管理顾问。这类中介渠道会针对客户的特定需求，运用自身的专业优势，为客户提供专业的保险计划和风险管理方案。中介渠道也会代表客户与保险公司进行谈判，争取对客户的最大优惠，维护客户的利益。在实际业务合作中，中介渠道经常会组织市场询价或招投标，选择综合承保条件最优越的保险公司作为承保公司。因此，与中介渠道的洽谈沟通并给出最优竞争力的方案是至关重要的，因此对人员的整体素质要求会更高。

薪酬管理：中介渠道人员的工作更多地会偏向中介渠道的支持和服务，因此还是会承担一定的推动指标考核任务，薪资体系也是以底薪和绩效组成，底薪会根据职级的提高而增加，绩效部分则比直接销售人员低。

3. 交叉销售人员

工作职责：负责团体保险产品在公司内部其他子公司或部门在拓展及销售上的支持。

人员选择：在某些大的保险集团公司中，团体保险的销售已经从原来仅限于团险渠道转而通过寿险代理人、产险渠道等进行交叉销售。在交叉销售模式下，员工不需要自己去拓展渠道及客户，工作重心是在给予不同渠道在专业知识和技能上的支持，在某些阶段还需要对日常业务进行洽谈及沟通。同时，在日常工作中对内部渠道的培训是非常重要的，让渠道的销售人员对团体保险产品有更深入的了解，有助于在其他产品销售的同时介绍团体保险的内容及优势。因此，交叉销售人员除在产品理解、洽谈沟通方面的基本能力外，还需要有一定的培训、宣导能力。

薪酬管理：交叉销售人员的定位是为销售队伍提供所需要的支持和服务，但同时也需要承担一定的内部渠道推动的指标考核任务，因此薪资体系与中介渠道人员类似。不同的是中介渠道人员主要面对的是外部中介渠道，而交叉销售人员主要面对的是公司内部渠道。

4. 客户服务人员

工作职责：负责投保团体保险产品客户的日常服务，包括保全（加减人）、理赔、就医安排、咨询等工作。

人员选择：客户服务人员的日常工作也需要经常跟客户沟通交流，但主要职责不是进行客户拓展，而是更好地为客户提供所购买保险相配套的服务。由于客户日常服务的事项较多，为了保证服务质量，每个客户服务人员会有一定的服务客户数。健康险的特性导致了在日常服务中会发生很多高频次的服务，特别是一些购买了高端医疗产品的客户，这些人员基本都是公司中的中高层管理人员或者外籍人员，这对客户服务人员的要求会更高。人员要有高学历背景素质，这能在高频率的服务中给予客户更好的体验，同时也需要有良好的多种语言能力，这样可以解决外籍人员的需求。而对于某些特别重要的客户，也会指派专门的客户服务人员做一对一的管家式的专属服务，这会提升客户的服务感受，有助于留住客户。

薪酬管理：客户服务人员的工作职责是服务已有客户，为他们解决日常保险方面的问题，所以还是属于公司内勤，应该有较高的底薪。同时，服务质量在一定程度上会影响到客户续保时的决定,因此,为了提高客户服务人员在日常工作中的热情和动力,还会给予一部分绩效奖金,这部分会跟所服务客户的续保率挂钩,但总体比例不高。

本章小结

本章首先介绍了健康保险的营销渠道及其类型,并评介了传统营销渠道和新型营销渠道在我国的发展状况。根据国外健康保险营销渠道发展的经验教训,分析评估了各种营销渠道的优势、劣势。介绍营销渠道冲突的表现、原因以及处理方法,并以实际案例说明如何有效管理营销渠道冲突。还介绍了两家健康保险公司的营销渠道管理及其特色。根据未来市场的发展趋势,各家保险公司应根据市场的变化、不同客户差异化的需求和消费习惯等因素,不断吸收借鉴优秀的营销渠道管理经验,结合公司自身资源和特色,发掘营销渠道特有的优势,制定有效的营销渠道管理策略,助力公司经营目标的实现。

专业术语

1. 健康保险营销渠道:健康保险产品和服务从保险公司向消费者转移过程的具体通道或路径。

2. 网络营销:保险公司利用互联网技术和功能销售保险产品、提供保险服务、在线完成保险交易的一种销售方式。

3. 微信营销:指销售人员将产品介绍、投保链接等与产品有关的信息通过好友发送或者朋友圈分享,让更多人接触并了解相关产品的信息。

4. 互联网流量平台:指拥有千万级以上活跃用户的互联网平台。

5. 综合开拓:指系统内各专业公司的产品在各自的销售队伍中进行交叉销售。

6. 继续率:继续率=实收保费÷应收保费×100%。

7. 业务品质:因内部管理存在的系统风险、代理人/渠道存在的道德风险、客户存在逆选择的风险引发的业务风险等。

8. 营销渠道冲突:指当某渠道成员意识到另一个渠道成员正在从事会损害、威胁其利益,或者以牺牲其利益为代价获取稀缺资源的活动的时候,他们之间发生的争执、敌对和报复行为。

思考题

1. 如何平衡传统渠道与新型渠道的业务冲突?
2. 互联网等创新渠道的管理还有哪些更好的模式?
3. 针对目前健康保险竞争日益激烈的现状,如何进行营销管理以避免或减少低价恶性竞争?
4. 解决渠道冲突的核心原则是什么?
5. 现阶段,独立代理人模式日渐兴起,如何通过考核或其他管理机制有效地培育销售队伍?

第七章

健康保险促销管理

健康保险促销管理是实现公司营销目标的关键环节,服务于公司整体经营目标的达成。本章从促销和促销管理的定义出发,分析了健康保险促销管理的作用与实施;主要探讨了健康保险促销模式与策略,介绍了健康保险价格促销和服务促销的应用,以及健康保险促销成本分析与效果评价。分析了健康保险促销管理典型案例。

第一节 健康保险促销管理

一、促销与促销管理

(一)促销的定义与特征

1. 促销的定义

促销是指企业利用各种有效的方法和手段,使消费者了解和注意企业的产品,激发消费者的购买欲望,并促使其实现最终的购买行为。

促销的实质是信息沟通。企业为了促进销售,把信息传递的一般原理运用于企业的促销活动中,在企业与中间商和消费者之间建立起稳定有效的信息联系,实现有效的信息沟通。企业营销人员在促销活动中必须做到:(1)确立信息沟通的目标;(2)沟通方式的综合运用;(3)信息沟通障碍的排除。

2. 促销的特征

促销具有十大特征：（1）重要的促销策略和方式；（2）针对性、时效性强；（3）具有冲击力；（4）转换现实长期目标；（5）主动性；（6）全面性；（7）灵活性；（8）抗争性；（9）发展企业形象；（10）整合营销。

（二）促销管理

1. 促销管理的定义

促销管理是以提高销售额为目的，吸引、刺激消费者消费的一系列计划、组织、领导、控制和协调管理的工作，具体是指对企业通过利用媒体广告、人员推销、公共关系等方式而进行的阶段性造势，并对刺激销量、塑造品牌等活动方式的管理。

健康保险促销管理是市场营销管理中最复杂、最富技巧也最具风险的一个环节，当然也是有才华的企业管理者最能大显身手的领域。每家企业、每个企业家都可以在这一领域中显示其独特个性和突发的奇想，以创造市场销售的奇迹。

2. 促销管理的目的

健康保险实施促销管理的目的主要有：（1）吸引、刺激及诱导客户消费；（2）提高保险费收入及毛利润；（3）提高客户数量及人均购买价格；（4）控制一定时段的毛利润；（5）提高企业和产品的形象。

二、健康保险促销管理的实施

（一）促销管理的步骤

为获得良好的促销效果，必须根据促销管理的"三步骤"来执行促销活动，以符合计划、控制、检核、执行这一管理循环的要求。

1. 设定促销目标

可从下列目标中选定：（1）提高保险费收入；（2）提高毛利润；（3）提高客户数量；（4）提高客户单价；（5）提高客户消费量（每位顾客平均购买的品种数）；（6）其他。

2. 拟订促销计划

根据期望达到的促销目标，衡量经费投入、媒体、节令、活动、竞争对手状况等因素，并综合各部门的意见，拟订促销计划。

3. 计划执行与评估分析

依据促销方案，通知各有关部门人员配合执行，并在结束后进行评估分析。

（二）促销管理的活动

健康促销管理的活动主要包括：

1. SWOT 分析

明确企业面临的机会与威胁及企业促销的优势与劣势。

2. 确立营销目标

特别是销售规模和费用总量目标及其在区域市场分解的目标确定。

3. 编制促销预算

解决总的预算计划及其在各种适用促销工具之间的分配问题。

4. 制定促销计划

实施促销方案并评估和控制促销活动。具体工作包括各种促销工具和活动的合理安排与协调、具体行动方案的组织、资源配置与实施，以及在促销过程中运用各种方法与手段对各种活动进行监控与纠偏。

三、健康保险促销管理的作用

健康保险促销管理的实质通过信息沟通和实施促销策略，以最优成本实现企业的经营目标。

（一）有效传递产品销售信息

在健康保险产品正式进入市场以前，企业必须及时向中间商和消费者传递有关的产品销售情报。通过信息的传递，使社会各方了解产品销售的情况，建立起企业的良好声誉，引起他们的注意和好感，从而为本公司健康保险产品销售的成功创造前提条件。

（二）创造需求，扩大销售

企业只有针对消费者的心理动机，通过采取灵活有效的促销活动，诱导或激发消费者某一方面的需求，才能扩大产品的销售力。并且，通过企业的促销活动来创造需求，发现新的销售市场，从而使市场需求朝着有利于企业销售的方向发展。

（三）突出产品特色，增强市场竞争力

企业通过促销活动，宣传本企业的产品较竞争对手产品的不同特点以及给消费者带来的特殊利益，使消费者充分了解本企业产品的特色，引起他们的注意，激发他们的购买欲望，进而扩大产品的销售，提高企业的市场竞争能力。

（四）反馈信息，提高经济效益

通过有效的促销活动，使更多的消费者或用户了解、熟悉和信任本企业的产品，并通过消费者对促销活动的反馈，及时调整促销决策，使企业生产经营的产品适销对路，扩大企业的市场份额，巩固企业的市场地位，从而提高企业营销的经济效益。

（五）整合资源

根据公司的经营目标和营销管理策略，整合资源开展促销活动，以最优成本实现最佳促销效果，促进企业的经营目标达成。

第二节 健康保险促销模式与策略

在移动互联的大趋势下，现在市场上的促销手段很多，效果也各异。健康保险有其特殊性，怎样的促销才适合健康保险市场拓展？

一、当前市场上的促销模式

各行各业都有各种各样的促销手法。主要特点是：价格优惠，限时、限量，还有大规模的宣传进行配合等。

（一）降价促销

如在假期，商家为了销售快速上量，直接面向客户打折降价销售。"五一""十一""双十一"等，以及各种电商制造的购物节等，无不是通过最为直观的价格优惠进行促销。降价方法有：直接现金八折、满300返100现金或购物卡；服务型商家的优惠促销，预存一定金额每次服务给予优惠价格，比如洗车，单次50元，预存2 000元，则每次按优惠价格30元结算；采取会员制，给金卡、银卡会员相应的打折优惠。

（二）提高佣金促进销售

很多高端品牌为了维持高端产品形象，实行全国统一价格，但为了在节假日促进销售，就采取提高经销商或代理商佣金的办法，以及提高年终销量达标返点的办法。此举是通过推动经销商或代理商加大销售组织力度而提高销量。

（三）通过赠送相关产品或服务的办法进行促销

比如某些房地产楼盘，就通过赠送面积、送汽车、送物业管理费、送健康体检等办法进行促销。保险公司销售特定产品送体检、基因检测服务等。

（四）按客户购买分享行为进行优惠的办法

在当前移动互联网的总体环境中，很多线上产品采取促销与宣传相统一的做法，即客户在购买后转发分享相关内容，按转发点击次数，给予客户一定的现金返还优惠。

（五）系列产品或服务累计消费优惠法

即一些品牌产品上下游体系较为完备，为鼓励客户坚持使用自身品牌，对于购买品牌系列产品的客户给予一定的优惠。这个不同于按消费量优惠，是以成熟产品带动自身新产品销售的办法。

总之，促销的目标就是使产品与服务销量快速提升。方法主要有推动客户和推动渠道两大类。

二、健康保险促销模式

健康保险作为提供医疗保障和补偿为主的保险产品，主要关注的是人的身体健康，专注于健康风险的损失分摊。健康保险的上游产品和服务有体育运动和医疗卫生服务业，下游产品有康复、养生、医养护理等，健康保险在产业链中处于支付方的角色。作为保险的一种，与人寿保险产品等有着许多共同点，在促销方面亦有可借鉴之处。健康保险促销同样有两个方向：一是推动客户；二是推动代理人销售渠道以及合作伙伴等，从而提升销量。

（一）推动客户的模式

1. "1+N"模式

一般而言，由于健康保险的综合赔付成本较高，有很大的不确定性，保险公司经营的压力较大，所以促销活动主要以赠送相关健康服务等方式进行，一次购买赠送一些服务或其他产品，简称"1+N"模式。

2. 会议营销模式

当前保险行业普遍采用开展各种客户活动促进销售的方式，如召开健康保险产品说明会或者推介会，营造良好的购买氛围，通过权威推荐，利用客户的从众心理推动客户快速下定决心购买。还有就是组织客户开展各种服务体验活动，让客户在体验中更多感受到健康保险的重要性，及时做出购买的决定。

（二）推动代理人销售渠道的模式

目前推动代理人销售渠道一般采用优质业务奖励模式。这种模式主要是提高佣金，或者给予相关旅行奖励或家庭式健康服务等，可以结合公司的市场目标进行。对于代理人拓展的优质健康保险业务和客户给予更高的佣金率，对达成健康保险销售和利润目标的代理人或代理渠道优先给予更多的资源支持。

三、健康保险促销策略

健康保险在客户层面的促销主要以赠送相关产品和服务以及开展相关客户活动为主；在销售渠道层面以佣金率或奖励相关服务以及组织相关活动为主。在管理和实施健康保险促销方案的过程中，需要注重促销策略。

（一）在客户方面，促销策略应注重客户的心理感受，重在优化体验，以优质服务取胜

1. 面向法人团体客户

促销着力点在于整合公司健康管理方面的优势，协助客户提高其公司员工健康管理水平，提升员工身体素质，降低客户员工病假次数与时长。

一是为客户员工健康管理提供设计方案，协助推进团队健康素质。对于法人客户而言，员工管理中如何增强员工健康水平，减少请病假都是关键需求。而保险公司的健康管理服务，可以强化职场员工的健康管理工作，形成有利于员工注重健康的良好氛围，使员工更加积极向上，更加阳光，能保证员工团队强大的战斗力。这对于法人客户是非常有吸引力的。

二是向关键人物赠送基因检测以及高额意外险等具有附加值的产品和服务。在销售中抓住关键人物永远是重中之重。法人单位的领导、中层等中坚力量的健康状况是法人单位最为关心的，在政策和成本许可范围内，向决策层和负责保险购买决策的中层赠送基因检测服务，则可以推动高层更为关注健康，从而更容易为员工考虑购买健康保险方案，当然更易实现销售。

三是赠送面向全体被保险员工的电话医生服务。很多员工在身体有点不舒服时，或者不采取措施，或者请假去医院看病。但是，不采取措施的做法肯定不能鼓励，很有可能酿成大问题。而身体稍有一点不舒服就请病假，容易影响工作。而电话医生服务非常方便，适合员工进行一些小病的咨询。这样，员工在身体不舒服时都可以得到

专业建议，就能尽量减少员工健康的危险性以及减少员工病假时间，对法人单位的员工管理是非常有效果的。

四是向法人团体客户提供免费的健康资讯。通过公司的健康在线平台，向法人客户的每个员工定期提供相关健康资讯，免费提供一定的健康咨询服务。由专业可信赖的保险公司提供的权威健康资讯十分必要，每个员工下载并登录保险公司的在线服务平台即可以随时随地获得健康资讯等，非常方便。

2. 面向个人客户

主要考虑赠送与产品相关度高的健康服务。一是赠送简单的健康服务，如健康资讯、电话医生或就医协助服务等。为了控制总成本，可以实施限时赠送，即仅向某个时间点前购买健康保险的客户赠送。二是赠送保险公司拟新推出的健康服务产品，将回馈客户与新产品市场推广结合在一起。三是对于分享购买体验达到一定次数的客户赠送特定的健康服务和健康保险产品。

3. 组织系列活动

一是组织召开产品推介会，以公司名义进行推介、请权威健康专家对健康问题进行分析和引导、开展现场体验等，增强产品的权威性，营造热烈的氛围，推动销售提升。二是组织开展丰富多彩的客户服务活动，邀请目标客户参与保险公司举办的各种客户答谢活动、各种新服务体验活动以及知识大讲堂等，提升客户的健康意识，强化健康保障观念，进一步推动客户购买健康保险和健康管理服务产品。三是深入参与法人客户组织的相关活动，将健康理念和健康保险融入其中，推动法人单位提升对健康保险的认识，加速购买健康保险，谋划职场健康管理，全面提升员工的福利待遇。

（二）在面向代理人或销售渠道时，重在以综合代理效益推动

主要策略如下：

在特定时间达到指定目标时提高佣金率，即提高代理公司销售健康保险产品所获得的代理收入。例如，促销期间达成健康保险保费收入达 10 万元以上的代理人，增加 2 000 元佣金的奖励。

达到指定的健康保险产品的销售目标后，给予特定健康服务产品或健康保险产品的代理权或代理资格。如保险公司正在推广最新的高端医疗保险 A，该产品对于客户的要求较高，年交保费在 5 万元以上，佣金率也较高。考虑到确保产品定位于高端客户群体，决定对于在家庭健康服务套餐产品促销期间，销售额达 5 万元的代理人，授予销售高端医疗保险 A 的资格。因为家庭健康服务套餐产品有利于理解和正确销售高端医疗保险 A。

奖励参观学习活动。在促销期间销售额达到指定目标的，奖励外出参加高端学习活动，全面提升代理人能力和水平。如达成销售目标 20 万元的，可以参加保险公司

组织的一次境外参观学习活动。对于有发展追求的代理人，高水平的学习机会还是很有吸引力的。

第三节 健康保险价格促销与服务促销

健康保险促销方式多种多样，但是价格促销与服务促销是其中最为重要的两类。前一节已经详细分析了健康保险的促销策略等，本节主要阐述面向客户的健康保险价格促销和服务促销。

一、价格促销

价格促销即通过价格优惠促进销量的提升。因为健康保险的经营特殊性，价格优惠比较困难，尽管如此，价格促销永远是一个选项。

价格促销对于价格敏感型客户的作用是十分明显的，即面向大众化客户效果比较明显。而对于高端客户而言，价格促销作用就十分有限了，因为高端客户主要考虑的是产品的适用性和价值问题，相对而言，对于价格考虑并不多。

为了做好价格促销，首先要了解该健康保险产品的成本构成，特别是费用附加、利润率等，清楚实施价格促销的底线在哪里，利于设计多种多样的价格促销手法。

促销价格可在净保费和毛保费之间进行选择，这也是价格促销的合理空间。在促销期间，可通过降低附加保费的办法进行优惠，可在净保费之上进行价格优惠销售。在优惠推广时段内，可以采取多种方式进行。

（一）打折优惠

例如，对于老客户，按原定价 8.5 折进行销售。因为老客户为公司做出了贡献，还承担了此前产品的费用附加，现在通过新产品进行回馈。对于优质新客户，采用 9 折优惠，因为新业务急需扩大产品客户群。

（二）保费满额赠送产品或服务

例如，满 5 000 元送 1 000 元服务产品或 800 元抵现。这样可以提高单件保费，或者提高以家庭为单位的销售量。

价格促销作用非常明显，可以为保险公司快速带来大量客户，迅速扩大产品线的客户群。关于优惠价的适用，一般而言，对于老客户可以确保盈亏平衡即可，而对于优质新客户则应该微利促销。当然,处于竞争激烈而又重要的市场,则可以统一按净成本为底价的优惠价格进行促销。

二、服务促销

健康保险是服务性质更为鲜明的业务,因为与医疗行业紧密相关,在医疗服务领域可信度是基础,服务的内涵更为丰富。所以健康保险促销以服务进行促销就是顺势之选。

(一) 健康保险业务服务促销的必要性

健康保险与医疗服务、健康服务紧密相连,保障的是客户最为看重的身体健康。健康对于每个人的重要性不言而喻。随着百姓收入水平的提升,大家对于健康有了更强的意识,有了更深的理解,更多人接受了健康的生活方式。而当前医疗服务供给方面的矛盾仍没有从根本上得到解决。由于医疗信息的不对称性以及医生在医疗服务供给中既是供给方、又是患者的顾问与代理人,造成利益冲突。医疗决策过程以患者为特征,而患者则相对信息不足,大多将决策权交给医生。医生面临优先考虑自己的利益还是优先考虑患者利益的现实问题。所以医疗方面需要引入第三方服务,增加医疗信息的可知性,缓解医疗信息不对称的问题。就医方面的服务提供,可以和健康保险业务的经营很好地结合在一起,可以使保险公司管控医疗费用和规范医疗行为,避免过度医疗、虚假医疗等,利于赔付率的控制。

从服务角度,尤其从健康服务方面开展健康保险促销会更为有效,在市场上也更有差异性。通过大幅度提升服务水平,打响优质可信服务品牌,更能赢得客户青睐。

(二) 服务促销

服务促销就是采取提高服务质量、改善服务体验以及赠送服务等方法进行促销。主要着重于提高服务效率、便捷性和专业性,丰富服务内容,使服务朝着人性化和智能化方向发展,以周到、尊贵的服务形成明显的差异化,形成品牌影响力,赢得客户。

(三) 服务促销的主要方式

1. 为客户升级相关服务

如客户购买一定额度的健康保险促销产品,则可以将原来拥有的 VIP 客户服务等级提升一个档次,拥有更多更全面的免费服务。

2. 购买健康保险业务赠送就医系列服务

如赠送就医协助服务。一是协助挂号、找医生。目前我国医疗资源相对还是比较紧缺的,名医院挂号难现象非常普遍,找名医看病就更难了。市场上对于协助挂号和找名医看病是十分欢迎的。二是协助病床安排。在三级甲等以上医院，某些科室的床位是十分紧张的，有些病人排队半年都没办法轮到，而协助病床安排服务也是病人急需的。三是协助安排名医医疗会诊。四是协助安排康复服务、医养护理等，为客户提供超乎想象的服务体验。

3. 购买健康保险赠送健康服务

如赠送电话轻问诊、健康资讯、健康自查自测。与相关健康运动品牌合作，送客户特定的运动健身服务等。

表7.1列示了一些服务项目，促销时可以根据市场上的医疗服务情况、健康服务情况，提供一些受欢迎、能打动客户的服务项目。

表 7.1　　　　　　　　　部分医疗服务及健康服务类项目

服务项目	1	2	3	4	5
医疗服务类	找专家	协助病床安排	协助安排名医会诊	协助安排康复服务	协助安排医疗护理
健康服务类	健康资讯	医保政策咨询	健康自查自测	健康体检	健康健身运动服务

服务促销中，要特别注意所选的服务项目与健康保险的相关性。相关度越高的项目，就越能促进销售，对健康保险业务的整体经营就越好。如医疗费用补偿类健康保险产品，可以配套医疗服务；重大疾病保险类产品，可以配套送一些特定体检项目或协助客户开展高端体检、基因检测项目等；对于法人类客户，可以配套开展职场健康管理服务，符合客户的日常管理需求。

服务促销对于高端客户群体的效果是比较明显的，因为高端客户的时间比较宝贵，注重效率。同时高端客户比较注重身份地位，这就要通过独特高贵的服务予以保证。

第四节　健康保险促销成本与效果评价

促销是否有效，能否达到预期效果，要进行评价。任何促销都有成本，只是谁支付而已。评价一项投入是否有效，主要看其投入产出比。简单说，健康保险促销效果评价就是看促销活动为公司带来了多少业务，带来了多少客户，带动了多少相关业务。

一、健康保险促销成本分析

促销成本要客观计算，有金钱的投入，还有人力、物力和时间的投入。若是价格打折, 投入则等于"销量×打折比例", 其他等于送出的服务项目成本的总和, 人力按人小时工资计算。其实这里面还有机会成本的问题, 即不用这种促销方法, 用其他方法的回报效果, 在此以时间成本计算。

$$P = \sum p(c, m, t)$$

式中, P: 总成本;

p: 成本函数;

c: 资金成本;

m: 人力成本, 即员工时工资;

t: 时间成本, 即平时工作时的日常销售额。

例如, 一次促销活动, 共计投入10万元资金, 10个员工全程参与(每人日工资为300元), 花费了5个工作日(平时团队日创造可用费用为1万元), 则成本为 $P = \sum p(c, m, t) = 10 + 10 \times 0.0300 \times 5 + 5 \times 1 = 16.5$ (万元)。

二、健康保险促销效果评价

(一) 健康保险促销产出的衡量指标

衡量健康保险促销带来的产出, 可以采用以下指标:

1. 数量类指标

数量类指标包括健康保险保费收入和健康保险客户数、健康服务项目覆盖人数等。数量类指标主要用于考察促销活动所带来的业务规模和客户规模(见表7.2)。

表7.2　　　　　　　　健康保险促销活动投入产出表1

促销活动	总投入	保费收入(万元)	客户数量(人)	健康服务项目覆盖人数(人)
活动1	10	300	600	180
活动2	5	200	200	200

其中, 健康保险保费收入, 即此次促销活动实现的保费收入;

健康保险客户数, 即此次促销活动中实现购买的客户数量;

健康服务项目覆盖人数, 即此次促销活动送出的健康服务项目所覆盖人群数量, 等于各服务项目数乘以相应的人数。

2. 比例类指标

比例类指标包括投入产出比、客户平均成本等。比例类指标, 主要用于考察促销活动单位成本投入的产出效果（见表7.3）。

表7.3　　　　　　　健康保险促销活动投入产出表2

促销活动	总投入（万元）	保费收入（万元）	投入产出率（%）	客户人均成本（元）	客户人均保费收入（万元）	健康服务项目覆盖率（%）
活动1	10	300	3 000	166.67	0.5	30
活动2	5	200	4 000	250	1	100

其中，投入产出比 = 保费收入/总投入成本；

客户平均成本 = 总客户数/总投入成本。

（二）促销效果评价方式

在评价促销效果时，应该结合采用定量评价与综合定性评价。

1. 定量评价

定量评价就是采用总量、比例、增减率等数学方法，对促销成果进行量的价值判断，如表7.2。

方法1：从总量上看，促销活动1的促销成果是获得了300万元的保费收入，客户人数600人，健康服务项目覆盖了180人。促销活动2的促销成果是取得了200万元的保费收入，客户人数200人，健康服务项目覆盖了200人。从总量上看促销活动1取得了较好的效果。

方法2：有时从总量上难以直观比较不同促销方案的成效，这时可以通过比例分析来比较不同促销方案的成效。根据表7.3：

投入产出率：促销活动1为3 000%，而促销活动2为4 000%。

客户人均成本：促销活动1为166.67元，而促销活动2为250元。

客户人均保费收入：促销活动1为0.5万元，促销活动2为1万元。

健康服务项目覆盖率：促销活动1为30%，而促销活动2为100%。

以上比例分析清楚地表明，促销活动2的投入产出率更高，客户质量更高。

2. 定性评价

综合定性评价就是从促销所取得的成果以及促销所产生的影响方面进行"质"的分析，是运用分析和综合、比较与分类、归纳和演绎等分析方法，对促销的成果进行评价。有时在产出方面计算有困难，或者数字计算不能完全展现促销的效果。比如，通过促销活动，公司成功获得了某家极具影响力的法人客户的高度认可，投保了健康保险业务，并选取了全员健康服务管理的增值项目。该法人客户还向同行业5家关联公司作转介绍。对这个客户的成功突破就十分关键，产生了较大的影响力，是公司业务发展的重大机会。拿下各行业领头羊公司的保单，不能仅仅依靠一般的总量数据和比例分析数据去简单地评估成效。因此，评价促销活动的效果时，必须注意客观性并结合现实情况。尤其是对于新产品的促销，要注意定性评价，促进未来的销售效果，找出市场机会。

例如，某保险公司省级分公司在四季度为健康保险新产品 A 开展促销活动（表 7.4），目标是实现保费收入 500 万元、新增客户 300 人。投入成本 20 万元，健康保费收入 500 万元，获得客户数 1 000 人，其中新客户 500 人，健康服务项目覆盖了 800 人。获得了当地新兴科技企业 C 的认可与投保。在整个活动中获得了有较大影响力的客户转介绍 100 人次。促销活动取得了当地电视台、日报等有影响力媒体的高度关注，新闻报道多达 5 次。

表 7.4　　　　　　　　　　新产品 A 促销投入产出表

保险公司促销活动	总投入（万元）	保费收入（万元）	客户数量（人）	其中新客户数（人）	健康服务项目覆盖人数（人）	获得转介绍（人次）
新产品 A 促销活动	20	500	1 000	500	180	100

促销成果定性评价：

（1）一次成功的促销。达成了保费收入和新客户目标，客户数超过 1 000 人。

（2）一次受欢迎的促销。有 1 000 位客户购买了新产品，有影响力人士转介绍达 100 人次。

（3）一次有影响力的促销活动。多家有影响力媒体进行多次报道。

3. 定量评价与定性评价相结合

对于有些促销活动的评价，单从定量或定性方面均很难准确评价。这时要采取定量评价与定性评价相结合的办法进行评价。

如表 7.4 新产品 A 促销投入产出表的例子：

（1）定量分析。

从总量看：保费收入 500 万元，达成保费目标的 100%；达成新增客户目标的 166.67%；总客户数达 1 000 人，其中新客户 500 人；健康服务项目覆盖人数 180 人。

从比例分析看：投入产出比为 2 500%，客户人均成本投入 200 元，健康服务项目覆盖率 18%。

（2）定性分析。

达成了目标；促销活动受欢迎；促销活动影响力大。

综上所述，本次新产品促销活动达成了预期目标，投入产出率不错，客均成本不高，新客户占比较高，为新产品销售打开了新局面，造成了良好的社会影响，是一次较为成功的促销活动。

第五节　健康保险促销管理典型案例分析

一、案例介绍

（一）背景介绍

某保险公司 A 为了抢占高端法人客户市场，新推出了面向法人健康保险业务市场的职场健康保障产品 B 型。为了打响新产品的头一炮，公司高层决定在第一季度开展大规模促销活动。而此时在高端职场健康保障产品方面，已有中国人寿、平安养老、泰康养老等竞争对手。

（二）促销方案策划与确定

销售部门策划岗根据公司职场健康保障产品 B 型和服务特点以及市场竞争形势，制订了一个方案，即采取价格打折，按定价的 70% 进行限时促销，目标是一个季度实现新增法人客户 200 户（每家员工人数 50 人以上），保费收入 1 000 万元。

销售部门领导组织召开部门研讨会，就促销方案进行讨论。会上大家根据拓展目标市场和促销效果预估，认为此方案不合适：一是高端目标市场对价格并不是太敏感，高端客户更看重专业和周全的服务；二是成本太高，给未来的客户带来不良影响。

建议采用"健康保险 + 健康服务管理"的综合方案，以健康服务进行促销。即对于高端客户购买公司职场健康保障产品 B 型（价值 1 500 元/人/年）的，赠送高端健康管理服务套餐一（价值 300 元/人/年）。高端健康管理服务套餐一包含：职场健康教育、在线健康运动跟踪分析、职场季度疾病预防、电话医生服务等，并配合以大规模的宣传。促销成本在保费的 10%—15% 之间，成本较原方案有较大的下降。分管领导还组织销售部门、客户服务部门、信息技术部门等参与研讨，最终上述促销方案获得通过。

二、案例分析

（一）促销方案运作情况及效果评价

此促销方案在第一季度取得了不错的销售业绩，完成保费收入 1 000 万元，共有

200户企业/单位投保,其中新增客户100家。在市场上响亮地打出了公司职场健康保障产品B型,引起企业界对于"健康保险＋健康管理服务"相融合产品的高度关注,为下一阶段的销售打下了坚实的基础(见表7.5、表7.6)。

表7.5　　　　　　　职场健康保障产品B型促销投入产出表

保险公司促销活动	总投入（万元）	保费收入（万元）	客户数量（户）	其中新客户数（户）	健康服务项目覆盖人数（人）
职场健康保障产品B促销活动	160	1 000	200	100	10 000

表7.6　　　　　　　职场健康保障产品B型促销效果分析评价

保险公司促销活动	总投入（万元）	投入产出比（%）	客户户均成本（万元）	健康服务项目人均成本（元）
职场健康保障产品B促销活动	160	625	1.25	160

此次促销活动基本达成了预期目标,作为法人市场的新产品投入产出比较高,取得了万人的健康服务项目覆盖人数,相当可观。整体上,这次促销活动是成功的,唯一的不足是预算超计划1个百分点。

(二) 促销方案的精彩之处在于"健康保险＋健康服务"的综合促销

以赠送"高端健康管理服务套餐一"进行促销,以优质服务吸引法人客户购买本新产品;同时推广了健康管理服务产品,打开了更大的市场。健康管理服务在法人客户员工中的广泛开展,对降低健康保险产品的赔付率有所帮助。

三、主要经验

(一) 对新产品促销工作有完善的管理制度

由销售部门专业岗位就新产品提出促销方案(草案),并在部门进行充分讨论;同时交由公司相关职能部门会研讨并通过。

(二) 紧紧抓住促销的关键

对于本产品而言,目标市场是高端法人客户市场,针对其特点,确定以服务促销为主,赠送高端健康管理服务套餐一。

（三）客观对促销方案进行评价

成功抢得市场的成果以及获得大量的健康服务覆盖人群，为健康服务打开了广阔的市场。同时，也客观指出了不足，成本超过预算1个百分点。

（四）未来完善方向

作为促销方案，还应该整合公司各方资源，更全面推动客户购买本产品以及公司的其他产品，以产品服务打包形式推介。同时注意与相关社会组织联动，更大地发挥健康服务管理项目的价值和作用，在企业界造成更大的影响。

本章小结

本章介绍了促销和促销管理的定义，分析了促销管理的作用与实施步骤。重点探讨了健康保险促销管理的关键内容。在促销模式与促销策略以及促销方式等基础知识介绍基础上，通过健康保险促销管理典型案例分析，进一步说明健康保险价格促销和服务促销两种主要的促销方式，以及如何分析健康保险促销成本与评价效果。

专业术语

1. 促销：是指企业利用各种有效的方法和手段，使消费者了解和注意企业的产品，激发消费者的购买欲望，并促使其实现最终的购买行为。
2. 促销管理：是以提高销售额为目的，吸引、刺激消费者消费的一系列计划、组织、领导、控制和协调管理的工作，具体是指对企业通过利用媒体广告、人员推销、公共关系等方式而进行的阶段性造势，并刺激销量、塑造品牌等活动方式的管理。
3. 促销模式：就是促销运作的主要方式。
4. "1＋N"模式：即客户购买一种健康保险产品，保险公司赠送N种产品或服务的模式。
5. 综合代理效益：代理人/机构代理销售保险公司的产品或服务所能获得的全部效益。

6. 产品推介会：为将产品推销出去而组织的会议，主要是采取会议营销的模式，由保险公司官方向客户推荐产品，并请有关专家对与产品相关的专题进行宣讲，在会上组织现场促销活动，充分利用客户的从众心理以及权威信息促成销售，实现产品销售的目标。

7. 价格促销：就是以优惠价格吸引客户购买，推动产品销量的提升。

8. 服务促销：以服务提升或者赠送新服务促进产品销售规模的提升。

9. 专家医疗会诊：就是若干名来自各领域的专家，为某一疑难病症进行共同会诊，一起讨论该病症，并得出共同的诊断结果。会诊分为现场会诊和远程视频会诊。

10. 促销成本：促销活动所花费的全部成本，包含人力、物力和时间成本等。

思考题

1. 促销方式一般有哪些？
2. 什么是价格促销与服务促销？
3. 为什么说健康保险促销以服务促销更为有利？
4. 如何正确评价健康保险促销活动？
5. 什么是定量评价和定性评价？

第八章

健康保险营销管理：
需求拉动与供给侧结构性改革

供需分析是健康保险市场研究的主要内容，健康保险营销管理应需求变动而变动，在健康保险有效需求不断释放的背景下，健康保险营销管理供给侧改革显得尤为重要。本章结合中国健康保险供需实际，首先分析了健康保险产品客户特征、需求影响因素等基本问题，进而从健康保险产业链延伸、服务创新、诚信管理、风险管理等方面为健康保险营销管理供给侧结构性改革思路和方向提供参考性建议，为更有效的健康保险营销管理提供思路和方向。健康保险营销管理供给侧结构性改革是本章的创新与价值所在。

第一节 健康保险需求分析

一、健康保险需求特征总体分析

（一）消费行为特征分析

健康保险产品消费行为是一系列心理、动机和行为的共同表现：对健康的忧虑等心理或生理紧张往往会引起人们对健康保险的消费意愿和欲望；当消费欲望达到一定

第八章
健康保险营销管理：需求拉动与供给侧结构性改革

强度时，就产生了健康保险消费动机；为了实现这种欲望，人们就会做出购买和消费健康保险产品的行动，直到这种行动能够满足其需要，心理或生理紧张消除，一般意味着消费行为的结束。

一般来说，消费者（投保人或被保险人）对健康的重视程度、对健康的投入、对健康保险的认知水平、对健康保险的可负担能力（经济发展水平）等都是影响消费者消费行为及需求的主要因素。读者可参考《中国商业健康保险发展指数报告》①，进一步了解我国目前健康保险需求和消费行为的基本特征。

（二）地域特征分析

健康保险消费行为与消费者的健康保障程度、经济发展水平、医疗技术条件等因素紧密相关，而这些指标在我国都呈现出明显的地域差异性，关键因素是经济发展水平。进而，我国健康保险消费也呈现出明显的地域特征：健康保险密度（深度）与经济发展水平呈现出相似的特征，即东部沿海地区，包括华东、华南地区健康保险密度（深度）等指标更高，而内陆地区和边疆地区，例如东北、西南、华中地区相对较低。总体而言，我国健康保险消费呈现从东到西、由南向北逐渐降低的趋势，基本与中国各地区GDP分布一致，这印证了经济发展是健康保障发展的前提和基础（见表8.1）。

表8.1　　　　　　　　中国商业健康保险发展指数（分地域）

地域	总指数	健康认知度	健康充足度	健康规划度	保障认知度	保障充足度	保障规划度
华东	61.8	78.7	73.3	70.1	56.1	53.8	50.9
华中	61.7	79.8	74.7	70.5	57.5	51.8	49.5
华南	61.5	79.1	74.8	70.2	56.5	53.2	48.3
华北	60.7	78.6	73.4	69.9	54.9	53.2	47.2
西北	59.3	75.7	73.3	67.4	53.0	49.9	49.3
西南	59.1	78.6	72.8	68.5	52.6	49.4	46.8
东北	58.9	75.9	75.0	68.5	53.9	50.1	44.0
全国	60.6	78.3	73.7	69.5	55	52	48.3

资料来源：中国保险行业协会，中国太平洋人寿保险公司：《中国健康保险发展指数报告2017.大中城市》。

（三）消费群体特征分析

健康保险消费与需求主要受投保人（被保险人）自身健康状况、年龄、经济支付能力、职业、已有医疗保障等因素影响。理论上来说，健康状况相对较差、已有的社会医疗保障不够充分但有一定支付能力的中青年应是个人健康保险需求的主力军；而重视人力资本生产率和社会责任的企事业单位更可能成为团体健康保险的投保人

---
① 中国保险行业协会，中国太平洋人寿保险公司：《中国健康保险发展指数报告2017.大中城市》。

和消费者。这与《中国健康保险发展指数报告》的调研数据基本吻合（见图 8.1 和图 8.2）。

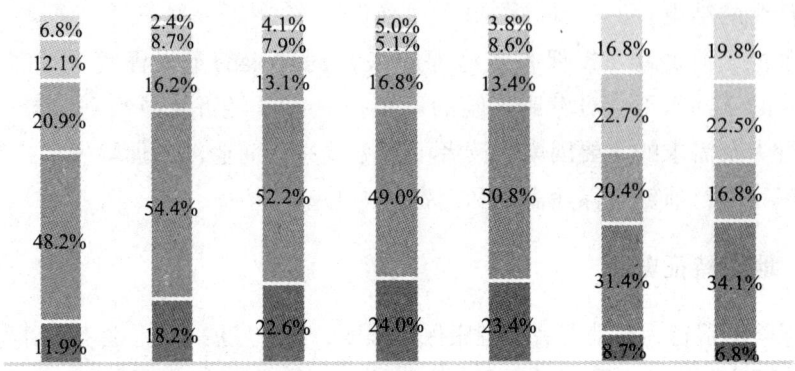

图 8.1　不同年龄段健康保险配置意愿

资料来源：中国保险行业协会，中国太平洋人寿保险公司：《中国健康保险发展指数报告 2017. 大中城市》。

单位类型	商业健康险（单位全额支付）	商业健康险（单位和员工各承担部分）	单位自建的医疗基金，用于员工医疗费用补贴	公司募捐筹资/工会职工互助保险	以上均未提供
政府机关	22.4%	34.7%	32.0%	8.2%	19.7%
事业单位	15.2%	40.1%	31.8%	8.8%	18.2%
港澳台独资企业/合资企业/代表处	20.4%	33.0%	36.9%	7.8%	20.4%
外商独资企业/合资企业/代表处	19.9%	41.3%	23.5%	14.1%	17.7%
内资（民营企业）	10.1%	34.6%	17.4%	8.5%	37.2%
内资（国有企业）	19.5%	29.9%	26.3%	14.6%	20.9%
个体工商户	8.3%	26.5%	15.7%	5.4%	50.8%

图 8.2　团体健康保险投保单位的主要类型

资料来源：中国保险行业协会，中国太平洋人寿保险公司：《中国健康保险发展指数报告 2017. 大中城市》。

（四）健康保险险种结构及变动趋势分析

近年来，我国健康保险产品结构大体保持稳定：（1）从险种结构来看，医疗费用保险和疾病保险是健康保险的主要险种。（2）从险种期限来看，长期健康保险是主要险种。（3）从承保对象来看，团体健康保险是主要业务①。随着老龄化、少子化

---

① 阎建军. 中国健康保险发展报告 2015：中国医改方向与商业健康保险发展路径［M］. 北京：中国金融出版社，2015：50—52.

等人口和家庭结构的变化，护理保险等商业健康保险业务和产品需求将不断增加。

本书以中国人民健康保险公司、平安健康保险公司、和谐健康保险公司和昆仑健康保险公司为样本，梳理这四家专业健康保险公司2010年以来近6年销售排名第一位的产品结构，呈现健康保险消费险种结构及变动趋势（见表8.2）。

表8.2　专业健康保险公司销售第一位的健康保险产品（2010—2016年）

年度	公司	产品名称	险种类型	排名	公司	产品名称	险种类型	排名
2010	中国人民健康保险公司	和谐盛世城镇职工大额补充团体医疗保险	团体医疗保险	1	平安健康保险公司	平安全球团体医疗保险	团体医疗保险	1
2011		和谐盛世城镇职工大额补充团体医疗保险	团体医疗保险	1		平安全球团体医疗保险	团体医疗保险	1
2012		康利人生两全险（分红）	人寿保险	1		平安全球团体医疗保险	团体医疗保险	1
2013		和谐盛世城镇职工大额补充团体医疗保险	团体医疗保险	1		平安智胜全球团体医疗保险	团体医疗保险	1
2014		福利双全个人护理保险	护理保险	1		平安智胜全球团体医疗保险	团体医疗保险	1
2015		福利双全个人护理保险	护理保险	1		平安智胜全球团体医疗保险	团体医疗保险	1
2016		福利双全个人护理保险	护理保险	1		平安健康全球团体医疗保险	团体医疗保险	1
2010	和谐健康保险公司	和谐团体意外伤害保险	团体意外险	1	昆仑健康保险公司	昆仑综合补充团体医疗保险	团体医疗保险	1
2011		和谐一号护理保险（万能险）	护理保险	1		昆仑综合补充团体医疗保险	团体医疗保险	1
2012		和谐一号护理保险（万能险）	护理保险	1		昆仑健利宝（B款）长期护理保险(万能险)	护理保险	1
2013		和谐一号护理保险（万能险）	护理保险	1		昆仑健利宝（B款）长期护理保险(万能险)	护理保险	1
2014		和谐安赢一号护理保险	护理保险	1		昆仑综合补充团体医疗保险	团体医疗保险	1
2015		和谐安赢一号护理保险	护理保险	1		昆仑综合补充团体医疗保险	团体医疗保险	1
2016		和谐安赢一号护理保险	护理保险	1		长寿宝长期护理保险	护理保险	1

资料来源：作者根据各公司年度信息披露报告整理。

（五）健康保险产品需求前景分析

《中国健康保险发展指数报告》调研显示，42.2%的受访者认为税优政策对自己购买商业健康保险有一定促进作用[1]，随着 2015 年 8 月中国保监会印发《个人税收优惠型健康保险业务管理暂行办法》和 2016 年 1 月 1 日正式在 31 个城市启动个人商业健康保险税收优惠政策以来，人们对各类健康险的关注度和需求持续提升。随着财政部、税务总局、中国保监会《关于将商业健康保险个人所得税试点政策推广到全国范围实施的通知》（财税〔2017〕39 号）等政策的颁布和推进，健康保险需求将会在更大范围释放。健康保险产品的需求前景还可以从人们对健康保险产品的关注度看出来，百度检索结果是呈现关注度的有效指标，近年来人们对重疾险关注度从 2015 年的第 9 位一跃而升至 2016 年的第 3 位，增幅达 110.48%（见表 8.3）。[2]

表 8.3　　　　　　　　2016 年中国健康保险产品用户关注度排名

类别	百度搜索结果（页）	代表产品	百度搜索结果（页）	代表产品
健康保险产品	443 000	新华保险：健康无忧系列重大疾病保险	6 210	幸福人寿：幸福人生终身重大疾病保险
	319 000	华夏保险：华夏常青树重大疾病保险（2016）	5 740	工行安盛人寿：工行安盛人寿御立方三号保障计划
	57 800	百年人寿：百年健康壹佰综合保险计划	5 480	富德生命人寿：生命 360
	56 700	太平人寿：太平福禄倍至重疾病保障计划	4 700	华夏保险：华夏常青树重大疾病保险（2016）
	38 100	昆仑健康：长寿宝长期护理保险产品组合	3 180	恒安标准人寿：恒安标准生命无忧健康保障计划
	25 500	前海人寿：福寿宝保险计划	2 810	太平人寿：太平福运金生两全保险
	23 500	新华保险：多倍保障重大疾病保险	1 970	昆仑健康：康利宝（B 款）长期护理保险产品组合
	7 110	太平人寿：团体长期补充医疗保险	1 361	华夏保险：常青树重大疾病保障计划

资料来源：http://www.sohu.com/a/126276011_479770。

---

[1] 中国保险行业协会，中国太平洋人寿保险公司．《中国健康保险发展指数报告 2017. 大中城市》[R]．

[2] 以上数据基于百度网页搜索和百度新闻搜索的数据分析，统计时间范围：2016 年 1 月 1 日至 2016 年 12 月 31 日，险种选取为每月媒体关注度排名前 5 位，指数选取为每月百度关键词搜索指数平均值。2016：是指 2016 年用户搜索指数总计。2015：是指 2015 年用户搜索指数总计。资料来源：《保险文化》2017 年 2 月刊"特别策划"，有改动和删节。http://www.sohu.com/a/130830088_479770。

二、健康保险产品需求影响因素分析

尽管健康保险产品有不同的分类方式，但根据被保险人规模及投保人与被保险人的关系分类，将健康保险分为个人健康保险和团体健康保险最能反映健康保险的投保动机（详见第四章）和需求影响因素。基于此，本文将健康保险产品分为个人健康保险产品和团体健康保险产品，分别分析对其需求的影响因素。

（一）个人健康保险需求影响因素分析

1. 内部影响因素分析

一般来说，个人健康保险需求往往受到个人自身的重要影响，前文的现状分析也证明了这一结论。具体来说，影响个人健康保险需求的主要内部因素包括：

（1）个人价值观和需要层次。个人价值观刻画了人们对事物的看法并会引导和规范人们的行为，人们价值观的往往形成于环境、他人或自我独立的判断，因此会在深层次影响人们对健康保险的需求。马斯洛将人们的需要分为生理、安全、社交、被尊重和自我实现五个层次，不同层次需要会引导和支配人们不同的健康保险消费行为。例如，大多数消费者出于对未来由于健康风险导致的个人或家庭经济危机而投保健康保险，主要表现为投保医疗费用保险、收入损失保险等，但是也有越来越多的消费者注重生活质量，希望在疾病或年老需要被照料时能够被尊重，因而选择投保长期护理保险等险种。

（2）风险态度。根据经济学对风险态度的分类，可以分为风险厌恶型、风险喜好型和风险中立型。个人如果对健康风险，即疾病导致的医疗费用、收入损失等风险是厌恶的，即属于风险厌恶型的消费者，则存在对健康保险的需求，且厌恶程度越高，对健康保险需求越大；风险中立或风险喜好型的个人则对健康保险的需求较低。保险经济学中通常用绝对风险厌恶系数 $A_i(W_i)$ 和相对风险厌恶系数 $R_i(W_i)$ 表示人们的风险厌恶程度：$A_i(W_i) \approx \dfrac{-U''_i(W_i)}{U'_i(W_i)}$；$R_i(W_i) = A_i(W_i) * W_i$。其中 W_i 表示财富，U_i 表示效用。

（3）气质与性格。气质是一个人心理活动的动力特征，一般在先天生理素质的基础上，通过生活实践，在后天条件影响下形成。气质可以分为胆汁质、多血质、黏液质和抑郁质四种类型。性格是人的个性心理特征之一，指人对客观现实的稳固的态度以及一直相适应的惯常的行为方式，如坚强、勇敢、勤劳、懒惰、懦弱等。[①] 相对

---

① 费穗宇，张潘仕. 社会心理学辞典 [M]. 石家庄：河北人民出版社，1988：191.

而言，胆汁质型的消费者对健康保险产品、品牌的忠诚度更高，一旦确定需求则不容易发生改变；多血质型消费者容易受产品宣传、名称等方面的影响；黏液质型的消费者更注重自己对产品的判断；抑郁质型的消费者则对健康保险的需求表现出不稳定的特征。

（4）个人能力，包括风险感知能力、学习和行动能力。能力是一种个性心理特征，是那些与活动的要求相符合，并影响活动效果的本领。[①] 能力的高低会影响一个人掌握活动的快慢、难易和巩固程度。如果一个人的能力符合健康保险消费活动的要求，那么便能够顺利地、高水平地进行健康保险消费。在健康保险消费过程中，个人对风险的感知能力、对健康保险产品的学习理解能力和产品购买行动能力都会影响其对健康保险的消费情况。

（5）对健康保险的信念和态度。健康保险产品和其他保险产品一样，有较高的需求弹性，因此个人对健康保险的评价、态度、看法和信任程度是影响其最终做出是否投保健康保险决定的重要因素。实践中，一个人对健康保险产品的信念和态度又往往受到外部环境、产品服务质量、个人学习能力的影响。

2. 外部影响因素分析

（1）文化因素。文化是人类生活（活动）所依靠的一切，保险文化是人类保险活动的依靠，会影响保险消费者和保险人的行为选择及雇员和顾客忠诚度。[②] 每一个消费者的健康保险消费行为都会受到其所处社会主流文化和亚文化的影响，包括宗教信仰、种族、社会规范、道德约束、社会阶层的影响。

（2）社会因素。健康保险消费是一种嵌入在社会中的经济活动，社会因素毫无疑问成为影响个人健康保险消费的主要外在因素，包括经济环境因素、政策环境因素、个人的社会角色和地位等。具体来看，如果经济形势总体发展良好，人们对未来经济预期较好，则可能进行更多的健康保险消费，反之则不然；如果社会保障程度较高，人们可能会降低对个人健康保险的消费和需求；如果相关政策（尤其是税收政策）对个人健康保险消费有优惠和引导，则会增加人们对健康保险的需求；如果一个人在家庭、单位或组织中处于较为重要或较受关注的地位或角色，那对健康保险的需求则会相应较高。

（3）个人和家庭因素。个人因素包括：年龄、收入水平、社会角色、生活方式等。通过前面的分析可以看出，年龄是影响健康保险消费重要的因素之一。一个人的年龄及其所处生命周期阶段，往往会影响一个人在家庭、社会中的角色和地位，也会影响其健康状况、收入状况和对健康保险的支付能力，从而影响其对健康保险的需

[①] 费穗宇，张潘仕. 社会心理学辞典［M］. 石家庄：河北人民出版社，1988：239.
[②] 卓志，孙正成. 保险文化的转型与升华：以现代保险服务业为视角［J］. 保险研究，2015（5）：84—91.

求。家庭因素包括：家庭规模、家庭人口年龄结构、家庭成员关系、家庭成员健康状况、家庭收入水平等。孙正成（2013）对老年长期护理保险需求的调查验证了上述影响因素的正确性：参保意愿与年龄结构呈现出倒"V"的相关性，即60岁以上的被调查人员中参保意愿较弱，而40岁以下的参保意愿较高，家中有慢性病的参保意愿较强，而家庭子女数量与参保意愿呈负相关。[①]

（二）团体健康保险需求影响因素分析

1. 内部影响因素分析

（1）企业（组织）价值观。企业价值观是指企业这个法人的价值观，是关于构成企业的整个群体——企业人整体的总价值观念，是企业人在创造企业价值过程中形成的，反过来又称为人们评判实务价值的表征，其背后是更深层次的思想意识观点：世界观、人生观和历史观。[②] 与个人对健康保险的需求和消费行为受其个人价值观影响一样，企业或其他用人单位为其职员投保团体健康保险也会受其价值观的影响。

（2）关键人物及人际关系。一个组织或团队的关键人物往往是团队行为决策的主导力量，一个用人单位的主要领导、主要技术人员或管理人员对健康的重视程度、对健康保险的态度、管理风格和方式等以及其与下属的人际关系都会影响这个团队的投保决策。

（3）个人因素。员工本身对健康保险的重视程度、可支付能力、人生观、金钱观、风险态度、年龄等个人因素会在很大程度上表现为对团体健康保险的需要和欲望，会在一定程度上影响其所在组织或团队对员工健康保障计划的重视。

2. 外部影响因素分析

（1）团体特征。团体特征包括团体规模、团体盈利能力、团体所处行业、团体成员的构成特点等方面。实践中，规模较大、盈利能力较强、员工学历层次更高的用人单位往往会有更强的健康保险需求，以期通过健康保险的工作锁定效应增强员工的黏性，提高生产率。

（2）环境因素。环境因素包括经济环境、政策环境、社会环境、文化环境等方面。例如，在美国、加拿大等国家，对雇主投保的团体健康保险有税收优惠政策，因此雇主更愿意提供团体健康保险计划。[③]

（3）参照群体。企业或其他用人单位对员工的吸引力往往来自同类单位福利水平的占优，因此参照群体或竞争对手的投保或投保决策在很大程度上会影响同行业的

---

① 孙正成. 需求视角下的老年长期护理保险研究——基于浙江省17个县市的调查［J］. 中国软科学，2013（11）：73—82.

② 董平分. 企业价值观管理与企业文化场［M］. 北京：航空工业出版社，2008：48.

③ 孙正成. 商业健康保险税收优惠效应：争议与展望［J］. 西部论坛，2016（01）：74—81，89.

投保行为。

(4) 组织特点。组织特点包括该组织的内部结构、制度、发展目标等，这些特点往往需要不同特征的技术、资金和人力资源水平，会影响员工在组织或企业发展中的地位和重要性，因而会影响用人单位是否优先将员工健康保障作为考虑因素。

三、健康保险产品需求变化对营销管理的影响

不断增长和变化的健康保险产品需求为健康保险营销管理带来了新的挑战。传统的健康保险营销管理可以价格、产品、促销手段等单一要素为主要抓手，但随着人们对健康保险需求的层次不断丰富，健康保险营销管理需要革新，不仅能够运用相关的市场营销管理理论，找准主要的市场营销策略，随着健康保险市场营销管理的内涵和外延的不断拓展，而且需要适应消费者需求变化适当调整和不断革新，实现供给侧结构性改革。服务创新、延伸产业链、加强诚信教育和风险管理是健康保险营销管理供给侧改革的重要方面，是满足变化的市场需求和稳定市场份额的有效措施。

第二节 健康保险营销管理的供给侧改革：服务创新

熊彼特（Schumpeter，1912）认为创新是自发的、不连续的，是为应对某一特定情形而进行的努力。[①] 因此，健康保险服务创新的目的在于满足客户不断变化的客观需求，提高客户满意度；服务创新是基于保险公司一定的客观基础和条件实现的，目的在于实现保险公司既定的盈利目标；服务创新是健康保险营销管理活动的主要方面。

一、健康保险服务创新的概念界定及分类

（一）服务创新

根据创新的基本特征和含义，蔺雷等（2003）将服务创新分为广义和狭义：广义的服务创新是指与服务相关或针对服务的创新行为与活动；狭义的服务创新是指发

---

① W.W. 罗斯托. 经济增长理论史：从大卫·休谟至今 [M]. 陈春良等译. 杭州：浙江大学出版社，2016：356.

生在服务业中的创新行为与活动。① 显而易见，与营销管理活动紧密相关的是发生在服务业内部，甚至是发生在企业内部的创新行为与活动。魏江等（2008）就将服务创新理解为在服务过程中服务企业应用新思想和新技术来改善和变革现有的服务流程和服务产品，提高现有的服务质量和服务效率，为顾客创造新的价值，最终形成服务企业的竞争优势。②

（二）健康保险服务创新

根据服务创新的概念，结合写作目的，本文认为健康保险服务创新应更多地从狭义的角度来理解和定义。借鉴魏江等（2008）对服务创新的界定，可将健康保险服务创新定义为：在健康保险服务过程中保险公司应用新思想和新技术来改善和变革现有的服务流程和服务产品，提高现有的服务质量和服务效率，为顾客创造新的价值，最终形成保险公司的竞争优势。健康保险服务创新是基于客观的客户需求和保险公司可负担的技术、资源等条件实现的。

（三）健康保险服务创新类型

关于服务创新的分类，有不同的研究视角：一种聚焦于创新的深度和方式；另一种则聚焦于创新的产出和对象。根据健康保险服务的特性，本文基于后一种视角对健康保险创新进行分析。服务创新可以根据创新产出和对象分为服务内容创新和服务提供方式创新。Miles（1995）将服务创新分为产品创新、过程创新和传递创新；魏江等（2008）③ 将服务创新分为产品创新、过程创新、组织创新及市场创新；王家宝（2014）④ 把服务创新分为服务产品创新、服务流程创新、多单元组织创新和顾客共同创新四类。王琳（2009）将服务创新分为概念创新和传递创新两类，与前人的区别在于王琳将产品创新表述为概念创新，即提供一种全新的或改进的服务内容或功能；而传递创新则涵盖了 Miles 的过程创新和传递创新。⑤ 李玉泉（2013）认为健康保险服务创新包括健康保险产品创新、健康保险销售创新、健康管理服务创新三方面。⑥ 结合健康保险服务的流程和业务特点，本文将健康保险服务创新分为产品创

---

① 蔺雷，吴贵生．服务创新 [M]．清华大学出版社，2003：112．
② 魏江，陶颜，陈俊青．服务创新的实施框架及其实证 [J]．科研管理，2008（6）：52—58．
③ 魏江，陶颜，陈俊青．服务创新的实施框架及其实证 [J]．科研管理，2008（6）：52—58．
④ 王家宝．服务创新 关系嵌入的视角 [M]．上海：上海交通大学出版社，2014：22．
⑤ Miles 的过程创新强调"后台创新"，即发生在"后台"的服务生产程序或规程的变化，它是针对某一个服务运作过程或支撑性服务而言的。传递创新主要指服务企业的传递系统或服务产业传递媒介中的创新，包括与客户交互作用方式的变化，体现为一种"前台"的创新。具体参见：M. Dodgson, R. Rothwell. Handbook of industrial innovations：Miles I. Innovation in services [M]．US：Edward Elgar, 1994：243—256．
⑥ 李玉泉．中国健康保险发展研究报告 [M]．北京：中国经济出版社，2013：69—110。作者并没有明确提出健康保险服务创新的类型，但根据其行文框架可将其总结为这三类。

新、过程创新和传递创新。

1. 产品创新

健康保险服务产品创新包括产品概念创新、服务内容的创新等，表现为健康保险产品中引入了一个全新的或能够使顾客价值发生重大改变的内容或服务；内容创新是健康保险服务产品创新的重要组成部分，以提高营销管理效率和客户满意度为根本目的。针对保险公司经营和营销管理而言，健康保险服务产品创新可以是一个单量的概念，也可以是一个集合的概念；后者可以用于表达某一类健康保险产品的服务创新。

2. 过程创新

借用 Miles 关于过程创新的"后台创新"定位，健康保险服务过程创新即为在"后台"支持某一种健康保险服务创新的生产程序或规程的变化，是为产品创新或传递创新提供支撑的一种技术创新。过程创新仍然以提高客户满意度为最终目的。一般来说，表现为服务质量标准的变化、服务技术或数据平台等支持的变化。例如某保险公司为了能够有针对性地定期为高端客户提供免费体检服务，公司必须建立并定期更新客户信息数据库。

3. 传递创新

借用 Miles 关于传递创新的"前台创新"定位，健康保险产品传递创新可以理解为保险公司在向客户传递健康保险服务过程中，传递方法、传递系统或传递媒介的创新，包括与客户交互作用方式的变化。通俗地可以理解为：向客户传递健康保险服务时传递方式、传递媒介的创新。例如，互联网核保、理赔就是相对于传统当面核保、理赔的一种服务传递创新。

二、健康保险服务产品创新

由于健康保险本身就是一种以服务为本质的业务活动，所以健康保险服务产品创新以健康保险产品创新为主要表现形式。

健康保险产品创新主要包括核心层、形体层和延伸层三个层次，最重要的体现为对健康保险保障范围、保费费率等核心价值的创新。关于健康保险产品创新已在第四章涉及，此处不再赘言。此种创新往往表现为基于对当前市场新产品的推出或保险责任的扩展。例如，中国人寿针对赴西藏旅游人员推出了"国寿附加高原特定疾病费用补偿保险"，包含了意外保障、高原特定疾病的门诊、住院医疗费用的赔付和丧葬费用的补偿；针对大部分疾病保险多为一次性给付保险金的市场分析，友邦保险推出了"保无忧分期给付重大疾病保险"，弥补了市场同类产品的不足；大都会人寿推出了独特的海外治疗保险计划，实现了"健康无界"的服务理念；法国巴黎银行（日本）在抵押贷款上推出了贷款人配偶癌症附加医疗保险；安联人寿（韩国）推出了以糖尿病为重点的保险产品。

三、健康保险服务过程创新

健康保险服务过程创新，是为产品创新或传递创新提供支撑的一种技术创新。过程创新仍然以提高客户满意度为最终目的。

数据的存储、数据的挖掘和数据处理技术一直是健康保险服务的重要支撑。从互联网时代到移动终端时代，再到大数据（Big Data）时代，每个技术发展阶段都为健康保险服务创新提供了新的技术和平台，数字化、电子化是健康保险服务和健康医疗变革中最明显的趋势。目前，行业数据，临床数据，个人偏好和习惯数据，电子病历（Electronic Medical Record，EMR），个人健康档案（Personal Health Record，PHR），网络/微信等预约挂号平台都汇聚了海量的可以用于优化健康保险服务的数据。互联网技术、移动Wed2.0技术、Widget（微技或微件）技术、物联网技术、人工智能技术、维基技术、云计算技术、射频识别技术、神经网络技术等大数据相关技术都为健康保险服务创新提供了有效的计算手段。

例如，Cigna TTK 借助移动安卓和 IOS 等终端平台和健康风险评价的结合，推出了"印度健康行动（Get ProActiv India）保险"，通过终端平台对被保险人身体活动的记录，可以对生活健康的人们进行积分奖励，积分可兑换成为保费或与健康维护相关的服务；① 众安保险与华为运动健康 APP 合作，推出了步步保服务，华为手机记录的步数可以直接同步到步步保，如果每天超过 15 000 步，就可以领取 20 万元的重疾保障保险产品。

四、健康保险服务传递方式创新

健康保险服务传递创新主要表现为前台（互动）创新，体现为传递方式和传递技术的创新，意在提高服务的时效性、便捷性，提高客户消费体验满意度。由于健康保险服务在一定程度上需要客户的参与，因此实现与客户的有效互动是传递创新的重要标准。

2017 年上半年，中国保监会机关及各保监局共收到保险消费投诉 48 248 件，人身险公司投诉量平均为 0.06 件/万人次。涉及人身险公司投诉中，理赔/给付纠纷4 517 件，占人身险公司有效投诉总量的 19.28%，主要问题有责任认定争议、理赔

---

① http://www.4-traders.com/CIGNA-CORPORATION-12068/news/Cigna-TTK-launches-Get-ProActiv-India-on-World-Heart-Day-23137088/.

时效慢、核赔金额争议或对拒赔理由不认可等。① 健康保险服务和其他保险服务一样，有着无形性、不可分割性等特征，因此，如何有效、快速、便捷地将健康保险服务传递给消费者是影响消费者对产品服务评价和满意度的重要方面。

例如，PNB 大都会人寿保险公司在印度推出了首个虚拟现实（VR）客户服务平台 convVRse，此虚拟现实客户服务平台由大都会人寿在新加坡的创新中心以及 PNB 大都会共同研发，目的在于为客户提供身临其境的个性化体验。客户进入 VR 环境后，可与一个虚拟的保险专家进行对话互动。② 这一开创性的技术为健康保险服务传递创新带来了新的理念。机器人顾问（Robo – Adivisers）可以让客户手机或其他移动终端将自身信息传递给机器人，客户可获得有参考价值的个性化保险计划建议，大大提高了服务效率。Cigna 推出了"一键通"服务，建立了一个简单、私人的服务平台，消费者可通过 APP、电话、在线聊天的方式获得指导、咨询服务，包括在线就诊、指导就医、预约医生等。以 2013 年成立在纽约的 Oscar 健康险公司来说，与传统大型保险公司不同，Oscar 从成立之初，商业模式就确定为互联网医疗服务，通过在线问诊等方式向消费者提供额外的医疗服务来获得竞争优势。2015 年 Oscar 开始进入西部的加州和南部的德州，并与部分医疗服务方合作。③

第三节 健康保险营销管理供给侧改革：产业链延伸

中国保监会 2017 年 11 月 15 日发布的《健康管理办法（征求意见稿）》专门对健康管理服务与医保合作进行了规定，健康管理是健康风险事前控制和医疗成本前移的重要措施，"健康保险 + 健康管理"是健康保险经营主体延伸产业链，实现多元化、多层次产品供给，满足市场需求，控制赔付成本以实现盈利的有效保障。

一、健康管理概述

（一）健康管理的概念

健康管理（Health Management）最早出现在美国。以现代健康管理为研究对象的相关文献表明，国内研究主要集中在对健康管理概念的介绍，对国外健康管理、特别

---

① http：//xw. sinoins. com/2017 - 08/07/content_ 238531. htm.
② http：//cq. people. com. cn/GB/365413/news/2017120/20171120942222055891. htm.
③ http：//chsh. sinoins. com/2017 - 07/18/content_ 236982. htm.

第八章
健康保险营销管理：需求拉动与供给侧结构性改革

是美国健康管理经验的总结，对健康管理在健康保险、健康体检等行业中的应用以及对中国健康管理业发展等方面的研究。以黄建始、陈君实等为代表的一批具有医学背景的学者是中国健康管理研究的先驱，以中华预防医学会、健康管理学会等为平台，在对健康管理概念的引进、溯源，美国经验的介绍及国内健康管理服务市场发展状况的阶段性总结等方面，做出了可贵的、有价值的探索。"健康管理已经被证明是一个看似清晰，但实际概念不严密且令人感觉含糊的学术领域，很难准确理解并定义它。"[1] 目前，国内外学者从不同的视角强调了健康管理的不同特征，大致形成四个类别：

第一类以美国的弗洛普（2001年）、中国的苏太洋（1994年）为代表，把健康管理等同于公共健康服务，"围绕旨在改善健康而制定、实施政策以及组织服务而展开的活动"，强调运用"有目的、有计划、有组织的管理手段"，达到"维护、巩固、促进群体和个体健康"的目的。但没有涉及健康管理服务与医疗服务、健康服务的区别。

第二类以美国的查普曼（1999）、格林（2008）、亨特·布朗（2007）为代表，从维护健康的理念着手，强调生活方式转变、主动预防对维护、促进健康的重要作用，提出"要将科学的健康生活方式提供给健康需求者，变被动的护理健康为主动的健康管理，更加有效地保护和促进人类的健康"。这与传统的以疾病治疗为主的被动健康维护模式有显著的区别。

第三类主要以国内学者为代表，主要从预防医学的角度，把健康管理当作维护健康的技术手段。如陈君石等在《健康管理师》一书中提出，健康管理是"对个体或群体的健康进行全面监测、分析、评估、提供健康咨询和指导、对健康危险因素进行干预的全过程"。[2] 这是当前国内采用的最普遍的定义。

第四类把健康管理作为特定的医疗卫生体制下的制度安排。如吉尔德认为，健康管理是"医保机构、医疗机构、患者和其他利益相关方之间形成的一系列用于控制医疗费用、提高医疗服务质量的契约安排和管理手段"。[3] 赵红征认为健康管理是"解决医疗服务市场中信息不对称、道德危害、卫生服务市场失灵等问题的策略"。[4] 黄奕祥从健康本身的投资属性出发，把健康管理作为对健康进行投资的一系列服务的总和。[5]

---

[1] Hunter DJ & Brown J. A review of health management Ksearch. Eur J Public Health, 2007. 17（suppl_1），pp, 33–37.
[2] 陈君石，黄建始. 健康管理师 [M]. 北京：中国协和医科大学出版社，2007：11—55.
[3] Glied, S, Managed Care [C]. In Culyer, A. J. and Newhouse, J. P. eds. Handbook of Health Economics, Vol. 1. Elsevier Science, B. V. 1999.
[4] 赵红征. 健康管理的必要性和可行性 [J]. 卫生经济研究，2009（8）：52—53.
[5] 黄奕祥. 健康管理的服务模式与发展趋势研究 [D]. 广州：中山大学.

在这种情况下，中华医学会健康管理学会在广泛征求意见的基础上，提出了一个较为权威的定义：以现代健康概念（生理、心理和社会适应能力）和新的医学模式（生理—心理—社会）以及中医治未病为指导，通过采用现代医学和现代管理学的理论、技术、方法和手段，对个体或群体整体健康状况及其影响健康的危险因素进行全面检测、评估、有效干预与连续跟踪服务的医学行为及过程。其目的是以最小投入获取最大的健康效益。① 中国保险行业协会则提出，健康管理的含义包括疾病预防与疾病控制，核心内容是医疗保险机构通过对保险客户开展系统的健康管理和干预，有效控制疾病的发生或发展，降低出险概率和医疗支出，减少医疗保险赔付损失。② 鉴于健康管理对健康保险服务和保险赔付的影响，保险业界也开始关注健康管理，《保险术语》中将健康管理界定为：保险经营机构在为被保险人提供医疗服务保障和医疗费用补偿的过程中，利用医疗服务资源或与医疗（保健）服务提供者的合作，所进行的健康指导和诊疗干预管理的活动。③ 以上学者的研究为本书对健康管理认识的深化提供了坚实的基础。

（二）健康管理的理论基础

健康管理之所以得以存在并越来越被重视，源于两个重要的理论基础：疾病危险因素积累理论、健康投资理论。

疾病危险因素理论强调：（1）从健康到疾病需要一个产生、发展的过程，尤其是慢性疾病，健康危险因素导致的健康风险问题可能需要几年甚至几十年，这一过程中健康状况的微小变化是难以察觉的，例如糖尿病就是典型的例子。（2）大多数慢性病的健康危险因素是可以被干预的，属于可变因素。例如长期吸烟、酗酒、摄盐过量等导致的慢性病可以通过早期干预得以预防或消除。

健康投资理论的依据是人力资本理论。人力资本理论将教育人力资本和健康人力资本共同视为人力资本，认为健康是一种有效的生产要素，健康的维持可以保证生产率。实践中，随着年龄或环境的变化，健康资本的存量或健康水平往往会降低或改变，因此健康需要投资。健康投资包括预防性投资和事后补偿性投资，具体表现为疾病发生之前的锻炼、预防体检或早期诊疗的投资，疾病发生之后的治疗、康复费用的投入和支出。

---

① 中华医学会健康管理学分会，中华健康管理学杂志编委会. 健康管理概念与学科体系的中国专家初步共识，中华健康管理学杂志，2009，3：141—147.
② 中国保险行业协会.《融合与创新：健康管理助力商业健康保险发展》课题报告，2017，3.
③ 全国保险业标准化技术委员会. 保险术语［M］. 北京：中国财政经济出版社，2009：103.

(三) 健康管理的实践运用

健康管理于20世纪50年代最早出现在美国,最早注意到健康管理的是保险行业,原因在于保险公司在理赔过程中发现大部分的医疗费用赔付用在可以预防的疾病上。美国健康管理实践可以总结为生活方式管理、需求管理、疾病管理、灾难性病伤管理和残疾管理几个阶段。由制药公司发起由其独自或与保险组织合作进行的疾病管理仍然是健康管理的重要实践领域,从最早的发放健康教育材料(1995年)到重点管理20%的重病患者(1995—1998年)再到持续监测和评估健康风险(1998年),美国疾病管理已为节约医疗费用做出了重要贡献,是其医疗保健体系的重要构成,保险行业成为健康管理重要的实践运用领域。

二、健康管理的目标、程序与内容

(一) 健康管理的目标和基本程序

可从宏观和微观两个层面理解健康管理的目标。宏观层面,健康管理的目标主要表现为通过健康管理调动社会成员积极性,提升全体社会成员的健康水平,增强国力等。微观层面,健康管理的目标则表现为通过健康管理降低可预防疾病及并发症发生的可能性,减少不必要或无效的医疗资源与费用的浪费,提高医疗服务效率和治疗效果,通过早期诊断和治疗预防高危人群的患病等。健康保险中的健康管理主要表现为微观层面的目标,核心在于提供健康服务,控制医疗风险。

从概念中可以看出,健康管理是由一系列活动构成的,健康管理至少包括:(1)健康信息的收集,可以是个体信息的收集,也可以是群体信息的收集;(2)健康危险的分析和风险评估,包括健康风险因素、事件、可能损失的分析和评估;(3)对危险因素的干预和管理,促进健康水平的提升。

(二) 健康管理的内容

健康管理服务主要包括健康指导类服务和诊疗干预类服务,循环性是健康管理服务的重要特征,管理过程中两类服务交错进行。健康管理的产生与出现源于健康是一种资源,对其管理的目的在于能够将有限的健康资源进行管理,发挥其最大的效用,提升社会成员的健康水平。

公共卫生和流行病学、管理科学和行为医学、数据技术等学科的快速发展为健康管理提供了重要的发展基础和技术支持。可以从不同角度理解健康管理的概念和内容:从公共卫生的角度,健康管理就是找出健康危险因素,进行监测和有效控制;从预防保健的角度，健康管理就是通过体检早期发现疾病，并做到早期诊断、及早治疗；从健康体检的角度，健康管理是健康体检的延伸和扩展，健康体检加检后服务就等于健康管理；从疾病管理的角度，就是更加积极主动地筛查与及时诊治疾病。[1]

三、健康管理与健康保险的关系

（一）健康管理是控制健康保险赔付的有效手段

1. 可以通过健康管理预防疾病发生，降低健康保险赔付

从健康管理的概念、目的及实践运用可以看出，健康管理的实践意义在于通过早期预防或干预降低疾病发生的概率和控制医疗费用，最终提高社会或企业、家庭成员健康人力资本，降低可预防疾病的医疗费用。加入了健康管理的健康保险与传统健康保险经营模式最大的不同在于：前者可对疾病风险因素进行识别评估并加以预警，对风险事故进行预防，对风险损失进行补偿，是一个连续不断的循环综合管理过程；后者只是对疾病风险损失进行管理（主要是经济补偿），是相对独立的单次管理过程。[2] 这可从源头上控制健康保险的总体赔付成本。

2. 可以通过健康管理降低道德风险，减少健康保险赔付

加入了健康管理的健康保险经营模式往往包括第三方的健康管理主体，受保险公司委托对被保险人提供健康管理服务，这相对于健康管理主体在一定程度上代表了保险公司的利益。这样就避免了传统健康保险经营模式中，由于保险公司对医疗服务提供环节参与过少而导致医疗服务机构和被保险人合谋骗取保险金，或通过提供不必要医疗服务增加保险赔付，而被保险人由于有保险而不关心医疗成本的情况。因此，健康保险领域中的健康管理是解决医疗服务市场中信息不对称、道德危害、卫生服务市场失灵等问题的策略之一。[3]

（二）健康保险可促进健康管理的资源配置和整合

健康管理涉及体检、就医、生活方式管理、疾病管理、健康教育等多个领域，由于医疗健康服务的专业性和监管的约束，这些服务提供主体大多相对独立。大多数消费者由于缺乏统一的服务链和平台，在产生需要时单独购买服务，典型的例子是当疾病发生后到医疗机构就医。健康保险作为一种资源配置手段，通过与健康管理主体、医疗服务

---

[1] 李惠玲，景秀琛．生命周期健康管理［M］．上海：上海科学技术出版社，2016：1.
[2] 张芳洁，刘淑敏．由医疗保险模式转向健康管理模式——基于农村居民疾病经济负担评价［J］．山东大学学报（哲学社会科学版），2014（6）：107—117.
[3] 代宝珍，周绿林．我国健康保险业的健康管理运行模式构建［J］．保险研究，2009（11）：40—43.

主体等资源的合作，可以促进健康管理的资源整合和有效配置。一个典型的例子是，同一个被保险人由于其保险公司提供了健康管理、医疗保障、收入损失等综合健康保障服务，可以同时或有序购买健康管理服务、医疗服务、康复服务、疾病管理等服务。

（三）健康管理是健康保险业供给侧结构性改革的重要方面

1. 健康管理服务是健康保险产品创新的重要切入点

健康保险产品包括核心、形体和延伸三个层次，其中延伸层大多表现为服务的升华和扩展，也是增加客户黏性的重要手段。健康管理服务可以为消费者提供健康风险因素的检测、评估、干预等手段，包括健康体检、就医服务、生活方式管理、疾病管理、健康教育等。[①] 在健康保险产品创新中将这些健康管理服务作为健康保险产品的附加品或延伸服务，会增强产品的市场竞争力和客户认可度。国务院2016年发布的《"健康中国2030"规划纲要》要求："丰富健康保险产品，鼓励开发与健康管理服务相关的健康保险产品。促进商业保险公司与医疗、体检、护理等机构合作，发展健康管理组织等新型组织形式。"

2. 与健康管理合作是健康保险产业链延伸、供给侧结构性改革的可行方向

健康管理服务和健康保险服务都是健康产业链的重要构成，是有效配置医疗健康资源的重要渠道。根据WHO关于健康的定义，可以推论健康产业不仅包括传统的医疗服务业和医药产品制造业，而应包括"前移"的疾病预防、健康管理、健康促进等行业以及"下移"的保健行业，这其中健康保险是促进医疗服务业、药品制造业、健康管理业等行业发展的关键环节。因此，健康管理服务业、健康保险服务业都是健康产业链的重要构成，而健康保险与健康管理合作是健康保险服务业延伸自身价值链、促进供给侧结构性改革的重要抓手。

两者合作的方式包括：（1）委托代理，即保险公司将健康管理服务委托给健康管理机构，实施服务外包策略。（2）核心技术支持，即健康管理机构为保险公司提供健康管理核心技术，由保险公司直接向被保险人提供健康管理服务。（3）合作投资，即保险公司出资投资建立健康管理机构，合作提供健康管理服务，这是保险公司自身产业链的延伸。

> **专栏8.1**
>
> **产业链的延伸：阳光保险集团的"健康管理+健康保险"**
>
> 2014年，阳光保险在山东潍坊收购投资了一家医院的在建工程，经过三年的努力，中国保险业投资的第一家大型综合医院——阳光融合医院于2016年5

---

① 中国保监会. 关于健康保险产品提供健康管理服务有关事项的通知（保监发〔2012〕73号）.

月8日正式开张。目前为止,医院日均门诊量已经突破1 200人,首期开业的500张病床,床位使用率已经超过90%。目前医院与国内外数十家一流医疗机构建立战略合作关系,先后同美国哈佛大学Joslin糖尿病中心、澳大利亚医学影像中心、以色列舍巴(Sheba)医学中心、韩国三星首尔医院、美国杜克大学医学部、南加州大学等多家国际知名医疗机构签订合作协议。医院全面推进数字化,打造智慧型医院。

基于阳光保险集团的专业背景,阳光保险整合资源优势,采用"保险+医疗"模式将阳光融合医院打造亲民医院的同时,借助医院资源开发新的健康保险产品,延伸其既有健康保险产品的服务。表现为:(1)阳光保险与政府合作,特别研发与医疗紧密结合的健康保险专属产品。在保险责任范围内,客户在基本医疗范围内可报销100%,医保范围外报销比例最高也可达100%;推出"直赔式"服务,患者和医院实行实时报销结算,从而大幅降低患者医疗费用,让客户享受便捷服务。(2)阳光保险客户到医院就诊治疗时,医院为客户提供便捷、温馨的服务。阳光保险的被保险人到阳光融合医院就诊,可享受到医院针对保险客户的专属服务;患者出院时,住院医疗费用中由阳光保险承担的部分将自动结算,使客户真正享受到直赔服务。

资料来源:本专栏内容由作者根据"张维功:做未来十年中国最好的医院"(载于《保险文化》2017年2月)的相关材料和阳光融合医院主页网络资料整理得出。

第四节 健康保险营销管理供给侧改革:诚信教育

一、诚信在健康保险营销管理中的重要性

(一)健康保险经营需要遵循最大诚信原则

由于存在着严重的信息不对称,最大诚信原则是保险经营遵循的首要原则,保险文化会影响保险消费者和保险人的行为选择及雇员和顾客忠诚度,其本质是一种服务

文化，同时是一种以最大诚信为基础的商业文化。① 诚信经营的首要点是遵守法律规定，《保险法》中明确规定必须遵循公平原则确定各方的权利和义务，并对保险合同履行过程中保险公司行为进行了一系列的规定和约束。

（二）诚信是保险公司声誉资本的源泉

声誉是建立在价值观上的综合概念，包括业绩、守法、良心等方面。声誉是一个长期的指标，由公司品质决定，同公司价值观、企业文化、操行密切相关，是公司所有部门共同的职责范围，会对消费者、投资者、股东、员工、供应商等所有利益相关者产生影响。② 声誉资本是一个不断累积的过程，健康保险诚信和公平是企业或行业声誉资本的源泉。毫无疑问，品质优秀的保险公司才能赢得良好的声誉，而我国健康保险目前处于初级发展阶段，保险行业认可度有待提升，在此背景下，诚信经营是保险公司积累声誉资本、积累竞争优势的唯一途径。

（三）诚信服务是提高客户认可度和忠诚度的重要法宝

保险活动的载体——"保险产品和服务"同时是保险文化的载体。③ 健康保险经营过程可以简化为"营销—核保—理赔"三个基本环节，这三个环节都是需要客户参与的服务。因此，诚信营销、诚信核保、诚信理赔是提高客户对产品、公司、行业认可度和忠诚度的重要法宝。客户认可度高意味着保险公司盈利的可能，而忠诚度高则是公司价值的核心体现。具体来看，诚信营销至少包括在营销过程中以客户利益和需求为上，对健康保险产品特点、功能、免责条款等如实告知；诚信核保至少包括根据被保险人或保险标的的风险状况，如实评估风险和厘定费率，及时签发保单等；诚信理赔要求在核损确定赔偿金额的过程中如实根据保险合同的约定和实际损失状况，迅速做出准确合理的赔付决定，包括及时核损、及时赔付保险金等。

二、健康保险营销管理中诚信教育的开展与实践

（一）健康保险营销管理中诚信教育的基本定位

诚信是"诚实信用"的简称，在一定程度上是道德（包括商业道德、社会道德

---

① 卓志，孙正成．保险文化的转型与升华：以现代保险服务业为视角［J］．保险研究，2015（5）：84—91．

② ［美］凯文·杰克逊．声誉管理［M］．燕清联合顾捷昕，张宏超译．北京：新华出版社，2006：31—32．

③ 卓志，孙正成．保险文化的转型与升华：以现代保险服务业为视角［J］．保险研究，2015（5）：84—91．

等）的评价标准。涂尔干在其著作《道德教育》中将"纪律精神、对社会群体的依赖和自主或自决"确定为道德的三个要素。① 康德认为教育的目的在于使每个人的所有能力有更完美的发展，涂尔干认为道德教育是可行的，并将教育定义为"年长的一代对尚未为社会生活做好准备的一代所施加的影响"，并重申"教育的目的在于在儿童身上唤起和培养一定数量的身体、智识和道德状态，以便适应整个政治社会的要求，以及他将来注定所处的特定环境的要求"。②

当然不能将涂尔干关于教育的概念直接移植到保险的诚信教育，因为保险诚信教育的对象不都是儿童。涂尔干认为之所以要进行教育，是因为被教育的对象（例如儿童）目前具备的知识、技能或道德状态不能适应具备其所处环境的要求，这意味着诚信教育更多地表现为一种帮助性的行为，而不一定表现为纠正性的行为，教育活动的目的是增加或培养被教育者的能力或修养，而不一定表现为对其既有状态的纠正，这一论点为开展健康保险诚信教育奠定了基础。因此，健康保险经营管理过程中的诚信教育可以"人之初，性本善"为其基本出发点，目的在于杜绝和减少不诚信的、影响保险公司和产品声誉的健康保险服务。分析保险服务实践中诚信缺失的原因是开展有效诚信教育的重要起点：实践中，由于健康保险产品的专业性以及保险营销制度本身的缺陷（个人代理人制、佣金制等）使得很多保险营销人员并非一定由于本身道德缺陷而导致服务缺陷或丧失信用。保险营销人员、核保理赔人员缺乏专业知识、不明法律法规的相关规定、实践经验不足等不能满足工作需要的无知也是导致不诚信结果的原因之一；此外，个体逐利的本性和本身的道德缺陷也是诚信缺失的主要原因。

（二）诚信教育的对象

1. 前端诚信教育对象

前端诚信教育强调对直接面向健康保险消费者的员工进行诚信教育，是保险公司诚信经营的主要表现。前端诚信教育对象是直接向消费者提供健康保险服务的人，以保险营销员、核保理赔人员等为主，甚至包括医疗服务和健康管理服务提供者。这些人是健康保险公司、产品、品牌的代言人，这些员工和消费者一起完成对保险销售、理赔核保等服务的互动体验，其行为直接影响消费者对健康保险服务"真实瞬间"的评价。其中保险营销人员、保险核保和理赔人员是影响消费者对健康保险服务评价及满意度的重要因素，其道德品行、服务质量、服务态度和专业能力都会影响消费者

---

① ［法］涂尔干（Durkheim, E.）. 道德教育［M］. 陈光金，沈杰，朱谐汉译. 上海：上海人民出版社，2006：17—93.

② ［法］涂尔干（Durkheim, E.）. 道德教育［M］. 陈光金，沈杰，朱谐汉译. 上海：上海人民出版社，2006：235.

第八章
健康保险营销管理：需求拉动与供给侧结构性改革

的"真实瞬间"感受和评价，因此是诚信教育关注的重点。

2. 后端诚信教育对象

后端诚信教育意在为前端诚信教育以及健康保险营销管理提供支持，是保险公司诚信经营的保障。后端诚信教育对象包括保险公司高级管理人员、行政管理人员和内勤员工等。

消费者和公众对"产品和服务"的评价主要取决于直接提供服务的基层员工，但基层员工行为深受企业价值理念的影响；我国健康保险市场呈现出（寡头）垄断竞争的格局，"高管"对健康保险公司和行业发展往往产生持续的强有力影响，行业中的"领头羊"的声誉特征在一定程度上表征了行业的声誉。实践中，保险公司（尤其是"领头羊"）"高管"个体行为往往成为媒体关注重点，从而在很大程度上影响行业声誉[①]；此外"高管"往往也是基层员工模仿和学习的主要对象。因此培育良好的公司行业声誉和文化需从上层开始，从公司内部的高级管理人员开始。

此外，保险公司内部的行政管理人员、后勤人员也是公司企业文化的践行者、公司声誉的创造者和维护者，其道德品行、专业能力会影响对前端客户服务的质量，最终影响客户满意度，因此也应成为诚信教育的对象。

（三）诚信教育内容

根据健康保险营销管理中诚信缺失的原因分析和诚信教育对象分析，诚信教育内容应包括以下几个方面：

1. 法律法规教育

诚信是超越法律基本规定的一种行为表现，道德的首要要素是"纪律精神"，因此遵守法律是诚信的基本要求。健康保险营销管理作为一种受法律约束的行为，诚信教育首要任务就是进行法律法规教育，避免由于无知导致的"无意"缺信。保险行业是以大数法则为经营基础的，各类保险公司往往拥有大量的被保险人或投保人的个人信息（如年龄信息、健康信息、基因信息等），对健康保险业务尤其如此。随着大数据技术、互联网技术的发展，个人信息成为进行有效营销管理活动的重要财富，同时也是被保险人自我保护和防御的主要方面。在健康保险营销管理过程中对保险公司营销管理人员进行有效的诚信教育是营销管理诚信教育的重要方面。这是商业伦理和企业社会责任的重要体现，也是维持客户稳定性的重要策略。事实上，自2003年起国务院已开始起草《个人信息保护法》，2005年专家建议稿已经完成，并提交国务院审议，启动了保护个人信息的立法程序。这就要求保险公司在健康保险营销管理活动中应加强个人信息的保护和诚信教育，形成良好的商业习惯。

---

① 孙正成. 加强保险企业高管监管 提升保险行业声誉［J］. 保险职业学院学报，2015（4）：29—31.

2. 专业知识教育

诚信服务的表现之一就是根据保险合同的约定履行相应的义务。健康保险有极强的专业性，尤其涉及健康、疾病、医疗服务等其他领域的专业知识，如果营销、核保理赔人员不具备这方面的专业知识，在与客户接触互动过程中就极有可能混淆视听、蒙混过关，导致服务诚信和质量的缺失。因此，诚信教育还应包括专业知识教育，避免由于专业无知导致的"无意"缺信。

3. 职业规划教育

目前大多数保险营销员之所以会进行虚假或夸大事实的营销行动，缘由在于其对自己职业规划不明确，并无长远的职业发展需求，也没有维护个人职业声誉的动力。倘若营销员自身也将个人声誉视为资产并试图通过长远的职业规划和实践对其维护，那么营销人员在服务过程中就会将个人声誉和集体声誉联系在一起，表现为对"对社会群体的依赖"，从而不会产生诚信缺失问题。

4. 职业素养教育与培训

诚信教育的原因之一在于健康保险服务提供者不能提供与保险行业和社会或消费者的要求相符合的服务，谨慎、认真的工作态度，熟练工作技能的培养是保障服务质量的重要方面，因此，诚信教育还应包括员工职业素养的培训。

5. 道德品行的引导和修正

健康保险营销管理中，不乏由于服务提供者和管理者自身道德失范而导致服务诚信缺失的案例，因此诚信教育还应包括对突出个体道德品行的引导和修正。

（四）诚信教育开展的方式

根据诚信教育的对象和内容，健康保险营销管理过程中诚信教育的开展方式可选择：（1）在企业内部开展，主要对营销、核保、理赔、后勤、行政、管理人员进行诚信教育；（2）委托专业培训机构、高校等教育机构开展，适用于提升各类服务提供者专业知识的情况；（3）借助行业培训和社会公民教育。

第五节　健康保险营销管理供给侧改革：风险管理

健康保险营销管理的核心在于保障公司盈利水平，保险公司的利润来源包括承保利润和投资收益两部分，由于健康保险产品特征，其经营主体更重视承保利润，有效控制赔付成本，有效进行风险管理就成为经营主体营销管理过程中关注的重点。健康保险市场存在着明显的信息不对称，因此控制道德风险就成为健康保险营销管理过程中风险管理的重中之重。

一、健康保险活动中道德风险的主要表现

(一) 道德风险的概念界定

覃青必(2017)认为道德风险有三种表现形式,其中一个是将道德风险表达为道德主体道德表达不确定的风险,即个体在社会道德实践中由于道德表达的不确定性而给他人和社会带来损害的潜在性和危险性。[1] 经济学中的"道德风险"一词由阿罗(Arrow)提出,源于经济交易中存在着信息不对称。《新帕尔格雷夫经济学大词典(第3卷)》中将道德风险定义为"从事经济活动的人在最大限度地增进自身效用的同时做出不利于他人的行动"。[2] 保险合约中,道德风险是指保险对减少风险动机的影响[3],具体表现为"因投保人、被保险人或受益人为骗取保险金而故意造成保险事故或加重损失程度的风险。"[4] 这一定义中,将保险活动中道德风险主体确定为投保方(消费者),即投保人、被保险人或受益人,其暗含的意思是保险活动中的道德风险是保险人(供给者)主要面临的问题。

(二) 健康保险活动中道德风险的表现形式

由于健康保险交易活动中存在着严重的信息不对称,因此减少或控制道德风险是健康保险经营管理中的重要内容。道德风险往往发生在更有信息优势的一方,但以商业交易为存在土壤。根据道德风险主体(信息占优方)对他人采取不利于他人行动的发生时点,可以将道德风险分为事前道德风险和事后道德风险,这里的"事"主要体现为交易另一方按照约定履行相应的义务。健康保险营销管理和交易活动中信息占优方是投保人,即健康保险需求者,供给者应履行的义务表现为约定疾病或事故发生后的损失补偿或保险金给付。以此为划分依据,可将健康保险中的道德风险分为事前道德风险和事后道德风险。

1. 事前道德风险

健康保险的事前道德风险是指在疾病或其他约定条件未发生之前,由于健康保险消费者的信息占优,采取了对保险人(供给者)不利的行动。主要表现为在签订健

---

[1] 覃青必. 道德风险的内涵[J]. 江西社会科学, 2017(4): 13—20.
[2] [英] 伊特韦尔等. 新帕尔格雷夫经济学大辞典(第3卷)[M]. 陈岱孙等译. 北京: 经济科学出版社, 2006: 588.
[3] [美] 乔治·迪翁. 保险经济学前沿问题研究[M]. 朱铭来, 田玲, 魏华林等译. 北京: 中国金融出版社, 2007: 131.
[4] 全国保险业标准化技术委员会. 保险术语[M]. 北京: 中国财政经济出版社, 2009: 64.

康保险合同之后，由于有保险保障而做出的一系列增加疾病或健康风险或不再规避健康风险的行为，主要表现为生活方式的改变，如减少锻炼，摄入过多热量，抽烟，酗酒等。

2. 事后道德风险

健康保险的事后道德风险是指在疾病或其他约定条件发生之后，由于健康保险消费者的信息占优，采取对保险人（供给者）不利的行动。主要表现为故意骗保、与医疗服务机构合谋骗保、故意使用不必要的医疗服务等。众多的研究发现，健康保险实践中事后道德风险更为明显，对保险人产生更大的不利影响。

（三）健康保险市场道德风险产生的原因分析

1. 参与主体众多

与其他保险不同，健康保险活动离不开医疗服务提供者的参与，因此相对于其他保险产品营销管理，健康保险参与主体众多是其道德风险更为严重的主要原因之一。健康保险可能会对所有的保险市场主体产生影响，即产生道德风险。保险人除了需要面对消费者可能产生的道德风险之外，还需面对医疗服务提供者可能产生的道德风险。

2. 信息不对称

通常来说，当疾病或事故发生概率以及医疗费用损失不是外生的，而是缘于消费者的某些行为或决定时，健康保险的道德风险就产生了。与其他商业交易过程产生道德风险的原因一致，信息不对称是健康保险交易过程中产生道德风险的主要原因。与其他保险不同之处在于，健康保险活动的信息不对称发生在消费者、供给者和医疗服务提供方三者之间。主要表现为：（1）健康保险服务过程中，当被保险人拥有完全健康保险时，由于保险人无法对被保险人进行行为监控或监控成本过高，被保险人主动规避和减少道德风险的动机就降低或消除了，从而产生了事前道德风险。（2）当疾病或事故发生之后，由于保险人缺乏对医疗服务过程的监控，在确定被保险人（患者）有保险时，医疗服务提供方会借机或与投保人合谋使用昂贵的医疗器材或不必要的医疗服务，从而增加医疗费用。（3）当疾病或事故发生之后，投保人会捏造或夸大事实，骗取保险金。

二、健康保险营销管理中道德风险控制和管理

（一）事前道德风险控制和管理

针对事前道德风险，主要的控制和管理策略是对投保后事发前的被保险人（或

其他消费者）行为进行有效的监控和管理。前文分析健康管理就是对投保后的健康保险消费者健康危险要素、生活方式等进行监测和必要的早期干预，降低疾病发生概率，这是一种非常有效的事前道德风险管理和控制的策略。

（二）事后道德风险控制和管理

对于事后道德风险的控制，最传统和有效的方法是设置共保条款，使得被保险人不能获得完全保障，当事故发生后，被保险人也需要支付固定成本（免赔额或免赔率的存在），降低被保险人故意或恶意骗保的风险。随着现代技术的发展，可实现更深层次的数据挖掘和利用，组织形式创新（如相互健康保险），外部资源的合作利用（如与医疗机构合作、行业之间保险公司合作、被保险人风险数据共享）等，这些都是健康保险营销管理过程中可以探索的道德风险管理有效手段。

本章小结

本章分析了健康保险需求并进一步分析健康保险消费的重要影响因素，从产业链的延伸、服务创新、诚信教育、风险管理等方面探索性地分析了健康保险营销管理供给侧结构性改革的思路和框架。具体而言，以保险的本质为主要理论依据，结合健康保险服务的流程和业务特点，将健康保险服务创新分为产品创新、过程创新和传递创新，探讨了如何通过服务创新助力有效的健康保险营销管理；分析了健康保险服务业和健康管理结合的必要性，诚信教育、控制道德风险等在健康保险营销管理中的重要性以及供给侧改革的可行路径。

专业术语

1. 健康管理：《保险术语》中将健康管理界定为：保险经营机构在为被保险人提供医疗服务保障和医疗费用补偿的过程中，利用医疗服务资源或与医疗（保健）服务提供者的合作，所进行的健康指导和诊疗干预管理的活动。

2. 健康保险服务创新：在健康保险服务过程中，保险公司应用新思想和新技术来改善和变革现有的服务流程和服务产品，提高现有的服务质量和服务效率，为顾客创造新的价值，最终形成保险公司的竞争优势。

3. 健康保险产品传递创新：保险公司在向客户传递健康保险服务过程中，传递方法、传递系统或传递媒介的创新，包括与客户交互作用方式的变化。

4. 健康保险服务过程创新：在"后台"支持某一种健康保险服务创新的生产程序或规程的变化，是为产品创新或传递创新提供支撑的一种技术创新。

思考题

1. 请说明你对健康管理的理解。
2. 健康保险需求的主要影响因素有哪些？
3. 请分析健康管理与健康保险的关系。
4. 你如何理解健康保险营销管理中诚信教育的作用？

第九章

健康保险营销管理的模式及其选择

结合自身有限的资源禀赋和经营目标选择恰当有效的营销管理模式是实现有效健康保险营销管理的起点和必要步骤。基于此,本章运用一般营销管理的相关理论,结合健康保险行业特征,从可持续经营的视角构建了健康保险营销管理模式,并对其进行细分,进一步分析了健康保险营销管理模式创新的必要性以及可创新的路径和方向。本章旨在帮助读者拓展思路,进行有效的健康保险营销管理模式选择。

第一节 健康保险营销管理模式及基本类型

一、健康保险营销管理模式界定

(一) 营销管理模式的理解

1. 营销管理模式的一般界定

事实上,关于营销管理模式并无明确的定义。要定义营销管理模式,应先分别理解"营销管理"和"模式"。从营销管理模式的构成可以看出,模式是中心词,而营销管理是定语。营销管理模式和其他的一般模式应有相似的性质,包括一般性、简单性、重复性、结构性、稳定性、可操作性等。

综合"营销管理"和"模式"的基本含义,本文将营销管理模式定义为"人们为实现组织目标而对意在建立、加深和维持与目标购买者之间有益的交换关系的设计方案所作的分析、计划、实施及控制等一系列行为的一般方式"。这里的"意在建立、加深和维持与目标购买者之间有益的交换关系"正是营销管理的目的,"设计方案"正是营销策划方案,"分析、计划、实施及控制"则构成了营销管理活动的主要步骤。

2. 可持续营销视角下的营销管理模式

传统的营销理论中,将营销作为战术,服务于企业的战略目标,认为营销管理(Marketing)的基本释义是应对市场(Market),其根本的目的在于实现组织目标,往往表现为实现企业(组织)的战略目标、盈利目标等。科特勒(2008)进一步提高了营销管理在企业经营中的地位,并提出了可持续营销的理念,认为"可持续是任何企业在变化不定的市场中求生存的主要元素,而市场营销是可持续营销企业的核心部分。"[①] 在健康保险发展和外部环境变化如此迅速的当下,营销管理是否能够帮助保险公司可持续发展是非常重要的一个问题。基于此,以一般意义的营销管理模式为基础,对可持续营销管理模式界定如下:"人们为实现组织可持续经营的目标而对意在建立、加深和维持与目标购买者之间有益的交换关系的设计方案所作的分析、计划、实施及控制等一系列行为的一般方式。"

3. 健康保险营销管理模式

借营销管理模式和可持续营销管理模式的定义,采用种差[②]的方法即可得到健康保险营销管理模式的概念界定:健康保险营销管理模式是指:"人们为实现健康保险经营主体经营目标而对意在建立、加深和维持与目标购买者之间有益的交换关系的设计方案所作的分析、计划、实施及控制等一系列行为的一般方式。"

二、健康保险营销管理模式基本类型

(一)划分的依据

尽管目前诸多文献都在使用"营销模式"这一术语,但具体营销管理模式的内涵和基本类型却混淆不清,科特勒等著名学者也未明确指出何为营销模式或营销管理模式的类型有哪些。有学者将营销模式分为"概念营销、事件营销、公益营销、绿

[①] [美]菲利浦·科特勒等. 反思:可持续营销——亚洲公司成功的战略、战术和执行力[M]. 李宪一译. 北京:中国市场出版社,2008:3.

[②] 种差指被定义的概念与其属概念之间的差别。种差定义法可用公式表示:被定义概念 = 种差 + 邻近的属的概念。适用规则有三个:一是定义概念和被定义概念的外延必须相等;二是定义概念不能直接或间接地包含被定义概念;三是定义一般用肯定形式和科学术语。

色营销、知识营销、关系营销、体验营销、整合营销、微博营销、网络营销、电视购物营销、直邮营销、会议营销、俱乐部营销等 20 种"[1]，但本文认为这种划分方式并无有说服力的标准，比如"微博营销、网络营销、电视购物营销、直邮营销"等都属于按照营销渠道进行的分类，而与"概念营销、关系营销"等俨然不是同一个类型。

本书划分健康保险营销管理模式的主要依据就是营销组合的内容和构成。目前，营销组合根据其构成变量分，可以分为 4P 营销组合、7P 服务营销组合、4C 营销组合、4R 营销组合、4V 营销组合、4S 营销组合、4I 营销组合等。相应的，健康保险营销管理模式可以分为 4P 模式、7P 模式、4C 模式、4R 模式，4V 模式、4S 模式和 4I 模式等基本模式。

（二）健康保险营销管理模式具体类型

1. 健康保险 4P 营销管理模式

4P 营销组合是由科特勒提出来的，分别是产品（Product）、价格（Price）、渠道（Place）和促销（Promotion），是传统营销管理理论的经典。借用科特勒对 4P 的界定和描述[2]，可以将健康保险 4P 营销管理模式的四组变量描述如下：产品是指保险公司向目标市场提供的"产品和服务"的结合体；价格是顾客为获得健康保险产品和服务而必须支付的金额，体现为健康保险保费费率；渠道是保险公司为使健康保险产品到达目标消费者而进行的活动；促销是传递健康保险产品和服务优点并说服目标顾客购买产品的活动。可以看出，健康保险 4P 营销管理模式的中心仍然是目标客户的需求和预期定位。

2. 健康保险 7P 服务营销管理模式

B. Booms 和 M. Binter 在传统的 4P（Product、Price、Place、Promotion）营销组合策略基础上提出了服务营销组合策略，即在 4P 基础上加入了人（People）、过程（Prosess）和有形证据（Physical Evidence）。[3] 结合健康保险产品无形的服务特征，本文认为 7P 服务营销管理模式也是非常重要的一种营销管理模式。7P 服务营销管理模式的核心在于强调人（员工）在健康保险营销管理过程中的重要性，更关注提供服务的全过程[4]以及对服务或变革的切实执行。

3. 健康保险 4C 营销管理模式

---

[1] 石泽杰. 营销战略升级与模式创新, 开创企业价值营销新时代［M］. 北京：中国经济出版社，2013：311—368.

[2] 科特勒对 4P 的原义解释见原文：[美] 菲利浦·科特勒等. 市场营销导论［M］. 余立军译. 北京：华夏出版社，2001：52—53.

[3] B. Booms, M. Binter. Marketing strategies and organization structures for service firms, Marketing of Services (AMA), 1981：47—51.

[4] 崔小西. 最受欢迎的哈佛营销课［M］. 上海：立信会计出版社，2014：16.

整合营销之父唐·E. 舒尔茨（Don. E. Schulrz）提出了 4C 营销组合，强调消费者的需要和欲望，包括消费者（Customer）、成本（Cost）、便利（Convenience）和沟通（Communication）四组变量。借用舒尔茨对 4C 的界定和描述[①]，可将健康保险 4C 营销管理模式的四组变量描述如下：消费者包含消费者的需求和欲望，在健康保险营销管理过程中，要把消费者利益放在首位；成本是指在健康保险营销管理中，要了解消费者愿意为其需要和欲望付出多少成本，包括产品成本和购物成本；便利是指在健康保险营销管理过程中，保险公司要了解消费者的购买方式和偏好，使消费者能够便利地购买到保险产品；沟通强调保险公司在健康保险营销管理中要注重与顾客（以及员工、投资者[②]甚至竞争者）的沟通，培养顾客忠诚度，促进相互理解。

4. 健康保险 4R 营销管理模式

4R 营销组合是由舒尔茨在 4C 的基础上提出的，4R 分别指关联（Relevance）、反应（Reaction）、关系（Relationship）和回报（Reward）。与 4C 组合不同，4R 强调要与消费者建立新型的主动关系，表现为紧密联系顾客，形成良好互动关系，提高对市场的反应速度并注重营销管理活动带来的回报。

5. 健康保险 4S 营销管理模式

4S 营销管理模式的四组变量分别是满意（Satisfaction）、服务（Service）、速度（Speed）和诚意（sincerity）。其中，满意强调健康保险营销管理中以客户满意为中心；服务强调要提供微笑服务；速度强调能够迅速地提供接待、办理理赔等服务；诚意则强调要以诚实信用的行为方式为客户提供保险服务。4S 营销管理模式可以很好地增强客户黏性，提高其满意度。

6. 健康保险 4V 营销管理模式

4V 营销管理模式包括差异化（Variation）、功能化（Versatility）、附加价值（Value）、共鸣（Vibration）四组变量。差异化强调要在健康保险营销管理中将自己与竞争对手区别开来，建立自己差异化的特色，同时要差异化地对待客户；功能化是指在健康保险营销管理中，对产品定位要体现三个层次的功能，即基本功能、延伸功能和附加功能[③]；附加价值强调需要通过增加健康保险产品的附加价值或服务提高自身的竞争力，包括技术、品牌等方面的价值；共鸣强调在健康保险营销管理过程中，注重将自身利益和顾客价值联系起来，当顾客通过产品或服务满足其需要和欲望实现

---

① 舒尔茨对 4C 的原义解释转引自：黄华明. 保险市场营销导论 [M]. 北京：对外经济贸易大学出版社，2004：444.

② 注重顾客、员工、投资者的价值实现这一观点，与科特勒倡导的可持续营销必须关注员工、顾客、股东价值实现一脉相承，也是本文认为健康保险营销管理模式构建所关注的方面。

③ 这一观点与本书第三章关于健康保险产品层次的讨论相一致，也是本文认为健康保险营销管理模式构建所关注的方面。

了价值最大化时,保险公司自然得到了利润保障。①

7. 健康保险 4I 营销管理模式

网络整合 4I 营销是在网络、移动终端快速发展的背景下提出的。4I 网络营销管理模式包括 4 组变量:个体的聚焦(Individual Gathering)、互动(Interactive Communication)、时空(Inside/In)和个性(I)②,强调在健康保险网络营销管理过程中:(1)基于虚拟社区的存在,对这些具有相同兴趣或共同目的的个体形成"分众",以此为基础,挖掘建立可以展开定向营销服务的数据库,为健康保险营销提供数据库(物质)基础;(2)基于网络媒体与传统媒体的差异,健康保险网络营销管理要能够充分挖掘与客户的互动,让消费者参与到产品的体验甚至是创造和销售等活动中;(3)以能够为顾客提供价值利益为首要,通过向消费者提供信息、服务、荣誉或心理满足等方面的价值,增强消费者的黏性,让他们进入虚拟空间并长期待在里面;(4)强调产品、服务、营销方式或渠道的个性化,让消费者产生被"焦点关注"的心理满足感,进一步提高顾客满意度和黏性。

尽管营销管理模式在不断变化和发展,但应坚持科特勒提出的"以目标顾客需求(欲望)和企业预期目标"这一基本理念从未发生改变。之所以产生不同的营销管理模式,原因在于随着市场环境、技术和消费者需求的变化,可以从不同的角度进行营销组合,实现预期目标。此外,上述对健康保险营销管理模式的分类,并不存在非此即彼的选择,而是多种营销管理模式并存,其中 4P 营销管理模式仍然是代表,是后继各类模式的鼻祖,也是最能体现营销管理活动要素的参考。

第二节 健康保险营销管理模式取舍与选择

一、模式取舍的基础:业绩和利润之间的博弈与平衡

(一)保险公司业绩和利润的比较

1. 概念的比较

---

① 关于 4V 的原义解释借鉴了吴金明的观点,原文见:白学锋.创新营销五模式[M].北京:海洋出版社,2003:11—16.

② 4I 营销最早由朱海松(2005)提出,最早用于无线终端营销中,关于 4I 的原义解释借鉴了其网络整合 4I 营销管理的观点,原文见:朱海松.第一媒体:手机媒体化的商业革命[M].广州:广东经济出版社,2011:115—117.

韦氏词典里将业绩定义为"是指完成、执行的行为,完成某种任务或者达到某个目标——通常是有功能性或者效能的。"[①] 从概念中可以看出业绩是对某一种为了实现目标而进行的一个活动,这个活动的评价既包括结果,也应包括对其过程的衡量。

马克思说利润是由商品按照它的价值出卖而取得的[②],会计学上的利润是指企业在一定会计期间的经营成果,包括收入减去费用后的净额,直接计入当期利润的利得和损失等。[③] 衡量利润的指标包括利润总额、净利润、营业利润、每股收益等,利润率包括资金利润率、成本利润率、产值利润率、销售利润率等。[④] 可见,利润是一个经营行为结果的表征。

健康保险公司的利润来源主要包括预期利润的摊销、准备金假设的变动、准备金假设与实际的差异,包括利差、死差和费差三个方面。[⑤] 因此保险行业和公司的利润有很强的预计性、滞后性以及一定的射幸性。[⑥] 健康保险产品有长期和短期之分,长期健康保险产品和短期健康保险产品在责任准备金提取、佣金支付方式等方面有很大的差异,因此,保险公司经营不同类型的健康保险产品时,其利润的核算方式也会存在一定的差异。

2. 保险公司业绩和利润的评价指标比较

一个公司的经营业绩(Performance)可采用资产收益率、资产利润率和息税前利润率[⑦]或股票价格、企业价值等财务指标来衡量。业绩的评价往往不局限于财务指标,针对不同的企业类型,其评价标准可能不同,例如,针对战略性新兴企业业绩评价可能还包括战略性、新兴性和循环经济等方面的评价。[⑧] 可以看出尽管业绩的核心是财务指标,但还包括能够表达公司经营管理过程和目标的其他非财务类指标。

关于保险公司业绩的评价,大致经历着财务导向模式、经济价值(内含价值)导向模式、战略执行(平衡计分)模式的演变,评价指标也在不断变化:财务导向模式下采用的财务指标包括销售费用率、管理费用率、综合赔付率、资金贡献率、渠道及险种保费收入等;经济价值导向下的内涵价值指标则由有效业务价值和调整后的净资产两部分构成。战略执行(平衡计分)模式下的指标包括:(1)偿付能力指标、盈

---

① 汪家常,魏立江. 业绩管理 [M]. 沈阳:东北财经大学出版社,2001:11.
② 马克思. 价值价格与利润 [M]. 王学文,何锡麟,王石巍译. 北京:生活·读书·新知三联书店,1950:65.
③ 李学东. 会计学 [M]. 厦门:厦门大学出版社,2014:338.
④ 赵玉林,王化中. 经济学辞典 [M]. 北京:中国经济出版社,1990:635.
⑤ 周星,王智鹏. 保险公司利润来源新解 [J]. 清华金融评论,2015(3):89—90.
⑥ 侯旭华. 保险公司会计 [M]. 上海:复旦大学出版社,2012:10.
⑦ 汪猛,徐经长. 企业避税、通货膨胀预期与经营业绩,会计研究,2016(5):40—47;95.
⑧ 张蕊. 战略性新兴产业企业业绩评价问题研究 [J]. 会计研究,2014(8):41—44;96.

利能力指标、营运能力指标、现金流量指标和发展趋势指标等财务指标;(2)客户满意度、客户保持率、客户获得率、客户获利率、市场份额等管理客户成果的核心指标群;(3)保险公司关注的内部流程指标;(4)人力资本、信息资本和组织资本等关注学习和成长层面的指标。① 可以看出,健康保险公司业绩的评价是随着人们对保险经营活动的预期和管理实践的变化而变化的。

3. 区别与联系

(1)区别:从描述事实和对象来看,业绩注重对保险公司所有经营行为和过程的整体描述,而利润是经营结果的一个表征。从衡量指标来看,业绩的衡量囊括了保险公司营销管理过程中的各个方面,而不局限于财务指标,并随着人们对经营活动预期的变动而不断丰富;利润的衡量指标则相对固定,主要描述投入和产出之间的关系,例如可用销售利润来衡量营销管理的结果。从用途来看,业绩主要用于对某种行为,例如销售行为的描述,用于衡量某个行为主体的工作能力以及工作结果是否满足预期目标,是一种有参照值(可以是绝对值也可以是相对值)的衡量指标;利润主要用于这个经营活动的描述,用于衡量一段时间内经营活动的结果,通常无目标指标的比照。

(2)联系:利润在某种程度上是业绩的一个构成,是业绩的表征之一。尤其对于健康保险公司来说,公司的经营和营销管理活动不能仅以单一的财务指标进行衡量,结合健康保险产品的特殊性,保险公司利润事实上很难完整地描述保险公司经营活动的效率和经营能力,卓志、孙正成(2015)认为健康保险赔付、健康保险保费收入和公司的投资收益都是保险公司经营绩效的有效表征。②

二、健康保险营销管理模式的取舍

(一)取舍的主要依据和指引

持续遵循科特勒所倡导的可持续经营、可持续营销为基本理念,本文认为健康保险营销管理过程中对健康保险营销管理模式的取舍主要取决于能否促进和保障保险公司可持续经营。相对而言,由于保险公司利润有射幸性、滞后性和预期性,若仅以利润作为衡量营销模式是否恰当或是否有价值的指标,可能由于对未来预期判断不当或会计信息质量问题导致对营销管理模式适用性的判断失误。因此,在判断、选择和创新健康保险营销管理模式的过程中,应遵循谨慎经营、可持续营销等基本原则,在既

---

① 刘文鹏. 保险公司业绩评价:从财务绩效到战略执行[J]. 保险研究,2011(1):98—102.
② 卓志,孙正成. 健康险业务能否提升保险公司经营绩效——兼论我国商业健康保险经营动力[J]. 财经科学,2015(11):34—44.

定的当前资源环境下,通过公司内部和外部的多方博弈,平衡好长期经营和短期利润的关系。最好以能够表达公司经营战略目标、营销管理能力和市场与客户认可度的业绩作为衡量指标。

(二) 平衡与取舍的影响因素

1. 内部因素

(1) 以保险公司所处的生长阶段为基础。在平衡利润与绩效,选择、改良或创新健康保险营销管理模式时,应充分考虑保险公司自身所处的生命周期阶段。例如,避免由于公司没有良好的市场认可度和稳定顾客群的情况下,为了片面追求短期利润,做出大刀阔斧的改革或创新,最终导致资源匮乏。

(2) 以保险公司资源禀赋和约束为框架。任何利润或绩效的创造、健康保险营销管理模式的改革、创新或选择都离不开公司自身资源禀赋和条件的束缚,在选择是以业绩还是利润为主要衡量标准和营销管理模式"指挥棒"时,都必须紧密结合自身具备的资源和能力,而不应突破限制,导致力不从心的局面。

(3) 以保险公司的战略目标和市场定位为参照。战略是战术的指引,无论健康保险营销管理模式的地位如何提升,仍然是战略的构成部分或是服从和支持战略发展的战术,因此,在确定以业绩还是利润作为选择营销管理模式的过程中,必须以公司的战略目标和市场定位为基本参照。

2. 外部因素

(1) 以保险(尤其是健康保险)行业发展趋势为判断的宏观参考。保险行业、健康保险行业所处的生命周期阶段,保险公司和保险行业所处文化经济社会环境都是影响保险公司自身选择营销模式重要的宏观影响因素。

(2) 以所处健康保险市场环境为判断的微观要素。健康保险市场竞争格局、健康保险产品同质性(差异性)、健康保险市场需求特征、健康保险市场供给主体数量和竞争力等都是影响保险公司进行营销管理模式选择和创新的主要微观影响因素。

三、健康保险营销管理模式的选择

(一) 影响有效营销管理模式的选择因素和流程

之所以会产生不同的营销管理模式,可能的原因在于周围环境发生了变化,或经营主体的预期目标存在差异。这意味着,在不同的时代、经济、市场环境下,不同的健康保险经营主体基于自身资源和禀赋的约束,可能需要选择不同的营销管理模式。以此进行分析,可能影响健康保险营销管理模式选择的因素包括产品所处的生命周期阶段、企业所处的生命周期阶段、细分子市场的客户及其需求特征等（见图9.1）。

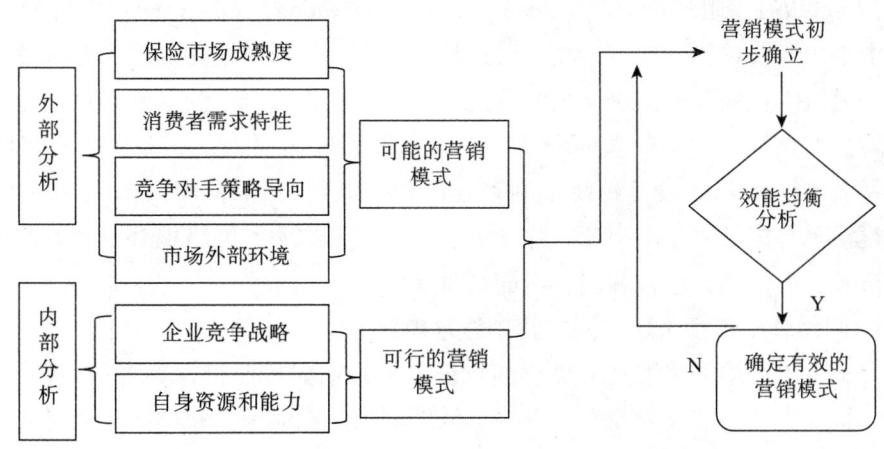

图9.1 有效的健康保险营销管理模式的选择流程

资料来源：程绍珊，张博. 营销模式［M］. 中国档案出版社，2007.

（二）不同条件下健康保险营销管理模式的选择

1. 不同生命周期的产品采用不同的营销管理模式

健康保险产品和其他保险产品一样，是有生命的，其生命周期可以描述为开发期、导入期、成长期、成熟期、衰退期五个阶段。不同阶段的健康保险产品对企业资源，包括资金、技术、人力等的需求是有差别的，保险公司对处于不同阶段的产品经营目的也有所差别。因此，不同生命周期的产品可选择不同的营销管理模式，第四章已对不同阶段的产品营销管理重点和指导理念进行了阐述，主要体现为对4P营销管理模式的运用。

事实上，其他的营销管理模式也可以运用到不同阶段的产品营销中。例如，随着新技术、互联网、移动终端的普及，4I营销管理模式也可以积极运用在导入期、成长期的产品营销中，此时产品需要得到市场认可，而4I营销管理模式正好试图通过建立虚拟空间满足消费者个性需求，吸引同类分众，并将其"引进来并留下来"，这种营销管理模式非常适合于在市场上尚未广泛取得认可的新产品。对于处于成熟期的健康保险产品，由于其有广泛的市场认可度，因此，4R和4S营销管理模式都可以用较小的成本实现提升客户满意度和增加消费者黏性的营销目标。

2. 不同阶段的企业采用不同的营销管理模式

与产品生命周期一样，保险公司也是有生命的，处于不同阶段的保险公司由于其资源和市场地位存在着较大的差异，应选择不同的营销管理模式。例如，处于初创期和成长期的保险公司，大多在市场上处于追随者的角色，其保险产品大多是模仿创新，缺乏自己独立的产品特性和稳定的客户群。此时，强调差异化（Variation）、功能化（Versatility）、附加价值（Value）、共鸣（Vibration）的4V营销管理模式就可以帮助中小保险公司快速地让市场认可或接受，在其他市场主体提供类似的健康保险产品时，通过附加服务的提供，培养自己的客户群，建立自己的品牌。对于处于成熟期的保险公司，往往具备较强的资金、技术和人力资本实力，大多属于市场的领导者，有强大的产品创新能力和稳定的客户群体，此时可选择4P、4C等营销管理模式，通过注重与客户的互动交流、降低保费费率或增加服务网络提升服务的便利性等提高客户满意度，培养忠诚客户，巩固自身品牌。

3. 不同细分子市场采用不同的营销管理模式

细分子市场可用不同维度来描述其特征差异，例如按照目标顾客的性别、年龄、地域等，将目标市场细分为高端、中端、低端市场是能够综合利用保险公司自身资源的划分方式，本文以此为例说明不同细分子市场营销管理模式选择的差异。

具体来说：（1）对于经济支付能力较强的高端细分子市场，其客户群体往往有较高的社会地位、媒介素养、经济能力和较高的服务质量要求，因此可以选择注重差异化、附加值的4V营销管理模式或注重彰显个性需求和参与互动的4I营销管理模式；对于更高端的细分市场甚至可以采用量身定做的方式提供服务，增强客户黏性。（2）中端细分子市场的顾客往往是社会的中产阶级，有稳定的收入来源和较为广泛的社交领域，大多数有着良好的教育背景和媒介素养，此类市场有庞大的消费者，因此中端细分市场是保险公司销售健康保险过程中面对的主要市场。针对此类子市场，选择可以复制的、成本较低的营销管理模式非常重要，因此成熟的4P、4C、7P营销管理模式都是良好的备选。（3）针对低端细分子市场，处于该市场的消费者群体大多数对健康保险保障程度无太高要求，但这些客户很有可能进阶成为中端市场，因此为其提供良好的服务，培养其消费习惯和忠诚度是选择营销管理模式的重点，4P、4R、4S、4C都是良好的备选模式。

第三节　健康保险营销管理模式创新

一、健康保险营销管理模式创新的必要性

和其他事物创新一样，健康保险营销管理模式在内外部环境或因素下也会寻求创新，关于创新驱动力的分析可以参考第四章健康保险产品和服务创新的驱动力模型。

健康保险营销管理是为了实现保险公司盈利目标,因此应随着外部环境变化和内部因素的驱动实施创新。

(一)外部环境变化

外部环境主要包括经济环境、市场环境两个方面;其次,客户需求和消费方式以及技术水平的变化也是促进健康保险营销管理模式创新的主要外部因素。(1)理论和实践均已证明,当经济水平发展到一定程度,健康保险需求会增加,此时,保险公司面对的消费者群体和消费者市场特征会产生变化,因而需要营销模式的创新。(2)随着人们对健康的重视和市场的发展完善,健康保险产品种类会逐渐丰富,市场供给主体会逐渐增加,既有的保险公司要想有明显的竞争优势,营销管理模式需要创新。(3)随着科技的进步生活方式的改变,人们对健康保险产品及服务的渴求与欲望会发生改变,对健康保险产品服务质量和内容以及对产品购买的便利性等方面的要求也会发生改变,因此需要营销管理模式的创新。(4)竞争对手的模式创新也会进一步促进营销管理模式的创新。

(二)内部因素驱动

从内部来看,健康保险产品、营销管理模式自身、保险公司以及健康保险行业都有自己的生命周期,都会经历从出生到消亡的历程。处于不同生命阶段的健康保险产品对资源的占用和营销目的有差异,不同阶段的保险公司自身具备的资源、竞争力和经营目标有差异,营销管理模式本身在不同生命阶段适用的对象和环境也有所差异,因此,产品、保险公司、营销管理模式自身等内部要素的不断变化要求营销管理模式创新,满足不同阶段的经营需要。

二、健康保险营销管理模式创新原则和策略

(一)基本原则

1. 可持续营销原则

基于企业可持续经营是生存的首要要素这一观点,可持续营销是营销管理模式创新的首要原则,在健康保险营销管理模式创新中要遵循可持续原则。

2. 以 PCS 价值为中心原则

健康保险营销模式创新应将营销模式提升到战略地位,并以满足顾客、员工、股东三类利益关系人的价值为终极目标,力求最大可能地将人才市场的优秀人才、商业市场上的潜在消费者和投资市场的投资人都吸引到公司成为稳定的顾客、员工和长期

股东，避免顾客、员工转向竞争对手，股东抛售公司股票等①，而不局限于满足顾客的需求和欲望。

3. 动态调整原则

健康保险营销模式的创新是系统的、动态的、持续的过程，应随着企业自身禀赋和资源的变化、周围所处环境的变化、消费者需求和欲望的变化以及科学技术等方面的变化进行动态调整。

4. 系统性原则

创新或调整健康保险营销模式必须遵循系统性，将营销管理模式作为公司战略的一部分进行，必须在保险公司自身所具备的资源约束下进行，量力而行。

（二）基本策略

事实上，健康保险营销管理模式的创新有很多策略。（1）直接转变或重新选择营销管理模式：前文所述的7种模式之间的变化是最常见的策略，但这种策略常常需要较高的转轨成本。（2）更为基本的创新策略是在既定的营销管理模式中实现新的动态组合，即将某一个营销管理模式（例如4P）中的其中一组变量（例如价格）作为新模式的核心，其他几组变量为依托或者辅助，从而形成众多"1+3"的营销管理模式，根据适用环境和条件选择有效的营销管理模式即可。例如，在产品、保险公司都处于相对成熟的发展阶段，即可采用以价格（Price）为核心，以产品、促销和分销策略为辅助的营销管理模式。（3）多种营销管理模式综合使用，结合健康保险行业的服务性特征，可以4P为基础适当引入7P、4C、4R等策略的某些变量，对传统营销管理模式进行局部创新。

三、健康保险营销管理模式创新的方向：构建可持续营销企业

（一）可持续营销企业（SME）中营销管理的地位

如前所述，科特勒已将营销作为可持续发展企业的一种战略理念（Market-ing），而不仅作为一种职能（Marketing），即强调营销管理应贯穿于整个企业经营活动中，并将营销按照3个战略的范畴来进行理解：展望、架构、积分卡。即，营销管理涉及三种战略活动：评估未来的经济展望；设计并执行经营架构——市场细分、确定目标市场、定位、特色区别、营销组合、销售、品牌、服务、流程；最终平衡对主

---

① [美] 菲利浦·科特勒等. 反思：可持续营销——亚洲公司成功的战略、战术和执行力 [M]. 李宪一译. 北京：中国市场出版社，2008：150.

要利益关系人的价值主张。可持续营销理念下的营销管理活动不仅仅在于应对市场，还能够左右和融入市场。① 图9.2呈现了科特勒提出的可持续营销企业（Sustainable Marketing Enterprise，SME）的发展模型（火箭）图。

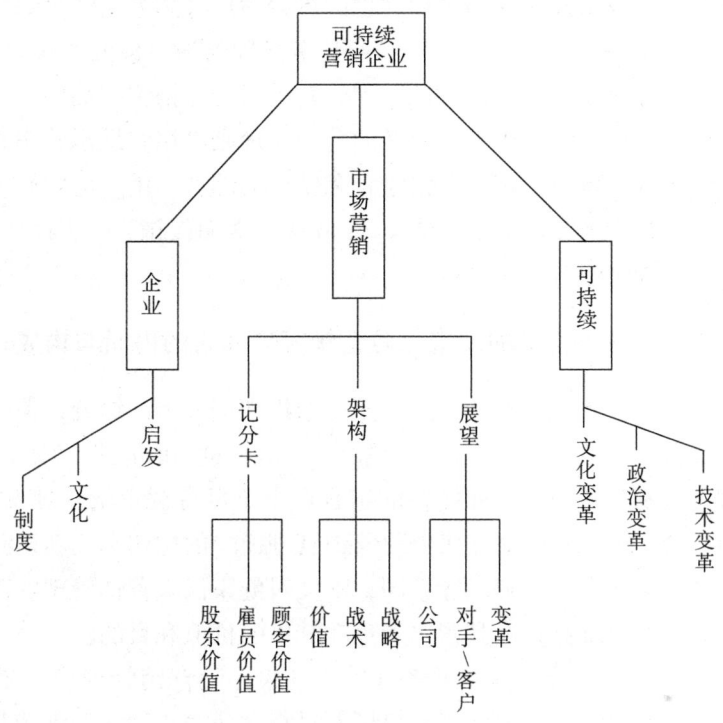

图9.2 可持续营销企业（SME）"火箭图"

在火箭图中不难看出，（市场）营销处于"火箭"的关键地位，是"火箭"的机身，其包括三个子模型，其中展望（Customer、Company、Competitor、Change，4C钻石模型）是为架构的建立提供支撑和服务，记分卡（Personnel、Customer、Shareholder，PCS循环模型）是架构模型运行的目标。

（二）可持续营销企业（SME）中营销管理的基本内涵和构成

可以看出，在科特勒的可持续营销企业发展中，处于关键地位的仍然是架构（STV）模型。与科特勒之前的观点不同的是，营销不仅是战术（Tactics），还是战略（Strategy）和价值（Value）所在，其中，"战略"包括市场细分、确定目标市场和营销定位，"战术"包括特色区别、营销组合和销售，"价值"包括品牌、服务和流程。

---

① ［美］菲利浦·科特勒等. 反思：可持续营销——亚洲公司成功的战略、战术和执行力. ［M］. 李宪一译. 北京：中国市场出版社，2008：3.

从内容上看，传统的"营销组合是指企业为了在目标市场制造他想要的反应而混合采用的一组可控制的营销手段"。① 对比来看，可持续营销理念下的市场营销架构中营销管理的内涵得到了扩展和延伸。

因此，在可持续视角下对营销管理的理解可分为广义和狭义两个层次：广义的营销管理包括展望（即对经营判断分析）和记分卡（即营销目标的实现），以及包含了市场细分、确定目标市场、定位、特色区别、营销组合、销售、品牌、服务、流程等战略、战术和价值架构的综合体现；狭义的营销管理则沿用和继承营销管理战术角色的观点，即营销管理是特色区别、营销组合和销售的综合。由于科特勒认为特色是战术的核心，可以转化为营销组合（产品、价格、分销和促销）②，因此，狭义的营销管理的核心仍然是营销组合。

（三）可持续视角下创新的健康保险营销管理模式的内涵与构成

广义的健康保险营销管理可理解为展望、架构和记分卡的综合，但狭义的健康保险营销管理模式仅包括战术（Tactics）、战略（Strategy）和价值（Value），且其核心是战术，即特色区别、营销组合和销售的组合。由于可持续营销管理发展尚不成熟，是一个较新的概念，因此本文对健康保险营销管理模式的构建和创新以狭义为主。与传统的仅以营销组合策略为全部内容不同，本文对健康保险营销管理的理解和构成侧重借用可持续经营的思维方式及其营销管理在其中的价值和目的。

在可持续经营的理念指导下，可将可持续健康保险营销管理模式界定为"人们为实现健康保险经营主体可持续经营的目标而对意在建立、加深和维持与目标购买者之间有益的交换关系的设计方案所作的分析、计划、实施及控制等一系列行为的一般方式"。可持续健康保险营销管理模式构建和创新的目标是通过提升意识占有率、市场占有率和情感占有率促进、提高和实现员工（Personnel）、顾客（Customer）、股东（Shareholder）三类利益关系人的价值。图9.3呈现了可持续营销视角下创新的健康保险营销管理模式的基本构成和三者之间的关系。

四、健康保险营销管理模式创新的基本流程

健康保险营销管理模式的创新是在外部市场环境和内部资源禀赋共同约束的框架下进行的。创新的根本目标在于适应新的经验目标和市场环境，因此需要严密的逻辑和流程。本文借鉴李石杰提出的一般营销模式创新的流程，认为健康保险营销模式创

---

① ［美］菲利浦·科特勒等. 市场营销导论［M］. 余立军译. 北京：华夏出版社，2001：42.
② ［美］菲利浦·科特勒等. 反思：可持续营销——亚洲公司成功的战略、战术和执行力［M］. 李宪一译. 北京：中国市场出版社，2008：55.

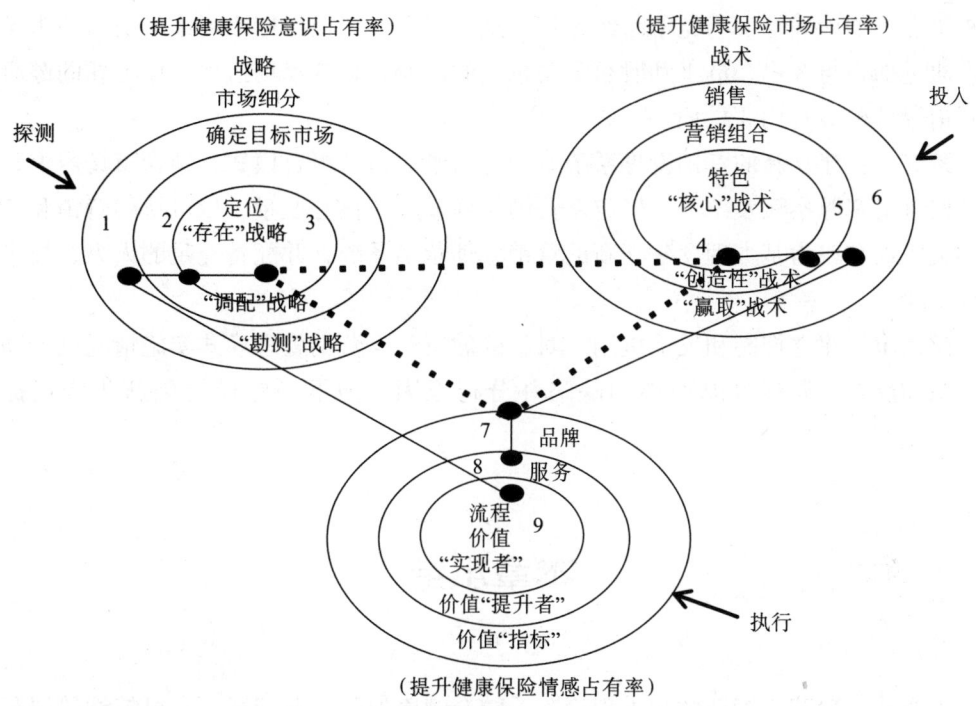

注：该模型以科特勒提出的 STV 架构为基础。

图 9.3　可持续营销视角下的健康保险营销管理模式构成及相互关系

资料来源：[美] 菲利浦·科特勒等. 反思：可持续营销——亚洲公司成功的战略、战术和执行力 [M]. 李宪一译. 北京：中国市场出版社，2008：554.

新可以按照以下几个步骤进行：

第一步：洞察保险行业和健康保险行业的发展变化。行业发展的阶段性、可持续性和未来趋势是营销和决定是否应该或值得进行营销管理模式创新的基础。假设健康保险行业发展前景广阔，有很大的发展空间和盈利可能，那聚集资源进行营销管理模式的创新是值得也是必要的，反之则不然。

第二步：洞察顾客需求变化。动态把握保险健康保险产品客户，尤其是目标细分子市场的消费者需求和欲望的变化永远是健康保险营销管理关注的焦点，无论何种创新的模式都应以此为依据。因此，洞察客户需求变化，是决定如何模式创新的关键步骤。

第三步：重新定义产品或服务所需提高的内容和方式。根据目标客户和市场定位，确定客户需求后，重新定义健康保险产品保障范围或附加服务以及确定提供服务的方式，尽可能满足消费者便利性、可及性等要求，改变或修正传统的服务提供方式是保障新的营销管理模式有效的重要方面。

第四步：创新或寻求新的市场。对当前健康保险市场尤其是同类产品市场进行调查研究，如果确定市场竞争已经比较激烈，则需要转换目标市场或创造新的市场需求，通过加强与客户、员工和股东等关系人的沟通，延伸市场边界，保证新的健康保险营销管理模式有用武之地。

第五步：建立新的营销管理系统。确定基本的营销组合模式，结合市场需求和保险公司自身资源禀赋及条件，确定新营销管理模式的核心变量，以可持续营销和满足三类关系人利益为基本理念建立新的营销管理营销系统，并配备充足的人力、技术和资金支持。

第六步：建立控制和反馈机制。对新的健康保险营销管理模式实施情况进行动态的追踪和反馈，洞察可能出现的缺陷并分析原因，为下一轮模式创新或修正提供依据。

本章小结

本章从一般营销管理的相关理论入手结合健康保险行业特征，从可持续的视角构建了健康保险营销管理模式的基本内涵和构成，进而着重介绍了不同类型的健康保险营销管理模式及主要特征，为健康保险市场营销管理模式选择提供了参考。结合健康保险行业的特殊性，指出健康保险营销管理模式选择和创新的关键在于业绩和利润的平衡和博弈，健康保险营销管理模式选择和创新应以业绩而非仅仅以利润作为权衡的主要因素，并基于此给出了健康保险营销管理模式选择和创新的可选路径和参考框架。进一步对健康保险营销管理模式创新的必要性、创新程序和创新路径进行了探讨，为健康保险营销管理模式创新提供了新的思路和方向。

专业术语

1. 健康保险营销管理模式：人们为实现健康保险经营主体经营目标而对意在建立、加深和维持与目标购买者之间有益的交换关系的设计方案所作的分析、计划、实施及控制等一系列行为的一般方式。

2. 业绩：是指完成、执行的行为，完成某种任务或者达到某个目标——通常是有功能性或者效能的。

3. 可持续健康保险营销管理模式：人们为实现健康保险经营主体可持续经营的

目标而对意在建立、加深和维持与目标购买者之间有益的交换关系的设计方案所作的分析、计划、实施及控制等一系列行为的一般方式。

思考题

1. 请说明健康保险营销管理模式的类型？
2. 请分析健康保险营销管理模式平衡与取舍的影响因素。
3. 如何理解健康保险营销管理过程中业绩和利润的差异和关系？
4. 如何理解可持续营销理念在健康保险营销管理模式构建和创新中的重要性和适用性？

第十章

健康保险营销管理策略与成本分析

本章主要介绍健康保险营销管理的营销策略,重点分析介绍品牌与差异化营销策略及我国的具体实践;介绍纵向营销和交叉销售营销策略和实践案例;阐述细分市场与营销组合拳的实施策略及其实践应用;最后分析健康保险营销管理的成本构成与成本管理。

第一节 健康保险营销管理策略:品牌与差异化

一、健康保险品牌营销及其管理

(一) 品牌与品牌营销

1. 品牌

品牌是一个名称、术语、标志、符号、图案或者这些因素的组合,用于识别产品的制造商和销售商,是浓缩企业各种重要信息的符号。品牌是形象,是信誉,是资产,是衡量企业及其产品社会公信度的尺度。品牌竞争力是企业的核心竞争力。经济全球一体化,市场竞争取决于品牌竞争。

打造健康保险公司的品牌,就是把企业的信誉、文化、产品、质量、科技、潜力等重要信息凝练成一个品牌符号,着力塑造其广泛社会知名度和美誉度,烙印在公众心里，使产品随品牌符号走进消费者心里的过程。例如，人保健康保险公司的品牌定位是：政府信任、人民满意的中国健康保险第一品牌。平安健康保险公司的品牌定位是：成为消费者身边的健康管家。

2. 品牌营销

品牌营销（Brand marketing）是通过市场营销使客户形成对企业品牌和产品的认知过程。市场营销既是一种组织职能，也是为了组织自身及利益相关者的利益而创造、传播、传递客户价值，管理客户关系的一系列过程。品牌营销不是独立的，品牌可以通过传统营销和网络营销一起来实现，二者相辅相成，互相促进。

世界著名广告大师大卫·奥格威（David Ogilvy）就品牌曾作过这样的解释："品牌是一种错综复杂的象征，它是品牌属性、名称、包装、价格、历史声誉、广告方式的无形总和。品牌同时也因消费者对其使用的印象以及自身的经验而有所界定。"[①]

（二）健康保险品牌营销管理

健康保险品牌营销管理是指通过品牌营销要素的科学组合，实施品牌营销策略，树立品牌，以实现公司的营销目标。

1. 树立品牌的关键步骤

首先，分析健康保险行业环境，寻找区隔概念。需要从市场上的竞争者开始，分析他们在消费者心中的大概位置以及他们的优势和弱点。保险公司需要努力寻找一个概念，使自己与竞争者区别开来。

其次，卓越的品质支持。必须以质量为根本来树立形象。这里所指的质量是一个综合性品质的概念，包括产品质量和服务质量等。

最后，整合、持续的传播与应用。保险公司要靠传播才能将品牌植入消费者心中，并在应用中建立品牌，在每一方面的传播活动中，都尽力体现出品牌的概念。

2. 品牌营销的五个要素

当今人们生活在一个信息化的空间，对于保险公司来说，健康保险产品的同质化、产品的复杂性和广告宣传的诸多限制，使得"品牌"信息的传导和灌输尤为重要。怎样才能让消费者在纷繁复杂的信息海洋中发现并看好自己的品牌，确实是摆在每一个企业面前的重要课题。

从一般意义上讲，产品竞争要经历产量竞争、质量竞争、价格竞争、服务竞争到品牌竞争，前四个方面的竞争其实就是品牌营销的前期过程，当然也是品牌竞争的基础。从这一角度出发，要做好品牌营销，以下五方面不可等闲视之：

（1）质量第一。任何产品和服务，恒久、旺盛的生命力无不来自稳定、可靠的

---

① http://wiki.mbalib.com/wiki/%E5%93%81%E7%89%8C%E8%90%A5%E9%94%80

产品质量和服务质量。

（2）诚信至上。对保险公司而言，必须信守承诺并避免消费误导。

（3）定位准确。保险公司如何提炼相应的健康保险产品和服务对目标人群最有吸引力的优势竞争点，并通过一定的手段传达给消费者，然后转化为消费者的心理认识，是品牌营销的一个关键环节。

（4）个性鲜明。对健康保险产品和服务的功效诉求和目标，一定要在充分体现独特个性的基础上力求单一和准确。单一可以赢得目标群体较为稳定的忠诚度和专一偏爱；准确能提升诚信指数，成为健康保险品牌营销的着力支点。

（5）巧妙传播。在健康保险产品同质化的市场竞争中，唯有传播能够创造出差异化的品牌竞争优势。

3. 品牌营销的四个策略

品牌营销的策略包括四个：品牌个性、品牌传播、品牌销售和品牌管理。

品牌个性（brand personality，简称 bp）：包括品牌命名、包装设计、产品价格、品牌概念、品牌代言人、形象风格、品牌适用对象。

品牌传播（brand communication，简称 bc）：包括广告风格、传播对象、媒体策略、广告活动、公关活动、口碑形象、终端展示。

品牌销售（brand sales，简称 bs）：包括通路策略、人员推销、店员促销、广告促销、事件行销、优惠活动等。

品牌管理（brand management，简称 bm）：包括队伍建设、营销制度、品牌维护、服务终端建设、士气激励、渠道管理、营销渠道管理。

二、健康保险差异化营销及其管理

（一）差异化营销

1. 差异化营销的内涵

差异化营销（differentiated marketing）即差异性市场策略（differentiated marketing strategy），又称为差异性市场营销，是指面对已经细分的市场，企业选择两个或者两个以上的子市场作为市场目标，分别对每个子市场提供针对性的产品和服务以及相应的销售措施。企业根据子市场的特点，分别制定产品策略、价格策略、渠道（分销）策略以及促销策略并予以实施。

差异化营销不是某个营销层面、某种营销手段的创新，而是产品、概念、价值、形象、推广手段、促销方法等多方位、系统性的营销创新，并在创新的基础上实现品牌在细分市场上的目标聚焦，取得战略性的领先优势。

2. 差异化营销的核心思想

差异化营销的核心思想是"细分市场,针对目标消费群进行定位,导入品牌,树立形象"。差异化营销是在市场细分的基础上,针对目标市场的个性化需求,通过品牌定位与传播,赋予品牌独特的价值,树立鲜明的形象,建立品牌的差异化和个性化核心竞争优势。差异化营销的关键是积极寻找市场空白点,选择目标市场,挖掘消费者尚未满足的个性化需求,开发产品的新功能,赋予品牌新的价值。

差异化营销的依据是市场消费需求的多样化特性。不同的消费者具有不同的爱好、不同的个性、不同的价值取向、不同的收入水平和不同的消费理念等,从而决定了他们对产品品牌有不同的需求侧重,这就是为什么需要进行差异化营销的原因。

(二) 差异化营销的管理和策略

差异化营销管理是指通过市场细分和营销要素的科学组合,选择在产品、服务或形象方面的差异化营销策略,树立公司独特的品牌和形象,以实现营销目标。

1. 差异化营销的形式

在目标市场细分基础上,保险公司可以选择几个利益最大的子市场作为目标市场,如果有足够的能力满足更多的子市场则可以选择更多的子市场;如果各子市场对保险公司都很有吸引力,并且企业也有能力为各子市场提供不同的产品和服务,企业可以把子市场作为目标市场。

2. 差异化营销的策略

当技术的发展、行业的垂直分工以及信息的公开性、及时性,使越来越多的产品出现同质化时,寻求差异化营销已成为企业生存与发展的一件必备武器。著名战略管理专家迈克尔·波特将差异化战略描述为:当一个公司能够向客户提供一些独特的,其他竞争对手无法替代的商品,对客户来说其价值不仅仅是一种廉价商品时,这个公司就把自己与竞争厂商区分开了。

对于一般商品来讲,差异总是存在的,只是大小强弱不同而已。而差异化营销所追求的"差异"是产品——保障产品或服务产品的"不完全替代性",即企业凭借自身的技术优势和管理优势,生产出在性能上、质量上优于市场上现有水平的产品;或是在销售方面,通过有特色的宣传活动、灵活的推销手段、周到的售后服务,在消费者心目中树立起不同一般的形象。

(1) 策略一:产品差异化。产品差异化是指产品的特征、保障特性、一致性、耐用性、可靠性、服务便捷性和设计等方面的差异。也就是说某家保险公司的产品,在质量、性能上明显优于同类产品的其他保险公司,从而形成独特的市场。

(2) 策略二:服务差异化。服务差异化是指企业向目标市场提供与竞争者不同的优质服务。尤其是在难以突出有形产品的差别时,竞争成功的关键常常取决于服务的数量与质量。

在日益激烈的市场竞争中,服务已成为全部经营活动的出发点和归宿。如今,产品的价格和技术差别正在逐步缩小,影响消费者购买的因素除产品的质量和公司的形象外,最关键的还是服务的品质。服务能够主导产品的销售趋势,服务的最终目的是提高顾客的回头率,扩大市场占有率。

(3)策略三:形象差异化。形象差异化是指通过塑造与竞争对手不同的产品、企业和品牌形象来取得竞争优势。形象就是公众对产品和企业的看法和感受。塑造形象的工具有:名称、颜色、标识、标语、环境、活动等。

在实施形象差异化时,企业一定要针对竞争对手的形象策略以及消费者的心智而采取不同的策略。企业巧妙地实施形象差异化策略会收到意想不到的效果。

3. 差异化营销的优点和缺点

企业采用差异化营销策略,可以使顾客的不同需求得到更好的满足,也使每个子市场的销售潜力得到最大限度的挖掘,从而有利于扩大企业的市场占有率,同时也降低了经营风险,一个子市场的失败,不会导致整个企业陷入困境。差异化营销策略提高了企业的竞争能力,企业树立的品牌,可以提高消费者对企业产品的信赖感和购买率。多样化的广告、多渠道的分销、多种市场调研费用、管理费用等,都是限制小企业进入的壁垒,所以,对于有雄厚财力、强大技术、高质量产品的企业,差异化营销是良好的选择。

同时,差异化有自身的局限性,最大的缺点就是营销成本过高,生产一般为小批量,使单位产品的成本相对上升,不具经济性。另外,市场调研、销售分析、促销计划、渠道建立、广告宣传、物流配送等许多方面的成本都无疑会大幅度增加。这也是为什么很多企业做差异化营销,市场占有率扩大了、销量增加了,利润却降低的原因所在。

三、我国健康保险品牌营销与差异化营销管理实践

(一)我国健康保险营销管理方面存在的问题

1. 主流产品相对单一

近年来,我国健康保险市场处于相对稳定的发展状态。但与强大的市场潜力相比较而言,我国的健康保险还处在初级阶段,在这一发展过程中存在着专业化程度低以及风险控制能力弱等诸多的不利因素。寿险公司的健康保险产品主要分为个险和团险。个险产品主要是住院医疗保险以及大疾病保障产品等,而团险则主要是团体住院医疗保险产品以及重大疾病保障产品等。健康保险行业的发展过程中还面临着诸多的

问题有待解决,这些问题主要体现在健康险的产品相对比较单一化,并且缺少自身的特色。

2. 营销管理架构和渠道方面

有些公司专业化的营销组织架构还没有得到完善,在销售工作方面主要还是依靠业务员各自资源禀赋以及行业经验、行业自律组织的经验等,并没有形成有效的上岗培训的效果,这样就会造成对客户的错误引导以及业务操作不规范的现象。

此外,实践中健康保险营销渠道较为单一。健康保险营销渠道主要还是依靠对人员广泛招聘的形式,通过业务员上门开展业务,而在新的渠道方面的作用还没有得到充分发挥。这些问题对客户购买健康险需求的满足有影响,加上对保险营销的重视度还比较缺乏以及财力的投入较为匮乏等,会使保险营销工作受到阻碍。还有在客户的战略定位上不合理,在经营理念以及具体的服务上也没有科学化的体现,这些方面都需要及时解决。

(二) 我国健康保险营销管理策略探索

1. 多角度全方位实施营销管理策略

保险公司要想将自身的竞争力得以有效提升从而实现可持续发展,就必须从多角度进行营销策略的实施。首先,应广泛利用电话营销渠道。电话营销的策略实施主要是通过电话的方式实现保险营销目标活动,成本相对较低,能够直接操控,有着较广的覆盖范围。其次,充分利用网络营销的方式推展简单的健康保险产品和服务,最大化降低经营成本,有效满足消费者不限时间、地点的投保需求。

2. 加强品牌营销管理,树立保险公司良好社会形象

应科学策划,通过有效的公益宣传手段,例如主要通过人文论坛以及教育讲座等大型公益活动来向客户进行健康保险的宣传,树立良好的社会形象。同时要设计公司的品牌推广策略,与媒体保持顺畅的沟通和合作,不断强化和美化公司和产品形象。

3. 有针对性地实施差异化营销

市场定位是针对现有产品的创造性思维活动,是对潜在消费者的心理采取行动。因此,提炼对目标人群最有吸引力的优势竞争点,并通过一定的手段传达给消费者,然后转化为消费者的心理认识,是品牌营销的一个关键环节。例如,针对重大疾病保险产品实施差异化营销,需要根据不同目标市场的不同需求和支付能力,采用差异化的产品和服务方案,保障的重大疾病可以从十几种到上百种不等,保险金额可以从几万元到上千万元,服务范围可以从无须体检到全套体检,甚至赠送基因检测等服务,被保险人也可以仅保障员工或者同时保障员工子女配偶甚至父母。

4. 实施营销管理产品创新战略

对健康保险营销产品策略的实施是重要的突破口,在这一过程中要能够通过创新

思维以及专业化的管理手段来对市场进行开拓,加强产品技术的创新力度,不断开发新型的健康险产品和服务。在产品开发过程中还要能够秉持整体观念,丰富产品序列,强化产品的组合模式,有效提升销售效率。

5. 完善公司法人治理结构,提高健康保险核心竞争力

针对发展中的健康保险公司来说,需要构建以利润为中心的经营管理目标,构建完善公司法人治理结构,进一步完善和市场经济需求相契合的决策机制,提高健康保险核心竞争力。

6. 完善销售队伍薪酬激励政策

对健康保险营销策略的实施还需要考虑细分市场的特殊性,不断完善并加大力度改革业务员薪酬激励制度,例如采取实收进度优胜奖来促进业务的均衡发展。同时,通过筛选、培训、激励、考核和淘汰机制,确保销售队伍的整体素质不断加强。尤其对健康保险的营销人员加强专业技能培训,对新的保险营销人员要通过严格的筛选,在系统化测试方面来确定相关人员是否适合从事这一行业,只有经过严格考核之后,才能开展各种保险业务。

7. 加强宣传并营造良好的信用文化环境

要进一步强化健康保险的宣传力度,营造良好的信用文化环境在经济社会的发展过程中,人们生活水平的提升使健康保险的购买力也相应提升,但在保险知识以及健康观念的全面认识上还有待加强。这就需要进一步加强健康保险的宣传力度。诚信作为保险文化最基本的特征,是健康保险公司持续发展的基础,要使健康险市场营销管理的效果得以最佳的体现,必须有诚信建设的保障。

第二节　健康保险营销管理策略:纵向营销和交叉销售

一、纵向营销的定义、作用与实施

(一) 纵向营销的定义

纵向营销是指将市场深入细分,从而为产品和品牌找到一个相对独一无二的市场空间的营销方式。纵向营销的理论基础是市场定位,市场细分、目标锁定、定位能产生竞争优势,从而转化成商业机遇和新产品的机制。事实上,市场细分和定位策略已经为一个又一个产品和品牌找到了适合自己的生存发展空间。

（二）纵向营销的作用

纵向营销要求健康保险公司必须首先界定市场，利用市场定义来创造竞争优势。从市场业绩来看，纵向营销为扩大特定市场提供了思路，促使特定市场的潜在顾客转化为现实顾客，有助于产品在特定市场最大程度地渗透，使得企业在特定的市场中找到新的定位。然而，在成熟市场中以及从长远来看，纵向营销所产生的创新以及新增销售额并不高，而且同类厮杀的现象严重。相比之下，来自水平营销的创新能创造出新的类别或亚类别，并产生一种或多种效果。

纵向营销创新的成功率很高，但在成熟细分的市场中，其新增销售额却很低，通常情况下，这种创新的成效不大。伴随保险产品生命周期的日益缩短，企业不得不更频繁地进行纵向营销创新。通常情况下，纵向营销创新能够以更简单、经济、快速的方式进行。

纵向营销的作用，大体可归纳为：（1）为扩大特定市场提供思路；（2）促使特定市场的潜在顾客转化为现实顾客；（3）使得产品能够出现于现有市场所有可能的情境中；（4）有助于产品在特定市场最大程度地渗透；（5）使得企业在特定的市场中找到新的定位。

纵向营销对销售额的影响有：（1）在产品生命周期的较早阶段，销售额来自现有购买者和被新产品吸引的潜在客户；（2）在产品生命周期的较晚阶段，新增销售额降低，且这部分销售额来自争夺同类竞争性产品的市场份额。

（三）纵向营销的实施

纵向营销的运行步骤是：首先，需求分析是起点。"市场营销就是发现还没有被满足的需求并满足它"，通过市场调研，确立可能成为潜在市场的群体；其次，在划定这个潜在市场后，运用市场细分、目标锁定、定位等方式形成产品或服务的竞争策略；最后，运用4P等营销组合贯彻竞争策略，将产品或服务推向有形的市场。

专栏 10.1

健康保险纵向营销实例

在健康保险销售过程中，多数营销人员会利用纵向营销的思维来展开营销。面对一个优质的客户，营销人员的出发点会根据客户的最大风险点设计保险，经常出差的客户基本会配置意外和交通意外责任，附加一意外住院津贴责任，保额会根据客户的需求而定。下一步，营销人员会帮助客户配置一款长期重疾险，防范大病对家庭的冲击。接下来，再定制医疗报销型产品，覆盖就医时发

> 生的医疗费用。具体方案会根据不同客户而有所差异，但全面的保障会提高客户防范未知风险的能力。

二、交叉销售的定义与实践

（一）交叉销售的定义

交叉销售即借助 CRM（客户关系管理），发现顾客有多种产品和服务需求，通过满足其需求而销售多种相关服务或产品的一种新兴营销方式。简言之，就是向拥有本公司 A 产品的客户推销本公司 B 产品。例如，某客户购买一款游戏机，销售人员可以向该客户销售充电器或者电池。

（二）我国保险业交叉销售的几种模式

自 2007 年中国保监会批准实施产寿险业务相互代理以来，已有多家保险公司先后开展了保险产品的交叉销售业务。目前，我国保险行业中交叉销售的模式可归为以下几种：

第一种是产代寿模式，即在产险的营销渠道同时销售寿险产品的方式。将产险业务作为主要利润来源的公司如中国人保，采用的就是这种模式。

第二种是寿代产模式。它与产代寿对应，是利用寿险渠道代理产险业务的销售。采用这种方式要以寿险业务发展成熟为前提条件，满足此要求的公司有中国人寿等。

第三种是全方位代理模式，是指产险业务和寿险业务之间相互代理。采用这种模式的主要有平安集团、太保集团等。它的特点在于"交叉效率"高，是一种较深层次的交叉销售方式。相应的，此模式对保险公司的使用条件也比较严格，要求公司的产寿险业务均已建立各自的营销渠道，且发展成熟。

（三）对交叉销售业务经营理念的正确理解

1. 存在的误区

自从我国保险业实行交叉销售以来，保险集团往往将这种销售方式视为增加业务渠道的一种手段。虽然营销渠道的扩展是交叉销售的表现形式和作用之一，但如果把这看作是核心，就可能导致其中有业务优势、需要代理销售其他产品的部门或公司对交叉销售的重视程度不够，以应付的心态完成这项任务。显然这样的销售结果不会达到预期的理想程度。

2. 需要从客户角度理解交叉销售

从交叉销售的产生看，它源于关系营销，即发展和留住顾客，培养稳定的顾客关系。因此就交叉销售的本质而言，它的核心是顾客，故保险公司在应用这种销售方式时，也应该以客户为中心，将重点放在如何了解并满足投保人的需求，尽可能为现有客户提供其本人以及家庭所需要的所有保险产品。比如，在为某客户介绍一款意外险产品的同时，可以通过询问了解他在其他方面是否还有保险需求：了解其房屋状况，介绍适合的家财险产品；了解其家庭成员情况，考虑是否需要少儿保险；还可以根据该客户的支付能力给出购买寿险产品方面的建议等等。总之，保险公司应最大程度地实现客户全生命周期价值。当把交叉销售的理念从销售渠道角度转移至客户角度时，就可以统一代理销售方与被代理销售方的利益，从而提高业务进展的积极性，改善完成的结果。

（四）实施交叉销售的意义：基于客户的视角

保险行业实施交叉销售是公司与客户双赢的选择。以客户作为经营战略的核心来探讨这个问题，交叉销售的意义可总结为如下方面：

1. 提高客户忠诚度

结合交叉销售的核心——客户，这项业务的首要意义在于提高客户忠诚度。实证分析显示，交叉销售对顾客的忠诚度有明显的正向作用。客户从某公司购买的产品数量每增加一件，其忠诚度将提高30%。对于投保人来说，从某一保险公司购买的保险产品越多，更换保险人时导致的转换成本也越高。这其中包括退保时由于无法将所缴保费全额退回产生的退保成本、重新签订保险合同时的交易成本、由于对新保险人不熟悉导致的额外成本以及时间成本等等。因此，交叉销售可有效帮助保险公司留住客户。

2. 提高公司利润

交叉销售通过提高客户忠诚度，可以从多个方面为公司带来利润额的增加。

客户忠诚度的上升包括续保率的增加和退保率的降低。其中续保率的增加可以在很大程度上降低交易成本。因为保险公司为原有客户办理续保的成本远远小于向新客户销售一份保单的成本。退保率的降低则有利于保费收入的稳定，从而使公司能够更加有效地利用保险资金进行投资，提高投资收益。

此外，较高的客户忠诚度可以为公司赢得更好的声誉。从长期来看，这会给公司带来可观的利润和长久的发展。因为良好的企业形象不仅会带来更多的优质客户，帮助公司扩大市场份额，而且会吸引大量的资金，有利于其未来的发展。

3. 帮助保险营销人员实现个人价值

保险产品从公司到客户的转移过程，很大一部分是个人代理人的功劳。然而，保险代理人的流失率一直居高不下。如果能够转变对交叉销售根本目的的认识，使营销人员更加主动地参与到交叉销售中来，将会有利于其个人价值的实现。因为，要做好交叉销售，首先就需要营销人员自己先了解这些产品条款。公司可以通过培训等方式帮助他们实现这一点。这无疑会增加营销员对公司的归属感。其次，在销售过程中，代理人将根据投保人的具体情况为其介绍相应的一些产品。这与以往单一地完成某种产品的销售任务相比，给代理人更大的自由发挥空间，从而增加工作的乐趣，有利于代理人自我价值的实现。未来，保险集团形式是今后的发展趋势，而交叉销售能够有效地进行渠道整合，充分利用集团内的资源。因此，保险公司应合理开展交叉销售业务，以客户为核心，实现共赢。

（五）我国健康保险交叉销售面临的现实问题

相比寿险和体检等产品，健康险及健康管理服务的业务规模较小，因此，交叉销售成为多产品公司的一种有效手段，比如将健康险以及健康管理服务打包在寿险中出售，以快速增加客户基数。

1. 健康保险交叉销售面临产品匹配性和可持续性问题

交叉销售可以在短时间内推高捆绑产品的出售量，但面临的问题是用户需求与捆绑产品是否匹配，是否能长期持续。首先，用户购买主产品以及获得捆绑产品的预期和动机可能很不相同。由于中国市场的发展特性，中国的寿险产品很大程度上重回报而不是重保障，尤其在近几年利率较低的大环境下，用户对回报的预期超过对保障的预期，销售人员在前端吸引用户的时候也正是迎合了这种心理。而捆绑健康险或健康服务更多是为了保障和健康所需的衍生服务，用户必须对保障有认识和需求，才会长期认同这种产品和服务。这一点上，回报型产品的用户与寻求保障的用户的需求显然并不匹配。

2. 销售队伍缺乏对客户需求和健康保险产品的理解

而反过来，真正有保障需求的用户却无法从追求回报的捆绑中找到有价值的产品。君岭健康管理咨询公司2017年5月针对223名个人用户进行了有关健康保障专题调研，调研结果发现，在没有购买任何健康保障产品的用户中，45%表示没有购买的首要原因是"不知道买什么产品好"，占比远超过价格、产品、服务等因素。[①] 由此可见，真正有保障需求的用户在产品选择中仍然非常迷茫，交叉式销售中简单直接的销售方式、缺乏对客户需求理解和销售团队不专业这三个特性决定了捆绑式销售并不能找到匹配的用户群。

3. 健康保险交叉销售容易受到短期目标的影响

交叉销售推量的目的也导致了捆绑的产品，如定额赔付类健康险，为了追求捆绑

---

① 资料来源：君岭健康管理咨询有限公司。

的低门槛以及销售速度，只能提供很低额度的保障，换句话说，这样的低保障在用户遇到健康风险的时候所起到的作用极为有限，而用户可能也早就意识到这类捆绑产品的价值有限而并不认同。在这种情况下，捆绑产品难以作为一个板块独立生存并转化为真正保障，而用户也可能只看重主产品的回报，完全不认同捆绑产品的价值。对这类用户是很难进行产品衍生销售的，长期的忠诚度也不会太高。

同时，企业端购买标准化产品的和服务的动机也并不能平移到非标准化的产品上。比如，企业为员工购买体检套餐是一个标准化的产品，价格较低，对产品理解比较容易，并不需要太强的教育过程。随着体检的普及，企业购买体检套餐成为员工福利支出的必备选项，但并不是所有企业都本着提供保障的心态为员工购买体检服务，对于大部分企业来说只是将其作为需要被消费掉的员工福利的一部分，因为其操作简便，容易选择。而企业提供员工医疗保障的选择流程和心态会很不一样，不仅需要对员工需求、市场产品以及福利价值有更深的理解，还需要认同保障对企业留存员工的意义，这并不是一个标准化的过程。因此，从标准化的体检套餐到保障产品的销售并不存在直接的逻辑衍生可能。

4. 交叉渠道捆绑健康服务面临使用与认同的挑战

在交叉渠道捆绑健康服务类似大海捞针，虽然大部分用户欢迎附赠，但并不意味着使用率和认同率的转化。因为寿险和定额赔付类健康险产品不存在与用户日常医疗需求的接触点，因此并不知道这些人的疾病情况和医疗需求。医疗与购物吃饭不同，后者有很强的随意性，可以通过优惠券、赠品等手段创造消费。而医疗并不是一个可以创造的需求，用户的医疗行为是当下、迫切、必需的，无法因为赠品而被创造出来。因此，不明确用户健康需求而广撒网的模式会造成两个问题：一是因为要迎合大部分人的需求，所提供的健康服务过于宽泛而缺乏针对性；二是大部分撒网出去的需求得不到回应，与真正有医疗需求的用户群不匹配。

在健康险销售过程中，多数业务员会利用纵向销售的思维来展开营销。具体方案会根据客户的不同而不同，但全面的保障会使客户防范未知风险（见专栏10.2）。

其实交叉销售在现实推展中并不是难事，具备专业技能的业务员会把握好销售契机，对个人营销个险产品，利用客户关系渗透其身边的朋友或者企业客户，由点带面地销售，这种交叉销售在个险业务员身上体现得非常明显。比如某保险公司专门成立了综合开拓部，重点支持交叉销售业务。

> **专栏 10.2**
>
> **交叉销售实例：个险业务员销售中小微团险业务**
>
> 作为个险销售的业务员来讲，一个优质的客户购买了他推荐的个人产品之后，可以通过平时的接触了解客户的一些基本情况。如果这个客户是一个企业的企业主，那么这家企业的员工团体保险将是一个突破口。利用客户关系和渗透力，达到交叉销售的结果。

第二节　健康保险营销管理策略：营销组合拳

营销管理的目的和首要目标就是识别和创造竞争优势，有计划地运用营销资源以达到市场目标，高效拓展组织的细分市场。在复杂的市场环境中，充斥着快节奏和技术变革的压力，必须针对不同的细分市场采取适当的营销策略进行市场拓展，将营销组合、服务与技术整合好，打出漂亮的营销组合拳。

一、营销组合拳的含义和特性

（一）营销组合拳的含义

营销组合是指企业在目标市场上用来追逐其营销目标的一系列营销工具的综合运用，主要根据顾客的需求和企业的营销目标来确定可控营销因素的最佳组合。如前所述，营销组合理论从 4P（产品、价格、渠道和促销）发展到 4Cs（顾客的需要和欲望、顾客的成本、便利和沟通）。营销组合的内容、深度和结构也不断发展，一般将营销组合的策略措施称为营销组合拳。

（二）营销组合拳的特性

要适应复杂、多变且激烈竞争的市场形势，营销组合拳必须具备以下特性：可控性、动态性、复合性和整体性。

1. 可控性

就是营销组合拳必须由保险公司根据需要有效掌控。该营销组合拳的各要素的实施可由保险公司有序掌握，保险公司可以决定开始时点、结束时点和/或关键事件。

2. 动态性

营销组合拳能够根据市场的变化而做出一定的调整，以适应新的形势。

3. 复合性

营销组合拳本身就是各要素相互配合而成的，但是各要素间不是分离的，而是复合性的，即各要素间相互支持、相互补充、相互渗透且相互作用。

4. 整体性

营销组合拳是一个有机的整体，整体组合起来发挥作用。缺少任何一个要素都是不完整的，可能会出现问题。

（三）健康保险的营销组合拳

健康保险属于服务行业，营销组合拳更多的是强调服务特性，优质服务是取胜的关键，也是竞争中最为重要的差异性。

1. 以高水平的市场调研做好市场细分工作

找准顾客需求，定位好企业的机会点。市场细分可以按自然人客户的经济情况、家庭构成、年龄、职业、受教育程度、拥有的社保情况等项目进行分析。而对于法人客户（机构），则可以从机构所处行业、机构性质、规模、经济状况、员工已有保障情况、利税情况等进行分析。找出企业的目标细分市场，从而制定企业的营销策略，实现企业市场目标。

2. 根据细分市场的顾客需求，创造性地设计和研发合适的产品，较好地满足顾客的需求

产品要特别强调服务特性，让服务成为其中的关键。健康保险保障的是人的健康，而当健康出现问题时，人的状态是相当脆弱的，周到细致服务就是一切价值的基础。

3. 从顾客的角度出发核算成本，充分考虑顾客愿意接受的成本组成

削减对顾客无效的成本，不随意将成本摊到顾客身上。使得成本核算恰当，产品价格具有市场竞争力。

4. 确保健康保险的便利性

要在移动互联网的生态环境中设计提供服务的流程与环节，使之便捷高效。一是产品服务宣传要易于获取，要设计分享特性，易于转发和传播。二是设置顾客互动便捷通道，如全国统一服务专线电话、公众微信号、微博等，设置便捷的网上互动页面，使顾客在需要时随时找到企业，方便获取服务。包括与健康保险相随的服务可及时获取，如就医安排、康复建议等。三是及时便捷的理赔服务，提供多种方式方便顾客使用，如出院即时理赔结算服务、异地就医即时理赔结算服务、与基本医保"一站式"即时结算服务，即现在有些保险公司正在推进的"商保直赔"项目。

5. 重视与客户之间的互动沟通

一是设立信息反馈处理机制，设专人负责对客户的意见和建议进行处理；二是同时将企业在产品设计、服务提供方面的新想法向客户作介绍，获取客户的意见和建议；三是不断加强企业的人文关怀能力，提高沟通效果。

二、细分市场营销组合：服务与技术的有效整合

（一）整合策略

健康保险为客户提供健康风险保障，进行损失补偿，本质就是服务。

1. 客户最关注服务的便捷性、可信任、周到细致、受尊重、自由且舒服

客户的感受与体验是最为重要的检验指标。决定服务质量的主要因素有：服务环境美（实体和线上环境）、服务流程优（包括正常服务流程和投诉流程）、服务可见随时可得（流程可见）、服务人文关怀到位（注重客户的心理感受）、服务高效互动恰当、服务可评价可分享等。

2. 在移动互联网发达环境下，技术智能化程度越来越高，足不出户享受各种服务，已成为现实

健康保险必须跟上技术发展的潮流，以技术进步打造优质服务。

一是服务信息系统的智能化、高效与人性化。系统要实现后台管理的高效，能快速响应与处理客户的需求，方便开展各种内部管理。信息系统要特别注重人性化设计，避免反人性化的操作模式。

二是要融合线上与线下的服务体验。在线上随时随地可以获得企业的服务；在线下随时可与企业联系，进行互动，企业的服务随时可见可得。充分利用定位技术等，使客户随时了解企业实体服务网点的分布。

三是所采取的技术必须有足够的扩展性，可与社会上各种必需的服务对接。特别是与健康服务、医疗服务等机构对接，为客户提供"一站式"服务，以及为客户提供上游下游的连接服务；方便客户获取其他服务，方便地通过企业服务连接相关服务。

四是技术的迭代更新要保持一定的时效性。及时采用先进的技术，不断提高服务质量与水平。

3. 营销组合与服务、技术之间要整合到位，打造高效协调优质的服务

健康保险要靠服务取胜，以优质便捷新颖的服务吸引客户，赢得客户。在选定服务项目时，技术必须可支撑，选用的技术组合必须能为客户带来良好的体验。

一是在考虑服务创新时，必须与信息技术部门充分沟通：现有技术能否支撑？若

要进行技术改造，需要多少预算、需要多少时间，能否满足产品服务推向市场的时效要求？

二是对于服务的演进要作一定的预估，以便充分考虑技术的扩展性以及未来的迭代更新。

三是在制定营销策略时，要充分考虑服务项目的特质和技术特点，整合一体进行推动。也就是产品、服务和技术作为一个整体进行推介，在市场上形成独特的产品服务形态。

（二）案例分析

1. 案例介绍

某保险公司认真进行调研，发现高端职场有较强的健康保险以及健康管理服务需求，而且在当地市场还没有过多的开发。该细分市场的特点在于，企业效益较好、员工素质较高、收入较高，每个员工对企业的作用很关键。但由于企业市场竞争压力，员工的工作压力大，健康问题较多，有个别员工因为医治不及时，造成严重后果；也有长期治疗得不到改善而影响工作的。企业 HR 有强烈的需求，需要外界专业力量协助做好员工的健康管理，保证员工身体健康，精力充沛，有较好的战斗力。

2. 主要营销组合策略

该公司经过详细分析，认为这是一个待开发的巨大市场，决定倾注力量开发这个市场。其实施的主要营销组合策略如下：

（1）再次进行市场细分。主要面向高端科技行业企业，该类企业工作节奏快，工作压力大，员工独特性较高，不容易替代；培养成熟的员工时间较长，成本较高；对于健康保险和健康服务有着较强烈的需求。

（2）根据细分市场客户的特点开发合适的产品。健康保险产品提供门诊治疗支付责任、购买急需药品的支付责任、季节性疾病预防支付责任以及住院治疗等责任。主要考虑科技企业时间紧、任务重，员工对于病痛都希望快速处理。

（3）核定成本。由于科技型企业的员工较为年轻，身体健康水平总体较好，但是由于支持门诊以及急需药品的支付责任，成本较高。定价在企业能接受的范围内。

（4）将健康服务与本产品深度融合。为企业提供健康教育、季节性疾病预防安排以及电话医生等服务，既较好地解决了 HR 的顾虑，又较好地控制了理赔方面的道德风险。

（5）由于客户是科技型企业，对技术的便捷性要求较高，公司专门整合了在线资源，为企业在公司的在线服务平台开设一个界面，供该企业的员工便捷获取健康教育、资讯、电话医生等服务，并开通微信报案、理赔资料上传等在线理赔功能，尽可能通过信息技术提供便捷、高效、优质的服务。

三、营销组合与市场细分

健康保险产品因其自身的特性,针对不同的销售场景和客群状况,有着完全不同的保险责任、定价、风险控制和配套服务,相关技术也会有所不同。其中,以目前的市场情况,销售场景可分为线上和线下两大类,而客群则首先是按年龄差异,分为少儿、中青年和老年三大类。另外,对于一些特殊的风险发生情况,可以按照特定疾病,圈出特殊人群,比如女性特定疾病、孕产、慢病管理等等。

本部分将重点对年龄差异、场景差异进行分析和阐述。

(一)按年龄差异细分市场的营销组合

1. 少儿市场

少儿客户的医疗费用发生率较高,原因有两点:一是这个年龄段的人群本身患病概率较高;二是计划生育政策实施以来所形成的家庭人员结构和经济发展后人民富裕程度的提升,造成在整体家庭甚至是家族层面,对少儿疾病治疗的高度关注和消费意愿。正是因为这种高度关注和消费意愿,既决定了少儿市场健康保险产品的需求非常旺盛,且远远高于其他年龄段的人群;同时,也因为过度医疗给保险公司带来了更高的经营风险。因此,在传统的健康保险产品设计上,普通医疗产品会限制这个年龄段客户的投保,而高端医疗产品往往采用与父母连带投保的方式来控制风险。但是,这些举措,一方面损失了在这个高需求年龄段客群的保费收入,另一方面风险控制效果并不好。

如何平衡这个年龄段客群需求和风险控制,是健康保险公司共同关注和研究的问题。比较可行的方法是将"医疗服务"和"保险理赔"进行错位组合。也就是说,迎合家长及整个家庭对少儿就医环境和体验的高要求,提供门诊绿色通道、专家预约和包括公立医院特需部、国际部、私立医院等门诊服务。而保险理赔针对的是住院医疗等发生率相对较低的风险。这样的错位组合,在就医服务环节,保险公司提供的是一个服务产品,既满足了客户对少儿就医的高要求,也不会给保险公司带来不可控的风险;而在保险理赔环节,保险有足够的经验、数据以支撑产品合理定价,控制风险,保护自身利益,维持经营的健康和持续性。

2. 中青年市场

这个年龄段是保险公司高度重视的人群。从消费能力角度看,这个年龄段的客群工作稳定,收入良好。从产品需求角度看,这个年龄段处于家庭从成长期向稳定期过渡的状态,生活压力所带来的工作压力处于人生的最高阶段,需要拥有保障来保证家庭的稳定和家人的生活状态不受可能风险的影响。从人群素质来讲,这个年龄段的人群，大都经过良好的教育，个人的知识储备、学习能力和意识都是所有年龄段人群中最优秀的。

但是，对包括健康保险在内的保险产品销售来讲，这个人群也有其固有的开发难点。如前文所说，这个年龄段的人群，普遍是家庭的支柱，承担着子女的养育责任和父母的赡养责任。同时，家庭的建设也给这个年龄段的人群带来了非常巨大的经济压力。鉴于中国目前普遍的保险认知所决定的消费意愿排序，健康保险产品处在非常靠后的位置，这个年龄段的客户并不愿意花费太多的钱，或者并不拥有太多的预算用于投保健康保险。

这个年龄段的人群还有一个特别显著且专属于他们的特征，就是对互联网环境非常熟悉甚至可以说是依赖。对线上传播的信息采信度很高，也习惯于在线上挑选自身需要的产品和进行支付。

针对这个人群的这些特点，利用互联网环境，设计创新的产品责任，主要表现为高杠杆，也就是保费低廉、保额高、保障全面的新型健康保险产品，激发这个年龄段人群的购买力，再利用互联网和自媒体的传播性，迅速扩大产品的影响力，快速提升产品销量。

2016—2017 年，有一类被业界和市场称为"百万医疗"的产品，就是一个典型的案例。该类产品纯粹在线上销售，年度保额 100 万元，覆盖基本医保内外合理且必要的医疗费用报销。如此高额的医疗费用保障，在中青年这个年龄段，保费在 200—800 元范围。该类产品由互联网产险公司寿险推出，随后一些中小规模产险公司积极跟进，在互联网渠道销售一年的时间里，实现了 3 亿元的保费收入。进入 2017 年，各大传统寿险公司也相继推出类似的产品，在本公司代理人队伍销售，短短半年时间，实现近 10 亿元的保费收入。

这类产品之所以能够做到低保费高保额，原因在于设定了一个 1 万元的"免赔额"，该免赔额的设置，是基于大数据的分析，在全国人均年住院医疗费 13 000 元左右的情况下，大幅下降了保险公司的理赔额，从而有效控制了产品费率。虽然这类产品也存在一些问题，比如报案拒赔率高带来的不佳的客户体验，但是，这依然是一个非常成功的创新，很好地迎合了中青年客群的需求。

3. 老年市场

进入老年阶段，随着身体机能的下降，各类慢性疾病及重疾的发生概率大幅且快速提升，因此，在以往的传统保险产品里，大都将这个年龄段的客户排除在外。随着人口老龄化的趋势日益显著，老年人口比例快速上升，在市场需求的驱使下，加上政府的导向和要求，这个年龄段的客群逐渐被重视。

遵循传统的保险产品设计和定价理念，伴随数据的积累和深入研究，不少保险公司针对老年人群的重大疾病陆续推出了保险产品。但是，这个人群的另一类高发疾病

——慢性疾病的风险如何被保障，成为业界高度关注的课题。

一旦罹患慢性疾病，如高血压等心血管疾病和糖尿病等内分泌疾病，除了重症治疗，还有一个非常重要的内容，就是慢病管理，而慢病管理对患者的意义更为重要。因此，带有慢病管理服务责任的保险产品成为未来老年人群健康保险产品的一个重要的创新发展方向。以糖尿病医疗保险为例，为患者提供的产品责任，包括私人医生的一对一双向互动，通过智能血糖测试仪、服务APP和智能手机的组合，记录并管理客户血糖指标，当然也少不了因并发症造成的住院费用报销。实现这些服务，需要整合医疗机构、药商、智能设备生产商和移动互联网科技，而只有这样的服务，才能让老年人尤其是慢性病患者获得有意义的、有效的保险服务。

（二）按场景差异细分市场的营销组合

孕产健康保险是按场景差异细分的市场。秉承与之前少儿和老年健康保险产品相同的理念，即保险不仅仅能弥补风险带来的损失，更重要的是，保险还能教育、帮助客户掌握疾病知识，掌握预防疾病的能力和在整个过程提供客户优质的服务。

在整个孕产周期，孕妇面临的风险很多，如因身体的变化造成行动不便而引发的跌倒，因产前各项检查带来的风险，新生儿早产带来的医疗费用增加等等，产妇应详细了解并掌握预防这些风险的措施。以往，为了帮助孕妇掌握这些知识和技能，大多采取产前学习班的方式。如果针对这些问题设计有针对性的健康保险产品，不但能够补偿因这些风险的发生所带来的金钱方面的损失，还可以通过讲解保险产品，帮助孕妇掌握相关知识和预防措施，同时也帮助医疗机构规避或者有效降低可能面临的纠纷。孕产健康产品的这些好处，为这类产品的销售创造了更具体和有效的销售场景。

综上所述，随着对细分市场和人群面临风险的深入研究和界定，整合相关医疗机构、服务供应商和先进的科技手段，设计有高度针对性的健康保险产品，产品本身不仅仅补偿因风险的发生所带来的损失，还能提前介入，教育客户使其掌握必要的知识和预防技能，提供有针对性的、有效的和体验良好的服务，从而更大程度上发挥健康保险产品的保障功能和服务功能，更好地体现健康保险产品对社会的贡献，将是健康保险产品未来创新的必然方向。同时，这也是健康保险产品存在的价值。

第四节　健康保险营销管理：成本分析与管理

本节主要从营销管理角度来分析阐述营销成本的构成和成本管理。

第十章
健康保险营销管理策略与成本分析

一、健康保险营销管理成本

健康保险营销成本主要由以下部分组成：渠道手续费、业务员佣金、代理人队伍建设费用、内外勤培训费用、广告宣传费用、激励费和公关差旅费等。

手续费支出是用于核算支付给受其委托并在其授权范围内代为办理保险业务的保险代理人的手续费。专业代理指专业从事保险中介服务的机构（比如保险代理公司、保险经纪公司）。经纪公司或保险代理公司在销售保险公司的产品时，会根据不同的产品向保险公司收取手续费。经纪公司或保险代理公司主要依靠这部分费用支撑自身的日常运营。对于保险公司而言，手续费占据了大部分营销成本。

业务员佣金通常是指在组织销售的过程中，保险公司根据对工作数量和质量的考核，向业务员核发的报酬，通常适用于自建销售队伍的健康保险公司。

以上两部分费用是保险公司最直接、最受关注的销售成本。对于自建销售队伍的保险公司而言，销售队伍建设费用也是一笔不小的支出，组织架构设计、人力考核设置、队伍的基本法设置，包括职级设置、晋升考核办法等都是确定成本的关键因素。

内外勤的培训费用是针对保险公司内外勤培训所产生的费用。培训一直以来是业务员了解公司产品和服务的主要途径，虽然这部分费用占比不高，但培训对于保险公司销售推动、业绩达成起到很关键的作用。

广告宣传费用是指对公司品牌宣传或者某个产品上市前的广告宣传，还包括一些物料的费用（宣传折页），这些宣传资料能直接让客户了解公司产品，可谓是业务员的销售利器。

激励费是指针对某个产品在特定时期投入的激励费用。简单来讲，公司为了大力推展销售某个产品，在一定时期内投入了较高的佣金比例来促进业务员的销售积极性，从而带动销售的整体业绩。

公关差旅费是针对某些特定渠道所产生的费用。渠道规模较大，需要一些公关措施来实现最终落地。抑或某些渠道在异地，需要上门洽谈，也会产生一些费用。

二、健康保险营销管理的成本管理

在保险公司营销管理成本中，可以将费用分为两大类：全变动费用和半变动费用。其中全变动费用主要包括手续费和佣金，这部分与保费紧密挂钩，具体来讲就是按险种、赔付率以及服务成本来考虑手续费的比例；半变动费用属于预算投入，这部分费用考量的是投入产出比，随着保费收入的增加，这部分投入也会增加。

(一) 全变动费用的成本管理

在全变动费用中,手续费佣金设置和险种密切挂钩,通过表 10.1 可以直观地了解手续费的厘定水平。

表 10.1　　　　　　　　不同产品的赔付成本和手续费水平

险种	赔付频次	赔付率	手续费
门诊	高	高	低
住院(有免赔)	中	中	较低
意外险	低	低	高
重疾	低	中	中

资料来源:作者搜集整理。

当渠道或者业务员拿着业务需求来询价时,保险公司的核保会严格按照投保的险种、既往赔付率来厘定手续费佣金的比例。以门诊险为例,市场上普遍的手续费水平在 10% 左右,但公司和产品还是存在一定差异,常见的措施是通过设置此免赔额、年度限额、赔付比例等,控制赔付成本,为提高手续费比例预留空间。

(二) 半变动费用的成本管理

在半变动费用中,保险公司会根据保费收入、净保费收入来控制这部分成本,决定相应的投入产出比。

1. 直接销售队伍建设费用

自建销售队伍的健康险公司,需要设置组织框架,确定基本法来确定业务员人员的职级、考核机制、晋升机制等。销售队伍建设会根据整个公司的业务规划来布局,在某个地区健康险市场较好的时候可以通过增员来贡献更多的保费,人员的增加和减少很大程度是依赖整个公司的业务收入而定。简单来讲,基层业务员拿底薪,每做一单业务就能拿到相应的佣金收入。如果业务员业绩很出色而且通过增员达到了晋升的标准,那么业务员可以晋升一个职级,相对应的底薪收入也提高。当然,队伍建设中也会涉及办公场所的使用、办公用品的消耗等等。

2. 内外勤培训费用

培训一直是一个公司立足于市场的根本,再好的产品最终还是要进入市场,所以要定期组织培训,使员工了解公司的产品。培训分为内部人员和外部人员的培训。内部培训主要是培训内勤,培训内容主要包括一些考核办法、产品推广计划、业绩达成的路径等;尤其当某个产品被定位为公司全年营销计划的重点时,公司会在培训上面下大功夫,这部分费用一般发生在销售之前,而且是持续的。外部培训主要是对渠道做专项产品解读,就渠道的需求来定制培训计划。保险公司会筛选一些有潜力的渠道,相应地投入一些成本来做培训,培训的次数和频次会根据渠道的产出来确定。

3. 广告宣传费用

对公司品牌宣传或者某个产品上市前的广告宣传费用会随着公司政策、产品销量和预期利润等成效来确定。

4. 激励费

激励费是针对某个产品在特定时期投入的费用。简单而言,公司为了大力推展销售某个产品,在一定时期内投入了较高的佣金比例来促进业务员的销售积极性,从而带动销售的整体业绩。一般情况下,这部分费用关键分布的时间节点包括:每年年初的开门红时期、新产品上市时期、面对其他保险公司同类产品竞争的关键时期。举一个简单的例子:当某个产品市场平均佣金水平在20%时,公司把这个产品定位为全年主力推动的产品,在推动期内,为了达到很好的销售结果,公司会决定额外投入5%的激励费用来刺激销售。如果市场反应积极、效果好,可以持续投入;当然,业绩不理想也可以取消这部分费用激励投入。

5. 公关差旅费等

这部分费用管理可以设置单次出差公关的费用上限,规定食宿交通工具的标准。这部分费用可以在差旅管理办法内规定。

本章小结

本章通过对健康保险营销管理策略的介绍,通过理论结合实践分析,详细地阐述了品牌与差异化营销策略、纵向营销与交叉销售营销策略,以及细分市场与营销组合拳的实施策略深度营销。本章还分析了营销管理的成本构成与成本管理,以期读者对营销管理策略有全面的认识和了解。

专业术语

1. 纵向营销:是指将市场进行再深耕的细分,从而为产品和品牌找到一个相对独一无二的市场空间的营销方式。
2. 交叉销售:借助客户关系管理,发现顾客的多种需求,并通过满足其需求而销售多种相关服务或产品的一种新兴营销方式。

3. 品牌营销：是通过市场营销使客户形成对企业品牌和产品的认知过程。企业要想不断获得和保持竞争优势，必须构建高品位的营销理念。

4. 营销成本：指企业在由产品最初所有者到最终所有者的营销过程中花费的代价，是企业利润的必要投入。包括信息成本、设计成本、谈判成本、契约成本、运营成本、税收成本、协作成本与诉讼成本等。所谓营销成本预算是企业营销收入及各项营销费用支出计划的统称。

思考题

1. 健康保险营销组合的优势有哪些？
2. 纵向销售和交叉销售的区别是什么？
3. 什么是品牌营销？
4. 健康保险的差异化销售主要体现在哪几个方面？
5. 请说明成本管理对健康保险公司的意义。

第十一章

健康保险营销管理：中国实践案例

本章在此前章节理论和实务分析基础上，分析介绍了典型的员工综合福利保障计划营销案例；介绍政府合作医疗业务营销案例；介绍健康保险与健康管理案例；分析健康管理营销模式。本章主要分析介绍来自我国健康保险营销管理实践的案例，希望呈现给读者更加直观的实践感悟。

第一节 员工综合福利保障计划整合营销案例

员工综合福利保障计划是典型的企业员工福利方案的重要组成部分，在基本社保福利的基础上，一般包括长期的养老金计划（含企业年金和补充养老保险），以及涵盖寿险、意外险和各类健康保险等保障的一揽子计划。员工综合福利保障计划也是企业吸引人才和留住人才的重要法宝，有助于增强企业竞争力，是企业管理战略尤其是人力资源政策的重要组成部分。

员工综合福利保障市场具有可持续性、发展稳定和专业性强等特点，是人寿保险公司和健康保险公司理想的业务来源和持续发展的重要基础。

一、案例介绍

（一）客户基本情况

该客户是全球领先的业务多元化跨国企业，长期位于财富500强企业前列，已有

100多年的发展历史,目前拥有八大业务集团与十大全球研发中心,业务遍及全球180多个国家和地区,拥有33万多名员工。在中国设有独资、合资企业和全球研发中心等合计30多家单位,员工1万多人。

该客户自20世纪90年代进入中国市场以来业务迅速发展,员工规模不断扩大,一直传承海外母公司的管理文化,非常重视员工福利,提供了较完善的员工综合福利保障计划。

(二)市场竞争情况

已在国内某保险公司沿海分公司连续投保10年,是该分公司第一家跨国企业大客户,也是其超重量级的品牌客户;在此基础上,该保险公司已开发了100多家跨国企业并建立一整套服务流程和专门的服务团队,专门适用于跨国企业的员工综合福利保障计划。

(三)主要需求

保障对象:员工、配偶和未成年子女。

保障内容:意外、寿险、门诊医疗、住院医疗保险、女性生育、住院津贴、海外就医及紧急救援保障等。

服务需求:为全国各地的员工和家属提供属地化的定期上门服务。

(四)主要难点

一是客户与现承保的保险公司合作良好,长期合作促进了双方互相理解,经办部门之间有一定的合作感情,不愿意更换供应商。

二是客户已习惯作为保险公司的超级VIP客户,个性化需求多,对服务细节和时效要求高,如要求以单位附近非三级医院为定点医院,理赔时效计算以赔付款到账为准等。

三是客户方通过并购等快速扩大规模,新进入的单位和员工面临不同的企业文化,需要保险公司在员工福利方面帮助推进统一和协助整合交流。

四是客户员工进出流动性大,离职和入职比例约30%,另外还有不少员工内部跨系列和跨地区调动,且长期在外出差员工较多,保单变更、管理和服务工作量大。

二、案例分析

(一)客户重要性分析

一是该客户是跨国企业市场员工福利的领跑者,具有很强的示范和带动效应,如能成功转投本公司,有助于公司在跨国企业市场的品牌树立和员工综合福利保障计划专业化经营。

二是该客户成长性好,每年员工规模增长20%左右。

三是具有深度综合开发潜力,有员工养老金计划需求,但目前尚未建立。

四是相关开拓和服务经验可以推广复制,助力本公司在员工综合福利保障计划市场的发展。

(二) 整合营销策略制定

1. 营销策略

以公司品牌(创新)为切入点,实施以差异化和服务为主的整合营销策略,充分发挥本公司各类资源优势,突出与现承保保险公司的差异。

2. 渠道

整合内外部渠道资源。本公司是跨国共保组织(Multinational Pooling)在中国唯一的成员保险公司。利用本公司合作方与客户国外母公司的关系,发挥对客户决策的影响力。总公司重点客户部牵头客户总部所在地的分公司,汇聚总、分公司多方资源和力量,组成联合开拓项目组。

3. 产品和价格

根据需求适当完善现有保障方案,以盈亏平衡点定价,前三年目标是保本。

4. 集合全公司力量,发挥服务优势

以公司的全国统一服务平台为依托,总公司牵头相关分公司,组建该客户专属团队。

(三) 关键行动

一是与跨国共保组织客户经理及时沟通中国业务开拓进展情况,利用跨国共保组织与客户母公司的关系,从上层推动业务开展。

二是开拓阶段促成三次公司高层互访,并邀请客户关键领导参观访问公司后援服务中心,进一步强化了客户对公司实力和品牌的认可。

三是总公司项目负责人与客户方保持密切沟通,与内部核保、法律和客服等部门紧密合作,对客户需求及时、专业、高效回复,赢得客户信赖。

四是专业化销售,客观、诚信地为客户提供保险产品的专业信息以及对市场的判断,成为客户方经办人员的保险专业顾问。交流中避免诋毁其他同业公司。

五是选取关键客户供该客户调查。选择三家对本公司服务和专业性高度认可的重量级客户,提供给这家客户,供其调查了解本公司的保障和服务水平等情况。

（四）保障方案设计

1. 设计思路：在现有方案基础上，进一步优化保障方案

（1）在现有员工综合福利保障计划基础上，根据员工群体特点和需求，提高工伤意外保障的保险金额至 42 倍月薪，且设置最低保额。

（2）增加非全职人员工伤意外医疗保险，帮助客户管理此类风险。

（3）为配偶提供可自费购买的意外险和寿险方案，价格较优惠。

（4）将配偶及子女纳入一般公共保险基金保障范围。被保险员工、配偶或子女个人名下的医疗保险金额使用完毕后，若再发生保险责任范围内的医疗费用支出，可以申请使用公共保险金额。

（5）提供统一的国外旅行意外和医疗以及紧急救援保险方案。

（6）增加外配药和非处方药特约责任，满足员工需求。

2. 保障方案

该客户员工综合福利保障计划的主要保险责任和保险金额如表 11.1 所示。

表 11.1　　　　　　　　　　保险责任和每年保险金额一览表

类别 保险责任	员工保险金额		配偶保险金额	
全职员工和配偶意外保险和定期寿险保险责任				
意外残疾保障（工伤除外）	24 万元或 30 个月基本工资额中较高者		24 万元	
工伤意外残疾保障	30 万元或 42 个月基本工资额中较高者		30 万元	
意外身故保障（工伤除外）	24 万元或 30 个月基本工资额中较高者		24 万元	
工伤意外身故保障	30 万元或 42 个月基本工资额中较高者		30 万元	
疾病身故保障、自然身故保障	15 万元或 24 个月基本工资额中较高者		15 万元	
全职员工和配偶医疗保险保险责任				
门诊急诊医疗保险金	给付比例90%	2 万元	给付比例50%	2 万元
住院医疗保险金	给付比例100%		给付比例50%	
药店买药：给付比例90%	每保险年度最高 2 000 元		无	
一般住院每日津贴——每保险年度最多给付 180 天	100 元/天		无	
癌症住院每日津贴——每保险年度最多给付 180 天	130 元/天		无	

续表

类别 保险责任	员工保险金额	配偶保险金额
女性生育费用保障（最高额）	5 000 元	5 000 元
公共保险基金总额	50 万元	
非全职人员工伤意外保障		
工伤意外残疾保障（最高额）		30 万元
工伤意外残疾身故		30 万元
工伤意外医疗保障		2 万元
员工未成年子女医疗保障		
18 周岁以下的子女因疾病或意外伤害发生的符合医保范围的医疗费用按 50% 比例获得给付（最高额）		2 万元

资料来源：作者整理。

（五）服务方案设计

一是准备专门的服务方案及服务协议，将投保、变更、索赔、理赔以及所有服务项目细化，并明确各方的权利和义务，责任落实到人。

二是建立遍布全国 40 多个地区的专属服务团队。

三是由总公司牵头统一服务流程、统一所有文本资料格式和要求，并专门召集全国专属服务团队到总公司进行专门培训。

四是通过公司视频会议系统，每月初定期召开公司内部服务沟通会，邀请客户方 HR 代表一起参加。

五是每季度末开展双方总公司高层互访及沟通。

三、案例总结

客户开拓过程持续了两年多，面临内外部的各种挑战和困难。但在项目组的坚持和不懈努力之下，该客户员工综合福利保障计划终于顺利转投本保险公司。而且在此后一年内，还建立了以投资连结保险为主的员工补充养老保险计划。此后，经过公司项目团队和服务团队的紧密合作，不断优化服务流程和保障方案，成功开拓该客户的经验、一系列服务标准和流程得以总结并复制推广，成为该公司开拓跨国企业员工综合福利保障计划市场的利器。

从营销管理角度，该客户成功开拓的主要经验和启示总结如下：

（一）实施以客户为中心的整合营销策略

1. 主要挑战

在两年多的开拓中,客户内部有不同的意见,经过反复的沟通、评估和权衡,客户认为,选择本公司的风险在于:本公司没有足够丰富的医疗保险的经验;本公司可能比其他公司更注重利润;与其他公司已合作多年,员工已经习惯了原来保险公司的方式和规定,员工拒绝改变;在很多城市,员工和原来保险公司的服务人员已建立了良好的关系;各家保险公司的服务模式不同。

2. 实施以客户为中心的整合营销策略

经过两年多的沟通和了解,通过与本公司员工尤其是项目负责人的交往,客户最后相信本公司能提供更好的服务,基于如下方面的判断:管理层的决心;组织结构;公司的文化和理念;员工的工作态度;现有客户的反馈。

(二) 强化服务优势

项目组的专业化运作本身就是一种服务,每一项日常工作都决定着客户未来的选择,因此不论何时何地,都应关爱客户,为客户提供最好的服务。

专业的服务方案设计和运作,尤其是让客户相关部门参与服务流程设计以及服务代表培训等工作,既增进双方的理解和交流合作,又使服务好客户员工成为共同的目标,达到多赢的效果。

第二节 政府合作医疗业务营销案例

一、案例介绍

(一) 案例背景

PPP 是一种行之有效的政府与民间组织合作提供服务的模式。医疗问题是世界性难题,让群众方便快捷地获得医疗服务,全面提高卫生服务水平存在着巨大挑战。特别是"因病致贫、因病返贫"问题还普遍存在。中国政府勇于创新,创造了"城乡居民大病保险"模式,为解决医疗问题提供了中国智慧。

(二) 城乡居民大病保险保障方案

城乡居民大病保险(以下简称"大病保险")是基本医疗保障制度的拓展和延伸,是对大病患者发生的高额医疗费用给予进一步保障的一项新的制度性安排;也是

第十一章
健康保险营销管理：中国实践案例

一种补充医保报销制度，对因患大病发生的高额医疗费用，在基本医保报销的基础上，再次给予报销。

该地区大病保险的具体规定如下：

1. 资金来源和筹资标准

从城乡居民医保基金中划出，不再额外增加群众个人缴费负担。筹资标准一般为30元左右。

2. 保障对象

城乡居民医保参保人员。

3. 保障范围

大病保险对经基本医保补偿后还需个人负担的超出大病保险起付线的合规医疗费用给予保障。起付线不含基本医疗保险起付标准以下个人自付部分。由于突发公共事件（如传染病疫情、不明原因的群体性疫病、重大食物中毒和职业中毒及其他危害公共健康的突发公共卫生事件，自然灾害、事故灾难、社会安全事件等）产生的医疗费用不在此保障范围之内。

合规医疗费用指实际发生的、合理的医疗费用。不合规医疗费用按照本地区相关部门明确的不予列入大病保险合规医疗费用的项目范围执行。

4. 保障标准

患者以年度计的高额医疗费用，超过当地上一年度城乡居民年人均可支配收入以及农村人均年纯收入为判断标准，具体金额由地方政府确定，以此为起付线。实际支付比例要在53%以上。

大病保险起付线为一个年度的报销起付线。以某市为例，2017年城乡居民大病保险起付标准设定为：一个医疗年度内，基本医保参保人员个人负担的合规医疗费用累计超过0.55万元以上部分均可享受大病保险补偿政策。超过起付线标准的个人自付费用部分按分段比例累计赔付（具体分段赔付比例见表11.2）。

表 11.2　　　　　　　某市城乡居民大病保险分段赔付比例

指标类别	起付线	起付线以上分段报销比例			
		0—2万元（含2万元）	2万—4万元（含4万元）	4万—6万元（含6万元）	6万元以上
城乡居民大病保险	0.55万元	50%	60%	70%	80%

资料来源：作者搜集整理。

对符合大病保险报销范围、大病保险起付线以上的个人自付医疗费用，根据分段报销比例，在最高支付限额内，医疗费用越高，赔付比例越高，整体医疗费用实际赔付比例不低于53%。

需转区外治疗的，按转外就医管理办法，经市医疗保险经办机构批准并办理转院手续的，超出大病起付线部分合理医疗费用报销比例统一为50%。

根据国家和该地区关于大病保险助力脱贫攻坚相关文件规定，建档立卡贫困人员在表11.2报销比例基础上，大病保险起付线降低50%，报销比例提高10%。

5. 报销补偿（理赔支付）

商业保险机构于每月25日前，将上月发生的合规医疗费用及时支付给定点医疗机构或参保人。单次住院合规的个人自付费用超过起付标准的，在辖区内定点医疗机构住院的病人由定点医疗机构直接支付给病人；在辖区外定点医疗机构住院的病人直接到商业保险机构请求赔偿，商业保险机构应在参保人提出申请之日起30日内给予补偿大病医疗保险费用；单次住院合规的个人自付费用未超过起付线，但年内经多次住院且累计超过起付标准的，辖区内的定点医疗机构实行直报；辖区外的定点医疗机构住院的病人直接到商业保险机构请求赔偿的，商业保险机构在结算年度末对参保人按起付标准报销比例给予一次性补偿。

6. 建立风险调节机制

遵循收支平衡、保本微利的原则，建立风险调节机制。确定商业保险机构扣除直接赔付和综合管理成本（不高于大病保险总额的5%）后，盈利率或亏损率应控制在5%以内。综合管理成本实行"总额控制、限定范围，在限额内据实列支"的管理办法。综合管理成本包括城乡居民大病保险信息系统软件开发、人力成本、医疗管理、案件调查、办公运营、宣传培训、违规费用审核奖励等费用。探索建立综合管理成本分类控制实施办法，严格控制不合理的管理费用支出。招标确定盈亏率的目标值，根据情况逐年调整。

（1）盈利分配办法。盈利率小于和等于目标值时，盈利部分全部归商业保险机构；盈利率超过目标值以上的部分，全部返还城乡居民基本医疗保险基金（城镇居民、新农合基金）。

（2）亏损分担办法。亏损率小于和等于目标值时，由人社、卫生、财政、监察、审计部门综合评估，符合大病保险政策支付范围的，分别由商业保险机构和城乡居民基本医疗保险基金（城镇居民、新农合基金）各支付亏损额的50%；亏损率超过目标值以上的部分，全部由商业保险机构承担。

7. 实现即时结报

商业保险机构承办大病保险获得的保费要实行单独核算，并规范资金管理，保证大病保险支付能力。

商业保险机构要加强大病保险与城乡居民基本医疗保险（城镇居民医保、新农合），医疗救助及医疗机构的信息系统互联互通，并应依托原有的医保信息系统建立大病保险结算信息系统，与相关部门交换和共享大病保险保障对象的补偿数据，提供

"一站式"即时结算服务,努力实现患者出院时医疗费用即时结报,确保群众方便、及时享受大病保险待遇。

(三)大病保险理赔服务方案

大病保险应按照补偿协议约定的规范要求收取相关资料。

1. "一站式"理赔服务模式

保险公司大病系统自动完成理算,客户在结算时或申请时原则上无须提供索赔资料。

2. 网点结算理赔服务模式

医疗费用发票/结算单,费用清单,诊断证明/出院小结。若发票或农合结算单中费用信息或大病系统中可查询到相关治疗费用信息,且这些信息已可满足理算需求,则可省略费用清单;若大病系统中可以查询到相关诊疗信息,则可省略诊断证明/出院小结。

被保险人本人申请需提供被保险人农合卡/身份证原件、被保险人银行卡(折)(转账时提供)。委托他人申请除上述资料外还需提供代办人身份证原件。

3. 全国通赔通付

全国通赔通付是客户可在国内任一本保险公司的客户服务中心就近办理理赔业务,由受理理赔申请的公司接洽并提供包括接受客户的报案、受理索赔申请、通知和异地付款等相关理赔服务。

二、案例分析

(一)城乡居民大病保险运作的主要原则

1. 以人为本,统筹安排

把维护人民群众健康权益放在首位,切实解决人民群众因病致贫、因病返贫的突出问题。充分发挥基本医疗保险、大病保险与重特大疾病医疗救助等协同互补作用,加强制度衔接,形成合力,不断提高人民群众的医疗保障水平和健康水平。

2. 政府主导,专业运作

发展改革、卫生计生、财政、人力资源社会保障、民政、保险监管等部门负责大病保险的基本政策制定、组织协调、筹资管理,并加强监管指导。利用商业保险机构的专业优势承办大病保险,发挥市场机制作用,提高大病保险的运行效率、服务水平和质量。保险公司成立专门的服务组织和服务团队开展大病保险理赔工作。

3. 责任共担,持续发展

大病保险保障水平要与本地经济社会发展、医疗消费水平及承受能力相适应，形成政府、个人和保险机构共同分担大病风险的机制。强化当年基金收支基本平衡的原则，个人承担一定医疗费用，保险机构保本微利。合理测算筹资标准及保障水平，确保大病保险稳妥起步，规范运作，保障资金安全，实现可持续发展。

4. 因地制宜，创新机制

结合当地实际，充分考虑地区差异性，科学、合理制订大病保险保障方案。鼓励不断探索创新，完善大病保险承办准入、退出和监管制度，完善支付制度，引导合理诊疗，建立大病保险长期稳健运行的长效机制。

（二）理赔服务与风险管控方案

在确保服务顺畅和服务质量基础上，保险公司在各个环节采取措施有效管控风险。

1. 实施"一站式"理赔服务模式时主要环节和风险管控措施

（1）入院治疗。参合人员在就诊时，按照基本医疗保险规则提供身份信息及凭证。

（2）探访核实。根据系统中提供的正处于治疗过程中符合大病保险补偿条件的参合人员信息，或在系统无法提供时定期赴医院筛选出符合大病保险补偿条件的参合人员，进行探访核实，并将核实结果及时记录。若发现问题须及时固定证据并告知新农合或社保机构人员，与新农合或社保人员共同确认，按协议约定进行后续处理。若因特定原因未能及时确认参合人员信息的，针对挂床、冒名顶替等客户欺诈行为应先行暂停"一站式"理赔服务；针对医院问题无须暂停"一站式"理赔服务。

（3）大病补偿金计算。根据协议约定，大病系统获取不同来源的就诊信息，根据身份证号、性别、医疗总费用、起付线、自费金额、自负金额、医疗救助、大病保险报销比例、报销累计金额、本次报销金额、疾病代码、住院/就诊日期、出院日期、甲类费用金额、乙类费用自负金额、乙类费用金额、丙类费用金额、特种病确诊时间、确诊医疗机构、手术信息及其他费用等字段信息，依据大病保险补偿协议约定的理算规则，自动计算大病补偿金额。

（4）出院结算。参保人员在出院时，凭社保卡及身份证在医疗机构窗口进行费用结算时，只需支付扣除基本医疗金及大病补偿金后的剩余金额部分。医疗发票/结算凭证上体现大病保险报销金额，医疗机构应向客户提供可体现大病补偿金额的发票或大病保险结算单。

（5）事后核查。针对"一站式"所具有的特点，风险管控主要集中在事前及事后，因此保险公司根据业务需要及协议约定内容，在与医疗机构结算前，按比例对案件进行核查。

（6）定期结算。定期从系统中导出案件清单（一式两联）并与医疗机构提供的清单进行核对，对于有问题的应及时与医院进行沟通，最终确认后提交公司财务，对医疗机构先行垫付的费用进行结算（见图11.1）。

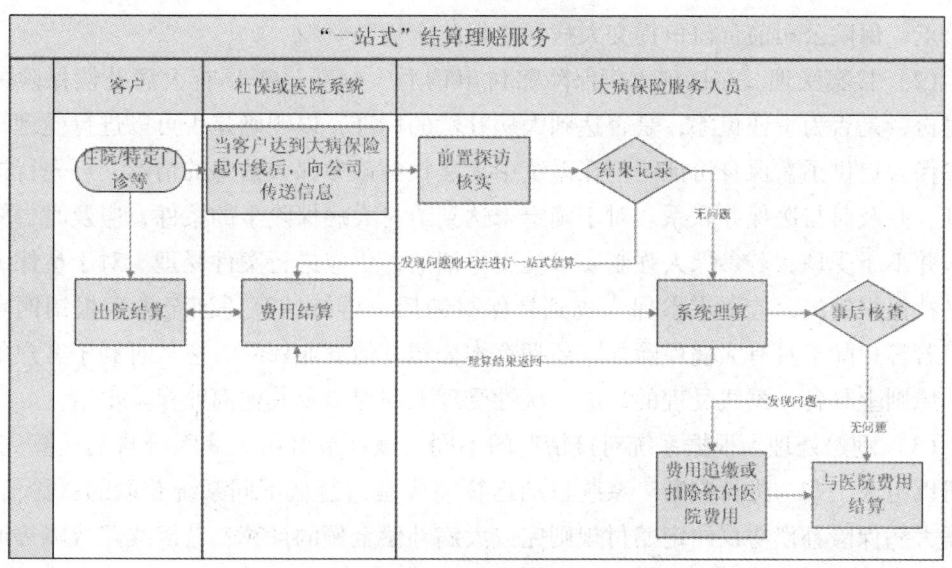

图 11.1　某市大病保险"一站式"结算理赔服务流程图

2. 实施网点结算（包含合署办公）理赔服务模式（见图11.2）

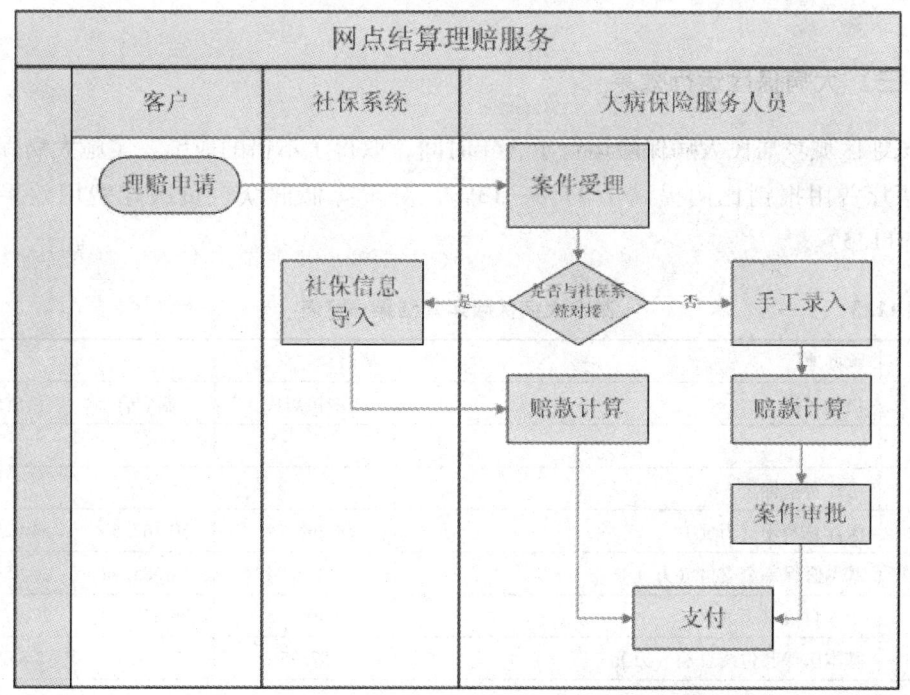

图 11.2　某市大病保险网点结算理赔服务流程图

主要环节和风险管控措施如下：

（1）理赔申请。参保人员本人或其他人员持相关资料至社保中心、合医办合署办公点、保险公司前台窗口提交大病补偿保险金理赔资料。

（2）接案受理。在接到大病保险赔付申请后，判断是否具有大病补偿保险的参保身份，是否为责任免除，是否达到大病补偿的标准，以明确是否可以进行受理。对于参保人提供了参保身份证明但在系统中无法找到该参保人信息的情形，可先行进行受理，并及时与医保办联系。对于确定未达到给付大病保险金的案件，应及时告知参保人并不予受理，若参保人强制要求提交申请的，仍应进行案件受理。对于参保人还未到社保报销的，应要求参保人先到社保报销后，再持结算凭证至大病报销网点申请。若客户除了具有大病保险外，还拥有本公司其他商业保险，应从有利于客户的角度，原则上具备一站式受理的，应一次性受理大病保险及其他商业保险申请。

（3）理赔处理。根据系统对接情况的不同，该环节可由大病系统自动运算完成，也可以由人工参与进行判断。系统自动运算完成是通过从不同系统获取的就诊信息，依据大病保险补偿协议约定赔付规则完成大病补偿金额的计算；若因线路故障等原因系统未能接收到农合传输数据，则需要手工在大病系统中录入诊疗信息及费用信息，并由系统进行计算，以确定可支付的大病补偿金额。

（4）事后核查。应根据业务需要及协议约定内容，定期按比例抽取案件进行核查。

（三）大病保险运行效果

该地区城乡居民大病保险运行了5年时间，取得了不错的成绩。实施大病保险后群众医疗费用报销比例提高了11%—13%，对于降低群众自负医疗费用效果明显（见表11.3）。

表11.3　　　　　　　某市大病保险运营结果一览表

序号	承办地区	某市		
	指标名称	城镇居民	新农合	合计
...				
一	医疗费指标			
1	医疗总费用（万元）	4 765.29	50 162.53	54 927.82
2	基本医保基金支付（万元）	2 268.94	24 685.44	26 954.38
3	个人自负（万元）	2 496.35	25 477.09	27 973.44
4	基本医保起付线总额（万元）	57.95	2 774.88	2 832.83

续表

序号	承办地区	某市		
	指标名称	城镇居民	新农合	合计
5	大病保险不予支付费用（万元）	262.38	7 449.24	7 711.62
6	大病保险起付线总额（万元）	535.15	5 422.45	5 957.6
二	分析指标			
1	每千人受益人数（人）	3.33	4.97	5.10
2	件均赔付金额（万元）	0.83	0.15	0.17
3	人均赔付金额（万元）	0.99	0.53	0.53
4	结案比例（%）	100.00	100.00	100.00
5	医保报销比例（%）	47.61	49.21	49.07
6	大病实施前个人负担比例（%）	52.39	50.79	50.93
7	大病保险赔付占总费用比例（%）	20.17	10.38	11.23
8	医保+大病赔付比例（%）	67.79	59.59	60.30
9	大病实施后个人负担比例（%）	32.21	40.41	39.70
10	大病保险赔付占自付费用比例（不含基本医保、大病保险起付线以及大病保险不予支付费用）（%）	58.58	52.98	53.78

资料来源：作者搜集整理。

三、案例总结

（一）主要特色

就该业务而言，营销方面的主要特色在于采用"政府主导+商业机构承办"模式。

1. 政府主导

方案由政府根据群众医疗费用负担水平、根据实际医疗费用上涨情况以及基金负担能力等进行设定，以确保政府的施政目标。

2. 商业保险机构承办，保证服务水平，确保政府和参保人员满意

在健康保险服务方面，商业保险机构有充足的人才、完备的机构网络，方便服务群众。商业保险机构全国的机构网络可以较好地服务于全国异地就医，以及有效开展全国就医行为调查，做好医疗费用审核工作，压缩医疗费用开支的"水分"，提高大病保险资金运行效率，提高资金安全；利用商业保险机构灵活的用人机制以及清晰的考核机制，可以强化提升服务质量和水平，提高客户满意度；引入商业保险机构有利

于与医疗机构沟通合作，使医疗服务行为规范化，提高服务效率。

3. 双方合作，借助政府权威和商业保险机构的服务，更有力地推进民生类服务

民生类项目是政府执政所需，是群众福祉，是刚性需求；同时民生类项目一般利润极低极微，如果没有政府部门进行协助，仅靠商业机构运作，服务成本会大为上升，且有些项目无法开展，达不到政府的目标。而双方合作，则充分融合了行政力和服务力，达到准确高效的服务目的。

4. 服务上，采用"一站式"理赔服务模式和全国通赔

保险公司与该地区医保系统开发维护服务方接洽商谈了"一站式"即时结报工作，为该市参保群众提供便捷的"一站式"补偿服务。系统对接后，在所有定点医院赔付均实现"一站式"赔付，即参保人员在医疗机构出院结算时一并完成大病医疗保险结算，无须另行到大病补偿指定柜面或窗口进行索赔。对于转诊转院的参保人员，承诺在收到参合人员报销资料之日起，保险公司在收到相关资料的7个工作日内完成赔付。

借助总公司在理赔统一作业平台上开发的全国集中的异地（跨省区）受理理赔案件信息管理功能，实现理赔案件跨省作业，即全国通赔通付。

（二）总结

一是本案例的成功之处在于采用政府购买服务的方式，整合了商业机构的服务网络、人才优势，以及商业机构强大、细致、周到的服务能力，确保了服务千百万群众质量可控，让群众满意。避免了政府直接操办，也解决了无法考核、效率低、质量差的问题；充分激励了商业机构努力发挥自身在风险预防和医疗费用风险方面的丰富经验，减少各种资金风险，强化了管理，确保了大病保险资金发挥实效，着实解决资金安全问题，让政府满意；保证了大病保险作为政府解决群众"因病致贫、因病返贫"问题方案的应有成效。

二是通过商业机构承办社会公共事务，形成"厘清与执行政府部门与商业机构的各自责任与共同责任"的联动督导机制，将政府部门权威性与商业机构的专业服务和技术优势有效整合。

三是注重合作的服务平台建设，提升效率且有效管控风险。采用"一站式"理赔服务模式和全国通赔。同时，根据对基础数据、临床路径、标准诊疗方案等科学测算，达到事前引导和干预，并借此对医院、医生进行激励和约束管控，从而达到有效管控风险、提升医疗服务质量和优化参保人理赔体验的目的。

第三节 "健康管理+保险保障"营销模式案例

一、案例介绍

(一)"健康管理+保险保障"的营销模式发展背景

现行的医疗保险制度下,被保险人只有在患病接受诊疗服务后才能获得社会医疗保险及商业健康保险的费用给付,即资金导向疾病治疗,几乎不补偿其进行身体检查或其他预防性医疗服务产生的费用。这种重治疗、轻健康管理的制度设计倾向,在老龄化加速和慢性病高发的现阶段将导致社会医保基金支出的增加以及商业健康保险赔付费用的提升。采取提高保费、提高起付线、降低封顶线等手段虽然可以减缓医疗保险基金财务收支压力,但同时也会降低被保险人的保障水平,增加逆选择风险。

健康服务以维护和促进健康为目标,通过开展健康风险预防、健康促进、健康干预和健康教育等可在一定程度上减少疾病的发生及危害程度。在被保险人接受诊疗服务时,针对就医服务选择、服务方式与服务过程等进行建议和管理,提高就医便捷性。因此,通过较少的健康管理资金投入,可以降低医疗保险基金支出,提高基金使用效率。全美最大HMO组织凯撒医疗集团,2013年收入560亿美元,利润25亿美元。公司有950万名会员,旗下拥有38家医院、611个诊所,主要集中在加州。[1] 凯撒医疗的模式是整合医疗服务和产品,形成闭环,既提供医疗保险产品,也投资于供会员看病的医院,以便于集中化控制成本和医疗风险。

近年来,以健康体检为主的健康管理服务机构快速发展。全国健康管理(体检)机构数量由2005年的2 000家增加到超过1万家,从业人员近50万人,年体检人次超过4亿。随着健康服务市场的发展,健康管理模式的核心逐步发展为打造以人为核心的覆盖"保险+医院+互联网医疗""预防+治疗+康复"的闭环生态圈。目前我国健康管理机构超过60万家,从业人员超3 000万人。[2] 由于健康管理市场服务提供机构数量多、增长快、规模小、属性杂,部分经营健康保险的公司尝试利用移动医疗提供健康管理及就医服务,探索创新业务发展,线上提供保险信息查询、健康咨询、

---

[1] 安信证券:《美国医疗保险模式启示》。
[2] 白书忠.《我国健康服务业与健康管理的创新发展》[J].健康管理,2015(1).

第二诊疗、预约挂号、健康膳食、健康运动、微信二维码支付等多种服务及应用；线下提供丰富的导医导诊、家庭医生、体检安排、国内外就医安排等，满足客户多样化的健康服务需求，探索建立商业保险公司与医疗、体检、护理、医药等机构的深入合作机制。

（二）"健康管理 + 保险保障" 新型模式

如今，"健康管理 + 保险保障" 这一新型的健康管理模式已被保险公司广泛采用。这种模式将保险与健康管理有机结合起来，在平时的生活中可以通过健康管理来实现参与者的健康生活，同时保险保障在真的发生风险时给予经济上的补偿，也打破了传统保险只有在发生风险时才能发挥作用的局面，让保险产品能时刻伴随客户。

这种模式中的健康管理则更加突出了健康促进的概念，旨在帮助参与者建立科学的健康管理和激励体系，对参与者的健康生活、健康运动、健康饮食等进行干预，倡导人们健康生活，鼓励人们持续改善健康，并可以获得相应的奖励，通过激励的方式让参与者更有动力去重视自身的健康。

（三）"健康管理 + 保险保障" 模式发展动因

"健康管理 + 保险保障" 模式能够有效、持续科学地激励参与者，促进参与者关注健康并通过积极锻炼以及践行健康的生活方式，提升个人健康水平，客观上降低健康保险的风险。

这种模式建立了个人健康管理和激励体系。一般情况下，参与者可通过如下几种方式获得积分：

1. 完成一系列与健康有关的测试问卷，能更好地了解自身健康状况

健康风险测试，可以有效识别出参与者的健康风险因素，从而在日后的生活中更加注意。压力测试，可以了解到参与者在日常生活中的工作压力、生活压力等，并给予缓解这些压力的方式。营养测试可以对参与者日常饮食状况进行分析，从而对日常的膳食营养均衡提出有效的建议。

2. 提交个人近期的体检报告，可以从医学角度了解自身健康状况

现在工作节奏很快，人们注重自己的外表，往往忽视对身体机能的维护，不了解自己的身体状况，甚至不愿去了解，这样很容易造成本来很小的疾病发展成大病。其实我们在工作中很难发现自己的身体隐患，但会经常感觉身体不适，却又不知道哪里出了问题，这就是一种亚健康的状态，这时只需要做一个常规的体检就可以发现问题，所以定期体检是为了通过检查发现是否有潜在的疾病，以便及时采取预防和治疗措施。

3. 签署不吸烟声明，可以减少吸烟带来的对身体的危害

长期抽烟的人，免疫系统会下降，给疾病入侵的可能，从而导致心脏病、血管硬化、支气管炎、肺癌等疾病。吸烟越久，患上疾病的概率越大，因此不吸烟或者戒烟是对身体健康非常有好处的。

4. 完成体能测试，可以了解自身当前的体能水平

体能是通过力量、速度、耐力、协调、柔韧、灵敏等运动素质表现出来的人体基本的运动能力，体能水平的高低与人体的形态学特征以及人体的机能特征密切相关。现在越来越多的人因为工作和家庭生活繁忙，无暇进行日常锻炼，也导致自身的体能水平日益下降。因此，及时了解自身的体能水平，并加以重视，对日后的生活是非常有帮助的。

5. 通过平时在健身房的锻炼或坚持其他运动，有效改善自身健康状况

运动锻炼是可以增进健康、增强体质、娱乐身心的，同时对促进人体生长发育、培养健美体态、提高机体工作能力、消除疲劳、调节情感、防治疾病、益寿延年都有重要作用。如果平时缺乏运动，会使身体的免疫能力下降，引发疾病隐患。

6. 参与者通过上述方式获得积分，同时不断提升自己的会员等级，可根据不同的等级，享受各种健康奖励项目

客户为健康努力得越多，获得的会员积分越多，享受的健康奖励就越多。这些健康奖励包括很多内容，如与一些商户建立了合作关系，参与者可以在这些合作商户中进行消费从而获得与会员等级匹配的折扣。

相信随着以"健康管理+保险保障"这种创新的健康管理模式的推广和不断完善，各家公司可以建立起针对参保人的健康管理和激励体系，从而推动公众的健康生活。

二、健康管理营销案例

（一）案例介绍

某健康管理公司主营业务为健康管理服务，一是高端体检，二是为企业提供一揽子健康服务方案，三是儿童健康成长营养及运动管理服务等。现有员工30人，合作伙伴10家，覆盖全省省会城市等5个地市。

该公司的业务营收主要来源于高端体检，发展较慢。为了拓宽业务发展道路，公司决策层决定在2017年第二季度大力推广企业一揽子健康服务方案。

（二）案例分析

1. 确定方案

方案主要内容为：

（1）目标：第三季度完成新增企业客户30家，合约年收入100万元。

（2）宣传投入与项目运作：15万元。主要在人力市场网站以及HR相关网站推介，利用微信红包进行分享式推广；并通过产品服务推介会、健康服务体验会等形式开展项目运作。

着重宣导："让员工与企业一道健康成长""先进的企业员工更健康""健康是员工最大的士气保证"等。

（3）推动合作伙伴：投入奖励10万元，奖完即止。对原有合作伙伴，按新增实际收入的10%奖励；对于新增的合作伙伴，新增客户（员工参与人数在30人以上）按每单1 000元进行奖励。特别关注与保险公司的合作。

（4）推动客户：总成本拟投入10万元。考虑到市场未来发展，不降低价格。但实施签约到账，在政策许可范围内，给关键决策人赠送高端基因检测项目服务。

（5）全面服务优化。

2. 成果评价

公司进行了大规模的推动，完成情况如下：

（1）新增客户40家，新增收入115万元。

（2）新加盟合作伙伴5家。

该方案取得了较好的效果。

（二）案例总结

本营销方案设计较科学，目标明确，措施有效。

第一，通过大规模宣传扩大项目知晓率，同时运用会议营销的模式，提高批量拓展能力。

第二，从产品服务、渠道、客户及销售队伍多层次推动新服务拓展，形成了较大的合力，满足了客户从知道、了解、体验到决策购买和接受服务的全方位心理需求。

第三，特别强化HR认可企业健康管理服务计划。与他们进行较好的沟通与交流，引起他们的兴趣，解决疑问，给予体验，最终促成。

专栏11.1

我国健康保险与健康管理有机结合的实践

目前，市场上已经出现了针对性强、有鲜明特色的健康保险和健康管理。例如太平洋保险公司推出冠状动脉内支架置入（PCI）手术意外险和配套健康管理服务。这款产品是太平洋保险公司联合专业医疗科技公司在国内推出的首个为冠状动脉介入治疗术中、术后提供全程保障的保险产品，专门针对接受PCI手术病人的需求设计，不仅为患者提供术中身故或残疾的意外保障，还包含手术并发症和术后复发的医疗保障。在术后管理方面，则由合作方为患者提供心脏康复管理服务。

探索如何形成真正有效的健康管理。平安人寿与平安健康于2016年9月合作推出的"健康行－平安RUN－健行天下"活动，将健康管理与其保险产品"平安福"紧密结合——投保人通过移动端APP报名后，通过APP计步功能记录每日行走信息，运动量达到一定要求便能获得实物奖励、现金返还，甚至增加保额。这种创新模式契合了消费者越来越强烈的追求健康生活方式的需要，化被动为主动，成功吸引了众多消费者参与——活动推出后已经有超过50万名投保人报名参加。当然也应该看到，现阶段干预手段较为简单，每日行走步数所针对的个人健康目标不清晰，每日10 000步所能达到的健康效果也有待观察。未来还需要通过数据积累，将健康目标、效果和干预手段相结合，更好地评估其效果。

探索应用新的技术手段开展健康管理。国内首家互联网保险公司——众安在线财产保险股份有限公司（简称"众安保险"）与腾讯合作，将腾讯的智能便携式无痛电子血糖仪"腾爱糖大夫"与用户的微信号绑定，测量数据同步到微信上，收集血糖检测数据，进行糖尿病患者的血糖监测及管理。糖尿病患者使用便携式血糖仪进行日常血糖测量，其所监测到的数据可实时传输至手机并与后台监测平台同步。如果系统发现血糖数值异常，专业医生将进行电话回访。同时，众安保险还设计出了新颖的浮动保额奖励机制，进行"每日达标激励"。在基础5万元保费基础上，如果患者每次测量的血糖值达标，即可获得200元保额奖励，每年最高保额奖励可达5万元，以鼓励患者长期坚持达到稳定血糖的目标。

昆仑保险与专业健康科技公司合作，利用信息化的技术手段，探索以"治未病"为核心的中医特色健康管理服务模式。以中医理论为基础，运用计算机技术，建立健康状态辨识数据库，实现对中医望、闻、问、切四诊信息的标准化和量化采集。采用声音辨识、体质辨识等技术，对个体健康状态信息进行检测和辨识，建立并维护"私人健康状态信息库"，对客户的体质类型、健康状态、易患疾病、心理指数和生存质量等进行量化评估，可自动输出测评结果"知己报告"，并且提供专业且个性化的"解决方案"。

本章小结

本章主要分析介绍来自我国健康保险营销管理实践的案例。首先介绍了典型的员工综合福利保障计划营销案例，分析总结了整合营销策略及服务营销的具体应用。其次介绍政府合作医疗业务营销案例，说明商业保险公司如何与政府合作，有效达成双方的目标。随后介绍了健康管理营销案例，并分析了"健康管理+保险保障"模式及其发展动因，提出保险公司可以借助这种模式，建立起针对参保人的健康管理和激励体系，从而推动公众的健康生活。

专业术语

1. 员工综合福利保障计划：是典型的企业员工福利方案的重要组成部分，在基本社保福利的基础上，一般包括长期养老金计划（含企业年金和补充养老保险），以及涵盖寿险、意外险和各类健康保险等保障的一揽子计划。

2. 大病保险起付线：指在基本医保报销后的参保人员自付费部分超过一定金额之后大病保险开始理赔，这个一定金额就是大病保险起付线。

3. "一站式"即时结算服务：指在大病保险理赔服务中，保险公司直接在客户出院时完成基本医保的报销后即时进行大病保险的理赔工作，客户出院只负责大病保险不负责部分的自付费即可。

4. HR：人力资源。

思考题

1. 员工综合福利保障计划包括哪些内容？
2. 城乡居民大病保险是怎样的制度？
3. 健康管理服务方案的设计关键是什么？
4. 国内保险公司在健康保险及健康管理的结合方面还有哪些创新模式？

第十二章

环境变化与健康保险营销管理变革

本章首先介绍营销环境分析的 PEST 模型及其构成,并对我国健康保险公司营销管理面临的政治、经济、社会和技术环境进行了分析。其次,分析现代医疗技术发展的几种趋势,尤其深入分析了基因技术原理及其应用对健康保险营销管理的影响。再次,分析互联网、区块链和大数据技术对健康保险营销管理的影响。最后,以我国"90 后"群体为例,分析消费者代际更迭对健康保险营销管理的影响。

第一节 营销管理环境 PEST 分析

所谓 PEST,是指 Political(政治),Economic(经济),Social(社会)和 Technological(技术),PEST 是四个英文词汇首个字母组合,是一种企业所处宏观环境分析模型,一般不受企业掌控。PEST 分析与外部总体环境的因素互相结合就可归纳出 SWOT 分析中的机会与威胁。

一、政治环境

政治环境是政治体系存在和从事政治活动、进行政治决策的背景条件的总和。政治环境就是指一个国家或地区在一定时期内的政治大背景,是指在特定社会中影响和限制各个组织和个人的法律、政府机构和压力集团。政治环境是各种不同因素的综合反应,如国内危机、针对商业的恐怖主义行动以及国家之间在特殊地区的冲突,这些问题可能偶尔发生，也可能经常发生。

（一）政治环境的主要影响

政治会对企业监管、消费能力以及其他与企业有关的活动产生十分重大的影响力。一个国家或地区的政治制度、体制、方针政策、法律法规等方面的因素，常常制约、影响着企业的经营行为，尤其影响企业较长期的投资行为和营销行为。政治环境的主要影响体现在如下方面：（1）政治环境是否稳定？（2）国家政策是否会修改法律，从而增强对企业的监管并收取更多的赋税？（3）政府所持的市场道德标准是什么？（4）政府的经济政策是什么？（5）政府是否关注文化与宗教？（6）政府是否与其他组织签订过贸易协定，例如欧盟（EU）、东盟（ASEAN）等？

（二）政治环境因素对企业影响的特点

1. 不可预测性

企业很难预测国家政治环境的变化。

2. 直接性

国家政治环境直接影响企业的经营和发展。

3. 不可逆转性

政治环境，如法律一旦影响到企业，就会发生十分迅速和明显的变化，而企业是无法扭转和转移这种变化的。

（三）我国健康保险营销管理处于良好的政治环境

党的十八大以来，以习近平同志为总书记的党中央从坚持和发展中国特色社会主义全局出发，立足中国发展实际，坚持问题导向，逐步形成并积极推进全面建成小康社会、全面深化改革、全面依法治国、全面从严治党的战略布局。"四个全面"战略布局，确立了新的历史条件下党和国家各项工作的战略目标和战略举措，是我们党在新形势下治国理政的总方略，是事关党和国家长远发展的总战略，为实现"两个一百年"奋斗目标、实现中华民族伟大复兴的中国梦提供了重要保障。

2016年，面对复杂多变的国际环境和国内繁重艰巨的改革发展稳定任务，在以习近平同志为核心的党中央坚强领导下，各地区各部门全面贯彻党的十八大和十八届三中、四中、五中、六中全会精神，认真落实党中央、国务院决策部署，统筹推进"五位一体"总体布局和协调推进"四个全面"战略布局，坚持稳中求进工作总基调，坚持新发展理念，以推进供给侧结构性改革为主线，适度扩大总需求，坚定推进改革，妥善应对风险挑战，引导形成良好社会预期，经济社会保持平稳健康发展，实现了"十三五"良好开局。

第十二章
环境变化与健康保险营销管理变革

在和平稳定的大环境中，近年来，健康领域一系列纲领性文件的贯彻落实，包括《中共中央国务院关于深化医药卫生体制改革的意见》（中发〔2009〕6号）、《国务院关于促进健康服务业发展的若干意见》（国发〔2013〕40号）、《国务院关于加快发展现代保险服务业的若干意见》（国发〔2014〕29号）和《国务院办公厅关于加快发展商业健康保险的若干意见》（国办发〔2014〕50号）等，为实现人人享有基本医疗卫生服务的目标、满足人民群众不断增长的健康服务需求、为加快发展商业健康保险创造了良好的环境和条件；健康中国战略的实施也为健康保险的发展提供了良好的政治环境和社会环境，并提供了全方位的战略和资源支持。

专栏 12.1

健康中国战略

《"健康中国2030"规划纲要》是为推进健康中国建设，提高人民健康水平，根据党的十八届五中全会战略部署制定，由中共中央、国务院于2016年10月25日印发并实施。党的十九大进一步强调有效实施健康中国战略。《"健康中国2030"规划纲要》是今后15年推进健康中国建设的行动纲领。

一、指导思想

推进健康中国建设，必须高举中国特色社会主义伟大旗帜，全面贯彻党的十八大和十八届三中、四中、五中全会精神，以马克思列宁主义、毛泽东思想、邓小平理论、"三个代表"重要思想、科学发展观为指导，深入学习贯彻习近平总书记系列重要讲话精神，紧紧围绕统筹推进"五位一体"总体布局和协调推进"四个全面"战略布局，认真落实党中央、国务院决策部署，坚持以人民为中心的发展思想，牢固树立和贯彻落实新发展理念，坚持正确的卫生与健康工作方针，以提高人民健康水平为核心，以体制机制改革创新为动力，以普及健康生活、优化健康服务、完善健康保障、建设健康环境、发展健康产业为重点，把健康融入所有政策，加快转变健康领域发展方式，全方位、全周期维护和保障人民健康，大幅提高健康水平，显著改善健康公平，为实现"两个一百年"奋斗目标和中华民族伟大复兴的中国梦提供坚实健康基础。主要遵循以下原则：

——健康优先。把健康摆在优先发展的战略地位，立足国情，将促进健康的理念融入公共政策制定实施的全过程，加快形成有利于健康的生活方式、生态环境和经济社会发展模式，实现健康与经济社会良性协调发展。

——改革创新。坚持政府主导，发挥市场机制作用，加快关键环节改革步伐，冲破思想观念束缚，破除利益固化藩篱，清除体制机制障碍，发挥科技创新和信息化的引领支撑作用，形成具有中国特色、促进全民健康的制度体系。

——科学发展。把握健康领域发展规律，坚持预防为主、防治结合、中西医并重，转变服务模式，构建整合型医疗卫生服务体系，推动健康服务从规模扩张的粗放型发展转变到质量效益提升的绿色集约式发展，推动中医药和西医药相互补充、协调发展，提升健康服务水平。

——公平公正。以农村和基层为重点，推动健康领域基本公共服务均等化，维护基本医疗卫生服务的公益性，逐步缩小城乡、地区、人群间基本健康服务和健康水平的差异，实现全民健康覆盖，促进社会公平。

二、战略目标

到2020年，建立覆盖城乡居民的中国特色基本医疗卫生制度，健康素养水平持续提高，健康服务体系完善高效，人人享有基本医疗卫生服务和基本体育健身服务，基本形成内涵丰富、结构合理的健康产业体系，主要健康指标居于中高收入国家前列。

到2030年，促进全民健康的制度体系更加完善，健康领域发展更加协调，健康生活方式得到普及，健康服务质量和健康保障水平不断提高，健康产业繁荣发展，基本实现健康公平，主要健康指标进入高收入国家行列。到2050年，建成与社会主义现代化国家相适应的健康国家。

三、战略主题

"共建共享、全民健康"，是建设健康中国的战略主题。核心是以人民健康为中心，坚持以基层为重点，以改革创新为动力，预防为主，中西医并重，把健康融入所有政策，人民共建共享的卫生与健康工作方针。针对生活行为方式、生产生活环境以及医疗卫生服务等健康影响因素，坚持政府主导与调动社会、个人的积极性相结合，推动人人参与、人人尽力、人人享有，落实预防为主，推行健康生活方式，减少疾病发生，强化早诊断、早治疗、早康复，实现全民健康。

共建共享是建设健康中国的基本路径。从供给侧和需求侧两端发力，统筹社会、行业和个人三个层面，形成维护和促进健康的强大合力。要促进全社会广泛参与，强化跨部门协作，深化军民融合发展，调动社会力量的积极性和创造性，加强环境治理，保障食品药品安全，预防和减少伤害，有效控制影响健康的生态和社会环境危险因素，形成多层次、多元化的社会共治格局。要推动健康服务供给侧结构性改革，卫生计生、体育等行业要主动适应人民健康需求，深化体制机制改革，优化要素配置和服务供给，补齐发展短板，推动健康产业转型升级，满足人民群众不断增长的健康需求。要强化个人健康责任，提高全民健康素养，引导形成自主自律、符合自身特点的健康生活方式，有效控制影响健康的生活行为因素，形成热爱健康、追求健康、促进健康的社会氛围。

全民健康是建设健康中国的根本目的。立足全人群和全生命周期两个着力点，提供公平可及、系统连续的健康服务，实现更高水平的全民健康。要惠及全人群，不断完善制度、扩展服务、提高质量，使全体人民享有所需要的、有质量的、可负担的预防、治疗、康复、健康促进等健康服务，突出解决好妇女儿童、老年人、残疾人、低收入人群等重点人群的健康问题。要覆盖全生命周期，针对生命不同阶段的主要健康问题及主要影响因素，确定若干优先领域，强化干预，实现从胎儿到生命终点的全程健康服务和健康保障，全面维护人民健康。

推进健康中国建设，要坚持预防为主，推行健康文明的生活方式，营造绿色安全的健康环境，减少疾病发生。要调整优化健康服务体系，强化早诊断、早治疗、早康复，坚持保基本、强基层、建机制，更好地满足人民群众健康需求。要强化组织实施，加大政府投入，深化体制机制改革，加快健康人力资源建设，推动健康科技创新，建设健康信息化服务体系，加强健康法治建设，扩大健康国际交流合作。

资料来源：中共中央、国务院：《"健康中国2030"规划纲要》，2016年10月25日，http://news.xinhuanet.com/health/2016-10/25/c_1119786029.htm。

二、经济环境

经济环境是指国民经济发展的总概况、国际和国内经济形势及经济发展趋势、企业所面临的产业环境和竞争环境等。市场营销人员需要从短期与长期两个方面来看待一个国家的经济与贸易，特别是在进行跨国界、跨区域营销的时候。

（一）企业经济环境的组成要素

1. 社会经济结构

社会经济结构是指国民经济中不同的经济成分、不同的产业部门及社会再生产各方面在组成国民经济整体时相互的适应性、量的比例以及排列关联的状况。社会经济结构主要包括产业结构、分配结构、交换结构、消费结构和技术结构。其中，最重要的是产业结构。

2. 经济发展水平

经济发展水平是指一个国家经济发展的规模、速度和所达到的水平。反映一个国家经济发展水平的常用指标有国内生产总值、国民收入、人均国民收入和经济增长速度。

3. 经济体制

经济体制是指国家经济组织的形式，它规定了国家与企业、企业与企业、企业与各经济部门之间的关系，并通过一定的管理手段和方法来调控或影响社会经济流动的范围、内容和方式等。

4. 宏观经济政策

宏观经济政策是指实现国家经济发展目标的战略与策略，它包括综合性的全国发展战略和产业政策、国民收入分配政策、价格政策、物资流通政策等。

5. 当前经济状况

当前经济状况会影响一个企业的财务业绩。经济的增长率取决于商品和服务需求的总体变化。其他经济影响因素包括税收水平、通货膨胀率、贸易差额和汇率、失业率、利率、信贷投放以及政府补助等。

6. 其他一般经济条件

其他一般经济条件和趋势对一个企业的成功也很重要。工资、供应商及竞争对手的价格变化以及政府政策，会影响产品的生产成本和服务的提供成本以及它们被出售的市场的情况。这些经济因素可能会导致行业内产生竞争，或将公司从市场中淘汰出去，也可能会延长产品寿命、鼓励企业用自动化取代人工、促进外商投资或引入本土投资，使强劲的市场变弱或使安全的市场变得具有风险。

（二）反映经济环境因素的主要指标

1. 利率

利率是借款人需向其所借金钱所支付的代价，亦是放款人延迟其消费，借给借款人所获得的回报。利率是指借款、存入或借入金额（称为本金总额）中每个期间到期的利息金额与票面价值的比率。借出或借入金额的总利息取决于本金总额、利率、复利频率、借出、存入或借入的时间长度。利率通常以一年期利息与本金的百分比计算。一般来说，利率根据计量的期限标准不同，表示方法有年利率、月利率、日利率。

现代经济中，利率作为资金的价格，不仅受到经济社会中许多因素的制约，而且利率的变动会对整个经济产生重大的影响。利率通常由国家的中央银行控制。所有国家都把利率作为宏观经济调控的重要工具之一。

2. 通货膨胀率

通货膨胀率（Inflation Rate）是货币超发部分与实际需要的货币量之比，用以反映通货膨胀、货币贬值的程度；而价格指数则是反映价格变动趋势和程度的相对数。

经济学上，通货膨胀率是指物价平均水平的上升幅度（以通货膨胀为准）。以气球来类比，若其体积大小为物价水平，则通货膨胀率为气球膨胀程度；或者说，通货膨胀率为货币购买力的下降程度。在实际中，一般不直接、也不可能计算通货膨胀，而是通过价格指数的增长率来间接表示。由于消费者价格是反映商品经过流通各环节形成的最终价格，它最全面地反映了商品流通对货币的需要量，因此，消费者价格指数是最能充分、全面反映通货膨胀率的价格指数。世界各国基本上均用消费者价格指数（我国称居民消费价格指数），也即 CPI 来反映通货膨胀的程度。

通货膨胀率的计算公式：经济学上，通货膨胀率为物价平均水平的上升幅度（以通货膨胀为准）。以 $P1$ 为现今物价平均水平，$P0$ 为上年的物价水平，年度通货膨胀率可测量如下：通货膨胀率 $=(P1-P0)/P0$，以百分比表示。计算通货膨胀率还有其他方法，如以 $P1$ 的自然对数减去 $P0$ 的自然对数，同样以百分比表示

3. 就业率

就业率指就业人口占 16 岁以上总人口的比重。凡在指定时期内届满一定下限年龄，有工作并取得报酬或收益的人，或有职位而暂时没有工作（如生病、工伤、劳资纠纷、假期等）的人，社会中家庭企业或农场的无酬工作者，均计算为就业人口。

4. 人均 GDP 的长远预期等

人均国内生产总值（Real GDP per capita）是人们了解和把握一个国家或地区宏观经济运行状况的有效工具，即"人均 GDP"，常作为发展经济学中衡量经济发展状况的指标，是最重要的宏观经济指标之一。将一个国家核算期内（通常是一年）实现的国内生产总值与这个国家的常住人口（或户籍人口）相比进行计算，得到人均国内生产总值，是衡量各国人民生活水平的一个标准。为了更加客观，经常与购买力平价结合。

（三）中国健康保险及营销面临的经济环境

1. 国内生产总值持续增长

近年来，我国国内生产总值持续保持增长态势（见图 12.1），为健康保险发展提供了难得的良好经济环境。我国 2016 全年国内生产总值 744 127 亿元，比上年增长 6.7%。其中，第一产业增加值 63 671 亿元，增长 3.3%；第二产业增加值 296 236 亿元，增长 6.1%；第三产业增加值 384 221 亿元，增长 7.8%。第一产业增加值占国内生产总值的比重为 8.6%，第二产业增加值比重为 39.8%，第三产业增加值比重为 51.6%，比上年提高 1.4 个百分点。全年人均国内生产总值 53 980 元，比上年增长 6.1%。全年国民总收入 742 352 亿元，比上年增长 6.9%。

2. 就业人数小幅稳步增长

2006 年以来，我国就业情况稳定，就业人数小幅稳步增长，城镇登记失业率处于稳定状态，每年城镇新增就业人数约 1 300 万人，这为健康保险的发展提供了稳定的消费群体。2015 年末全国就业人员 77 451 万人（见表 12.1）；除 2008 年和 2009 年

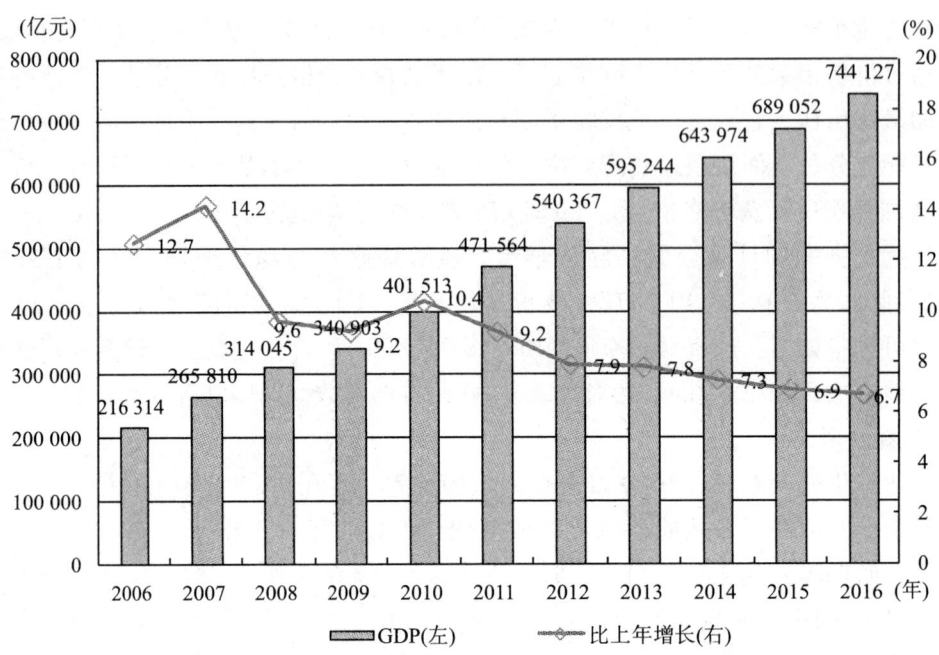

图 12.1　2006—2016 年国内生产总值及其增长速度

资料来源：国家统计局：《中华人民共和国 2011 年国民经济和社会发展统计公报》，2012 年 2 月；《中华人民共和国 2016 年国民经济和社会发展统计公报》，2017 年 2 月。

外，城镇登记失业率基本控制在 4.1%。2016 年末全国就业人员 77 603 万人，其中城镇就业人员 41 428 万人，全年城镇新增就业 1 314 万人，年末城镇登记失业率为 4.02%。全国农民工总量 28 171 万人，比上年增长 1.5%。其中，外出农民工 16 934 万人，增长 0.3%；本地农民工 11 237 万人，增长 3.4%。①

表 12.1　全国就业人员数量与全国城镇登记失业情况（2006—2015 年）

年度 指标	2015 年	2014 年	2013 年	2012 年	2011 年	2010 年	2009 年	2008 年	2007 年	2006 年
就业人员（万人）	77 451.0	77 253.0	76 977.0	76 704.0	76 420.0	76 105.0	75 828.0	75 564.0	75 321.0	74 978.0
第一产业就业人员（万人）	21 919.0	22 790.0	24 171.0	25 773.0	26 594.2	27 930.5	28 890.5	29 923.3	30 731.0	31 940.6
第二产业就业人员（万人）	22 693.0	23 099.0	23 170.0	23 241.0	22 543.9	21 842.1	21 080.2	20 553.4	20 186.0	18 894.5
第三产业就业人员（万人）	32 839.0	31 364.0	29 636.0	27 690.0	27 281.9	26 332.3	25 857.3	25 087.2	24 404.0	24 142.9
城镇登记失业人数（万人）	966.0	952.0	926.0	917.0	922.0	908.0	921.0	886.0	830.0	847.0
城镇登记失业率（%）	4.1	4.1	4.1	4.1	4.1	4.1	4.3	4.2	4.0	4.1

资料来源：国家统计局统计数据，http://data.stats.gov.cn/easyquery.htm? cn = C01。

---

① 资料来源：国家统计局：《2016 年国民经济和社会发展统计公报》，2017 年 2 月 28 日。

2012 年以来，我国每年城镇新增就业人数稳定在 1 300 万人左右（见图 12.2）。

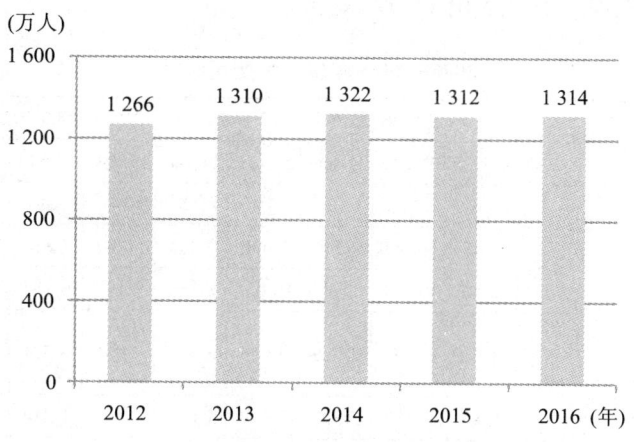

图 12.2　2012—2016 年城镇新增就业人数

资料来源：国家统计局：《中华人民共和国 2016 年国民经济和社会发展统计公报》，2017 年 2 月。

3. 通货膨胀率

从全年居民消费价格指数看，除 2009 年略降外，2006—2015 年这十年都在小幅增长，其中城市居民消费价格和农村居民消费价格都保持小幅上涨（见表 12.2）。

表 12.2　　全国居民消费价格指数（2006—2015 年）

指标 \ 年度	2015 年	2014 年	2013 年	2012 年	2011 年	2010 年	2009 年	2008 年	2007 年	2006 年
居民消费价格指数（上年＝100）	101.4	102.0	102.6	102.6	105.4	103.3	99.3	105.9	104.8	101.5
城市居民消费价格指数（上年＝100）	101.5	102.1	102.6	102.7	105.3	103.2	99.1	105.6	104.5	101.5
农村居民消费价格指数（上年＝100）	101.3	101.8	102.5	102.5	105.5	103.6	99.7	106.5	105.4	101.5
商品零售价格指数（上年＝100）	100.1	101.0	101.4	102.0	104.9	103.1	98.8	105.9	103.8	101.0
工业生产者出厂价格指数（上年＝100）	94.8	98.1	98.1	98.3	106.0	105.5	94.6	106.9	103.1	103.0
工业生产者购进价格指数（上年＝100）	93.9	97.8	98.0	98.2	109.1	109.6	92.1	110.5	104.4	106.0
固定资产投资价格指数（上年＝100）	98.2	100.5	100.3	101.1	106.6	103.6	97.6			

资料来源：国家统计局统计数据，http://data.stats.gov.cn/easyquery.htm?cn=C01。

2016 年全年居民消费价格比上年上涨 2.0%；工业生产者出厂价格下降 1.4%，工业生产者购进价格下降 2.0%；固定资产投资价格下降 0.6%；农产品生产者价格上涨 3.4%；医疗保健消费价格比上年上涨 3.8%（其中城市 4.4%，农村 2.8%）。

4. 我国卫生总费用持续增长

我国卫生总费用投入持续增长，2006—2015 年，卫生总费用年度增速在 10% 以上，其中政府卫生支出和社会卫生支出的增幅高于个人现金卫生支出（见表 12.3）。

2015 年卫生总费用超过 4 万亿元，其中政府卫生支出 12 475 亿元，社会卫生支出 16 507 亿元，个人现金卫生支出 11 993 亿元。

表 12.3　　　　　　　　　2006—2015 年度卫生费用统计

指标	2015 年	2014 年	2013 年	2012 年	2011 年	2010 年	2009 年	2008 年	2007 年	2006 年
卫生总费用（亿元）	40 975	35 312	31 669	28 119	24 346	19 980	17 542	14 535	11 574	9 843
年度增长率（%）	16	12	13	15	22	14	21	26	18	
其中：政府卫生支出（亿元）	12 475	10 579	9 546	8 432	7 464	5 732	4 816	3 594	2 582	1 779
社会卫生支出（亿元）	16 507	13 438	11 394	10 031	8 416	7 197	6 154	5 066	3 894	3 211
个人现金卫生支出（亿元）	11 993	11 295	10 729	9 656	8 465	7 051	6 571	5 876	5 099	4 854
人均卫生费用（元）	2 981	2 582	2 327	2 077	1 807	1 490	1 314	1 095	876	749
年度增长率（%）	15	11	12	15	21	13	20	25	17	
城市人均卫生费用（元）		3 558	3 234	2 999	2 697	2 315	2 177	1 862	1 516	1 248
农村人均卫生费用（元）		1 412	1 274	1 065	879	666	562	455	358	362

资料来源：国家统计局统计数据，http：//data.stats.gov.cn/easyquery.htm？cn = C01。

2006 年以来，我国人均卫生费用也一直保持两位数的年增速，其中农村人均卫生费用的同期增速均高于城市（见图 12.3）。2015 年人均卫生费用达 2 981 元。

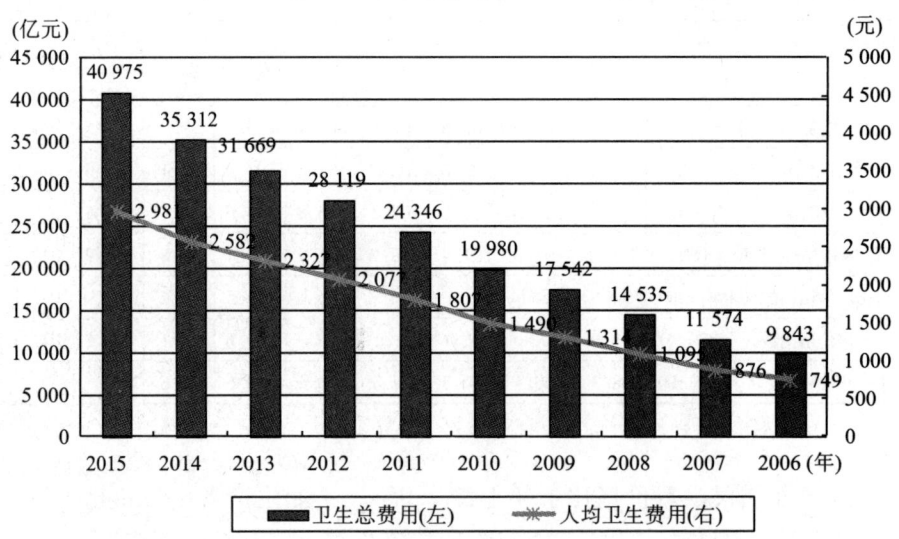

图 12.3　2006—2015 年度卫生总费用和人均卫生费用

资料来源：国家统计局统计数据，http：//data.stats.gov.cn/easyquery.htm？cn = C01。

三、社会环境

社会环境是指一定时期整个社会发展的一般状况,主要包括社会道德风尚、文化传统、人口变动趋势、文化教育、价值观念以及社会结构等。各国的社会环境对于企业的影响不尽相同。

(一)社会环境的主要构成要素

1. 人口因素

人口因素包括企业所在地居民的人口总量、地理分布及密度、年龄结构、教育水平、国籍等。大型企业通常会利用人口统计数据来进行客户定位,并用于研究应如何开发产品。人口因素对企业战略的制定具有重大影响。例如,人口总数直接影响着社会生产总规模;人口的地理分布影响着企业的厂址选择;人口的性别比例和年龄结构在一定程度上决定了社会的需求结构,进而影响社会供给结构和企业生产结构;人口的教育文化水平直接影响着企业的人力资源状况;家庭户数及其结构的变化、生活习惯与耐用消费品的需求和变化趋势密切相关,因而也就影响到耐用消费品的生产规模等。

对人口因素的分析可以使用以下一些变量:结婚率、离婚率、出生率和死亡率、人口平均寿命、人口的年龄和地区分布、人口在民族和性别上的比例、地区人口在教育水平和生活方式上的差异等。

2. 社会流动性

社会流动性主要涉及社会的分层情况,各阶层之间的差异,人们是否可在各阶层之间转换,人口内部各群体的规模,财富及其构成的变化以及不同区域(城市、郊区及农村地区)的人口分布等,甚至涉及地区的发展建设规划。

不同社会阶层对企业的期望也有差异。例如,企业员工评价战略的标准是看工资收益、福利待遇等,而消费者则主要关心产品价格、产品质量、服务态度、品牌等。

3. 消费心理

消费心理对企业战略也会产生影响。例如,一部分顾客的消费心理是在购物过程中追求有新鲜感的产品多于满足其实际需求的产品,而另一部分顾客更注重产品的实际效用。因此,企业应有不同的产品类型以满足不同顾客的需求,并注意发挥广告效应。

4. 生活方式变化

生活方式变化主要包括当前及新兴的生活方式与时尚。文化问题反映了一个事实,即国际交流使社会变得更加多元化,外部影响更加开放时,人们对物质的要求会越来越高。随着物质需求的提高,人们对社交、自尊、求知、审美的需要更加强烈,这也是企业面临的挑战之一。

5. 文化传统

文化传统是一个国家或地区在较长历史时期内形成的一种社会习惯,它是影响经济活动的一个重要因素。例如,中国的春节、西方的圣诞节就为某些行业带来商机。

6. 价值观

价值观是指社会公众评价各种行为的观念标准。不同的国家和地区人们的价值观各有差异,例如,有些西方国家的个人主义较强,而日本的企业则注重内部关系融洽。

(二) 社会环境因素的影响

(1) 人们的主要信仰是什么?
(2) 这个国家的人对于外国产品和服务的态度如何?
(3) 语言障碍是否会影响产品的市场推广?
(4) 消费者有多少空闲时间?
(5) 这个国家的男人和女人的角色分别是什么?
(6) 这个国家的人长寿吗?老年阶层富裕吗?
(7) 这个国家的人对于环保问题是如何看待的?
(8) 人们的健康状况如何?人们的生活方式有什么特点?

(三) 我国健康保险面临的社会与文化环境

1. 我国人口众多,预期寿命稳步提高,国民健康保险需求基础强大

2016 年末我国总人口 138 271 万人,比上年末增加 809 万人,其中城镇常住人口 79 298 万人,占总人口比重(常住人口城镇化率)为 57.35%,比上年末提高 1.25 个百分点。户籍人口城镇化率为 41.2%,比上年末提高 1.3 个百分点。全年出生人口 1 786 万人,出生率为 12.95‰;死亡人口 977 万人,死亡率为 7.09‰;自然增长率为 5.86‰。全国人户分离的人口 2.92 亿人,其中流动人口 2.45 亿人(见表 12.4)。[①]

2. 我国人口老龄化趋势加剧,健康老龄化成为重要议题

根据联合国人口预测数据,我国 60 岁及以上老年人口占总人口的比重将从 2015 年的 15.2% 上升至 2030 年的约 25.3%,至 2050 年将达 36.5%(见表 12.5)。其中

---

① 中华人民共和国国家统计局:《中华人民共和国 2016 年国民经济和社会发展统计公报》,2017 年 2 月 28 日。

第十二章
环境变化与健康保险营销管理变革

表 12.4   2016 年末我国人口数及其构成

指 标	年末数（万人）	比重（%）
全国总人口	138 271	100.0
其中：城镇	79 298	57.35
乡村	58 973	42.65
其中：男性	70 815	51.2
女性	67 456	48.8
其中，0—15 岁（含不满 16 周岁）	24 438	17.7
16—59 岁（含不满 60 周岁）	90 747	65.6
60 周岁及以上	23 086	16.7
65 周岁及以上	15 003	10.8

资料来源：国家统计局：《中华人民共和国 2016 年国民经济和社会发展统计公报》，2017 年 2 月。

80 岁及以上的高龄人员占总人口比重将从 2015 年的 1.6% 上升至 2030 年的 2.9%，至 2050 年将达 8.9%，这说明老年人口本身也在老龄化。

表 12.5   中国老年人口占总人口比重   （单位:%）

年份	年龄（岁）	1980 年	2015 年	2030 年	2050 年
总人口	60 +	7.2	15.2	25.3	36.5
	65 +	4.5	9.6	17.2	27.6
	80 +	0.4	1.6	2.9	8.9
女性	60 +	7.9	16.0	26.8	38.4
	65 +	5.2	10.2	18.5	29.4
	80 +	0.5	1.9	3.4	10.2
男性	60 +	6.5	14.5	23.9	34.7
	65 +	3.9	8.9	16.0	25.8
	80 +	0.3	1.3	2.4	7.8

资料来源：联合国人口数据，https://esa.un.org/unpd/popdev/Profilesofageing2015/index.html。

赡养率指标（即未成年人和老年人占 15—64 周岁劳动年龄人口比重）表明（见表 12.6），我国老年人赡养率将从 2015 年的 13% 升至约 1/4（2030），46.7%（2050），说明 2050 年大约两个工作人口将负担一位老人。老年人的健康状况一般随年龄增加而恶化，促使因老年人的数目增多而对长期照顾的需求增多。这些都会增加对各种类型的健康保险和服务的需求。

表 12.6　　未成年人和老年人占 15—64 周岁劳动年龄人口比重　　（单位：%）

年份	1980 年	2015 年	2030 年	2050 年
儿童（0—14 岁）	61.0	23.5	21.8	22.9
老年人（+65 岁）	7.6	13.0	25.3	46.7
合计	68.6	36.6	47.1	69.7

资料来源：联合国人口数据，https://esa.un.org/unpd/popdev/Profilesofageing2015/index.html。

3. 我国城镇化率提高，人口流动频繁，对健康保险的自然需求提升

中国过去 40 年城镇化发展迅速，城镇人口占总人口的比例从 1978 年不到 20% 升至 2012 年的 52%，城镇人口增长了 5 亿多人；2016 年城镇人口数量 79 298 万人，占比达 57.35%。虽然中国城镇人口增长的绝对数量史无前例，但从世界范围来看，中国的城镇化速度也并非没有先例。根据有关研究，在相同发展阶段上，中国的城镇化速度慢于日本和韩国，但快于美国和英国。尽管如此，考虑到目前的人均收入，中国城镇化率仍低于应有水平。更重要的是，中国的城镇化发展还不完整，约有 2.6 亿名外来务工人员没有城市户籍，难以享受城市公共服务和社会保障。尽管中国仍有 38% 的劳动力在从事农业生产，但迅速上涨的农民工工资以及民工荒表明，由农村流向城市的人口比以前有所减少，满足不了经济发展的需要。高速的城镇化推动了中国过去 35 年来前所未有的经济转型，国内生产总值大幅提高，5 亿多人脱贫，许多人投身中国大规模的城乡人口流动大潮，从农村涌向城市，从农业转向工业和服务业。中国过去 35 年的 GDP 平均增速接近 10%，城镇地区的廉价土地、充足的外来劳动力以及良好的基础设施为这一高速增长提供了支撑。

目前中国正在开始新一轮城镇化，这一次的情形与过去 30 年有很大不同。在接下来的经济发展阶段，有效利用资源比单纯的资源动员更加重要，必须提高生产要素的利用效率，同时更好发挥城市的聚集效应和专业化潜力。这将加速城镇化进程，提高其对经济增长的贡献率，间接促进消费。据估计，中国城市的规模每扩大一倍，其生产率将提高 10%。根据国际经验，当劳动力能够在城市间和行业间自由流动以选择更好的工作机会时，各地的工资和生产率会趋向一致。中国地级市 2010 年的数据显示，生产率和实际工资方面的差异仍然存在，而且在中等城市最为突出，这意味着劳动力流动仍未达到最优水平。[①]

农民工日益成为城镇劳动力的重要组成部分，他们的受教育程度在提高，年龄在变大，越来越渴望在工作的城市定居。2012 年，农民工占城市劳动力总量的 1/3。中国 2/3 的农民工生活在东部省份，其中的 2/3 是省内迁移。但城市之间迁移越来越重

---

① 世界银行报告：《中国：推进高效、包容、可持续的城镇化》，2014 年。

要,1990年城市间迁移人口占总迁移人口的比例接近14%,但到2010年已超过22%。农民工绝大多数为男性,平均而言,他们比普通的农村劳动力受教育程度更高。农民工的工资迅速上涨,而且近几年他们与从事相似工作的城市劳动者之间的工资差距在逐渐缩小。他们在一个城市停留的时间平均为7—9年。目前,只有20%的农民工举家迁移,但超过50%的人希望全家在城市定居。① 这是一个新增的商业健康保险客户群体。

但与此同时,由于农村土地以低于市场的价格征用,外来人口不能完全融入城市,中国城乡和区域差距加大,使社会矛盾日益凸显。劳动力流动的障碍依然存在,这主要是由于社保以及其他福利不可随人迁移,农民工往往不得不把家人留在农村,而农村很难享受到高质量的教育、医疗等服务。为了解决这些社会问题,使城市化更具包容性,我国将对户籍制度、公共财政、服务提供、劳动力市场体制等方面的社会政策加以改革。户籍制度改革及公共服务配套改革将增强劳动力的流动性,提高他们的生产率和工资水平。这与土地制度改革一起,将加速农业现代化,增加农民收入,缩小城乡收入差距。在这一系列配套改革中,城镇化发展尤其需要进行养老金改革,以促进劳动力的流动、缩小养老金待遇方面的差距和应对人口老龄化。同时,由于单靠社保已难以满足外来人口的养老、医疗、健康、意外、教育等保障需求,自然催生了商业保险需求。

随着我国城镇化的推进,以农村劳动力向城镇转移并落户、农村和城镇劳动人口横向跨地区流动、公共和私人部门跨部门流动为主要特征的劳动力流动将成为新常态。我国劳动年龄人口2012年开始出现下降,劳动力成本持续上升,科技创新和产业变革的力度加大,新的灵活就业人员群体(高层次、高学历)规模扩大,城镇化有序推进带来的农业人口转移对社会保障的适应性都提出了新的挑战。目前,基本养老保险没有覆盖的农民工和灵活就业人员规模达1亿多人。另外,以目前的机械化程度衡量,农村剩余劳动力估计有1.05亿人,随着中国农业现代化的加速,这一数字可能继续增加。② 这为全国建立统一社会保障制度、提高制度的便利性和适应人口流动性带来新机遇和新挑战,也为保险行业带来巨大商机。

(四)我国社会环境变化对健康保险及营销管理的影响

1. 我国健康领域改革发展取得显著成就,为健康保险提供强大基础

新中国成立以来特别是改革开放以来,我国健康领域改革发展取得显著成就,城乡环境面貌明显改善,全民健身运动蓬勃发展,医疗卫生服务体系日益健全,人民健康水平和身体素质持续提高。2015年我国人均预期寿命已达76.34岁,婴儿死亡率、

---

①② 世界银行报告:《中国:推进高效、包容、可持续的城镇化》,2014年。

5岁以下儿童死亡率、孕产妇死亡率分别下降到8.1‰、10.7‰和20.1/10万人,总体上优于中高收入国家平均水平,为全面建成小康社会奠定了重要基础。[①] 同时,工业化、城镇化、人口老龄化、疾病谱变化、生态环境及生活方式变化等,也给维护和促进健康带来一系列新的挑战,健康服务供给总体不足与需求不断增长之间的矛盾依然突出,健康领域发展与经济社会发展的协调性有待增强,需要从国家战略层面统筹解决关系健康的重大和长远问题。

2. 健康中国战略设定了清晰具体的目标,为健康保险及其营销创造了良好的环境和条件

到2030年,促进全民健康的制度体系更加完善,健康领域发展更加协调,健康生活方式得到普及,健康服务质量和健康保障水平不断提高,健康产业繁荣发展,基本实现健康公平,主要健康指标进入高收入国家行列。到2050年,建成与社会主义现代化国家相适应的健康国家。健康中国战略明确2030年的具体目标如下:[②]

(1) 人民健康水平持续提升。人民身体素质明显增强,2030年人均预期寿命达到79岁,人均健康预期寿命显著提高。

(2) 主要健康危险因素得到有效控制。全民健康素养大幅提高,健康生活方式得到全面普及,有利于健康的生产生活环境基本形成,食品药品安全得到有效保障,消除一批重大疾病危害。

(3) 健康服务能力大幅提升。优质高效的整合型医疗卫生服务体系和完善的全民健身公共服务体系全面建立,健康保障体系进一步完善,健康科技创新整体实力位居世界前列,健康服务质量和水平明显提高。

(4) 健康产业规模显著扩大。建立起体系完整、结构优化的健康产业体系,形成一批具有较强创新能力和国际竞争力的大型企业,成为国民经济支柱性产业。

(5) 促进健康的制度体系更加完善。有利于健康的政策法律法规体系进一步健全,健康领域治理体系和治理能力基本实现现代化(见表12.7)。

四、技术环境

技术环境是指社会科学技术总水平及变化趋势,技术变迁、技术突破对企业的影响,以及技术对政治、经济社会环境之间相互作用的表现等,具有变化快、变化大、影响面大等特点。科学技术不仅是全球化的驱动力,也是企业的竞争优势所在。

---

① 国家统计局统计数据,http://data.stats.gov.cn/easyquery.htm?cn=C01。
② 中共中央、国务院:《"健康中国2030"规划纲要》,2016年10月25日。

表 12.7　　　　　　　　　　健康中国建设主要指标一览

领域	指标	2015 年	2020 年	2030 年
健康水平	人均预期寿命（岁）	76.34	77.3	79.0
	婴儿死亡率（‰）	8.1	7.5	5.0
	5 岁以下儿童死亡率（‰）	10.7	9.5	6.0
	孕产妇死亡率（1/10 万人）	20.1	18.0	12.0
	城乡居民达到《国民体质测定标准》合格以上的人数比例（%）	89.6（2014 年）	90.6	92.2
健康生活	居民健康素养水平（%）	10	20	30
	经常参加体育锻炼人数（亿人）	3.6（2014 年）	4.35	5.3
健康服务与保障	重大慢性病过早死亡率（%）	19.1（2013 年）	比 2015 年降低 10%	比 2015 年降低 30%

资料来源：中共中央、国务院：《"健康中国 2030"规划纲要》，2016 年 10 月 25 日。作者进行了整理。

（一）技术要素的构成

（1）科学技术是否降低了产品和服务的成本，并提高了质量？

（2）科学技术是否为消费者和企业提供了更多的创新产品与服务，例如网上银行、新一代手机等？

（3）科技是如何改变分销渠道的，例如网络书店、机票、拍卖等？

（4）科技是否为企业提供了一种全新的与消费者进行沟通的渠道，例如 Banner 广告条、CRM 软件、互联网等？

（5）技术环境除了要考察与企业所处领域的活动直接相关技术手段的发展变化外，还应及时了解：国家对科技开发的投资和支持重点；该领域技术发展动态和研究开发费用总额；技术转移和技术商品化速度；专利及其保护情况等。

（二）技术环境对企业战略和营销管理所产生的影响

（1）基本技术的进步使企业能对市场及客户进行更有效的分析。例如，使用数据库或自动化系统来获取数据，能够更加准确地进行分析，尤其是健康大数据和时间节点以及成本等信息。

（2）新技术的出现使社会和新兴行业对本行业产品和服务的需求增加，从而使企业可以扩大经营范围或开辟新的市场。随着高科技和医疗技术的进步，原来的很多"不治之症"能够被治愈，但花费不菲，需要具备经济承受能力，以及提前做好财务规划，因此，对健康保险等的需求会更加显性化。

（3）技术进步可创造竞争优势。例如，技术进步可令企业利用新的生产方法，在不增加成本的情况下，提供更优质和更高性能的产品和服务。

（4）技术进步可导致现有产品被淘汰，或大大缩短产品的生命周期。

（5）新技术的发展使企业可更多关注环境保护、企业的社会责任及可持续成长问题，也使生产越来越多地依赖于科技的进步。

（三）我国健康保险及其营销管理面临的技术环境

（1）高新医疗技术的发明和应用，可以治好许多原来的"不治之症"，但治疗成本不菲，需要患者具备经济承受能力，从而催生对健康保险的需求。

（2）高新医疗科技的运用，使人们的寿命延长，改变健康保险产品和服务的定价基础。

（3）新技术的发明和应用，不断增强人们的健康意识，使人们可以有计划地预防一些疾病。

（4）新技术和设备使人们可以较早地发现疾病隐患，较早实施治疗方案，提高治理成效。

（5）高新技术的应用，可以帮助保险公司更好地识别风险，细分客户群，实施差异化定价。

（6）高科技可以提高健康保险反欺诈成效。

第二节　医疗技术进步与健康保险营销管理变革

一、现代医疗技术发展的几种趋势[①]

在第三次科学技术革命的带动下，20世纪的医学技术也发生了三次革命。1935年氨苯磺胺被证实具有杀菌作用，40年代实现了人工合成磺胺类药物，促进了医药化工技术的快速发展，这是第一次革命。1943年以来，青霉素大量应用于临床，人类获得了特效治疗细菌感染性疾病的手段和方法，开辟了抗生素化学治疗的新局面。

第二次医疗技术革命发生在20世纪70年代，最重要的标准是电子计算机X线断层扫描仪（简称CT）和核磁共振诊断技术的发明和应用，被誉为自伦琴发现X射线以后，放射诊断学上最重要的成就。发明者亨斯费尔德和科马克共同获取1979年诺

---

① 资料来源：http：//sl.cn-healthcare.com/article/20140917/content-460370.html。

贝尔生理学和医学奖。通过最新放射诊断技术,可以检测出早期肿瘤和其他许多早期病变。

第三次医疗技术革命发生在20世纪70年代后期,科学家应用遗传工程技术先后生产出产长抑制素、人胰岛素、人体生长素、干扰素、乙型肝炎疫苗等多种生物制品,开拓了生物学治疗疾病的新概念。

在2004年威廉斯和托伦斯著述的《卫生服务导论》第6版中,重点介绍了影响未来十年的八大医疗技术:合理用药设计,成像技术的突破,破坏性最小的手术(在我国被称为微创技术),遗传图谱与检测,基因治疗,疫苗,人造血,异体移植等。还有一些新医疗技术也将会影响临床治疗:部分切除技术、人造肝、克隆技术、DNA测序/诊断、功能性神经刺激、关节替换、疼痛控制、局部灌注、组织密封材料、抗药病菌的治疗和虚拟现实系统。①

二、基因技术与健康保险营销管理

(一) 基因的概念与基因检测技术发展②

1. 基因。

基因(Gene,Mendelian factor)是指携带有遗传信息的DNA或RNA序列(即基因是具有遗传效应的DNA或RNA片段),也称为遗传因子,是控制性状的基本遗传单位。基因通过指导蛋白质的合成来表达自己所携带的遗传信息,从而控制生物个体的性状表现。每一个人的DNA基因都是独特的个人化资讯,造成每一个人的先天体质、健康状况、特征都不相同。

2. 基因检测。

基因检测(Genetic Test)是医疗研究人员从染色体结构、DNA序列、DNA变异位点或基因表现程度,评估与基因遗传有关的疾病、体质或个人特质的依据。基因检测是通过血液、其他体液或细胞对DNA进行检测的技术,是取被检测者脱落的口腔黏膜细胞或其他组织细胞,扩增其基因信息后,通过特定设备对被检测者细胞中的DNA分子信息作检测,预知身体患疾病的风险,分析它所含有的各种基因情况,从而使人们能了解自己的基因信息,从而通过改善自己的生活环境和生活习惯,避免或延缓疾病的发生。

随着基因领域基础研究的进展,从20世纪90年代早期开始,基因治疗开始进入

---

① [美] 斯蒂芬·J. 威廉斯.《卫生服务导论》(第6版) [M]. 刘建平译. 北京大学医学出版社,2004.
② http://www.baike.com/wiki/%E5%9F%BA%E5%9B%A0%E6%A3%80%E6%B5%8B。

临床实验。1994 年,美国开始肠癌基因筛检;1995 年,英国实施结肠癌、乳腺癌和早老性痴呆等基因筛检制度;1998 年,美国正式启动基因芯片计划,基因筛检更加快速,简便。2008 年,美国时代杂志曾经把这个革命性技术评选为 2008 年度最佳创新之首。2017 年是基因治疗正式走向临床的开始,可以看作基因治疗的元年。美国 FDA 正式批准了两种 CAR – T 疗法,分别是 Novartis(诺华)的 Kymriah 和 Kite 制药的 Yescarta,分别用于治疗难治或复发性急性淋巴细胞白血病以及复发性或难治侵袭性非霍奇金淋巴瘤。在临床实验中,这两种药物取得了让人惊异的效果,也让医学界对这种疗法充满了期待。基因治疗将迎来更多的商业开发和临床实验。基因治疗可能是迄今为止人类开发的最复杂的"药物",也有希望解决一些至今让医学界束手无策的疾病。相对于历史上的其他治疗方式,基因治疗还涉及伦理问题,特别是基因编辑可能被用于非治疗领域,引发了学界的担忧。基因治疗技术在进步的同时,也需要监管政策的跟进,以保证这种革命性的技术不被滥用。

(二) 基因检测的技术原理与作用

1. 技术原理

基因检测是指通过基因芯片等方法对被测者细胞中的 DNA 分子进行检测,并分析被检测者所含致病基因、疾病易感性基因等情况的一种技术。[①] 基因检测科学实验包括样本采集、基因萃取与定序,以及序列排序与整理、数据库比对与意义几个环节。

2. 作用

基因检测可以诊断疾病,也可以用于疾病风险的预测。疾病诊断是用基因检测技术检测引起遗传性疾病的突变基因。目前应用最广泛的基因检测是新生儿遗传性疾病的检测、遗传疾病的诊断和某些常见病的辅助诊断。目前有 1 000 多种遗传性疾病可以通过基因检测技术做出诊断。

预测性基因检测即利用基因检测技术在疾病发生前就发现疾病发生的风险,提早预防或采取有效的干预措施。目前已经有 20 多种疾病可以用基因检测的方法进行预测。

---

① 由于 DNA 中的核苷酸依其碱基不同,共分四种(Adenine、Thymine、Cytonine、Guanine:A、T、C、G),而基因为三个核苷酸排列成一组基因组(又称密码组),依据不同的排列组合,经转录成 RNA(其中 T 会被 Uracil:U 取代)后可产生具有不同意义的生物功能,如起始密码(AUG 和 GUG)能使转译作用开始进行、终止密码(UAA、UGA 和 UAG)能使转译作用终止,其他组合则可转译出不同氨基酸或作为修饰其他基因组功能,而氨基酸序列可组成蛋白质,不同蛋白质在生物体内会执行或调控不同生理作用,如代谢、生长、繁殖等。由此可知基因是具有意义(功能)的遗传因子,其排列组合至关重要,其中任一位点错误可能将导致无可挽回的严重后果,如许多调控生理的蛋白质无法生成或失去作用大多与此有关,甚至癌症的生成即是因为基因组错误的累积,最后造成调控细胞生殖的功能失效,造成癌细胞无限增生。

基因检测案例：已故苹果公司 CEO 史蒂芬·乔布斯在患癌时，就对自己的肿瘤及全基因谱进行了测序，乔布斯当时花了 10 万美金。这个尝试以失败告终。2013 年 5 月，好莱坞女影星安吉丽娜·朱莉高调曝光自己通过基因检测，选择了切除乳腺手术，将患乳腺癌风险从 87% 降到了 5%。这一行为产生了强大的明星效应，引发全球各地很多人去做基因检测。

（三）基因技术对健康保险营销的影响

基因技术的快速发展为健康保险市场带来了新的机遇和挑战。基因检测有助于帮助保险人对投保人的疾病提前预防，并降低投保人隐瞒病情或疾病遗传史等信息造成的道德风险，有助于进行差别定价和险种创新。

当然，基因检测也许会使得投保人的逆向选择严重，保险人的拒保情形增加，这需要保险人和监管机构认清基因检测技术发展之后的寿险健康保险承保模式的改变，合理地通过新的精算方式、新的制度建设来规避风险、服务用户。目前基因技术如何参与保险定价和健康管理仍然有待商榷，在科学上存在依据不足、样本数量不够的状况，在法律上可能涉及对用户隐私权的侵犯，这些都需要等待科学、伦理学和法学的进一步发展。

随着基因技术的突飞猛进和成本的快速降低，其对保险行业的影响力也日益明显，在健康保险营销管理的影响主要体现在如下方面：

1. 细分市场更加准确

基因检测可以将人群以全新的方式细分，保险公司可以基于新的细分市场，取舍目标客户。基因检测对单基因病的防治已经有了重大突破，对基因位点缺陷的检查也使得许多人为的医疗悲剧不再上演。不仅如此，随着基因检测手段的发展，其成本大幅度下降，正式成为普通居民也能用得起的商业技术。

2. 贴合需求保单设计

保险公司可以根据基因信息为细分市场目标客户设计专属保单。

3. 基因干预治疗会延长目标客户的生命周期，增加医疗成本，从而需要重新设定健康保险产品

基因产业可以粗略分为基因检测和基因干预治疗。基因检测可以基于大数据，判断被检测者的患病概率，采取提前干预手段防病于未然；基因干预治疗则采用完全不同于传统医学的基因分子技术，基于患者自身的个体情况（药物过敏性、不同诊疗方案/药物的有效性）开展精准医疗，提高准确率，降低副作用。

4. 使终生健康管理成为可能

拓展健康保险的适用周期，将大大推动伴随个人全生命周期的健康保险方案发展。

第三节 区块链和大数据等技术与健康保险营销管理

一、重塑世界的三大力量

从技术角度看,有三大力量正以前所未有的加速度影响并重塑着当今的世界:一是市场;二是自然界;三是摩尔定律。托马斯·弗里德曼(2017)认为,用"加速"这个词来形容当今世界的状况恐怕再合适不过。

这里的市场指的就是数字全球化。微信、推特、脸书、Paypal、亚马逊和阿里巴巴等,它们正在以不同于传统的方式使这个世界的一切更加数字化和全球化。这种全球化已不同于以前由轮船、飞机载运集装箱而形成的全球化。

自然界的影响主要是指气候变化、生物多样性丧失、发展中国家人口增加等带来的问题。

摩尔定律由英特尔公司联合创始人戈登·摩尔于1965年提出。[①] 他认为,微芯片的速度和性能将以每24个月翻一倍的速度增长,这一时间间隔会保持不变,该定律恰恰印证了当今科学技术更新迭代的加速度。打个比方,如果摩尔定律运用于汽车行业,那么1971年大众甲壳虫汽车发展到今天,就应该已经达到时速30万英里,且整个生命周期只要使用一桶汽油即可。1965年至今,尽管摩尔定律已出现52年,但每年还是会有质疑声,甚至有人写各种文章预测它将被证伪。事实上,被证伪的反而是那些质疑者。

日新月异的科技进步推动了数字全球化,数字全球化又驱动着气候变化,进而产生了更多相关问题的解决方案。可以说,正是这三大力量之间的互动塑造着这个世界。

从技术进步的角度,2007年发生的科技变革具有根本性意义,深刻地改变了人类社会。这一年前后,苹果手机、脸书、推特、安卓系统先后问世。更值得一提的是,传统计算机基本上由CPU、存储芯片、网络、传感器(比如软件摄像头)等关键部分组成,它们在这一年合为一体,形成了所谓的云。

这些科技进步,几乎在一夜之间改变了四种力量。一是人的力量;二是机器的力量;三是思想的力量;四是作为整体的人类,成了自然界中最大的力量,可以去改变

---

① 资料来源:http://wiki.mbalib.com/wiki/%E6%91%A9%E5%B0%94%E5%AE%9A%E5%BE%8B。

许多力量。

上述几大力量不仅正在改变我们的现实世界，更是在重塑世界，尤其是政治、伦理和工作方面。

二、区块链和大数据等技术对健康保险营销管理的影响

（一）区块链技术

1. 技术原理

现有的区块链工作原理总体包括六个步骤：第一步是电子信息的建立（比如交易的细节）；第二步是加密，将数据进行加密式签名以后传送到分布式节点；第三步是确认交易；第四步是广播，将交易信息在整个网络系统内进行实时广播；第五步是将包含交易信息的区块添加到所有分布式账本中；第六步是网络复制已验证交易的记录。在这个工作过程中，区块是按照时间先后顺序生成的，区块与区块之间通过链的形式组织起来，旧的交易被记录在前一个区块中，而新的交易活动将被记录在后一个新的区块中，这个特点保证了数据库的完整性。在绝大多数情况下，当交易被确认、广播并添加到新的区块中，那么该区块的数据将无法被更改或删除。无法篡改数据的特点保证了数据库的严谨性。

区块链的技术原理决定了其具有去中心化、开放性、透明性、自治性、数据不可篡改性和匿名性六大特征。去中心化是指区块链技术运用分布式核算与存储，任意节点的权利和义务都是相等的，使得传统业务中心的作用不再重要。开放性是指采用公钥和私钥的设置，除了交易主体的私有信息被加密以外，所有人都可以通过公开的接口查询区块链数据和开发相关运用，系统信息公开透明。除开放性所具备的透明度以外，区块链网络将所有的交易账本实时广播，实时将交易记录分发到每个客户端，所有人都能获悉交易内容。区块链的自治性表现为代码即法律，通过"脚本"的引入实现无须人为干预的自动执行程序；采用基于协商一致的规范和协议使整个系统中的所有节点能够在信任的环境自由安全地交换数据。一旦数据经过确认、广播并添加到区块链，该数据将被永久地储存在区块中；而且区块链固有的时间戳功能可以记录创建时间；信息的改动需要控制住系统超过51%的节点，这在开放系统下难度将非常大。此外，区块链用户尽管能够获悉其他人的交易内容，但对非属于自己的交易记录无法了解交易者的真实身份；同时保证每个人只能对自己的信息进行修改。

2. 对健康保险营销管理的影响

目前而言，区块链的运用主要有以下几个方向：运用区块链技术，可以快速进行身份和信息的校验；能够实现数据和企业的分离，使授权第三方能够就数据进行梳理

和分析，尤其是在投保人更换保险公司的场景下，数据连续性的意义不言而喻；能够用智能合同代替人工合同，有利于合同公平地执行，无论是投保人—保险人、保险中介—保险人、还是投保人—保险中介的关系，都能在订立合约、索赔理赔时通过区块链技术杜绝虚假信息和恶意行为；能够有效追溯和标记投保人和被保险人的信息，有助于进一步改进健康保险产品，精准评估风险。

当然，看似完美的区块链技术在实际应用中仍然存在着技术上的瓶颈，主要体现在耗能大、存储空间不足、处理效率不够等方面，并在可期的未来对保险监管将产生一定冲击。

（二）云计算

云计算是一种利用互联网实现资源实时申请、快速释放的新型计算方式，目的是帮助用户高效地访问共享资源。为了实现这一目的，云计算在数据存储、管理、编程等技术上都进行了创新，以满足海量存取、高速吞吐的客户需求。云计算高效、快捷、数据庞大的特点，使得其可以广泛运用于保险业的定价中，并尝试解决保险市场的信息不对称问题。

用户保险信息的全行业共享可以通过云平台来实现，并通过云计算技术进行存储和管理，进而改善精算定价，并减少消费者的逆向选择问题。同时，云计算、人工智能和大数据的结合，使得保险产品的潜在客户更容易被识别、识别成本更低，使得保险公司可以将资金有计划、有重点地进行投放，效用最大化地提升服务质量，及时挽留易流失客户，识别保险欺诈案例，同时也使得客户能够更好地根据自身风险特征打造属于自己的保险一揽子计划。云计算提高了信息的实时交互性，有利于构建标准化的工作流程，加快了健康保险的审核、理赔环节速度。

尽管云计算技术有着种种好处，但仍然存在一些瑕疵。云计算，尤其是公用云和混合云的安全性仍然较低，没有了信息安全，就谈不上对云计算技术进行运用。同时，目前云计算的应用较局限于基础设施层服务，尚未达到云管理的层次，在云计算技术和保险交叉领域人才储备也不够充分，定价也未能统一，这为使用云计算、创新云计算带来了一定的问题。不过，随着国家政策的推进、政府行动的落实、学界的关注，相信这些问题在未来都能够得到妥善解决。

（三）大数据

顾名思义，大数据技术就是通过研究海量的、价值密度低的、高速动态的、多样的数据，关联数据散点间的联系，从点到线、从线到面地进行深入挖掘，发现尚未展现和被研究的热点、难点，并辅助企业和政府进行战略性的布局。

大数据和云计算相辅相成，大数据需要借助云计算的高效能力，云计算需要使用大数据的庞大信息，共同解决保险行业存在的客户拓展成本高、产品同质化严重、产品创新性不强、定价不精准、理赔难等问题。

因此，通过使用大数据技术，保险人可以对客户进行类型细分，精准定位客户需求，实现差异化定价和差异化产品。计算机也通过大量数据的学习和积累，加快对索赔请求的处理，降低失误率。

相对于其他几项技术，大数据技术的运用更为成熟，一旦大数据技术和区块链技术、云计算技术有了更深的融合，能够实现信息的完整迁移，则大数据在保险行业的运用就能打破公司的壁垒，实现全行业的提升。

（四）人工智能

人工智能可简单分为计算智能、感知智能和认知智能。顾名思义，计算智能就是通过大量数据进行学习和积累，如围棋界赫赫有名的AlphaGo；感知智能层次的计算机可以与用户进行互动，如无人驾驶汽车；当计算机达到认知智能时，能够进行类人类的推理和预测，如智能医生等。这些智能都通过计算机的强大数据处理能力和对人类思维方式的模仿、学习，提高工作效率和精度，减少工作中人为的扰动因素。

人工智能目前可以解决的行业痼疾主要集中在需要运用大量人力进行处理、但极易产生委托代理问题和信息不对称问题的领域。

在简单的健康保险产品方案营销过程中，智能机器人对保险中介的替代可以在一定程度上降低渠道费用，提高营销团队专业性，降低投保人退保率，同时还能够促使消费者在场景中主动思考自身风险，对自身风险进行积极的管理。

智能家居在养老服务和护理方面的应用使得家庭风险、健康管理和服务进入智能化管理时代，在智能家居和移动设备的辅助下，实现事先做好风险预防准备、及时通知户主和保险公司、自动联系援助的一条龙保险服务，有助于相关风险管理。

在健康保险核保、承保和理赔过程中，以人工智能为核心的无纸化系统可以减少重复性的人工工作，降低运营成本，加快环节流转，提高正确率，减少保险欺诈。

在健康保险产品设计和厘定费率的过程中，人工智能和其他科学技术（如基因技术等）的结合，能够个性化评估风险，提高精算和实际风险水平的契合度，并使部分过去不可保、不愿保的风险转化成可保、能保、愿保的实际产品，扩大了保险人的服务范围。

人工智能带来的变化正影响着保险市场的每一个角落，但人工智能的作用是帮助人类工作而不能完全用它替代人类的作用，在复杂问题、道德伦理问题、沟通态度、人性化处理等方面都有赖于人工解决，且保险和计算机专业的双料人才不足的问题也日益凸显，这些都是人工智能有待改进的方向。

（五）可穿戴设备

可穿戴设备是一种通过软件支持进行信息交流的便携式设备，是物联网的另一个具体应用，眼镜、手环、服装等都可以成为可穿戴设备，由于可穿戴设备直接接触人体的特点，目前，可穿戴设备的主要应用领域是医疗与健康领域。

通过可穿戴的设备，可以采集到有关日常生活中的人体生命体征数据。对这些数据进行挖掘分析，至少可以得到几个方面的信息，帮助我们更加了解身体状态变化与生活习惯之间的关系。一是生活习惯对慢性疾病病程发展的影响；二是运动习惯与心脑血管等慢性高发疾病之间的量化关系；三是大众体育运动的分布与发展情况等。这些信息，一方面有助于疾病防控，指导百姓按照更加科学健康的模式生活，另一方面有助于指导体育基础设施的建设、运动服装与用品等商品的设计与制造等。

可穿戴设备的出现或许将加快保险产品尤其是健康保险产品差异化、个性化的发展趋势，通过对人体健康状况的实时监测，对个体风险进行准确评估，实现费率的差异化，也实现对数据背后的个体需求的关注，鼓励民众保持健康的生活习惯，联合医疗机构对用户进行一条龙式服务。可穿戴设备还能和基因检测技术一样，减少信息不对称的情况，降低投保人的道德风险。

目前已经较广泛应用的可穿戴设备也存在着一定的不足。可穿戴设备的智能性还有待提高，主要体现在硬件和电池的大小和质量、记录数据的准确度和多样性及造价上，另外，可穿戴设备的软件专业性和数据安全性也有一定的提升空间。愿意购买可穿戴设备的人群往往是健康管理意识较强的人群，这就需要保险公司进行进一步的推广和普及。

专栏 12.2

大数据应用在医疗行业的 5 个经典案例

医保的成本推动了对大数据驱动的医保应用系统的需求。医保行业中的技术决策者不会忽略大数据带来的效率提升、经济吸引力和快速的创新步伐，这些都可以用在医保行业中并使行业受益。许多人发现，对医保数据进行数字化和共享的新标准和激励措施，以及商用硬件产品在存储和并行处理方面的改进和价格的下降，正在导致医保行业的大数据革命，其以更低的成本提供更好的服务为目标。

医保行业可以通过大数据和高级分析来获得巨大收益。本栏目将介绍在医保行业里的五个大数据产品案例。

1. Valence Health：提升医保结果和财务状况

Valence Health 使用 MapR 公司的数据融合平台（Converged Data Platform）来建立一个数据湖并作为公司主要的数据仓库。Valence 每天从 3 000 个数据输入源接收 45 种不同类型的数据。这些关键数据包括实验室测试结果、患者健康记录、处方、疫苗记录、药店优惠、账单和付款，以及医生和医院的账单，这些都用来提升决策来改善医保结果和财务状况。该公司快速增长的客户和日益增加的相关数据量正在压垮现有的技术基础设施。

在采用 MapR 的解决方案之前，如果收到一个数据源发来的 2 000 万个实验室测试结果，他们需要 22 个小时来处理这些数据。MapR 把这个处理时间从 22 小时降到 20 分钟，并且使用更少的硬件。Valence Health 现在也可以处理之前很难满足的客户要求。例如，一个客户可能打来电话说："三个月前我发给你们一个错误的文件，我希望把那个文件删除。"他们传统的数据库解决方案可能要 3—4 周的时间才能找到那个数据并删除。MapR 的快照功能提供了定点恢复，这使得 Valence 可以分分钟回滚到那个时间点并删除那个文件。

2. United Healthcare：欺诈，浪费和滥用

United Healthcare 为近 5 100 万名用户提供健康保险和服务。和该公司合作的有超过 85 万名医师和护理人员，全国范围内大约有 6 100 所医院。他们的账目完整（Payment Integrity）小组的艰巨任务是确保所有账单都按时正确付款。面对每天超过 100 万个的账单（10TB 的数据），他们之前的处理方式是特制的，严重依赖于规则，并受制于数据孤岛和碎片化的数据环境。UnitedHealthcare 采用了一个独特的双模型策略，既集中关注业务收益，同时也追求利用最新的技术来不断创新。

具体操作方案为：针对业务收益，该集团建立了一个预测分析"工厂"来系统地可重复识别不准确的账单。Hadoop 用作现在一个单一平台的数据框架，该平台上建有多种工具来分析各种信息，包括账单、处方、医保参与人、合作医护人员以及账单审查结果。集中了业务里所有数据孤岛的数据，包含 36 处数据资产。他们现在有多个预测模型（PCR，确定欺诈 True Fraud，Ayasdi 等），这些模型提供了一个潜在的欺诈排序列表，使得他们可以有针对性地、系统化地处理欺诈。

3. Liaison 科技：医保行业数据记录的流处理

Liaison 科技提供了一个云端解决方案来帮助企业来集成、管理和安全保障其数据。它的一个垂直解决方案是针对医保行业和生命科学行业，这两个行业有两个挑战——满足 HIPAA 合规要求和数据格式及其展现形式的多样性。利用 MapR

流,合规挑战中的数据可回溯要求迎刃而解,因为流处理将系统数据记录变成了一个无限的、不可更改的数据转换日志。多样性的挑战在于,一个患者记录可以有多种使用方式,可以是一个文档,可以是一幅图,或者是查询结果,这取决于不同的用户,可能是制药公司、医院、诊所或医生。利用流处理实时地将数据变化输出到 MapR – DB、HBase、MapR – DB JSON 文档、图和搜索数据库,用户可以得到最新的和最适合的数据。另外,通过在 MapR 融合数据平台上开发这一服务,Liaison 可以保障所有数据模块的安全,避免了其他方案的数据和安全孤岛的问题。

4. Novartis Genomics

下一代基因测序(NGS)是一个经典的大数据应用,它面临双重挑战,即巨量原始异构的数据以及 NGS 最佳实践的快速变化。另外,许多前沿研究需要与外部组织的不同数据进行大量的交互。这需要强大的工作流程工具来处理大量的原始 NGS 数据,而且足够灵活以跟上快速变化的研究技术。它还需要一个方法来将这些大量外部组织的数据有意义地整合到 Novartis 的数据,如1 000 Geomes,NIH 的 GTEx(Genotype – Tissue Expression,基因型组织表达)和 TCGA (The Cancer Genome Atlas,癌症基因组图谱),特别是临床数据、表型数据、实验数据和其他相关数据。

Novartis 团队选择了 Hadoop 和 Apache Spark 来构建工作流程系统,使其能够集成、处理和分析各种数据,为下一代基因测序(NGS)研究服务并紧跟科研脚步。

5. 医保 IoT 创业企业:更快地检测心脏状况

目前的心律分析过程较慢而且是手动分类的。医务人员首先将各类设备上采集的数据批量上传到分析软件,然后医疗分析师查看并分类数据并向医生和医院提交报告,最后由他们对患者做出医疗决定。该过程耗时 24 小时以上,这使得医生访问患者数据长时间滞后,增加了紧急情况下的医疗风险。

利用 MapR – FS,Telemed 能够通过 NFS 将各种医疗设备的数据直接采集到其数据集群并实时产生患者洞察报告。该解决方案需要具备高可用性并提供多用户访问(来自 HIPAA 的要求),因为他们存储了各种医院患者的数据和医疗设备公司的数据。能够按客户分治数据是非常重要的。

在 MapR 专业服务的帮助下,他们能够在 HIPAA 审查期限当年 7 月 18 日前搭建好解决方案。该方案架构满足了高可用 HA、多用户和实时洞察报告的要求。该公司首席执行官履行了投资者给他的要求和时限,他们将在第 3 或第 4 季度开始发售其 SaaS 解决方案。

> 结论:
>
> 以同样或更低的成本提升患者的治疗结果对于任何医保提供者来说都是非常大的生意,在美国,医保的总体花费在以 15% 的速度高速增长。全面的数字化转型是实现这一目标的关键,数字化、增强的通信和大数据分析是支持转型的重要工具。大数据分析的许多新兴案例都和基于 Hadoop 的解决方案的能力紧密相关,它们可以从任意数据源获取并存储巨量异构的数据,不管是结构化的或是非结构化的,并将其用于深度分析中。
>
> 选择大数据平台时,特别是 Hadoop 的发布商,要确保该平台非常擅长融合处理医保行业里各类数据,通常它们都存储在各种数据孤岛上。比如,医院的临床数据在一个孤岛上,药品供应商的数据在另一个孤岛,医院用品的后勤数据又在另外一个。这个平台应该足够灵活,使医护人员可以使用各类复杂的数据,如医生的笔记和影像文件,可以进行真正的病理分析,而不仅仅是存档。
>
> 资料来源:Carol McDonald(译者:roy),5 Examples of Big Data in Healthcare, http://www.scoop.it/t/7wdata。

第四节　消费者代际更迭与健康保险营销管理变革

本节消费者代际更迭选择以我国"90后"群体为例进行分析。

一、我国"90后"消费者群体及其特征

按照出生时间,1990—1999 年出生的人口被统一称为"90后"。根据我国第六次人口普查统计,"90后"人口总数约为 18 837 万人。其中,1990—1994 年出生的人口总数约为 10 989 万人,现在的年龄为 24—28 岁,他们已全面步入社会和工作岗位,逐渐成为消费的主力;而 1995—1999 年出生的人被统一称为"95后",他们现在的年龄为 19—23 岁,人口总数约为 7 848 万人,未来 5—10 年,他们将成为消费的主力。

中国"90后"群体是全面伴随中国独生子女政策、互联网发展和经济转型成长起来的一代人。他们受互联网的影响比上代人更深刻,由此形成的行为习惯也更具有时代性。因此,在健康保险营销管理中,越早了解"90后"的行为习惯和心理诉求,就能越早在瞬息万变的市场中把握机会。我国"90后"消费者群体主要特征如下:

(一) 成长环境决定了其行为习惯和心理诉求

"90后"成长于中国快速的城市化进程。人群的迁徙与流动，伴随着传统社会关系纽带的丧失，个人私生活优先这一原则逐渐普遍化，人们之间关系较原来变得冷漠，造就了越来越多的原子化个体。这是愈发呈现"私性化"特质的社会。① 很多"90后"在成长过程中，经历了频繁迁徙以及家庭关系的损坏，很早就感知人际关系冷暖。对于个体来说，依靠自我的社会上升空间缩小，个人对外部条件的依赖加大。

2008年之后，正值"90后"迈入社会时期，就业竞争压力加大，生活成本上升，养老压力陡增，贫富差距拉大，社会上升空间减小等，不同领域的问题相继出现，未来的风险和不确定性增加。同时科技尤其是社会化媒体的繁荣，使年轻一代对风险感知和收益预期改变。

"90后"面临的社会结构中的代际冲突体现在：主流社会权力结构中的掌权人群，仍然以"50后""60后"和"70后"人群为主，这往往带来直接的价值观和行为方式的冲突。

"90后"出生时期，中国家庭平均可支配收入高于此前时期，其整体家庭环境好于"80后"，因此，"90后"拥有相对更强的消费能力和消费欲望，除生活基本消费外，他们更加看重品牌和品质。"90后"比上代人享有更高的独生子女比例，大多数独享父母的资源，独自享受了来自家庭的情感投入和物质投入。

(二) "90后"面临的现实问题

"90后"普遍拥有强烈的自我意识以及自我实现的使命感。他们进入大学和就业时，中国的经济和社会已经进入了新阶段，面临着无法预期的变化。未来极为不确定，也没有办法依靠过往的常识来判定。"90后"所面临的局面是：一方面，拥有更为强烈的自我发现的使命和愿望；但他们所面临的问题，却没有发生太大的改善。以应试教育为核心的教育系统和家庭教育，仍然无法培养自主能力，也不太鼓励承担挫折失败的价值观。同时独生子女的家庭环境，使得个体在缺乏社交氛围的环境中成长。这些个体一方面自我评价甚高，一方面又缺乏和社会交往的技巧。同时，社会也没有提供足够空间和机会，给个体去实践和探索。经验传承的断层客观存在，面对极速城市化提出的生活管理挑战、经济发展提出的职业选择挑战、自我发现提出的生活工作选择挑战，父辈也缺乏经验传承使其能够自如地应对变化的社会；同时用来支持日常决策、包括信仰在内的第三方知识系统，还在初步发展的阶段。

---

① 资料来源：https://mp.weixin.qq.com/s/tCHAdVs_M2RKn75zYZD9iA。

(三)"90后"的行动原则

"90后"在建构个体小世界、实践自己的向往过程中,形成了快乐、理性、体验和消费四个关键性的行动原则。"90后"在成长过程中,享用了更好的家庭物质条件、新鲜多样的都市化生活方式、更为宽松和平等的家庭关系等。

1. 注重过程快乐

"90后"注重快乐,能更好地享受生活,有乐观的生活态度,但也可能导致避重就轻,无法承担挫折,不能坚持,过早放弃。

2. 理性计算风险收益

消费主义与市场经济,教会了"90后"成本和收益的理性计算能力。专注在当下,建设和维护个体小世界,也就需要对风险进行把控,划清楚行动边界。在个体现有的经验和视野里,过多理性计算成本和收益,可能让"90后"丧失想象力。但理性计算也教给不少"90后"把控风险,规划行动,以可持续的商业逻辑去创造个人和社会价值的本领。

3. 强调自身感知和体验

因为快速变化的宏观环境下的经验失效和信任缺失,"90后"在很多的选择和决定中,都强调通过自身的体验,形成自己的思考和决定。这让"90后"有强烈的质疑精神。体验也意味着情绪的充分感知、表达和释放,舒缓理性思考和判断的压力。但这也可能导致情绪化,以个体单一体验取代系统建设性思考,缺乏开放性。

4. 以消费满足需求

"90后"个体的向往和需求,尽可能通过消费来满足。这容易导致以消费取代思考和自我行动,无法深入其中。但另一方面,更为广泛的物质和精神消费,也推动了个体开阔视野,展开后续创造的可能。

整体上,以上四个原则,更完整地体现在"90后"个体小世界的四个具体向往之中:品质生活代表的安全感、以兴趣为核心的深度自我、独而不孤的社会关系、善良微光的社会参与。

二、消费者群体更迭对健康保险营销管理的影响和需求

(一)对传统营销模式的主要挑战

传统营销模式主要依靠营销人员和代理机构网络,依靠他们与消费者直接接触,了解消费者需求,介绍公司,传达公司的产品和服务供给信息,并提供面对面的交流和服务。

多数情况下，传统营销模式偏重于供给方主动选择和联系消费者，无论是公司营销员直接销售，还是代理机构对特定行业单位或特定群体的销售，会首先考虑消费者对健康保险的实际需求，但对其个性化需求的满足程度会受制于渠道成本和利益。

"90后"消费群体追求个性、独立，爱消费也爱分享（"爱买更爱晒"），关注品牌、实际效用和成本等个人需求的实现，决策相对独立，会更多依赖网络营销渠道，对传统营销渠道形成挑战。

（二）对新型营销模式的主要需求

"90后"倾向于自主选择保险公司和服务供应商，因此，保险公司的品牌建设需要考虑消费者群体的心理诉求和偏好，突出公司在品牌形象、服务水准等方面的特色，有效匹配目标消费者的需求。

"90后"喜欢个性化、量身定制保险方案。在传统固定保障和服务方案的基础上，需要增加一些可以自由组合的保障和服务项目，体现方案的个性化特征。

消费者会"货比三家"，需要公司有效控制经营管理成本，提高健康保险方案的性价比；青睐便捷、快速的购买渠道，支付方便。

三、健康保险营销管理应适应新一代消费者群体

健康保险产品设计充分体现专业化、人性化。搜集数据信息，综合考虑各类风险因素、医疗技术进步因素、外部环境变化，不断开发新的保障项目，细化保障责任和服务方案。

健康保险产品和服务定价时考虑保障方案和服务内容，以及消费者的购买能力，分产品、分区域、分时段制订适合的价格方案。

简单健康险产品的销售渠道选择以新型网络营销渠道为主，复杂高额的健康保险产品的销售渠道选择以直销渠道配合新型网络营销渠道。

根据消费者群体的偏好和生活习俗等，选择在产品方案上市期、退市前期、特定节日等有计划地推出有特色的促销方案，激发潜在购买力。

采用目标消费者乐于接受、品牌特色形象鲜明的广告及宣传，迎合消费者的心理诉求。

本章小结

本章根据营销环境分析的 PEST 模型,分析了我国健康保险公司营销管理面临的政治、经济、社会和技术环境;介绍现代医疗技术发展的几种趋势,尤其是分析探讨基因技术的应用给健康保险营销管理带来的机遇和挑战,并探究了区块链和大数据等技术对健康保险营销管理的影响。以我国"90 后"群体为例,分析消费者代际更迭对健康保险营销管理的影响,提出健康保险营销管理应从产品、定价、渠道选择、宣传和消费者偏好满足等方面,适应新一代主流消费者的需求。

专业术语

1. PEST:是指 Political(政治),Economic(经济),Social(社会)和 Technological(技术),PEST 是四个英文词汇首个字母组合,是企业所处宏观环境分析模型,一般不受企业支配。

2. 政治环境:是政治体系存在和从事政治活动、进行政治决策的背景条件的总和。

3. 经济环境:是指国民经济发展的总概况、国际和国内经济形势及经济发展趋势、企业所面临的产业环境和竞争环境等。

4. 社会环境:是指一定时期整个社会发展的一般状况,主要包括社会道德风尚、文化传统、人口变动趋势、文化教育、价值观念、社会结构等。

5. 技术环境:是指社会科学技术总水平及变化趋势,技术变迁,技术突破对企业的影响,技术对政治、经济社会环境之间相互作用的表现等。

6. 基因:是指携带有遗传信息的 DNA 或 RNA 序列,也称为遗传因子,是控制性状的基本遗传单位。

7. 云计算:是一种利用互联网实现资源实时申请、快速释放的新型计算方式,目的是帮助用户高效地访问共享资源。

8. 大数据技术:是指通过研究海量的、价值密度低的、高速动态的、多样的数据,关联数据散点间的联系,从点到线、从线到面地进行深入挖掘,发现尚未展现和被研究的热点、难点,并辅助企业和政府进行战略性的布局。

思考题

1. 请结合 PEST 分析法，分析我国健康保险营销管理面临的社会环境。
2. 请分析我国人口老龄化对健康保险营销管理的主要机遇和挑战。
3. 请根据现代科技的发展，选择 1—2 种核心技术，分析其对我国健康保险营销管理的主要影响。
4. 结合基因技术的发展，探讨其对健康保险产品的影响。
5. 请搜集案例，说明区块链技术对健康保险营销管理的主要挑战。
6. 请分析"90 后"的行为习惯和消费心理，选择一款健康保险产品，设计一份需求调查问卷。

第十三章

健康保险营销管理的延伸与发展趋势

本章从健康管理的概念入手，分析了健康管理发展趋势及其与健康保险的结合；介绍了健康老龄化的正确理念，分析了健康产业与养老产业的结合；分析了高新科技和信息技术对营销管理的颠覆性影响；分析了中国医疗体系改革及其对健康保险营销管理的影响；分析总结变革环境之下，健康保险营销管理本身的变化与趋势。

第一节 健康管理与健康保险营销管理

在世界各地，人们对照顾自我方式的改变越来越感兴趣，不只是身体，还有思想、精神、社会和地球环境的健康。生活方式和健康理念的转变，意味着一个范式的转变，健康模式不再是单一的疾病治疗，而是对整个健康生命周期的健康资源进行管理的过程。正是在这种大背景下，健康管理作为一种新兴的健康服务理念和服务方式，受到了世界各国的关注。健康管理以个人健康需求为导向，以多元目标取代单一经济目标，是人类自身进步与经济、社会协调发展的创新与人本发展模式。健康管理一方面能够促进健康素质，节约医疗资源，实现产业经济效益并带动相关健康产业发展；另一方面对于解决我国当前控制医疗成本、缓解慢性疾病和老龄化问题、满足多样化和高质量健康服务需求、建设健康中国都具有巨大潜力。

一、健康管理发展方向与趋势

（一）健康管理的宏观环境不断完善

《"健康中国2030"规划纲要》是今后15年推进健康中国建设的行动纲领，设定了"人民健康水平持续提升、主要健康危险因素得到有效控制、健康服务能力大幅提升和健康产业规模显著扩大，以及促进健康的制度体系更加完善"的核心目标，确定了"健康优先、改革创新、科学发展、公平公正"的基本原则，制订了全方位的工作方针、政策并部署了工作重点。随着相关工作的实际开展，健康管理的外部发展环境将不断完善。

（二）健康管理的外部环境逐步建立，卫生服务配套体系逐步完善

健康管理服务业内涵丰富、带动性强，健康管理服务产品兼具公共产品和私人产品双重属性，在健康服务普遍采取公共福利形式提供但效率低下的大背景下，健康管理服务业的发展需要突破公共产品概念，发挥市场机制优势。健康管理在各种影响因素共同作用下，通过政府和市场在资源配置中的力量对比，将形成市场主导、政府主导、混合发展三种模式。

随着医疗卫生服务体系的逐步完善，专业公共卫生机构、综合和专科医院、基层医疗卫生机构"三位一体"的重大疾病防控机制，以及信息共享、互联互通机制的建立，推进了慢性病防、治、管整体融合发展，实现了医防结合，医疗卫生服务供给模式不断创新。特别注意充分发挥中医药独特优势，提高中医药服务能力，重视发展中医养生保健治未病服务，推进中医药文化传承与发展。健全以基本医疗保障为主体、其他多种形式补充保险和商业健康保险为补充的多层次医疗保障体系，不断完善全民医保体系，健全医保管理服务体系。随着税收等优惠政策的落实，对企业、个人参加商业健康保险及多种形式的补充保险的鼓励，商业健康保险必将获得大发展；随着医疗卫生服务体系的逐步完善，健康管理相关产业链将不断完善，上下游产品和服务供给将日益丰富。

（三）健康管理的微观环境不断进步

随着旨在提高全民健康素养的工作的开展，学校开展健康教育的加强，人们的健康理念将会日益科学化。通过引导合理膳食、开展控烟限酒以及减少不安全性行为和毒品危害等措施，大力开展促进心理健康教育、帮助个人塑造自主自律的健康行为，有助于逐渐普及健康生活方式，提高全民身体素质，健康管理的实践也将更加多元化

并富有成效。

二、健康管理与健康保险行业的结合

（一）健康管理与健康保险

健康管理与健康保险共同服务于人的健康这一重大主题。健康管理是对人的整个生命周期的健康资源进行管理的过程，而健康保险是一种极为重要的管理个人健康风险的财务手段，也是健康管理的重要财务工具之一。

有效的健康管理服务不仅能吸引客户，提升客户黏性，而且应有助于商业保险预防和控制风险，显著降低赔付支出，提高公司盈利水平。健康保险中采用的管理措施（如定期体检、健身奖励、运动返还、提供健身卡、健康资讯等），都有助于鼓励健康生活方式，提高被保险人的健康水平，减少赔付。

健康保险可以承担部分健康管理的成本，是健康管理的必要保障。通过大数法则的作用，健康保险帮助个人分散健康风险，把未来不确定的、可能发生的大额医疗费用支出转化为规律的、小额的保险费，有助于个人全生命周期中的财富规划和风险管理；同时在厘定费率时，根据个人健康状况和生活习惯，提供健康管理服务，鼓励健康生活方式，采用各种方式防患于未然，推动健康管理实施。

（二）健康保险行业与健康管理的结合

健康保险是当前健康管理应用最具潜力、讨论最为广泛的一个领域。苏圣杰（2004）认为，进行有效的健康管理，预防和延迟承保疾病的发生，是商业保险公司控制风险的关键，对健康保险道德风险的控制具有举足轻重的意义。任朝相（2007）指出健康管理是健康保险转移财务风险、控制成本、解决信息不对称、道德危害等问题的成功策略之一，健康保障与健康管理的紧密结合是市场客户需求和健康保险经营规律的必然要求。代宝珍，周绿林（2009）提出，积极借鉴国外保险业健康管理的成功运行模式（如 HMO，PPO，POS 等），构建我国健康保险的健康管理运行模式对于我国健康保险业的可持续发展有着重大意义。桂鉴霞（2012）指出，健康管理是保险公司控制医疗费用风险、发展商业健康保险的一种重要手段。在商业健康保险领域，健康管理面临的障碍包括医疗服务市场竞争不充分、健康保险信息系统不完善、保险公司自身管理水平低下等。赖志杰（2013）提出商业健康保险机构对利润的追求使其更有动力为被保险人开展健康管理。健康保险"自营模式"和"共建模式"有利于延长商业健康保险产业链。

（三）我国商业保险机构健康管理实践探索

健康管理在我国尚处于起步阶段，中国人寿、人保健康、新华保险、泰康人寿、太保寿险、平安人寿、太平人寿等许多商业保险机构正在积极探索开展与健康保险相关的健康管理服务，推出了试点项目及产品，呈现出以下几种不同的模式：

1. 与保险产品的结合

既有与传统的寿险、重疾险等结合，也有与报销型医疗保险相结合，并且出现了针对某种特定疾病而专门开发的产品（例如泰康人寿针对糖尿病推出的"甜蜜人生"，太平人寿推出的"糖尿病并发症保险"）。

2. 目标客户群选择

既有针对具体保险产品客户的，也有宽泛面向所有该保险公司客户的，还有公开面向社会的（例如中国人寿在广州推出的区域健康管理中心）。

3. 健康管理实现手段

除传统单次型服务（体检、癌症筛查检测、基因检测等）外，电话咨询已屡见不鲜；商业保险机构正在尝试利用微信平台、移动端APP、可穿戴设备、检测硬件、远程医疗等新兴手段进行长期的健康追踪、干预和管理（例如中国人寿的"国寿大健康"管理和服务平台）。

4. 健康管理的服务模式探索

从传统的用户被动式购买有偿服务（花钱才能享受，如体检），到用户购买后的主动服务，互动式服务（医生主动干预、用户主动上传数据，如中国太平的"健享人生"补充险、"岁税康"），再到激励用户主动免费使用——以实际奖励和回馈引导用户采取健康的生活方式（如平安人寿的"平安福"，用户达到运动量即可获得奖品）。

5. 商业运营模式多样

既有依靠现有保险经营主体进行产品设计开发的，也有单独成立新业务实体开发健康相关业务的（如中国平安专门成立平安健康互联网股份有限公司），还有与第三方合作的（例如人保健康与春雨医生推出的专属私人医生高端健康管理增值服务）。

总体而言，我国商业保险机构健康管理项目主要呈现出以下三个方面的特点：（1）健康管理服务内容以体检和咨询服务为主。目前健康保险机构推出的健康管理项目主要分为三类：平台咨询类、特殊疾病类和高端定制类，其中绝大多数是面向大众的平台咨询类服务。（2）健康管理发展处于前期的数据收集阶段。国内商业保险机构，例如人保健康、平安人寿、平安健康、太平洋保险公司等已经逐步开始建立自己的健康管理体系。尽管各机构的健康管理模式不尽相同，但是在现阶段，健康管理主要集中在数据收集这一前端环节，后续如数据分析、管理干预、评估反馈等关键环节尚处于缺失或者刚起步状态，尚未建立完整的健康管理流程，闭环管理还未形成。
（3）数据收集手段粗略而单一，主要是线上调查问卷及手环等可穿戴设备。这两类数据的收集方式均存在个人信息安全得不到保障、设备质量良莠不齐、不同移动端应用平台差异大、数据精准度低等问题。

三、健康保险营销管理如何适应健康管理的需要

从国际经验来看，在监管政策层面，许多发达国家的政府设立专门的管理机构，负责制定健康管理的标准体系，规范健康管理业务，并十分重视以立法的形式对被保险人的隐私和个人信息安全给予保护。此外，许多国家出台了多项支持性的法规和政策，鼓励商业保险企业加大对健康管理服务的投入，包括不限制健康管理支出上限，在保证续保方面允许保险公司根据被保险人的健康状况对保费进行调整等。

健康管理与健康保险的融合是大势所趋，而健康保险营销管理将从如下方面发挥积极作用：

（一）产品设计体现健康管理理念和要求

应细分客户群，提供有针对性的服务。将客户按照风险等级进行分类，具体识别细分人群的不同健康诉求，在健康保险产品设计中有针对性地提供合适的健康管理项目，既能直击客户痛点，以恰当的内容、方式和频率提供有效干预，又能合理分配资源，减少不必要的投入，有效帮助不同群体实现各自的健康目标，提高健康管理的整体效果。

（二）营销渠道选择顺应健康管理需求

选择营销渠道时，注重打造闭环式健康管理体系，包括数据收集、数据分析、健康干预和评估反馈等环节。广泛运用植入医疗设备、移动医疗、大数据分析、云计算等技术创新。从而，在帮助客户培养健康的生活习惯、持续改进健康状况的同时，也为保险公司降低医疗成本、提高客户黏性，实现客户和健康保险公司的双赢。

要加强多方合作，建立健康管理生态圈。保险公司通过投资入股、并购、合资等方式与科技创新企业、医疗技术企业、医药企业、医疗机构、健康消费企业等开展合作，建立健康管理服务生态圈，扩展对上下游生态链的渗透，通过合作获得健康管理各环节的合理收益，实现健康管理的价值，达成多赢目标。

（三）促销方式挂钩健康管理实施，价格策略体现健康管理成效

对能有效实施健康管理服务项目的健康保险产品或产品组合，初期适用较优惠的

价格方案，倡导并鼓励健康生活方式，后续将健康管理项目实施效果进一步与续期保险费挂钩。

第二节　产业深度融合：健康养老与养老健康

一、健康老龄化的必然需求与观念变革

（一）健康老龄化的定义

世界卫生组织（2017）将健康老龄化定义为发展和维护老年健康生活所需的功能发挥的过程。在健康老龄化的这一定义中，关键是要理解"内在能力"和"功能发挥"二者都不是恒定不变的。尽管二者都会随年龄的增长有所降低，但生命过程中不同时点的人生选择和干预措施将决定每一个体的具体轨迹。因此，健康老龄化并非由机能或健康的某一水平或阈值来界定，而是定义为一个因每个老龄个体而具体不同的过程，因为每个个体的轨迹都会受到不同经历的影响随时发生变化。举例来说，对于患有老年痴呆或心脏病的老年人，若能有可负担的医疗卫生服务帮助改善他们的能力，或能从周围环境获得支持，其健康老龄化轨迹就能得到相应的改善。

但是，内在能力只是决定老年人能做什么的因素之一。另外一个因素是老年人居住的生活环境以及老年人与生活环境的相互关系，称为功能发挥，指影响个体能够按照自身观念和偏好来生活和行动的健康相关因素。对于能力处于任一水平的老年人，能否完成自己认为重要的那些事情，最终要取决于其生活环境中存在的各种资源和障碍。所以即使老年人内在能力有限，如果能够得到抗炎止痛药物，辅助器材（如拐杖、轮椅、助力车）或者居住在可负担的，易用的交通设施附近，他们仍然能够去商场购物或散步。

（二）对健康老龄化的认识与观念变革

1. 健康的老龄化并不仅仅是指没有疾病

对大多数老年人来说，维持功能发挥是最为重要的。很多关于老年人的常见观念和主观臆断都起源于过时的陈规旧习，必然需要与时俱进地改变。世界卫生组织《关于老龄化与健康的全球报告》指出，社会的最大损失不是为了促进功能发挥而产生的支出，而是如果我们未能进行适当的改变和投资而可能失去的利益；该报告推荐

第十三章
健康保险营销管理的延伸与发展趋势

的应对人口老龄化的社会学方法,包括建立关爱老年人的环境的目标,需要卫生体系从以疾病为基础的医疗模式向以老年人需求为核心的综合关怀模式转变。

2. "典型"的老年人并不存在

相关证据所示,与老龄化相关的典型失能与一个人的实际年龄并非密切相关。老年人的能力和健康需求的多样化并不是随机产生的,而是根源于整个生命过程中的所有事件和经历,而这些常常是可以被改变的,这也就突显了开展贯穿生命始终的卫生保健服务的重要性。虽然很多老年人最终都会面临众多的健康问题,但是年老并不意味着无法独立。而且,与常见的想法相反,老龄化所造成的卫生保健支出远远低于其他因素,比如由最新的医疗技术所产生的高昂费用。

3. 长寿是人类宝贵的财富,但是,寿命延长所带来的好处的多少取决于一个关键因素:健康状况

年老并不一定意味着健康状况不良。老年人面临的许多健康问题都与慢性疾病有关,特别是非传染性疾病。这些疾病中的大多数可以通过采取健康行为而预防或延缓发生。而其他健康问题尤其是在尽早发现的情况下,也可以得到有效控制。即使是对于能力衰退的老年人,良好的支持性环境也可以保证他们有尊严地生活,并继续个人发展。不过,现实世界远非如此理想,因此,需要开展综合性的公共卫生以应对人口老龄化。

(三) 需要树立有关老龄化与健康的全新观念

1. 老年人的特征是多样化的

例如,一些 80 岁老年人的体力和脑力水平可能与 20 多岁的年轻人相当。政策的制定应使尽可能多的人开始积极的老龄化进程。相关政策必须致力于消除限制老年人持续参与社会活动和做出贡献的障碍。然而,还有很多人在较年轻的时候就会出现明显的能力衰退。因此,我们需要树立有关老龄化与健康的全新的观念。

2. 老年人的多样性并不是随机产生的,主要源自所处环境的差异

虽然有些老年人间的差异是各自遗传基因的反映,但是更多的则源自我们所处的物理和社会环境的差异,包括家庭、邻里和社区以及周围的生态环境。这些因素可以直接影响健康,或者作为促进或阻碍因素影响我们的机遇、决策和行为。实际上,相当一部分老年人的能力和生活环境的巨大差异很可能是由于伴随其整个生命过程中日积月累的健康不平等所导致的。因为在生命过程中的任何时点,对健康需求最大的人往往也是拥有解决问题的资源最少的人。应对政策是有针对性地消除而不是强化这些不公平。

3. 年老并不意味着依赖他人

尽管不存在典型的老人,但社会常常会以有成见的方式看待老年人,从而导致仅

仅由于年龄而对个人或群体产生歧视,即年龄歧视。对老年人最常见的歧视性成见,是认为他们必须依赖他人或者是家庭或社会的一种负担。

在国家政策制定过程中,对老年人的歧视可能会导致人们产生一种臆断,认为用于老年人的费用仅仅是经济消耗,从而着重限制此项支出。这种根据年龄认为老年人必须依赖他人的臆断,忽视了老年人对经济的诸多贡献,健康的老年人是有余热的。例如,据英国2011年的研究,通过税收、消费和其他有经济价值的活动并扣除养老金、福利和卫生保健支出,老年人对社会经济的净贡献为近400亿英镑,而到2030年将达到770亿英镑。老年人在供养或扶助后代方面也发挥着至关重要的作用。此外,在各种资源条件下,老年人还通过很多无法用经济方法衡量的方式,为社会和家庭做贡献,如在面临压力的时候为他人提供精神支持,或对具有挑战性的问题提供指导。政策的制定应该注重培养老年人发挥多重贡献的能力。

(四)人口老龄化将增加卫生保健支出,但低于预期数额;应该明确,用于老年人的支出是投资,而不是消费

相关研究表明,虽然年龄的增长常常随着健康相关需求而增加,但是其与卫生保健服务的利用和卫生支出间的关系却是多变的。实际上,在一些高收入国家,每个人卫生保健的支出大约在75岁以后明显下降(而长期卫生保健支出增加)。只有使人们生活得更长寿更健康,才能真正地缓解卫生保健成本激增所带来的压力。

同时,卫生系统本身对年龄与卫生保健支出的关系也会产生重大影响。由此反映出卫生体系中服务提供者的系统、激励机制、针对脆弱老年群体的干预措施以及文化准则方面的差异,这在临终阶段表现得尤为明显。实际上,无论我们的寿命如何,卫生保健费用最高的阶段往往是在生命最后的一两年。但是这种联系在不同的国家之间也存在较大的差别。例如,澳大利亚和荷兰用于临终者最后一年的卫生支出约占全部卫生保健费用的10%,而美国约为22%;而且,与低龄群体相比,高龄群体晚年的卫生保健支出趋向于更低。

尽管我们还需要更多的相关证据,但是单纯根据人群的年龄结构预测未来的卫生支出是不可取的。历史分析结果进一步证实了这一结论,老龄化对于卫生支出的影响远远小于一些其他因素。例如,美国1940—1990年(迄今为止人口老龄化速度最快的阶段)老龄化对卫生费用增长的贡献仅占约2%,而同期由技术变革导致的卫生费用的增长占38%—65%。

用于老年人的支出是投资,而不是消费。世界卫生组织将用于卫生体系、长期卫生保健和广泛的支持性环境方面的支出视为一种投资,用以加强老年人的能力,进而促进老年人的福祉和贡献。这些投资也有助于社会履行保障老年人基本权利的义务。在有些情况下,这些投资可以获得直接收益(好的卫生体系可以促进老年人的健康,

使其能够更多地参与社会活动，生活更幸福）。而其他投资的收益虽然可能不太明显，但同样值得关注。例如，长期卫生保健方面的投入可以帮助明显失能的老年人有尊严地生活，使女性可以继续工作，并通过社区内风险共担来增强社会凝聚力。

以这样的方式重新制定经济学方面的理论基础，将再次把争论从关注如何将所谓的花费最小化，转变为对投资的分析和考虑，也就是说，如果社会不能进行适当的调整和投资，我们可能会失去哪些利益。认真的思考和全面量化投资规模及收益，对于决策者以充分的信息为依据制定相关政策是至关重要的。

二、健康产业与养老产业的融合

（一）我国大健康产业发展迅速

2016年中国大健康产业发展迅速，规模已经占到GDP的4%—5%，然而，对比国外数据，这一比例仅相当于美国的1/4，中国的大健康产业在未来仍有很长的路要走。[①] 同时，随着中国人口老龄化的增速，养老已成为社会持续热点话题，中国养老市场的规模正逐步扩大。大健康产业与养老产业相结合的巨大需求日益凸显。

泰康人寿保险公司通过三年数据对比，挖掘未来医疗、养老新趋势；同时，聚焦40—49岁主力高净值人群，以他们的视角解读未来医养解决之道。其发布的白皮书调查结果显示，自身健康、父母养老和子女教育是目前主力高净值人群最核心的三大需求，同时家族传承意识已在高净值人群中初显；商业保险和医养融合社区能有效解决高净值人群医疗、养老双刚需问题；随着观念的逐步转变，主力高净值人群在消费心理上也更为升级，他们为专业和品质服务付费的意愿正日益提高。[②]

（二）对商业保险的看法逐渐理性、需求日益强烈

本部分借助泰康保险公司和胡润百富联合发布的《未来医养解决之道——2017中国高净值人群医养白皮书》的数据和信息，以对健康保险市场发展具有一定引领作用的高净值人群为例，来说明人们对商业健康保险的看法和需求的变化。

1. 商业保险意识增强，健康、养老保险的配置日益增长

保险中避险、稳定和传承三大功能是吸引主力高净值人群投资的主要因素。2015—2017年，主力高净值人群个人年交保费达到近100%的增长率，2017年人均年交保费超过7万元人民币（见图13.1）。健康保险、养老保险、意外保险是目前最主要的保险类型，其购买率均超过九成，重疾保险的购买率也达到八成以上。

---

①② 泰康，胡润百富.未来医养解决之道——2017中国高净值人群医养白皮书［R］.

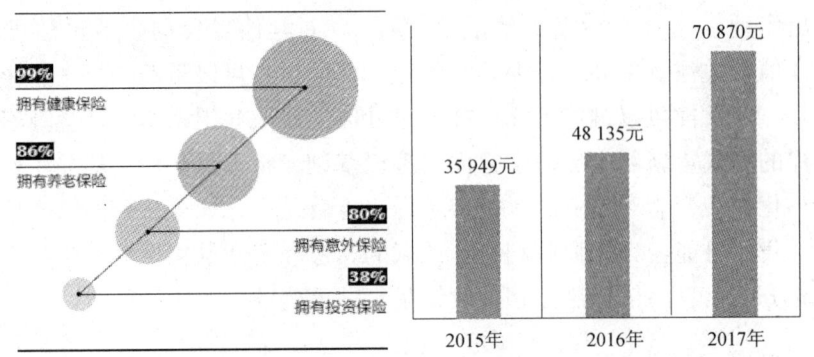

图 13.1　高净值人群购买保险险种及平均个人购买保险年交总保费三年对比
资料来源：泰康保险，胡润百富. 未来医养解决之道——2017 中国高净值人群医养需求调研 [R].

（1）商业健康保险的购买意识在高净值人群中进一步提高。高净值人群购买商业健康保险的比例从 2015 年的 80% 上升至 2016 年的 94%，这一比例的增加主要是因为 35 岁以下年轻高净值人群购买比例显著上升。调查发现，享受更优质的医疗环境是他们购买商业健康保险最主要的动机，其次是为了更先进的医疗设备检查费用得以覆盖、重大疾病费用得以保障等。研究还发现，2017 年高净值人群在购买商业健康保险时，主动向寿险公司业务员询问购买保险的比例超过五成，高净值人群主观意愿购买比例与上年相比高出 25%，可见在商业健康保险的购买上，高净值人群主动购买意愿逐年增强。高净值人群在商业健康保险上的平均购买年限为 4.8 年，其中 5 年之内购买的人数超过六成。10 年前购买的用户主要分布在 45 岁以上人群。

平均每个高净值人群家庭有 2.7 人购买了商业健康保险，被保险人以本人、配偶为主，其次是儿女和父母。高净值人群对商业保险重视度的提高，在年缴保费的金额上有直接体现。2016 年，高净值人群平均家庭年总缴保费为 2.6 万元，其中，1 万—3 万元的家庭近六成。平均每人年缴保费为 8 944 元（见图 13.2）。

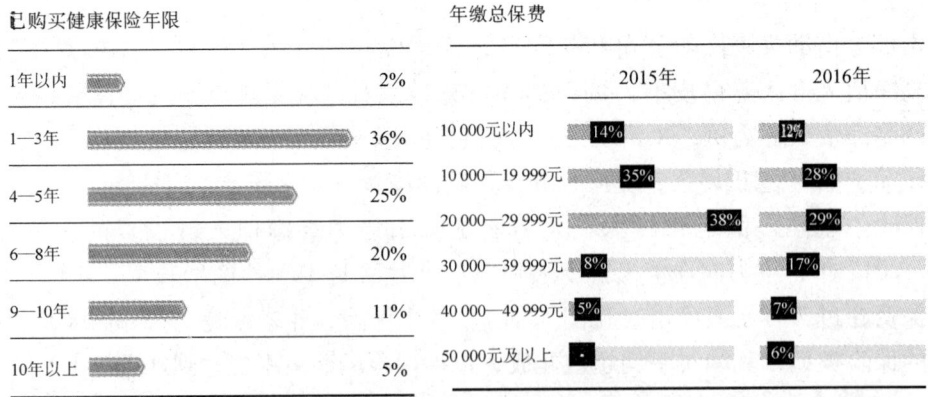

图 13.2　高净值人群健康保险已购买年限和年缴总保费健康保险
资料来源：泰康保险，胡润百富. 未来医养解决之道——2016 中国高净值人群医养白皮书 [R].

2015—2017年健康险年缴总保费上涨5 000元人民币,涨幅23%。主力高净值人群家庭平均每年在商业健康保险的总投入为2.64万元,他们购买商业健康保险的主要原因已从"资金"转向"资源"。84%的人认为"得到更先进的医疗设备的诊断"是他们购买商业健康保险的原因,其次是"享受更优质的医疗环境"(77%),62%的人群认为购买商业健康保险可以"得到更好的药物",为了"得到更好的服务"而买的人也超过五成。"资金"方面,"重大疾病得以费用保障"的原因占比67%,而"报销范围更广"仅占三成。健康保险配置提高的原因为:中国医疗环境和资源的供需矛盾不断加剧;高净值人群对于高端医疗的需求日益迫切;生存环境的危险性逐渐提升(雾霾等环境问题、食品安全问题等);高净值人群人生风险规避意识提高。

(2)商业养老保险的购买意识在高净值人群中进一步提高。高净值人群购买商业养老保险的比例从2015年的74%上升至2016年的82%,这一比例的增加主要是因为35岁以下年轻高净值人群购买比例的显著上升,取得更优质的养老资源是他们购买商业养老保险的最主要动机,其次是作为养老资金来源。

高净值人群平均已购买商业养老保险4.7年,5年内购买商业养老保险的比例最多,达到60%,其中35岁以下的年轻高净值人群平均已购买3.1年。45岁以上高净值人群平均已购买商业养老保险5.5年。平均每户高净值人群家庭有2.7人购买商业养老保险,与2015年数据一致。受访高净值人群自己是商业养老保险最主要的年金受益人,其比例达到80%;其次是配偶64%,父母32%以及儿女23%。高净值人群家庭平均年缴养老保险费超过16万元,按照平均每户家庭2.7人购买养老保险计算,高净值人群每人年缴保费为5.9万元(见图13.3)。

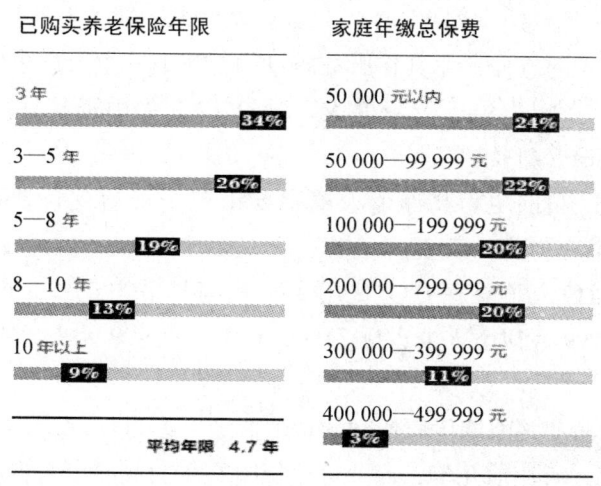

图13.3 高净值人群养老保险已购买年限和年缴总保费

资料来源:泰康保险,胡润百富. 未来医养解决之道——2016中国高净值人群医养白皮书[R].

与商业健康保险的趋势一致，商业养老保险在三年间的年缴总保费也呈现出上涨趋势，2017年较2015年增加了27 000元人民币，增幅为18%。高净值人群商业养老保险配置提高的原因为：中国老龄化问题日益严峻；高净值人群对于社会基础养老险的信心不断下滑；独立养老意识增加，不愿麻烦子女的心态明显。

2. 主力高净值人群正面临快速释放的医疗服务需求

主力高净值人群的工作节奏相比前两年逐渐放缓，他们会愿意花更多的时间在家庭生活、健康养生上。与过去几年相比，他们在医疗方面的需求也有所提升，仅10%的人表示没有变化或需求下降。总体来看，尚有22%的人群表示病症较为严重了才去就医，但对比三年前30%病症严重就医的现象，主力高净值人群对医疗的重视度有明显提高。主力高净值人群在选择就医时会有众多考虑因素，超过六成人群认为"医院擅长的领域"和"医院的级别"是较为重要的因素；其次，"医生的资质和经验""医院的口碑"的选择率也超过五成；"医疗设施的先进程度""医生的细心程度""医院的地理位置方便"的考量紧随其后。公立三级医院因占有优质的医疗资源，是主力高净值人群就医首选机构，70%的人群选择公立三级医院特需门诊作为自己的就医机构，公立三级医院普通门诊的选择率为55%。针对一些慢性病，公立一、二级医院以其排队时间短、离家近等优势排名第三位。公立中医院、中资私立医院、外资私立医院等就医机构均有近一成的选择率。从满意度评分来看，主力高净值人群认为目前的医疗大环境还有待提高，特别是在服务质量上的满意度最低。从定性研究来看，主力高净值人群对医疗服务质量的要求高，但中国实际医疗环境与他们的预期相差甚远。其中，他们认为亟须改善的方面主要是："中国医疗环境供求不平衡，导致获取优秀资源难""过度治疗""医生态度差，缺乏人性化关怀"等。

针对目前不满意的方面，尤其在服务质量的困扰上，主力高净值人群也会相应寻找一些解决措施，比如"寻找关系/熟人"（59%），去中资私立医院就诊（55%），去外资私立医院就诊（41%）等。

在就医花费上，目前主力高净值人群主要由三个渠道支付费用："社保支付""个人支付"均超过三成，"商业保险支付"达到26%，"公司支付"仅占比8%。2016年，主力高净值人群在医疗上费用支出较高，平均花费8 660元（含社保支付），其中，花费999元以下人群占比24%，1 000—9 999元占比43%，10 000元以上人群占比26%。

3. "提高保障额度并强调优质便利的增值服务"是健康保险未来趋势

相关研究发现，对比前几年，商业健康保险在主力高净值人群心目中的重要程度有了较大的变化。超过九成的人群表示，在近一年中，健康保险的重要程度有所提升，他们愿意考虑将其作为必要的保障配置。定性研究发现，健康保险的配备对于主力高净值人群尤为重要，是投资于未来的必要选择。这一年龄段的高净值人群在事业和家庭中都是关键人物,任何风险的不确定性都可能带来严重的打击,因此保障未来生活的有序延展、不受突发事件的影响成为他们现阶段的重中之重。购买商业健康保险便是充分利用金融杠杆规避未来健康风险的有效方案。

从购买趋势看,随着中国医疗环境和供需矛盾的加剧,社会医疗保险无论是在资金支持还是资源提供方面,均不能满足主力高净值人群面对健康风险发生时的医疗需求,这就使得高端商业健康保险的补充和升级变得尤为重要。对主力高净值人群来说,在投资高端商业健康保险时,应着重关注保障额度的充分性以及未来"医疗资源"的覆盖范围和优质感。一方面,高保障额度的商业健康保险能够最大程度地规避疾病所带来的不确定性,提供有力的经济支持和保障;另一方面,增值服务覆盖范围广泛的高端商业健康保险,才能够为高净值人群增加诸如就医绿色通道、优质国内外专家医生资源、先进设备药品技术对接等多项内容,帮助他们获取最优质和最便利的医疗方案。

4. 医疗配备、安全的适老环境和心理维护是主要养老需求

与过去几年相比,主力高净值人群对父母养老或是自己养老需求均有提高。尤其在父母步入需要赡养照顾的年龄阶段,养老需求的迫切度显著提高。

超过八成的主力高净值人群认为,理想的养老状态需要"健康的身体"和"完善的医疗和生活服务",可见,"健康和医疗"与"养老"话题密不可分,拥有健康的身体和优质的医疗条件是理想养老状态的基础。

调查结果表明,"优越的居住环境和适老设施"(73%)、"充足的资金储备"(65%)以及"良好的自然环境和气候"(62%)等外在条件是构成理想养老状态较为重要的因素。同时,超过五成的人群认为心理方面的因素,比如"丰富多彩的娱乐活动"(63%)、"愉快的心情"(56%)、"与儿孙同住,享受天伦之乐"(55%)、"接触和学习新鲜事物"(53%)以及"继续发挥自己的技能和特长"(50%)等,也明显影响着养老状态是否理想。

主力高净值人群在"心理"和"身体"两方面均有较大的困扰。对"子女不在身边"(62%)、"日常生活照料"(61%)、"缺乏专业的养老护理人员"(56%)以及"缺乏专业的养老机构"(51%)等因素的选择均超过五成。

5. "更健康、更富足、更幸福"的活力养老新趋势

相关研究发现,近三年来,高净值人群对中高端养老社区感兴趣的程度逐年提高。高净值人群期待的中高端养老社区,应采用国际先进的标准,全国连锁,文化、健身、餐饮、医疗设施一应俱全,并且配备专属的老年康复医院,提供综合门诊、老年康复调理、日常诊疗、慢性病管理等服务。与2015年相比,高净值人群对养老社区的入住可能性的增长率达到44%;相比2016年,表示"肯定会入住"的人群上涨50%。

高净值人群对中高端养老社区感兴趣程度的提升主要源于两大原因。一是中国老龄化社会下的特殊 421/422 家庭结构使得养老问题日益凸显，子女收入大幅提高而精力和时间有限，与需要照顾的老人数量多、负担重形成矛盾，加上中国医疗环境问题以及家政服务管理不到位不规范致使居家养老越来越不能满足高净值人群的养老需求。二是开放的养老心态和日益成熟的市场教育进一步提高了中高端养老社区的受欢迎程度，医养一体化的模式减轻了子女的负担，满足了高净值人群日益独立的心理需求和养老心态。同时，条件相仿的老年圈子和共同爱好的娱乐活动也帮助老人树立乐观积极的心态，使他们获取到更高品质的养老生活。

三、健康保险营销管理应匹配健康养老产业的发展与需求

（一）产品设计注重体现全生命周期健康管理和健康服务

设计个性化、综合型的全程医疗管理方案，着重于提供个性化、综合型的全程医疗管理方案，强调"高匹配度""一站式"和"全面性"三方面。

1. 设计个性化方案

在养生和医疗的过程中，应该根据每个人的体质，配套差异化的调理和预防、治疗措施。只有通过权威检查获取符合自身特性的个性化后续配套方案，才能获取行之有效的预防和治疗效果。

2. 实施全程化管理

全程化管理强调"一站式服务"和"持续性跟踪监测"两方面内容。主力高净值人群由于受到时间和精力的限制，使得便捷和省心的服务在他们的医疗过程中变得尤为重要。"一站式"规划从预防、治疗、持续性追踪监测到后续多方面配套服务，都为他们提供了方向性的引导和定期辅助，在给予他们便利性的同时也更契合个体特质需求。

3. 提供综合性建议和解决方案

在主力高净值人群医疗关注中，过去仅强调定期的身体检查和保健品补充，但真正的医疗管理方案应配备综合性的建议，不单单是体现现有健康状况的诊断，更应该涉及预防和治疗的各个维度，包括加入心理和认知方面的建议。具体来说，在这一年龄段的医疗方案中应包含饮食搭配、营养补充、运动锻炼、疾病调理、心理舒缓解压、大脑及认知能力监测训练等多方面因素。

（二）健康保险营销管理必须向上下游产业链延伸并细化价值创造环节

1. 健康保险的营销渠道需要向健康和养老产业链的上下游延伸并渗透。

保险公司应定期开展市场调研，把握健康和养老产业链的核心环节，有效嵌入开拓健康保险目标客户的营销活动，提高客户开拓成功率，增强客户黏性，提升目标客户对整体业绩和利润的贡献。

首先，健康保险产品设计要与前端以"基因检测"为基础的风险识别和风险管理、市场细分密切结合。通过合作，提供更先进的检测、诊疗技术和专业化、个性化的高端健康管理方案，注重前期基于"基因检测"技术的个性化高端体检和长期跟踪式的健康管理体系配备，同时兼顾诊治过程中的精准医疗、全球医疗资源会诊和后期的康复照料等各个阶段。其次，产品设计必须与健康管理和医疗服务有机融合，并提供就医便捷体验。再次，健康保险产品设计中的保障额度和资金来源必须与后端的养老需求挂钩。要从医疗、养老、服务、理财信托、心理等多方面出发，提供深层次、高专业的细分产品、服务和资源，同时实现长期的跟踪服务管理和沟通。对于消费者尤其是高净值人群而言，方便快捷、省时省心显得尤为重要，因此他们普遍偏好在同一个保险机构获取"一站式"的服务，购买到种类丰富且能够满足各类需求的多种保险产品，从而降低其在时间和投入程度上的成本。

2. 健康保险的价格和促销与客户全生命周期的整体价值挂钩

在精准分析客户投保的产品、全生命周期健康管理和健康服务基础上，考虑与上下游产业链深度合作的成效，突出尊重客户的个性化需求，体现本公司整体管理与合作绩效，制订针对特定目标客户的专属价格和促销方案。

第三节　新兴技术与营销管理模式：变革与颠覆

一、新兴技术改变个人行为

（一）新技术对个人健康的影响

随着医疗技术进步不断推进，个人疾病被提早发现以及治愈的可能性日益加大，无疑会改变个人的生命历程和健康体验。例如，基因检测有助于个人对疾病提前预防，基因干预治疗则会延长个人的生命周期，但会增加医疗成本。

同时很多新技术的发展会导致新的疾病不断增加，影响个人健康。例如随着智能手机的普及以及微信等社交软件的应用，人们在手机上花费的时间和精力大大增加，对网络购买、网络游戏和网络交流的依赖性大增，甚至会沉迷其中，导致用眼过度、长期缺乏运动等问题，引发眼部和身体的一些疾病。

（二）新技术改变个人健康行为的典型例子——通过游戏改变个人健康行为

行为改变为什么这么难？不管是运动、饮食，还是阅读和工作，我们身边的许多人总是不断地下决心、又不断地打乱自己的原定计划。养成新的习惯为什么这么难？欧洲医疗游戏基金会主席兼游戏化专家 Jurriaan van Rijswijk 认为，动机只是行为改变过程中的一个因素，而行为改变成功的关键在于时间的投入或忠诚度。[①] 长期行为改变失败的原因常常都是金钱和时间的问题。这两者都很困难，但也可以变得简单。科技能够成为鞭策个人的"教练"。人们需要的鼓励来自许多不同的方面：不一样的社区和社交感觉；达成成就并获得奖励；与他人竞争；见证一个个小成就所带来的数据改变；好玩有趣的过程。科技可以将这些都结合起来，成为解放资源的工具，帮助我们把更多的时间放在目标上。

游戏能够吸引和控制我们的注意力，挖掘我们的内在力量，让我们完完全全兴奋起来，强迫我们在获取更强更有效的技能的过程中提高适应能力。因此，很多人都认为游戏化在医疗领域的行为改变中至关重要。

2016 年，Fitbit 宣布正在与一些雇主合作，企业用 Fitbit 来追踪员工的记录，并采集这些数据，从而监管员工的健康习惯。几家企业以"企业健康追踪器"的身份引进 Fitbit，它致力于为员工带来一些有趣又带有激励性质的共同挑战和比赛。在一次采访中，Digital Health for Fitbit 的副总裁 Adam Pellegrini 称，Houston Methodist 此前在公司内部举办了一场历时一个月的步数比赛，员工们每天的平均步数达到了 16 000 步。

但是，在实践运用中，如个人信息被雇主、保险公司使用的程度如何确定、个人隐私如何保护等复杂和困难的问题都亟待解决。

专栏 13.1

医疗行业中一些广为人知的以游戏为基础的数字技术案例

1. 体育健身

- Fitbit & Co

2007 年，Fitbit 创始人 Eric 和 James 发现传感器和无线科技的超前发展已经可以为健康与健身领域带来更加绝妙的体验。于是，他们踏上了研发的道路，进而创造出足以改变我们活动方式的可穿戴设备。人们可以通过 Fitbit 的社区接

[①] 资料来源：https://mp.weixin.qq.com/s/gF9npl7Vnk7OYCASrlRMRg。

口完成共同的挑战，其中的竞赛能够激励人们更好地完成锻炼目标，并增加每日行走的步数。此外，Fitbit 在不同的锻炼方式上使用的是不同的算法，从而更加精准地测量用户的表现。

- EveryMove

EveryMove 是一个激励式健康管理平台，创建于 2011 年，它致力于让更多人过上更加积极健康的生活。该平台同样依赖于用户的好战性，它从我们正使用的追踪器和手机应用中收集数据，然后将这些数据展示在社区里。用户可选择将这些信息提供给保险公司或者其他健康机构组织，获得相应的奖励。

- Blue Shield California

Blue Shield California 是一个非营利性质的医疗保险公司，它致力于通过社交媒体来增加运动健身的趣味性。用户们可以赚取一些分数、徽章、身份，还能见证自己的进步。Blue Shield California 宣称，该公司 80% 的员工都参与了这个过程，并且把吸烟率降低了 50%。该公司 2016 年的净收入为 6 700 万美元。

- CaféWell

健康管理应用开发商 Welltok 旗下的社会化健康管理平台 CaféWell 所做的与其健康项目类似，它致力于为想要过上更加健康生活的人们提供指导和支持。该公司的个性化方案关注每个人的独特需求，让人们吃得更健康，锻炼得更多，减少压力，或是多走一里路。

- Pact

Pact 这家美国移动健康公司是哈佛学生创业项目，曾获得著名天使投资的背书，但产品运营 5 年却始终未有突破。Pact 会记录移动设备中的健身进展，而那些没有达到自己健身标准的成员必须向那些完成指标的成员付费。这个想法很简单：如果你必须因为自己的懒惰而花掉辛辛苦苦赚来的血汗钱，那你很可能会在偷懒之前三思而后行了。

2. 药物与慢性疾病管理

- Mango Health

Mango Health 由 Gerald Cheong 与 Jason Oberfest 于 2012 年 2 月在旧金山创立，同年 7 月 31 日，获 150 万美元种子投资，投资方包括 Keith Rabois、Mark Pincus、Baseline Ventures、First Round、FLOODSTAGE。Mango Health 开发了一款智能手机应用来鼓励患者们按时服药。用户可以预先设置好服药时间，该应用会在这些时间进行提醒。它还提供药品的信息，并提出药物相互作用和副作用的警告。按时服药的用户可以获得相应的分数，之后用于兑换礼品卡或慈善捐款奖券。

- Didget

拜耳的 Didget 血糖仪与任天堂 DS 游戏平台相连，专为4—14岁的孩子而设计，它会对坚持测量血糖的孩子们发放奖励，从而帮助他们管理自己的糖尿病病征。随着分数的累积，新的游戏关卡和选项会解锁，累积分数最多的孩子们会出现在排行榜上。该血糖仪还设有网页游戏和在线社区。

- mySugr

澳大利亚创业公司 mySugr 为孩子（mySugr Junior）与成人设计了非常有趣的糖尿病管理的游戏化解决方案。作为可爱的糖尿病怪物的创作者，mySugr 如今已经拥有超过 100 万名注册用户，被来自52个国家、说13种不同语言的人们所使用。该公司最近由全球制药公司 Roche 收购，根据协议，mySugr 将继续以独立法人的身份运作，但须作为 Roche Diabetes Care 的以患者为焦点的数字健康服务的中心点。作为回报，Roche 在全球范围内的势力将为 mySugr 的国际扩张开路。

3. 为孩子们量身定制的游戏

孩子们通常很难理解治疗或药物对自己健康的重要性，他们仅仅关注眼前吃药的痛苦，因此，以孩子为目标的游戏化医疗解决方案就显得尤为重要。孩子们不会想要吞掉苦涩的药丸或者多吃蔬菜，也不会想要接受治疗或者待在医院。游戏化能够帮助孩子们忘记他们正在接受治疗或药物的事实，如果他们可以相信，随着药物吞食的是消失已久的文明密码，而只有他们的肠道细菌才能破译的话，他们就能欣然吃下任何一种药了。

- Monster Guard

美国红十字会于2014年10月开发了一款叫作 Monster Guard 的手机应用，帮助孩子们做好危急情境的准备工作。该应用通过"怪物保护学院"来教导孩子们如何面对家中失火、飓风、洪水或其他灾害，并保持自身安全，孩子们能够通过完成任务来获取相应分数。在游戏化的帮助下，让孩子们关注身体健康，坚持锻炼也就变得更加容易了。

- Leapband 与 Vivofit jr

Leapband 与 Vivofit jr 都鼓励孩子们坚持锻炼。儿童版智能手表 Leapband 来自儿童益智教育电子设备生产商 LeapFrog，该设备通过让小孩"抚养"虚拟宠物，帮助孩子培养健康习惯，保持活力。GARMIN 专为儿童设计的 Vivofit jr 则会追踪他们的行走步数和睡眠状态，以及60分钟的每日推荐活动。孩子们完成锻炼之后就可以兑换事先商定好的奖励，父母也能监管孩子的步数和活动时间，安排任务，以及发放这些虚拟的奖励。如此一来，孩子们玩耍的时间也变得更加有价值。

4. 理疗与康复

- SCI Hard

SCI Hard 由美国密歇根大学于 2010—2013 年研发，该项目由康复研究院的一项发展基金支持。身体遭受重伤或中风以后，想要独自完成哪怕是仅仅适宜层面的运动或其他活动都非常困难又耗时间。普通人根本无法想象从一场事故中醒来以后如何面对日常生活中的每一项挑战，SCI Hard 应用便会帮助患者们走出这一泥潭。游戏化的治疗不仅能够让康复过程变得更加好玩，让每一次活动都变得妙趣横生，还能分散患者对疼痛的注意力。

- Reflexion Health

Reflexion Health 是一家致力于改变传统药物疗法与提升临床治疗结果的数字医疗公司，该公司以 West Health Institute 开发的技术作为基础，为患者提供有价值的、以患者为中心的、低成本的医疗服务。West Health 投资基金于 2016 年成为该公司主要投资人，该基金在 2012 年投资了 425 万美元，在 2014 年又出资为 Reflexion Health 注入 750 万美元的资金。Reflexion Health 通过一套视频反馈系统来纠正患者基于锻炼的物理治疗法，该系统在患者家中就能使用。理疗的具体动作由动画人物来示范。动作指导技术能够将患者的动作与标准动作相对比，然后给予患者相应的指导和纠正建议。

- GestureTek Health

加拿大公司 GestureTek Health 成立于 1986 年，该公司发明了视频动作控制技术，被认为是 VR 领域的起源之一。其开创性技术曾经被索尼、微软、孩之宝、迪士尼或可口可乐公司使用。GestureTek Health 开发了专注健康、残疾与康复的一系列应用。该公司免触摸、手势操作的虚拟现实治疗方法、多感官刺激与沉浸式体验能够让患者们在治疗身体与提高认知能力的同时玩得开心。

- MindMaze

瑞士医疗虚拟现实独角兽 MindMaze 将其虚拟现实医疗系统带到美国，然后又收购了一家动作追踪的分析公司 Gait Up。MindMaze 使用虚拟现实、脑成像和游戏技术来对中风患者进行再训练，这对脊髓损伤和截肢病人也同样有效。该公司突破性的系统平台赋予虚拟现实以人性，通过神经系统学和机器学习的力量来解决复杂的问题。他们还与医疗和娱乐公司合作，试图利用大脑的力量来深化人类与机器的互动。

在医疗领域，"用药依从性"一词是用来描述患者遵从治疗程度的。然而，随着患者们的自主性越来越强，这一表达显得越来越不妥，就好像是在预设

> "患者会盲目且非自愿地听从医生的指令"。
>
> 恰恰相反,患者们很愿意主动参与到自己身体健康的管理中,他们想要医患关系变得平等。与"用药依从性"所预设的不同,他们想要长期保持自己的积极性。
>
> 未来,在数字医疗的加持下,医疗领域的游戏化能够帮助那些积极的患者在无须艰苦努力的同时把自己的治疗坚持下去。

(三)新技术导致个人购买决策方式的变化

1. 信息获取方式

多数人倾向首先从网络及亲朋好友的推荐获取信息,决定是否购买及购买何种健康保险方案。多数人都会通过网络查询所购买产品和服务的信息,以及相关保险公司的信息,同时会关注网络上的各种评价。

2. 不同人群的购买决策行为差异较大,需要有效的营销策略来呼应不同目标客户群的需求

相关调查显示①,高净值人群再次购买商业健康保险时,保障额度以及保险产品的组合和丰富程度是他们购买时重要的考虑因素,占比均超过四成;其次是亲戚朋友推荐。保险公司品牌知名度在考虑因素的重要度上排名下降明显。

3. 新技术也使个人可以获得更多的关于自身健康的信息以及如何提升健康水平的解决方案,有助于个人理性选择健康保险方案和健康管理方式

体检以及很多医疗检测手段和设备,包括简单的可穿戴设备,已经使个人可以比较方便地获取健康信息。例如,未来人脸识别等技术使这种信息的获取变得更加便捷、即时。② 脸孔是公开的,但低成本、快速、大量地记录、存储和分析人脸图像的能力,终有一天会带来隐私、公平和信任等观念的根本性改变。人脸不仅仅能表明身份,还显示了许多其他信息,同样能由机器读取。一些公司正通过分析脸部特征来自动诊断罕见遗传疾病,比如 Hajdu – Cheney 综合征。③ 和其他可能的手段相比,这种方式在早期就能发现病情。测量情绪的系统也许能让自闭症患者更好地理解对他们来说难以捉摸的社交信号。但这项技术造成的威胁,可能会令公民隐私遭受巨大的损害。

无论如何,个人健康信息的便捷获取会推动个人对自身健康状况的关注,一定程

---

① 泰康,胡润百富. 未来医养解决之道——2017 中国高净值人群医养白皮书 [R].
② 经济学人. 人脸识别:"刷脸"时代的信息安全悖论,2017 – 09 – 09,https://mp.weixin.qq.com/s/Se-HOgZ2ywQeS0ULGI74ElQ.
③ 指颅骨发育不良伴肢端溶骨症.

度上会推动个人主动选择健康保险和健康管理方案。

4. 大数据等使保险公司和消费者之间的信息透明度更高

保险公司更容易获得个人较详细的信息,个人也更容易获得保险供给信息。个人的保险消费决策依赖于个人偏好、对信息的分析和接纳程度,保险公司的营销宣传方式与消费者偏好的匹配程度重要性凸显。

二、新技术应用面临的困境会影响营销方式变革

从供给角度看,新技术应用面临的困境会在一定程度上影响健康保险营销方式的变革。

(一) 健康管理面临三大挑战

1. 数据管理挑战

数据的有效管理和利用是商业保险企业开展健康管理的基础。然而,由于通过不同设备所收集的数据格式不一致,各种系统间的算法不统一,缺乏普遍的数据标准,导致收集到的海量数据信息无法分析使用。另外,很多数据源自非医疗级别的设备,数据准确性千差万别,难以进行管理。另一个重大挑战来自对于隐私的顾虑和数据安全的管理。一方面,用户对数据保密和安全性问题越来越关注;另一方面,商业保险机构是否可以拥有和使用与客户健康相关数据(例如基因数据),尚无相关的法律规定。商业保险机构在如何确保客户隐私、确保数据安全以获得更多用户的信任方面也面临挑战。

2. 第三方合作挑战

在构建完整健康管理价值链的过程中,商业保险机构需要与各类服务商、厂商开展合作。但在如何选择合作厂商和服务商时,现阶段也受到诸多限制。譬如,在选择与什么样的厂商和服务商合作时,商业保险企业往往面临与谁合作的困扰。与小品牌第三方合作灵活度高,服务态度好,但是其品牌和技术资源不足,服务水平有限;与大品牌合作,固然服务水平有保障,但遇到核心问题时,如数据共享,商业保险企业往往处在谈判的劣势地位。目前,由于对健康管理服务缺乏有效监管手段,市场上所提供的健康管理服务质量参差不齐,使得商业保险机构在选择合作伙伴时难以甄别。

在与医疗设备厂商的合作过程中,最突出的挑战便是收费问题。专业的医疗级别设备昂贵,其使用费却难以通过健康管理服务向用户收取。加之支付模式不明确,使得保险企业与厂商开展合作面临挑战。

3. 用户依从性挑战

根据中国保险行业协会的调查研究,约 30% 使用可穿戴设备进行健康管理的用

户，在使用产品 3 个月后即放弃使用。放弃原因包括健康管理项目缺乏实际效果、顾虑隐私泄露或者使用设备体验差等。由于缺乏有效手段，难以深入了解客户需求，无法有针对性地设计有效方案，提升用户依从性。

（二）健康大数据依赖于电子病历的信息质量

随着国家健康医疗大数据政策的推行，电子病历作为其中的基础数据库之一，在医院信息系统中的地位不断攀升。根据动脉网调查，电子病历在健康医疗大数据中的发展问题主要有三方面。①

1. 数据的价值取决于使用者和应用场景

根据金蝶医疗的分析，针对医院的临床基础数据，有 HIS、LIS、EMR 等系统进行支撑。针对医院的资源数据，金蝶医疗有 HRP 系统进行管理。而针对患者行为数据，则可以通过各种移动终端或采集设备进行数据的收集。如医生要关注某一疾病消耗了多少社会资源，国家应该在保险支付体系为它报销多少比例，就涉及 HRP 系统的数据。

利用互通互联的信息系统获取病种相关的临床与财务数据，根据临床路径对病种进行精准的成本测算，再将医院病种成本与医保支付标准进行比对，就能得出疾病的报销比例。

如果医生关注的是临床的诊疗行为，想要提高糖尿病的治疗效果和临床疗效，就更应该关注疾病的诊断、治疗、药物，以及诊后随访的数据。这就需要 EMR 等系统的支撑。利用病种成本分析，优化医院科室服务，为医院科室发展提供量化建议，为医院病种绩效管理提供参考指标。

2. 需提升电子病历的数据价值，赋能健康医疗大数据

病历数据的价值来源于两个基本要素：第一，数据可解析，是开放的；第二，数据是真实的。两者缺一不可。

数据的真实性，关键在于软件是否可靠，是否简洁实用。电子病历系统中的数据，归根结底是医生在临床过程中完成的。如果软件操作繁琐，医生在录入数据时，难免会出现倦怠，这样一来，录入的数据的可靠性就会大打折扣。

因此，要求电子病历控件必须在用户体验方面下足功夫。结构化录入、痕迹保留、快捷辅助录入、全键盘操作等功能一应俱全，通过一个个功能细节，让合作伙伴规范的系统变得人性化，让医生能够又好又快地录入数据，从而提升医疗数据的准确性。

3. 电子病历数据的可解析与标准化，是健康医疗大数据形成的基础

---

① 资料来源：http：//mp.weixin.qq.com/s/gzLJ5xFVES6DkdlTq_yTqg。

在医院内部系统中的数据，更多是电子病历系统产生的数据。但出了医院，将各家医院的数据融合在一起，就成了 PHR（个人健康档案）。从院内提取数据出来，再到院外进行合并，这两个过程都是以互联互通为基础的。

在这方面，电子病历编辑器文件格式需要有两大优势：一是可解析；二是标准化。以某信息公司为例，其电子病历系统采用开放文件格式，第三方公司可以通过应用软件直接解析，并且不需要依赖其的软件产品。正是得益于这种便捷性，所以信息化公司建设的区域医疗信息化系统，能够实现数据的高速分析、上传、下载、合并。这样一来，信息化公司就能很方便地将电子病历升级为个人健康档案。

标准化方面，由于不同医院采用的电子病历文件格式一致，因此把相同格式的数据进行串接，就变得十分简单，这也对电子病历的互联互通以及健康医疗大数据的形成奠定了良好的基础。

（三）中国的远程医疗存在定价、支付、技术和医院动力不足四大困境

远程医疗服务是指医疗机构之间利用通讯技术、计算机及网络技术与医疗技术相结合而开展的异地、交互式的指导、检查、诊断、治疗等医疗会诊活动的行为。医疗、医药和保险三者协同，才能建立按需分类、按质分层的医疗保障体系。有了三医联动的保障，患者就愿意早看病，愿意在基层看病，当基层就诊量增加的时候，基础建设就会得到政府的投入，尤其是商业健康保险就可以通过这种协同体系落地到基层，从而让患者改变就医习惯，愿意在基层就诊，愿意真正建立分级诊疗制度。因此，商业健康保险一定要聚焦在慢病险或者健康险，让慢病险和健康险来支撑大病险。

因此，当远程医疗、三级联动形成一定规模、形成一个体系的时候，分级诊疗才能真正形成，让基层更多地承担公共卫生服务，承担慢病管理和健康保健。而县级的二级医院则承担常见病、多发病和新技术的推广，三甲医院专家便会有更多的时间来考虑和研发新技术，来针对疑难重症进行诊治，针对高级人才进行培养。形成这样的体系才能有效地利用医疗资源，有效地利用社保基金和医保基金，按照基本医疗保基本的概念，让基本医疗保险真正沉入基层，沉入家庭，商业保险的空间才能自然显现出来。远程医疗跟商业保险合作，单病种合作，一定会将整个医疗体系推到一个新的高度，从而真正实现三医联动分级诊疗的新格局。

1. 定价困境

目前中国的远程医疗服务有两种定价办法。一种是远程会诊，已经存在了很多年，主要针对偏远地区的疑难杂症、急症和大病。会诊费用很高。另外一种也是目前政府大力推动的 B – B – C 端的，收费体系还不明确。比如广东网络医院一开始是不收费的，目前收取的挂号费仅 10 元/次。

这两种远程医疗的服务费用相差非常大，对于前者来说，因为医疗资源的差异，患者对远程服务有迫切的需求，但矛盾之处有两个：首先，这种服务非常昂贵，堪比大城市公立三甲医院 VIP 门诊费用，越是偏远地区的患者越难接受。同时，目前会诊尚未纳入医保体系，能够自费承受的患者毕竟是少数。矛盾的是，由于中国的公立医院服务费用本来就被严重低估，因此任何额外的就诊量都可能被定位为更快获得收入的方式，因而才定高价，可 B–B 端的需求者却无力为此买单。从美国案例的分析来看，这类 B–B 端针对大病的会诊必须要支付方报销才能快速发展起来。而 B–B–C 端的定价矛盾之处在于价格和线下门诊服务区别不大。加之，中国不同级别医院之间的挂号费差距可以忽略不计，使网络医院在费用上没有优势。而用户选择网络医院的原因是希望在线下挂不上三甲医院号的时候能获得另外一种途径。这种办法可能增加三甲医院的门诊量，但矛盾的是因为用户可以就近拿药（比如药店），医院无法通过处方赚钱，而服务收入却又是可以忽略不计的，因此三甲医院的动力很小。

专栏 13.2

美国远程医疗的价格优势

美国远程医疗的定价相比线下有很明确的价格优势。美国的远程医疗发展的核心优势就是价格低。远程医疗全科医生的单次就诊费用在 30—45 美元（单次可以是次，也可能是按时间计量，比如 15—20 分钟记为 1 次），但如果包月或者包年，价格会非常便宜，比如 HealthTap 99 美元一年，MDLive 的月费为 15—25 美元不等（分个人或家庭）。相比之下，线下服务要贵得多，就算有保险，用户首先要付一部分自费的服务费，通常在 30—80 美元不等，全科便宜专科贵，如果是急诊更贵，通常自己要先付 100 美元左右。

中国在 B–B 和 B–B–C 两种远程医疗服务的定价目前差异很大，核心原因是整体医疗服务价格被严重低估。线下服务定价太低，针对常规疾病的 B–B–C 端的远程医疗在服务价格上没有优势，相反还分流了大医院的药品收入，因此只有门诊量低的医院可能会有动力去做。同样因为线下服务收费太低，远程会诊才成为另一种类似 VIP 的高价收入通道，而缺乏医保支持也让这些服务过于小众，不可能大范围覆盖到真正需要的人群。

2. 支付困境

远程医疗目前还未纳入医保，其中有技术和成本上的挑战。技术上的困境主要是医保体系各地差异较大，保障范围、报销比例、技术接口都不一样，这给医保支付带来了难度。首先是分成方面，大医院和小医院以何种比例分配服务费，有多少比例由当地医保或异地医保支付，分别付给谁，都是技术层面急需解决的问题。

同时，各地医保的报销比例差异很大。远程会诊尤其是针对疑难杂症的专科会诊其实并非新事物，这种会诊还带有培训教育的合作目的，但各地价格不一且不透明，会诊的必要性、专家的需求、资源的分配，都会影响定价，也会影响到医保到底按照什么比例赔付。目前各地的会诊资源和价格都不一样，加之各地医保覆盖的范围不同，报销比例也不同，具体价格和报销比例的测算对保险公司也是很大的挑战。

除此之外，中国的城乡医保差别很大，虽然有部分地区实现了城镇居民和新农合的并轨，但大部分地区仍然无法做到三保并轨。而且城镇职工在保障和筹资上都与城镇居民、新农合相差较大，要合并统一保障程度还有困难。正因为不同地区的城乡人口有不同的医保，从而增加了医保结算的技术复杂程度，尤其让远程医疗这样需要跨地区合作的服务更是难上加难。

最后，医保资金池的财务压力越来越大。即便是保障和筹资能力都较好的城镇职工基本医疗保险也面临当年结余率越来越低、支出增长速度超过收入增长速度的问题，未来可能会有较大的资金缺口。加之医保需要扩充保障的方面还很多，比如门诊大病、康复和护理等，面对劳动力人口萎缩和老龄化，持续紧张的医保资金池要再大范围覆盖远程医疗将会很有压力。

3. 技术困境

远程医疗在技术上的挑战主要分为通讯技术和信息共享两个方面。B-B端的远程医疗对传输、影像和视频上的技术要求非常专业。从美国的经验可以看出，专科远程医疗对传输和显示的清晰度、传送速度和准确度都有很高的要求，并非针对B-C端的简单视频系统可以满足。这方面的成熟技术目前在中国仍很匮乏。

同时，信息共享也是远程医疗得以顺利进行的必要条件，尤其是B-B服务。首先，大医院和小医院需要通过对接HIS系统，或者把各自的HIS开放端口放到一个第三方平台来共享信息。信息共享的完整程度将有利于未来对责任的明确界定。目前中国并不缺乏公司提供这样的解决方案，但核心是如何建立起一套临床数据库，追踪每一步会诊意见、具体操作及反馈。能否在动态的情况下记录每一步临床操作，并整合到病人的病历当中，决定了远程医疗能否顺利展开并清晰划分责任和利益，这也是引入支付方的必要条件。

信息共享上的另一个挑战是病人档案。电子病历目前只存在于医院内部系统，无法随着病人迁移，也很难将完整病史传输到另一家医院。病人自己不可能描述清楚全部病史，医保卡并不具备个人档案记录的功能，在进行会诊的时候很容易丢失信息或出错，尤其对急症和大病会诊，缺乏完整档案，会成为远程医疗的障碍。

4. 医院动力不明确的困境

医院在推行远程医疗上的动力并不明确。对于大医院来说，B-B-C端的远程医疗服务虽然有助于扩大门诊量，覆盖更多地区的病人，但大医院将面临这些处方的外流，医生只能获得很低的服务费，从而大大降低了他们的经济动力。

而在 B-B 端，医院有很强的动力去进行会诊，增加科研教育和疑难病大病的治疗实力，但这些病例很多要从基层获得，要进行远程医疗首先要有一笔前期的技术投入，然后才是会诊费用。目前基层的发展非常困难，已经没有实力进行这样的投入，医院收取很高的会诊费用，目前又无法得到医保报销，与其他医院的利益分配也很不明确，加上中国的医生在晋升上需要提供研究成果，因此医院在大病和疑难病的案例库上更倾向于封闭式研究，不对外公开自己的病例，因此共享和大范围的数据衔接的动力也都很不明确。

商业健康保险跟远程医疗相结合，还要结合健康险和大病险，让健康管理、让重症转诊、让所有的就诊秩序，按照级别、层次、病程，有序开展，这就是分级诊疗的一个非常重要的内涵。

对于重症转诊，很多大病保险把它作为一个商业卖点，但实际上它真正的含义是生命保障。建立重症转诊制度，不是简单地解决出口问题，更重要的是生命保障通道问题。远程医疗另外一个角色是第三方评估。在医疗保险的理赔和受益方之间，远程专家不参与任何利益分配，这时候他的决策就基于医学知识和科学判断，他就会代表第三方进行公正公平的评估，所以是控费的一个非常重要的依据。

三、健康保险营销管理的变革

高新科技和医疗新技术的应用和探索必将使健康保险营销管理发生改变。

（一）健康保险产品管理向纵深发展

高新科技的发展和应用探索不断深入，使健康保险产品设计的思路更加广阔，产品设计中可以纳入考虑和掌控的因素更多，产品的适用性和风险管理成效更高。例如，目前最具全球潜力的医疗行业颠覆者碳云智能，提出的目标是为每位客户建立预测性的数字生命化身。他们认为，基因组技术的突破通常无法给现实世界带来影响，更好的方式是将基因组技术与生活方式、饮食、肠道细菌和血液等数据结合在一起，找到更明确的相关性，制定更好的治疗方式。为了从健康数据中挖掘深度信息，碳云智能正在投资组建全球性的医疗创业公司联盟。[①] 一旦个人预测性的数字生命化身真正建立，则能够提供准确的个人健康数据和健康管理信息，以及精准医疗方案，既为

---

① 其中，SomaLogic 将提供人类蛋白分析的专业性，拥有 50 万名病患者数据的网络平台 PatientsLikeMe 将分享患者方面的经验和数据，AOBiome 将提供关于细菌和人体健康相互作用的知识。HealthTell 公司将从免疫组测序方面，提供关键专利技术。而随着腾讯成为合作伙伴，碳云智能可以获得来自微信的海量数据。微信目前已有约 10 亿用户。

健康保险产品提供了完整的基础信息，又使健康保险有效管理风险成为可能。健康保险产品的个性化会更突出，产品责任细化程度会提高，产品组合的专业性也会得以提升。

（二）健康保险价格管理更加有效

医疗大数据等提供了相对丰富且有针对性的信息，可以更准确地评估个人的健康风险、相应的健康管理及医疗方案，可以提高健康保险产品定价的合理性和公平性。

（三）健康保险渠道管理技术手段更加科学，渠道绩效评估更易开展，促销成效得以提高

首先，大数据、区块链等可为营销管理提供技术手段，通过数据分析，有助于提高市场细分的精确度，发现合适的销售渠道；同时销售数据的实时更新，有助于及时追踪各渠道的业绩表现，评估促销等营销策略的成效，便于调整营销策略。

其次，移动智能设备和管理应用系统使销售队伍管理更加便捷高效。销售队伍的销售业绩与有效客户拜访量等正相关，而通过系统实时定位等方式，可以追踪销售人员工作状态，督促其积极开拓客户。

再次，通过前期数据分析，可以预测何时、何地、何种产品、针对什么目标客户群促销比较有效，协助制定健康保险促销策略；根据销售数据的实时更新，可以发现促销策略的实际成效，为促销策略的优化调整提供依据。

第四节　中国医疗体系改革与健康保险营销管理

一、中国医疗体系改革

中国卫生事业取得了令人瞩目的成就。自 2009 年启动新一轮医改以来，中国对卫生基础设施进行了大量投资，基本实现了医疗保险全覆盖，推进基本公共卫生服务均等化，建立基本药物制度，这些改革较大幅度地提升了医疗卫生服务的可及性和公平性，大幅降低了儿童和孕产妇的死亡率以及传染病发病率，显著提高了中国居民的健康水平和预期寿命。2015 年，中国居民人均预期寿命达到 76.34 岁，比 2010 年提高 1.51 岁，人民健康水平总体上达到中高收入国家的平均水平，用较少的投入取得了较高的健康绩效，赢得了国际社会的广泛赞誉。

（一）中国医疗体系改革背景

在取得前述成果的基础上，中国需要进一步深化医疗卫生体制改革，从而避免高收入国家经历过的走向高成本、低价值的医疗卫生服务体系的风险。当前我国服务体系以医院为中心，注重服务数量。而服务模式注重提供治疗服务，而不是从源头上保障健康；人们倾向于在医院，而不是在基层接受服务。由于卫生筹资分散，医疗保险还没有更加主动地购买卫生服务。加之基层缺乏合格的医务人员，进一步削弱了卫生系统发挥疾病早预防、早诊断、早治疗、服务一体化等核心职能的能力。一些医疗机构，特别是基层医疗机构的服务质量不高或有关服务质量的信息有限，而高级医疗机构的候诊时间长，人们对他们与服务提供者之间的互动有所不满。这种情况在一定程度上影响了人们对医疗机构的信心。

（二）中国医疗体系改革的方向与措施体系

中国的卫生服务体系需要向建立以强大的基层卫生服务为基础、提供以人为本和注重质量的一体化服务体系转型。该体系不仅将为公民提供更好的医疗服务，而且可以从经济角度提高服务的价值。2016年世界卫生组织和世界银行发布专门报告，对中国医改提出了包括八项相互关联的一系列改革建议，为重塑中国的卫生服务体系、应对其所面临的人口和健康挑战提供了参考。

这一系列建议，总结为八个方面的战略性改革方向，也可以称为八个"推手"（见图13.4）。这八个改革重点是提高卫生服务提供能力，并改革"顶层设计"，创造有利的筹资及制度环境来推动改革。每项"推手"都包括一系列实施卫生服务体系改革"做什么"和"如何做"的核心行动和实施策略，意在为各级政府提供政策实施的指南。各项"推手"之间是相互关联的，是一个有机的整体，这些行动需要同步执行，不能单独实施。例如，基层医疗机构的卫生服务改革需要强有力的机制建设，从卫生人力资源和筹资的角度提供制度支持，以实现三项卫生系统的核心目标。总而言之，八项"推手"代表的是深化医药卫生体制改革的一套综合措施，应当作为一个有机的整体。建议的核心是全面采用新的服务提供模式，即"以人为本的一体化服务"模式（PCIC模式），促进中国尽快实现卫生服务提供体系改革的愿景目标，使投入的资金产生更大的价值。以人为本的一体化服务模式（PCIC）是一种围绕居民及其家庭的健康需要组织服务的供给模式。PCIC模式有效运行的基础是强有力的基层卫生服务体系。

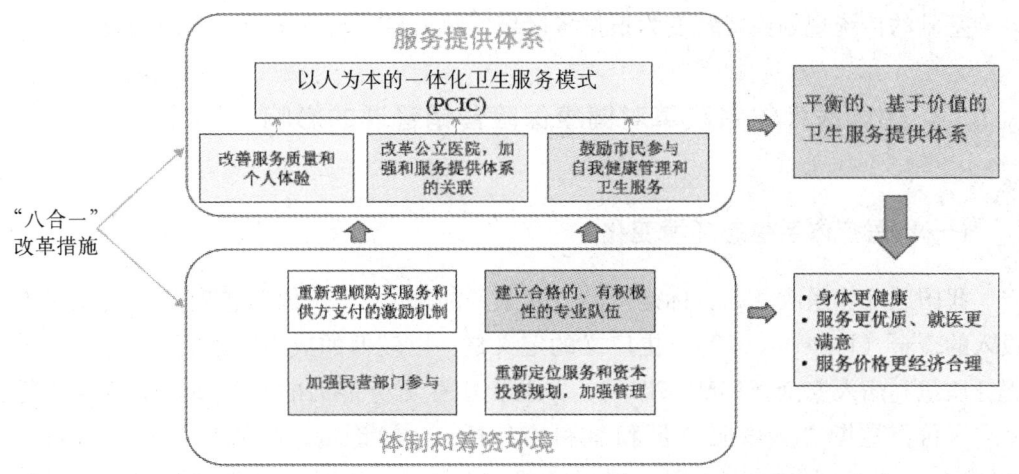

图 13.4　医疗卫生体系改革相互联系的八个推手

资料来源：世界卫生组织（2016）。

首先，在 PCIC 模式下，通过正式的上下协作的安排、优质数据、供方之间以及医患之间的信息共享、患者在就医过程中的积极参与等，基层医疗机构与二、三级机构实现了服务一体化。PCIC 模式需要组建跨学科服务团队，运用电子医疗工具跟踪患者的状况，在提供持续性服务的过程中不断监测健康结果，不懈关注医疗质量的持续改进。PCIC 将治疗和预防服务相结合，为患者提供综合全面的服务体验，也为医疗机构确立可测量的绩效目标。大型二、三级医院将扮演新的角色，主要负责治疗疑难复杂病例，并牵头开展卫生人才队伍建设。对医患双方行为、医疗服务及其结果的测量、监督和反馈应基于可获得的、经过核实的最新数据。

持续改进医疗质量是 PCIC 和建立高价值服务体系的基本要素，也是获得公众信任的关键。政府的领导和引导至关重要。

鉴于患者的信任对于 PCIC 模式的成功至关重要，要让患者熟悉、了解医疗卫生体制并积极参与就医过程。这需要跨学科临床团队与患者进行双向交流。

新的服务提供模式需要医院扮演新的角色。公立医院改革是推进卫生服务提供体系改革、建立 PCIC 模式的重要组成部分。

服务提供体系改革包括重新调整各种激励机制并强化购买行为。

卫生人力资源需要适应新的服务提供模式，提高基层卫生人员的地位是所有 PCIC 模式的核心。这需要政府、医疗服务提供方、大众之间建立共识。

民营部门的参与应该与新的服务提供体系相一致。需要就民营部门的作用形成统一的认识，并建立良好的监管环境，允许合格的民营机构提供具有成本效益的服务，与公立医院公平竞争。

世界卫生组织建议对中国卫生领域资本投资的决策方式进行现代化改革，从以投人为基础的传统规划模式转变为根据各区域实际人口与流行病学状况规划资本投资。

二、中国医疗体系改革对健康保险营销管理的影响

（一）医疗体系生态环境变化

我国医疗体系改革的目标是提高卫生服务的价值。"价值"被定义为实现健康所投入的资金（Porter，2010）。更广义的定义是：以较低的成本获得更好的健康结果、服务质量和病人安全（IOM，2010）。从提高卫生服务能力的改革和转变策略的角度来看，价值是指"从以服务量和盈利为目标——门诊量，住院病人数，治疗，和（诊断）检查转到以患者健康结果为目标"（Porter，2010）。这就涉及在医疗服务和健康结果上奖励有效的联系。低价值的医疗服务是指对健康结果有很少或根本没有益处的服务、临床意义上无效甚至有害的服务及（与替代方案相比）成本效果低的服务，主要是指导致成本超支、低质的服务和不良的健康结果，包括不当的医疗、不安全的医疗、不必要的医疗、大处方、滥用、过度医疗、过度诊断、错过最佳预防时机和浪费（Busse 等，2015）。

（二）以人为本一体化服务模式的潜在效益

根据世界卫生组织多年的研究，以人为本一体化服务模式在如下方面具有多重效益：①

1. 对个人和家庭

对服务满意度增加，与服务供方的关系更密切；服务可及性和及时性增加；健康素养和健康相关的自我决策能力增加；与医疗专业人员共同决策，更多地参与服务规划制定过程；自我管理和长期健康状况管控能力提高；不同的服务供给方更好地协调卫生服务。

2. 对于医护人员和社区健康工作者

工作满意度提高；改善工作量安排，降低疲劳程度；增强主人翁意识和提高业务技能水平，能够承担更为重要的任务；通过教育、培训的机会学习新的技能，如学习团队合作提供医疗服务。

3. 对社区

改善医疗服务可及性，特别是边缘人群的服务可及性；提高个人和社区民众的健康水平，包括更好的健康行为模式；增强社区传染病管控、应对公共卫生危机的能

---

① 资料来源：世界卫生组织2015。

力；改善医患关系，加强社区参与，增强对卫生服务的信任度；加强社区在医疗决策和医疗资源利用方面的参与度；公民的健康责任和权利更加清晰；医疗服务能够更好地回应社区健康保障的需要。

4. 对于卫生体系

促使卫生资源配置更加优化、平衡，反映健康需要；提高公平性和人人享有卫生服务的可及性；降低医疗差错，避免不良反应，改善患者安全水平；增加对疾病筛查和预防项目的使用；提高诊断的准确性以及转诊的及时性；增强对基层卫生服务和社区卫生服务的使用，提高疾病管理能力和医疗协作，降低住院次数和住院天数；降低不必要的卫生服务利用和等候时间；避免医疗投资的重复建设；降低人均医疗成本；降低传染病和慢病的死亡率和并发症。

（三）当前仍然面临着三大挑战

一是人口结构和流行病趋势的变化，即快速老龄化、慢性非传染性疾病（慢病）来袭及其致病风险因素广泛流行。二是监测和提高医疗服务质量。三是服务体系内部的一些因素，包括以医院为中心的服务提供体系、资源分配不均衡、促使供方推高医疗费用的激励机制及其他制度层面的问题。如果这些因素不加以控制，可能会对体系效率及卫生费用造成影响。

三、健康保险营销管理应把握医疗体系改革良机

政府改革医疗卫生体系有效应对这些挑战的政策措施，客观上优化了健康保险的宏观和微观环境，会促使部分潜在的健康保险需求释放，还会引发新的健康保险需求。而健康保险营销管理在如下方面将发挥积极作用：

第一，践行健康中国战略，借助高科技手段和技术，通过丰富立体的宣传、营销推广活动，普及健康知识和健康保险理念。

第二，引导公众树立正确的健康观念。通过科学合理、覆盖个人和家庭全生命周期的产品设计，可以满足公众多方面的健康保障需求，把健康的经济保障落到实处。

第三，实施健康保险产品和服务的定价策略与促销策略，有助于激发和引导消费者的需求。

第四，密切关注医改动向，通过发掘相关产业链的切入机会，实施有效的健康保险渠道开拓和渠道管理策略，可以使目标市场定位更加准确，目标客户的需求得到较好满足。

第五节 变革环境中营销管理模式选择

一、健康保险营销管理方向的变化

基于外部环境、所处时代、企业发展阶段、自身资源和禀赋的差异与约束等,健康保险公司需要选择不同的营销管理模式。同时根据产品所处的生命周期阶段、企业所处的生命周期阶段、细分子市场的客户及其需求特征等要素,确定具体的营销管理策略和措施。

实现利润是企业的终极目标,而营销管理是实现利润的主要抓手。在良好的外部政策机遇、潜在需求不断释放、先进技术支持、人才经验积累支撑的背景下,围绕企业经营目标,健康保险营销管理方向重点在以下方面:

第一,加强市场调研,细分市场,选准有潜力又适合本企业的细分目标市场,持续耕耘。

第二,产品方案专业化。提升产品管理精细化水平,细分保障责任,且与个人需求、特征和风险紧密挂钩,以便捷高效且较低的管理成本方式提供个性化保障和服务方案。

第三,渠道选择前置且灵活。通过大数据等技术支持,及时捕捉有潜力的客户开拓渠道,与大健康和养老产业链深度合作,将获取客户的节点前置,且通过产业链的延伸,挖掘客户价值,实现全生命周期的健康保障完整覆盖。

第四,价格与促销注重整体成本与效益。由于健康保险产品服务解决方案供给周期的延长,在市场竞争中面临的不可控因素也会增加,因此需要借助高科技和成熟的精算技术经验,保持对市场及其变化的即时追踪,快速反应,科学决策,同时有效管控成本。

第五,发掘不同客户群体的价值,对重点消费群深度挖潜,建立长期合作、终身合作关系,甚至对整个家族进行跨代服务。

二、健康保险营销管理要素与模式的变化

(一)需求端

人口结构变化整体上会增加健康保险需求。老龄化、少子化和城镇化等趋势综合

交织在一起，个人的养老和健康责任日益显现，均会促进健康保险需求增长。

随着生活水平的提高，人们对健康的重视程度加强，使健康保险需求与健康管理、医疗服务和养老服务的需求之间的联动效应凸显，这些需求之间具有互相促进的关系。因此，在营销管理中，需要及时分析和把握消费者健康管理、医疗服务和养老服务的需求及其变化，把握健康保险的商机。

我国幅员辽阔，民族众多，各地区民众的生活方式、风俗习惯、健康水平等存在一定的差异。在营销管理中，需要在公司整体营销策略和思路的基础上，发挥当地机构的主观能动性，尤其是营销策略，需适应本地的风俗习惯以及目标客户群的生活方式、健康习惯，方能有效地实施。

处于不同年龄层的人们，行为习惯也不同，如今的主力消费群集中在"70后""80后"，而"90后"和"95后"即将成为消费主力。因此，营销管理中产品设计、渠道选择、价格立定和促销方案，尤其是宣传与互动交流方式必须适应主力目标客户群的行为习惯和偏好。

（二）供给侧

1. 高科技在营销管理中的作用日益突出

先进的技术手段在如下方面能提高营销管理成效：

（1）营销渠道中，网络营销（含网站、微信等）在责任简单的产品销售中会逐渐成为主渠道，既能提高销售效率，又对营销宣传进行了推广，这就对与用户交流互动的电子化方式和界面的友好性、便捷性等提出了较高要求。

（2）在销售队伍管理中，对客户开拓拜访等活动的电子化追踪及成效评估的自动管理体系，既能节省人力物力，又能提高管理效率及评估客户开拓的有效性，帮助销售队伍提高工作效率和效能。

（3）产品管理中，通过健康大数据的深度挖掘，使复杂保障责任、个性化健康保险产品及服务需求的设计与组合成为可能。

（4）高新医疗技术的发展，不断丰富健康保险产品的内涵和外延，也会将传统的健康保险产品的供给提升为健康保障整体解决方案。很多疾病治愈的可能性提高，但成本也可能提高，未来一旦个人预测性的数字生命化身真正建立，则能够提供准确的个人健康数据和健康管理信息以及精准医疗方案，既为健康保险产品提供了完整的基础信息，又使健康保险有效管理风险成为可能。

（5）有效的基础数据积累和分析，有助于制定准确的健康保险产品价格策略和促销策略，并通过实时的数据追踪与反馈，及时把握相关策略措施的效果，及时调整优化以提高成效。

2. 营销要素4P组合中，对消费者特性依从性和对技术的依赖性提高保险公司是否能够准确把握消费者特性和偏好，可以通过有效的技术实施手段加以贯彻落实，这是营销管理策略成功实施的关键。通过结合公司自身的资源优势，开展营销管理的创新与差异化竞争。

3. 公司营销管理的成本管理需要从价值的角度来衡量

营销管理的成本控制主要取决于如下方面：（1）公司整体经营效率，尤其是内部管理制度、管理队伍的效率，以及销售渠道和销售队伍的成效；（2）对外部环境发展趋势和消费者需求的把握与预测，预测的准确性决定了公司资源投入的有效性，这种投入既是成本，又能创造效益，效果最终取决于成效比；（3）公司在营销管理技术系统方面的人力物力投入。因此，公司营销管理的成本管理不仅要从绝对投入方面衡量，更需要从价值的角度来衡量，即需要考虑成本投入产生的结果。要争取以较低的成本获得更好的健康保险营销结果、业务质量和效益。

总之，医疗技术进步使健康保险营销管理的产品革新和服务完善成为关键。人口发展和消费者代际更迭决定了营销方式的变革，用户交互方式的变化使营销推广方式趋于便捷、迅速，且成本低，更加重视服务体验。

本章小结

本章通过实践案例，分析介绍了健康管理、健康老龄化、高新科技和信息技术以及中国医疗体系改革的情况，分析这些方面对健康保险营销管理产生的影响，并分析总结在变革环境下，健康保险营销管理本身的变化与趋势。

专业术语

1. 健康老龄化：是指为发展和维护老年健康生活所需的功能发挥的过程。健康老龄化并非由机能或健康的某一水平或阈值来界定，而是定义为一个因每个老龄个体而具体不同的过程，因为每个个体的轨迹都会受到不同经历的影响随时发生变化。

2. 远程医疗服务：是指医疗机构之间利用通讯技术、计算机及网络技术，与医疗技术相结合而开展的异地、交互式的指导、检查、诊断、治疗等医疗会诊活动的行为。

3. 卫生服务的价值：是指以较低的成本获得更好的健康结果、服务质量和病人安全。

第十三章
健康保险营销管理的延伸与发展趋势

思考题

1. 请分析说明卫生服务的价值。
2. 请分析健康管理的发展方向及其对健康保险营销管理的影响。
3. 请说明健康老龄化的含义。
4. 您认为哪些高新技术会对健康保险营销管理造成颠覆式影响?为什么?
5. 请分析现阶段高新科技在健康保险营销管理的运用中还存在哪些挑战或困境。
6. 请分析我国医疗体系改革会对健康保险营销管理造成哪些影响。
7. 请分析健康保险营销管理应如何适应不断变化的外部环境。

参考文献

[1] 鲍勇,周尚成. 健康保险学 [M]. 北京:科学出版社.
[2] 陈奇睿,葛健. 竞争战略 [M]. 北京:清华大学出版社,2012.
[3] 陈祝平. 服务营销管理 [M]. 上海:立信会计出版社,2007:34—41;64—66.
[4] 董平分. 企业价值观管理与企业文化 [M]. 北京:航空工业出版社,2008:48.
[5] 费穗宇,张潘仕. 社会心理学辞典 [M]. 石家庄:河北人民出版社,1988:191;239.
[6] 高笑寒,王小韦. 未来保险业发展的三大制高点. 中国保险报·中保网. 2017-07-18. http://hsh.sinoins.com/2017/07/18/content_236982.htm.
[7] 贺洪. 健康管理概论 [M]. 长沙:湖南师范大学出版社,2012:1.
[8] 胡炳志,刘子操. 保险学 [M]. 北京:中国金融出版社,2004:158.
[9] 会航. 健康保险销售模式及渠道研究 [D]. 成都:西南财经大学,2010.
[10] 李惠玲,景秀琛. 生命周期健康管理 [M]. 上海:上海科学技术出版社,2016:1.
[11] 李玉泉. 中国健康保险市场发展研究报告2011 [M]. 北京:中国经济出版社,2013:69—110.
[12] 蔺雷,吴贵生. 服务创新 [M]. 北京:清华大学出版社,2003:112.
[13] 刘京生. 中国健康保险发展研究 [M]. 北京:中国社会科学出版社,2011:134.
[14] 刘新立. 风险管理(第2版)[M]. 北京:北京大学出版社,2014.
[15] 黄华明. 保险市场营销导论 [M]. 北京:对外经济贸易大学出版社,2004.02.
[16] 潘瑾,徐晶. 保险服务营销 [M]. 上海:上海财经大学出版社,2005.
[17] 李玉泉. 中国健康保险市场发展研究报告2010 [M]. 北京:中国经济出版社,2012.07.
[18] 白学锋. 创新营销五模式 [M]. 北京:海洋出版社,2003:11—16.
[19] 程绍珊,张博. 营销模式 [M]. 北京:中国档案出版社,2007:32.
[20] 崔小西. 最受欢迎的哈佛营销课 [M]. 上海:立信会计出版社,2014:16.

[21] 侯旭华. 保险公司会计 [M]. 上海：复旦大学出版社，2012：10.

[22] 黄华明. 保险市场营销导论 [M]. 北京：对外经济贸易大学出版社，2004：444.

[23] 李学东. 会计学 [M]. 厦门：厦门大学出版社，2014：338.

[24] 马克思. 价值价格与利润 [M]. 王学文，何锡麟，王石巍译. 北京：生活·读书·新知三联书店，1950：65.

[25] 石泽杰. 营销战略升级与模式创新，开创企业价值营销新时代 [M]. 北京：中国经济出版社，2013：311—368.

[26] 屈云波，张少辉. 市场细分——市场取舍的方法与案例 [M]. 北京：企业管理出版社，2010：171.

[27] 全国保险业标准化技术委员会. 保险术语 [M]. 北京：中国财政经济出版社，2009：27—28；47；51—52；54；64.

[28] 汪家常，魏立江. 业绩管理 [M]. 沈阳：东北财经大学出版社，2001：11.

[29] 翁晓丹. 人身意外伤害和健康保险 [M]. 北京：中国财政经济出版社．

[30] 吴传俭. 健康保险行为异象与合约机理机制研究 [M]. 北京：经济科学出版社，2016：98.

[31] 阎建军. 中国健康保险发展报告2015：中国医改方向与商业健康保险发展路径 [M]. 北京：中国金融出版社，2015：50—52.

[32] 姚东明，赵成文. 健康保险营销学 [M]. 北京：科学出版社，2015.

[33] 张洪涛，时国庆. 保险营销管理 [M]. 北京：中国人民大学出版社，2005.

[34] 张晓. 商业健康保险 [M]. 北京：中国劳动社会保障出版社，2005.

[35] 中国精算师协会. 健康保险 [M]. 北京：中国财政经济出版社，2011.

[36] 中国精算师协会. 精算管理 [M]. 北京：中国财政经济出版社，2010.

[37] 朱启星. 卫生学 [M]. 北京：人民卫生出版社，2013.

[38] 陈凯，黄滋才. 基于期望效用与前景理论的行为决策精算定价模型 [J]. 保险研究，2017（01）：56—67.

[39] 陈滔，谢洋. 影响我国商业健康保险发展的内因及其对策 [J]. 保险研究，2008（11）：52—55.

[40] 陈滔，卓志，李良军，杨树勤. 商业医疗保险的保费计算方法研究 [J]. 保险研究，2002（04）：35—37.

[41] 代宝珍，周绿林. 我国健康保险业的健康管理运行模式构建 [J]. 保险研究，2009（11）：40—43.

[42] 冯鹏程．产业链思维：健康保险发展的新思路［J］．上海保险，2014（3）．

[43] 何惠珍．网上保险：拓宽保险营销渠道［J］．经营与管理．2005（7）．

[44] 李春梅．浅析财产保险公司业务成本管理的有效措施［J］．中国外资，2011（17）．

[45] 李宗璋．健康保险产品的定价方法研究［D］．暨南大学，2003．

[46] 林贤元．关于财产保险公司内部会计控制制度的探讨［J］．会计之友，2011（6）．

[47] 刘云琳．团体健康保险定价方法研究［D］．西南财经大学，2007．

[48] 卢泰宏．营销管理演进综述［J］．外国经济与管理，2008（01）：40．

[49] 刘文鹏．保险公司业绩评价：从财务绩效到战略执行［J］．保险研究，2011（01）：98—102．

[50] 彭国威．大都会人寿全球首推VR客服平台［EB/OL］．［20170120］http://cq.people.com.cn/GB/365413/news/2017120/2017120942222055891.htm．

[51] 覃青必．道德风险的内涵［J］．江西社会科学，2017（4）：13—20．

[52] 仇春涓，陈滔．我国补偿型住院医疗保险费率研究——基于理赔成本假设的分析［J］．上海经济研究，2014（01）：111—121＋129．

[53] 世界银行报告，中国：推进高效、包容、可持续的城镇化，2014．

[54] 搜狐．2016年哪些保险产品最受关注？最新排行榜出炉．http://www.sohu.com/a/126276011_479770．

[55] 孙正成．加强保险企业高管监管　提升保险行业声誉［J］．保险职业学院学报，2015（4）：29—31．

[56] 孙正成．我国中小产险公司差异化经营研究［D］．西南财经大学，2010：63．

[57] 孙正成．商业健康保险税收优惠效应：争议与展望［J］．西部论坛，2016（01）：74—81，89．

[58] 孙正成．需求视角下的老年长期护理保险研究——基于浙江省17个县市的调查［J］．中国软科学，2013（11）：73—82．

[59] 泰康．胡润百富．2016年中国高净值人群医养白皮书［R］．2017．

[60] 万敏．发展我国商业健康保险的思考［J］．现代商贸工业，2014（7）．

[61] 万晴瑶．医疗保险赔付率偏高的原因［J］．财经科学，1996（S1）：94—95．

[62] 万晴瑶．以客户为中心，团体员工福利保障计划的经营策略——小议商业保险公司的经营策略［J］．上海保险，2004（08）：18—20．

[63] 万晴瑶．加强技术应用创新　以网络营销推动寿险业发展［J］．上海保

险，2009（04）：33—35.

[64] 万晴瑶. 中国保险服务供求与价值创造研究 [D]. 西南财经大学，2010.

[65] 万晴瑶，卓志，成德义. 中国城镇居民养老金年金化需求行为的影响因素分析 [J]. 保险研究，2014（10）：108—123.

[66] 万晴瑶. 劳动力市场变革挑战社会保障 [J]. 中国社会保障，2015（06）：38—39.

[67] 汪猛，徐经长. 企业避税、通货膨胀预期与经营业绩 [J]. 会计研究，2016（5）：40—47；95.

[68] 汪涛，方国斌，游春. 交叉销售在我国保险集团化经营中的应用 [J]. 保险研究，2007（08）：64—66.

[69] 王朝辉. 营销渠道理论前沿与渠道管理新发展 [J]. 中央财经大学学报，2003.

[70] 王家宝. 服务创新关系嵌入的视角 [M]. 上海：上海交通大学出版社，2014：22.

[71] 魏江，陶颜，陈俊青. 服务创新的实施框架及其实证 [J]. 科研管理，2008（6）：52—58.

[72] 吴传俭. 健康保险行为异象与合约机理机制研究 [M]. 北京：经济科学出版社，2016：98.

[73] 谢力维. 长期健康保险费率厘定方法评析 [J]. 保险职业学院学报，2015，29（01）：70—73.

[74] 肖举萍. 论我国保险营销渠道运营模式创新策略 [J]. 保险研究，2007（6）.

[75] 肖爽. 营销渠道中的冲突管理分析 [J]. 辽宁高职学报，2008（10）.

[76] 姚启霞. 商业医疗保险定价方法研究 [D]. 北方工业大学，2008.

[77] 禹茳. 第三方管理者在健康保险市场中的发展 [J]. 合作经济与科技，2013（2）.

[78] 郁聪. 浅论中国商业健康保险 [J]. 世界经济情况，2014（5）.

[79] 袁辉. 我国商业健康保险发展的制度分析 [J]. 中南财经政法大学学报，2014（1）.

[80] 张芳洁，刘淑敏. 由医疗保险模式转向健康管理模式——基于农村居民疾病经济负担评价 [J]. 山东大学学报（哲学社会科学版），2014（6）：107—117.

[81] 张建军. 健康保险营销渠道研究 [J]. 保险研究.2005（11）.

[82] 张玲. 商业医疗保险产品价格竞争策略研究 [D]. 市场论坛，2009（11）.

[83] 张青枝. 我国商业健康保险市场发展建议 [J]. 商场现代化，2005（3）.

[84] 张绪风. 论寿险产品的定价策略 [D]. 中国保险管理干部学院学报，2002（2）.

[85] 赵玉林，王化中. 经济学辞典［M］. 北京：中国经济出版社，1990：635.

[86] 赵小玲. 重大疾病保险定价研究［D］. 西南财经大学，2008.

[87] 郑红. 基于精算方法的期权定价模型及其在医疗保险领域的应用［D］. 东北大学，2008.

[88] 中保网：http：//xw. sinoins. com/2017－08/07/content_238531. htm.

[89] 中国医药卫生体制改革联合研究合作方——世界银行集团、世界卫生组织、财政部、国家卫生和计划生育委员会、人力资源和社会保障部：深化中国医药卫生体制改革建设基于价值的优质服务提供体系，2016.

[90] 中国保险行业协会，中国太平洋人寿保险公司. 中国健康保险发展指数报告——2017 大中城市［R］.

[91] 中国保险行业协会.2016 年互联网人身保险市场运行情况报告［R］. 北京，2016.

[92] 朱铭来，奎潮. 论新时期我国商业健康保险的发展［J］. 中国保险，2010（5）.

[93] 卓志，孙正成. 保险文化的转型与升华：以现代保险服务业为视角［J］. 保险研究，2015（5）：84—91.

[94] 卓志，孙正成. 现代保险服务业：地位、功能与定位［J］. 保险研究，2014（11）：21—32.

[95] 卓志，孙正成. 保险文化的转型与升华：以现代保险服务业为视角［J］. 保险研究，2015（5）：84—91.

[96] 卓志. 论保险的职能与功能及在我国的实现和创新［J］. 保险研究，2004（1）.

[97] 卓志，孙正成. 健康险业务能否提升保险公司经营绩效——兼论我国商业健康保险经营动力［J］. 财经科学，2015（11）：34—44.

[98] W. W. 罗斯托. 经济增长理论史：从大卫·休谟至今［M］. 陈春良等译. 杭州：浙江大学出版社，2016：356.

[99] ［奥］路德维希·冯·米塞斯. 人的行为［M］. 夏道平译. 上海：上海社会科学院出版社，2015：254.

[100] ［法］涂尔干（Durkheim, E.）. 道德教育［M］. 陈光金，沈杰，朱谐汉译. 上海：上海人民出版社，2006：17—93；235.

[101] ［美］Philip Kotler, Gary Armstrong. 市场营销原理（第9版）［M］. 赵平，王霞等译. 北京：清华大学出版社，2002：270—271.

[102] ［美］Kenneth Black, Jr.（肯尼思·布莱克），Harold D. Skipper, Jr.（哈罗德·斯基博）. 人寿与健康保险（第十三版）［M］. 北京：经济科学出版社，2003.

[103] 菲利普·科特勒（Philip Kotler），凯文·莱恩·凯勒（Kevin Lane Keller）. 营销管理（第15版）[M]. 何佳讯，于洪彦，牛永革，徐岚，董伊人，金钰译. 上海：格致出版社，2016.

[104] [美] 菲利浦·科特勒. 反思：可持续营销——亚洲公司成功的战略、战术和执行力 [M]. 李宪一译. 北京：中国市场出版社，2008：3；55；150.

[105] [美] 菲利浦·科特勒等. 市场营销导论 [M]. 余立军译. 北京：华夏出版社，2001：8；21—25；212；233—238.

[106] [美] S. 哈特等. 哈佛营销法则与实例 [M]. 张玉显编译. 北京：中国广播电视出版社，1996：210.

[107] [美] 菲利浦·科特勒等. 市场营销导论 [M]. 余立军译. 北京：华夏出版社，2001：8；21—25；212；233—238.

[108] [美] 凯文·杰克逊. 声誉管理 [M]. 燕清联合顾捷昕，张宏超译. 北京：新华出版社，2006：31—32.

[109] [美] 克里斯蒂·格鲁诺斯（Christian Gronroos）. 服务市场营销管理 [M]. 吴晓云，冯伟雄译. 上海：复旦大学出版社，1998：28.

[110] [美] 乔治·迪翁主编，朱铭来，田玲，魏华林等. 保险经济学前沿问题研究 [M]. 北京：中国金融出版社，2007：131.

[111] [美] 詹姆斯·亨德森. 健康经济学 [M]. 向运华，钟建威译. 北京：人民邮电出版社，2008.

[112] [英] 伊特韦尔等. 新帕尔格雷夫经济学大辞典（第3卷）[M]. 陈岱孙等译. 北京：经济科学出版社，2006：588.

[113] A. Gharnes, W. W. Cooper, J. K. Devoe, D. B. Learner. DEMON：Decision Mapping Via Optimum GO – NO Network——A Model for Marketing New Products [J]. Management Science, 1966, Vol. 12 (11)：865 – 887.

[114] B. Booms, M. Binter. Marketing strategies and organization structures for service firms [J]. Marketing of Services (AMA), 1981：47 – 51.

[115] CIGNA CORPORATION (CI) [EB/OL] http：//www. 4 – traders. com/CIGNA – CORPORATION – 12068/news/Cigna – TTK – launches – Get – ProActiv – India – on – World – Heart – Day – 23137088/.

[116] Daniel Kahneman, Amos Tversky. Prospect Theory：An Analysis of Decision under Risk [J]. Econometrica, 1979, Vol. 47 (2)：263 – 291.

[117] de la Maisonneuve, Christine, and Joaquim Oliveira Martins. 2013. A Projection Method for Public Health and Long – Term Care Expenditures. In OECD Economics Department Working Paper No. 1048. Paris：OECD.

[118] Europe, R. A. N. D. "Ernst and Young LLP. 2012. National Evaluation of the Department of Health's Integrated Care Pilots." London: Department of Health.

[119] European Observatory on Health Systems and Policies. (n. d.). Health Systems in Transition (HiT) Profile of France. Retrieved from http://hspm.org/countries/france25062012/livinghit.aspx? Section = 4.2% 20Planning% 20and% 20health% 20 information% 20management&Type = Section.

[120] Hibbard, J. H., Greene, J., and Tusler, M. 2009. "Improving the Outcomes of Disease Management by Tailoring Care to the Patient's Level of Activation." American Journal of Managed Care 15 (6): 353 – 360.

[121] Macinko, J. B. Starfield, and T. Erinosho. 2009. "The Impact of Primary Healthcare on Population Health in Low – and middle – income Countries." Journal Ambul Care Manage 32 (2): 150 – 171. doi: 10.1097/JAC.0b013e3181994221.

[122] M. Dodgson, R. Rothwell. Handbook of industrial innovations: Miles I. Innovation in services [M]. US: Edward Elgar, 1994: 243 – 256.

[123] OECD (2015), Health at a Glance 2015: OECD Indicators, OECD Publishing, Paris. http://dx.doi.org/10.1787/health_glance – 2015 – en.

[124] OECD/WHO (2016), Health at a Glance: Asia/Pacific 2016: Measuring Progress towards Universal Health Coverage, OECD Publishing, Paris. http://dx.doi.org/10.1787/health_glance_ap – 2016 – en.

[125] Parasuraman, V. Zeithaml, L. Berry. Problems and Strategies in Services Marketing [J]. Journal of Marketing, 1985, 49: 33 – 46.

[126] Tony Lunn, Segmenting and Construction Marketing [A], Robert M. Worcester, John Down ham. Consumer Market Research Handbook, 3th Revised and Enlarged Edition [C]. Elsevier Science Publishers, B. V., 1986: 387 – 423.

[127] United Nations, Department of Economic and Social Affairs, Population Division (2013). World Population Ageing 2013. ST/ESA/SER. A/348.

[128] Wendell R. Smith. Product Differentiation and Market Segmenting As Alternative Marketing Strategies [J]. Journal of Marketing, 1956 (21): 3 – 8.

[129] World Bank. Integrated Care in China: Case Study [Peking, Beijing, Shanghai, Zhenjiang], 2015, Case study commissioned by the World Bank. Washington, DC.

后　　记

　　由中国人民健康保险股份有限公司总策划并资助的《健康保险系列丛书》自书目公布和发布招标信息以来，西南财经大学、上海立信会计金融学院牵头与各方组成联合写作团队申报了《健康保险营销管理》，通过答辩、评选和中标等过程，《健康保险营销管理》一书获得立项。自2017年3月立项以来，写作团队讨论细化编写大纲、确定编写体例，并搜集相关素材以保证把握健康保险尤其是营销管理领域最新理论、政策和实践发展动态，全体人员历时半年多的时间进行分工写作，并通过微信群及时传递和交流信息，在济南与上海、北京等地多次开展集体讨论，完成初稿后又多次召开成员讨论会，对书稿不断进行修改和补充完善，直至最后定稿。本书得到相关专家一致肯定，得以顺利面世。

　　本书是首部由西南财经大学和上海立信会计金融学院联合主编，集合多方力量共同完成的作品。由于健康保险营销管理具有较强的实践性，本书编写团队由来自学界和业界的专家组成，具有复合型特征。编写组人员均具有保险专业背景，大多从事健康保险专业课程的教学工作多年，其科研方向也主要集中于健康保险领域，或在健康保险领域具有二十多年实践经验，这为本书的编写提供了良好的研究基础。两所高校非常重视健康保险专业的科研工作，在编写过程中提供了丰富的研究资料和完善的硬件设施，使编写工作得以顺利高效地完成。

　　本书在编写过程中得到了中国人民健康保险股份有限公司党委书记、总裁宋福兴，教育培训部有关领导，尤其是培训部处长范娟娟博士的直接指导和大力支持。此外，编写组在编写过程中还得到不少保险公司的高管、健康保险教育工作者、健康保险领域专家以及健康保险行业从业人员的配合和支持，尤其是南京大学成德义博士、中国人寿保险公司贵州分公司张舰和太保安联健康保险公司黄曼丽等，他们从百忙之中抽出时间仔细审阅了本书的部分章节和内容，或提供了很多信息和参考资料，或提出了一些宝贵的意见和建议，使本书得以不断完善和充实。编者在编写过程中参阅了大量国内外文献资料，借鉴了许多学者的学术观点，在此一并致以最诚挚的谢意！

　　希望本书能够实现它的目标，成为一本传播健康保险营销管理专业知识、提升社会对健康保险营销管理的认识和理解、激发阅读兴趣和深入思考并且宜教宜学的专业书。更希望本书能对中国健康保险发展做出绵薄贡献。谨以此书献给蓬勃发展的中国健康保险业和广大关心支持健康保险发展的人士！

编者

2018 年 1 月

跋

"完善国民健康政策,为人民群众提供全方位全周期健康服务",这是中国共产党十九大对全国人民作出的深入民心的伟大承诺,是进一步实施健康中国、惠及万民的伟大战略。

中国共产党已经将保障人民健康当作了党和国家的一项重要工作,把为人民健康服务提升到了一个前所未有的高度。健康保险作为国家健康服务产业中的关键一环,在提升国民整体健康水平与健康保障方面,都面临着前所未有的发展机遇与空间,无论是现在还是将来,都会发挥着越来越重要的作用。

人食五谷,焉得无病?人的一生,总是在健康与不健康状态之间徘徊,但福寿安康是人们亘古通今的幸福期许。随着我国迈进上中等收入国家行列,人们对健康生活愈加渴望,对健康保障和健康服务的需求愈加多样,也自然会进一步提高对商业健康保险服务的要求。

已经成立十余年的我国首家专业健康保险公司——中国人民健康保险股份有限公司,以"让每一位中国人的健康更有保障、生活更加美好、生命更有尊严"为其崇高的使命,以"人民保险,服务人民"为其矢志不渝的追求,在"健康中国"建设的征程中,肩负着服务"国家治理体系和治理能力现代化"这一历史角色的重担,在建设"政府信任、人民满意的中国健康保险第一品牌"的道路上走出了成效。在近五年来,人保健康构建了清晰的发展模式;实现了多元化销售渠道建设和业务转型;达到了服务能力的明显提升;成为国家医疗保障体制改革的积极参与者和重要推动力量。在实现两个一百年奋斗目标和中华民族伟大复兴中国梦的文化大背景下,人保健康将继续把握战略机遇,牢记时代赋予健康保险的重要使命,致力于打造成服务"健康中国"建设的领军企业,成为国际一流的健康保险供应商。

党的十九大报告提出要"加强应用基础研究",要"建立以企业为主体、市场为导向、产学研深度融合的技术创新体系"。人保健康理应责无旁贷地承担起健康保险综合研究这一具有里程碑意义的开创性工作，因此，公司决定协调和组织一批知名专家学者，立足国内实际，借鉴国际经验，编著一套具有中国特色的《健康保险系列丛书》，系统梳理健康保险的基础理论和经营实践，初步构建相对系统、科学、完整的健康保险理论体系，为培养健康保险行业高水平人才奠定坚实的基础。

《健康保险系列丛书》项目由人保健康党委书记、总裁宋福兴同志亲自挂帅，组建了以公司高管为成员的高规格编委会，邀请保险、财税、公共管理、社会保障、医疗卫生领域近40位著名专家，共同编著。

为确保专业性和权威性，丛书编委会多次召开由多位专家学者参加的专题研讨会。整体来看，丛书既考虑了健康保险的既往经验、现实状况和未来发展趋势，体系上比较完善；同时又对健康保险的相关领域作了探索研究，拓宽了研究范围。从功能定位看，丛书体现了理论与实践并重的编写特色：既要有理论高度，具有一定的前瞻性，达到高等教育教材的编写水平；同时要有实效性，能满足专业健康保险公司经营发展中的现实需求。专家们认为，丛书对把握健康保险经营规律以及行业的可持续发展具有重大意义，充分体现了中国人保一贯以社会责任为己任的优良传统，利于当代、功在千秋。

在丛书的编著工作中，专家学者们都全情投入，科学严谨地为编著工作贡献着智慧。马海涛教授、王欢教授、王国军教授、王绪瑾教授、王稳教授、朱铭来教授、孙祁祥教授、李晓林教授、杨燕绥教授、张晓教授、卓志教授、赵尚梅教授、郝演苏教授、辛丹博士等专家学者负责各分册编著工作，李保仁教授、魏华林教授、庹国柱教授、李玲教授、孙洁教授、郑伟教授、于保荣教授、余晖教授、朱恒鹏教授、朱俊生教授、董朝晖博士等专家学者给予丛书编写许多指导和帮助，在此一并表示最衷心的感谢！

本丛书是对健康保险经营实践经验的阶段性总结和思考。但由于编写时间紧，难免有疏漏之处。而且随着健康保险专业化经营不断深化，还会有很多需要改进的地方。我们希望本丛书能构建起健康保险行业的理论体系与研究架构，对引领健康保险规范、良性和可持续发展起到积极作用。我们也希望借助本丛书，能培养出一批高素质的干部员工队伍，为"健康中国"的建设添砖加瓦，为实现两个一百年奋斗目标和中华民族伟大复兴中国梦贡献力量。